```
DE
L               ;EVALUATE A FORMULA


P               ;GET VALUE TYPE INTO [A]
                ;SAVE THE VALUE TYPE ON THE STACK
                ;GET TERMINATING CHARACTER OF FORMULA

                ;ONTO THE STACK
                ;KEEPS RELATIONAL OPERATOR MEMORIES
                ;LESS THAN =4
                ;EQUAL     =2
                ;GREATER THAN =1
K               ;CHECK FOR A RELATIONAL OPERATOR
L               ;NOPE
1               ;NUMBER OF RELATIONAL OPERATORS
L               ;IS THIS ONE OF THEM?
L               ;NO SEE WHAT WE HAVE
                ;SETUP BITS BY MAPPING
                ;0 TO 1, 1 TO 2 AND 2 TO 4
                ;OR WITH EARLIER BITS
                ;STORE NEW BITS
                ;GET NEW CHARACTER
F               ;SEE IF RELATIONAL
                ;GET REALTIONAL MEMORIES
                ;SEE IF THERE ARE ANY
                ;NO RELATIONAL OPERATORS!
                ;SAVE RELATIONAL MEMORIES
L>              ;PICK UP FIRST NON-RELATIONAL
                ;CHARACTER AGAIN AND INTERPRET FORMULA
                ;ANSWER LEFT IN FAC
   44           ;A COMMA?

R>              ;IF SO SKIP IT


K               ;ALLOW "GOTO" AS WELL

D>


K               ;MUST HAVE A THEN



                ;POP OFF NUMBER

                ;COMPARE FORMULA TYPES
```

Ingrandimenti

Bill Gates

SOURCE CODE

I miei inizi

Traduzione di Valeria Gorla, Laura Serra e Roberto Serrai

MONDADORI

mondadori.it

ISBN 978-88-04-79772-2

This edition published by arrangement with Alfred A. Knopf,
an imprint of The Knopf Doubleday Group,
a division of Penguin Random House, LLC.

Titolo dell'opera originale
Source Code
I edizione gennaio 2025

Indice

Source Code

In ricordo dei miei genitori,
Bill Gates e Mary Maxwell Gates

E alle mie sorelle,
Kristi e Libby

«Il premio è il piacere della scoperta.»
RICHARD P. FEYNMAN

Prologo

Quando avevo tredici anni, cominciai a uscire con un gruppo di ragazzini che si riunivano periodicamente per fare lunghe escursioni sui monti intorno a Seattle. Ci eravamo conosciuti al campo scout, ed eravamo andati spesso in esplorazione e in campeggio con la nostra squadriglia, ma quasi subito avevamo formato un gruppetto a parte che organizzava spedizioni proprie. E tali appunto le consideravamo: spedizioni. Volevamo avere più libertà e correre più rischi di quelli che ci offrivano le classiche escursioni scoutistiche.

Di solito eravamo in cinque: Mike, Rocky, Reilly, Danny e io. Mike era il capo. Aveva qualche anno più del resto della compagnia e un'esperienza di trekking alle spalle molto superiore alla nostra. Nel corso di circa un triennio percorremmo insieme centinaia di chilometri. Esplorammo l'Olympic National Forest a ovest di Seattle e la riserva naturale del Glacier Peak a nordest, spingendoci fino alla costa del Pacifico. Spesso camminavamo per sette o più giorni di seguito, guidati solo dalle carte topografiche, attraverso foreste incontaminate e spiagge rocciose dove, correndo da un punto all'altro della costa, cercavamo di calcolare i tempi dell'alta marea. Durante le vacanze scolastiche partivamo per lunghe escursioni. Camminavamo e ci accampavamo con ogni condizione atmosferica, e nel Pacifico nordoccidentale ciò poteva significare avere indosso per un'intera settimana pantaloni di lana fradici (che erano fondi di magazzino dell'esercito e prudevano) e ritrovarsi le dita dei piedi raggrinzite dal freddo. Non facevamo arrampicate tecniche. Niente corde, imbracature o pareti a perpendicolo: solo lunghe, faticose camminate. Non era pericoloso, se non per il fatto che eravamo degli adolescenti sperduti in mezzo alle montagne, a molte ore di distanza da eventuali soccorsi e in un'epoca ben precedente quella dei cellulari.

Con il passare del tempo diventammo una squadra ardita e coesa. Al termine di ogni lunga giornata di cammino decidevamo il posto in cui accamparci e senza proferire verbo ognuno di noi svolgeva il proprio compito. Mike e Rocky legavano la tela cerata che fungeva da tetto per la notte. Danny andava in cerca di legna secca nel sottobosco, e Reilly e io provavamo ad accendere il fuoco con pietra focaia e rametti asciutti.

Alla fine mangiavamo. Viveri a buon mercato che non pesavano troppo nello zaino, ma erano abbastanza sostanziosi da darci l'energia sufficiente ad affrontare il cammino. Per me niente ha mai avuto un sapore più buono. A cena tritavamo una scatoletta di carne e la mischiavamo con una confezione di Hamburger Helper o una busta di salsa Stroganoff. La mattina davamo fondo a una confezione di Carnation Instant Breakfast oppure usavamo una polvere che, aggiungendovi dell'acqua, si trasformava – secondo la scritta sulla scatola – in un'omelette con prosciutto, peperoni e cipolla. La mia preferita, la mattina, era l'Oscar Mayer Smokie Links, una salsiccia che la pubblicità definiva «carne al cento per cento» e che oggi non è più in commercio. Ci servivamo di un'unica padella per preparare quasi tutto il cibo, e lo mangiavamo in barattoli da caffè vuoti che ciascuno di noi si portava dietro. Usavamo quelle lattine come tegami, secchi per l'acqua e scodelle per il porridge. Non so chi di noi abbia inventato il beverone caldo al lampone. Non che sia stata una grande innovazione culinaria: si versava un preparato per gelatina istantanea nell'acqua bollente e poi si beveva. Fungeva da dessert o, la mattina, da iniezione di zuccheri prima di ore e ore di scarpinata.

Lontano dai nostri genitori e dal controllo di qualsiasi adulto, decidevamo noi dove andare, cosa mangiare, quando dormire, e valutavamo da soli quali rischi correre. A scuola, nessuno di noi era il ragazzo più figo della classe. Solo Danny praticava uno sport di squadra, il basket, e presto lo abbandonò per avere più tempo per le nostre camminate. Ero il più magro del gruppo e di solito quello che aveva più freddo, e mi pareva sempre di essere anche il più debole. Mi piacevano, però, la sfida fisica e la sensazione di autonomia.

Benché l'escursionismo stesse diventando popolare nella regione degli Stati Uniti in cui vivevamo, non erano molti gli adolescenti che giravano da soli nei boschi per un'intera settimana.

Ciò detto, erano gli anni Settanta e, nel campo dell'educazione dei figli, si aveva un atteggiamento più aperto di quello odierno. I bambini, in genere, godevano di maggiore libertà. Avevo tredici o quattordici anni quando i miei genitori accettarono finalmente che fossi diverso da molti miei coetanei e si rassegnarono all'idea che avessi bisogno di un certo grado di indipendenza per trovare la mia strada nel mondo. Prendere questa decisione fu per loro, e soprattutto per mia madre, un processo travagliato, ma la maggior tolleranza avrebbe avuto un ruolo determinante nel definire la persona che sarei diventato.

A ripensarci oggi, sono sicuro che noi tutti cercassimo, in quelle scarpinate, qualcosa che andava al di là del cameratismo e dell'orgoglio di aver compiuto un'impresa. Avevamo l'età in cui i ragazzi sondano i propri limiti, sperimentano diverse identità e a volte aspirano a esperienze nobili o addirittura trascendenti. Ormai avvertivo con molta chiarezza il bisogno di comprendere quale via avrei imboccato. Non sapevo ancora quale sarebbe stata, ma sentivo di dovermi occupare di qualcosa di interessante e importante.

Sempre in quegli anni, passavo molto tempo anche con un altro gruppo di ragazzi. Kent, Paul, Ric e io frequentavamo tutti lo stesso istituto, la Lakeside School, che si era organizzata in maniera tale da permettere agli allievi di connettersi a un grande mainframe tramite linea telefonica. Era assai raro, all'epoca, che dei teenager avessero accesso a un computer. Noi quattro ci appassionammo molto all'elaboratore elettronico e cominciammo a dedicare tutto il nostro tempo libero a scrivere programmi e a studiare ciò che si poteva ottenerne.

All'apparenza, non c'era niente di più distante che scarpinare nei boschi e programmare al computer, ma entrambe le cose erano in fondo come un'avventura. Con l'uno e l'altro gruppo di amici esploravo nuovi mondi, viaggiando in luoghi che nemmeno la maggior parte degli adulti era in grado di raggiungere, all'epoca. Come le escursioni, la programmazione faceva per me, perché mi permetteva di stabilire una mia misura del successo. Inoltre, mi sembrava senza limiti, non determinata dalla velocità a cui si correva o dalla distanza a cui si poteva tirare un oggetto. La logica, la concentrazione e l'energia necessarie per scrivere programmi lunghi e complicati mi riuscivano naturali. Diversamente da quanto accadeva nelle escursioni, in quel particolare gruppo di amici ero io il leader.

Verso la fine del mio secondo anno di superiori, nel giugno 1971, Mike mi chiamò per parlarmi della nostra prossima escursione: ottanta chilometri sulle Olympic Mountains. Battezzò il percorso che aveva scelto «Press Expedition Trail», il sentiero della spedizione della stampa, un nome ispirato a un gruppo che, finanziato da un quotidiano, aveva esplorato quelle zone nel 1890. Mike si riferiva forse all'escursione durante la quale gli uomini della squadra erano quasi morti di fame e i vestiti erano marciti loro addosso? Sì, intendeva proprio quella, confermò, ma in fondo era successo tanto tempo prima.

Ottant'anni dopo sarebbe stata ancora un'escursione ardua: quell'anno si erano avute nevicate molto abbondanti, quindi era un'impresa particolarmente difficile. Visto però che tutti gli altri – Rocky, Reilly e Danny – volevano cimentarsi, non potevo certo esimermi facendo la figura del fifone. Inoltre era della partita anche uno scout più giovane, un ragazzino di nome Chip, per cui dovevo andare per forza.

Il piano era di salire sul passo Low Divide, scendere fino al fiume Quinault, poi seguire la stessa pista al ritorno, pernottando nelle capanne di legno lungo la strada. Sei o sette giorni in tutto. Il primo fu facile: trascorremmo la notte in un bel prato ammantato di neve. Uno o due giorni dopo, mentre salivamo sul passo Low Divide, la neve si fece più alta. Quando raggiungemmo il punto in cui avevamo programmato di dormire, trovammo il rifugio sepolto nella neve. In cuor mio provai per un istante un intimo giubilo. Sicuramente, pensai, saremmo tornati indietro, trovando riparo nella capanna molto più accogliente accanto alla quale eravamo passati durante il giorno. Avremmo acceso un fuoco, ci saremmo scaldati e avremmo mangiato.

Mike propose di mettere ai voti se tornare indietro o proseguire fino alla meta. Sia l'una sia l'altra scelta avrebbero comportato una camminata di parecchie ore. «Abbiamo superato un rifugio, cinque o seicento metri più in basso. Possiamo tornare lì e pernottarci, oppure continuare fino al fiume Quinault» prospettò Mike. Non aveva bisogno di dire esplicitamente che tornare indietro avrebbe significato il fallimento della nostra missione, che era di raggiungere il fiume.

«Tu che cosa ne pensi, Dan?» chiese Mike. Danny era, benché solo ufficiosamente, il secondo in comando nel gruppetto. Era più alto di tutti gli altri, ed era un eccellente escursionista con gambe lunghe e apparentemente instancabili. Qualunque cosa avesse scelto, Danny avrebbe influenzato la votazione finale.

«Be', ci siamo quasi, forse dovremmo andare avanti» sentenziò.

Dopo qualche minuto di camminata, dissi tra il serio e il faceto: «Non mi è piaciuto quello che hai fatto, Danny. Avresti potuto evitarlo».

Ricordo ancora quella scarpinata per tutto il freddo e l'infelicità che provai. Ricordo anche ciò che feci subito dopo la decisione di Danny: mi ritirai nei miei pensieri.

E mi immaginai un codice macchina.

Giusto in quel periodo, qualcuno aveva noleggiato alla Lakeside un computer PDP-8, fabbricato dalla Digital Equipment Corporation. Era il 1971 e, benché fossi già immerso nel nascente mondo dell'informatica, non avevo mai visto niente del genere. Fino ad allora io e i miei amici avevamo usato solo enormi mainframe che erano condivisi simultaneamente con altre persone. Di solito ci connettevamo a essi tramite linea telefonica, dato che si trovavano a molti chilometri di distanza o erano chiusi a chiave in laboratori separati. Il PDP-8, invece, era stato ideato per l'utilizzo diretto di un'unica persona ed era abbastanza piccolo da poter stare su una scrivania. All'epoca, benché pesasse trentasei chili e costasse 8500 dollari, era con ogni probabilità la cosa più simile al personal computer che sarebbe diventato di uso comune circa un decennio dopo. Per sfida, decisi che avrei cercato di scrivere una versione del linguaggio di programmazione BASIC per il nuovo computer.

Prima dell'escursione mi ero concentrato sulla parte del programma che avrebbe istruito il computer sull'ordine in cui avrebbe dovuto eseguire le operazioni nel caso in cui l'input fosse stato un'espressione, come $3(2+5)\times 8-3$, o nel caso in cui si fosse voluto creare un gioco per il quale occorreva una matematica complessa. In programmazione questa funzione è chiamata «valutatore di espressione». Mentre arrancavo lungo la pista fissando il terreno davanti a me, riflettevo sul mio valutatore, chiedendomi quali fossero i passi necessari per eseguire le operazioni. Era cruciale non sovraccaricare il sistema. All'epoca i computer avevano pochissima memoria, il che significava che i programmi dovevano essere leggeri, scritti usando meno codice macchina possibile per non intasarla. Il PDP-8 aveva solo 6 kilobyte di memoria RAM, quella che il computer usa per immagazzinare i dati su cui lavora. Mi figurai il codice e poi cercai di capire in che modo il computer avrebbe eseguito i miei ordini. Il ritmo della camminata mi conciliava il ragionamento, un po' come me lo conciliava l'abitudine di dondolarmi avanti e indietro su una sedia. Per il resto della giornata la mia mente rimase immersa nel problema di codifica. Quando scendemmo più a valle, la neve cedette il posto a un sentiero leggermente inclinato che attraversava un antico bosco di abeti verdi e rossi. Alla fine raggiungemmo il fiume, ci accampammo, mangiammo la nostra salsa Stroganoff e finalmente dormimmo.

La mattina dopo, di buon'ora, risalimmo di nuovo verso il passo Low Divide, in mezzo a una pioggia ghiacciata e a un vento tremendo che ci sferzava il viso di traverso. Ci fermammo sotto un albero giusto il tempo di dividerci un pacchetto di cracker Ritz, poi proseguimmo. Ogni rifugio lungo il sentiero rigurgitava di altri escursionisti in attesa della fine della tempesta. Così continuammo a camminare, aggiungendo altre ore a una giornata davvero interminabile. Attraversando un torrente, Chip cadde e si fece un brutto taglio al ginocchio. Mike gli pulì la ferita e vi applicò dei cerotti a farfalla, sicché da quel momento procedemmo alla velocità consentita dal claudicante Chip. Nel frattempo, perfezionai in silenzio il mio codice. In pratica, per tutti e trentadue i chilometri che percorremmo quel giorno, non aprii bocca. Alla fine, arrivammo a un rifugio che poteva ospitarci e ci accampammo lì.

Come dice il noto adagio, «avrei scritto una lettera più breve, se ne avessi avuto il tempo». È più facile scrivere un programma in uno sciatto codice di molte pagine che scriverlo su una pagina sola. La versione sciatta funzionerà più lentamente e userà più memoria. Nel corso della camminata ebbi il tempo di elaborare la versione breve. Durante quella lunga giornata la ridussi ulteriormente, un po' come si fa quando si tolgono le ultime schegge da un bastoncino a cui si vuole fare una bella punta. Ciò che calcolai a mente mi parve efficace e piacevolmente semplice. Era di gran lunga il miglior codice che avessi mai scritto.

Quando, il pomeriggio seguente, tornammo dove iniziava il sentiero, la pioggia finalmente cedette il posto a un cielo sereno e a un tiepido sole. Provai l'euforia che avvertivo sempre *dopo* una scarpinata, nel momento in cui avevo ormai superato le difficoltà del percorso.

In autunno, all'inizio dell'anno scolastico, chiunque ci avesse prestato il PDP-8 se lo riprese. Non terminai mai il mio progetto di programmazione in BASIC, ma il codice che avevo elaborato mentalmente durante la lunga camminata, con il suo valutatore di espressione e la sua bellezza, mi rimase stampato nella mente.

Un giorno di tre anni e mezzo dopo, mentre ero al secondo anno di college e non sapevo ancora bene quale carriera intraprendere, Paul, uno dei miei amici della Lakeside, piombò nella camerata per dirmi che esisteva un computer straordinariamente innovativo. Sapevo che potevamo scrivere per il nuovo elaboratore una versione del linguaggio di programmazione BASIC, perché avevamo un vantaggio iniziale. Subito mi tornò in mente quel terribile giorno sul passo Low Divide. Ripescai dalla memoria il codice macchina che avevo elaborato e lo digitai sulla tastiera di un computer, piantando così il seme della futura industria informatica e di quella che sarebbe diventata una delle più grandi aziende del mondo.

I

Trey

Con il tempo sarebbe nata una grande azienda. E con il tempo ci sarebbero stati software di milioni di righe nel cuore di miliardi di computer utilizzati in tutto il mondo. Sarebbero arrivati ricchezza, rivali e la costante ansia di restare all'avanguardia della rivoluzione tecnologica.

Prima di tutto questo, però, vi furono un mazzo di carte e un unico obiettivo: battere mia nonna.

Nella mia famiglia, il modo più rapido per accattivarsi l'altrui benevolenza era di essere bravi nei giochi, in particolare quelli di carte. Se si diventava abili nel ramino, nel bridge o nella canasta, si conquistava il rispetto generale, e questo rendeva Adelle Thompson, la mia nonna materna, un personaggio leggendario in famiglia. «Gami è la più brava di tutti a carte» era una frase che da bambino sentii ripetere tante volte.

Gami era cresciuta nella cittadina di Enumclaw, in un'area rurale dello Stato di Washington, a fianco della ferrovia. È un centro a meno di 80 chilometri da Seattle, ma nel 1902, l'anno in cui nacque mia nonna, era come un altro pianeta. Suo padre era telegrafista della ferrovia e sua madre, Ida Thompson, da noi detta Lala, a un certo punto della vita per racimolare qualche soldo si era messa a cucinare torte e vendere obbligazioni di guerra presso la segheria del luogo. Lala giocava anche attivamente a bridge. I suoi compagni e avversari erano la buona borghesia della città, come le mogli dei banchieri e il proprietario della segheria. Queste persone avevano senza dubbio più denaro e una miglior posizione sociale, ma Lala colmava in parte il divario battendole facilmente nelle partite a carte. Trasmise questo talento a Gami, che a sua volta lo passò in certa misura a mia mamma, la sua unica figlia.

La mia iniziazione a questa tradizione di famiglia cominciò presto. Quando avevo ancora il pannolino, Lala cominciò a chiamarmi «Trey», il numero tre nel gergo dei giocatori anglofoni. Mi battezzò così per scherzo, perché ero il terzo Bill Gates vivente della famiglia, dopo mio padre e mio nonno. (In realtà sono il quarto, ma papà scelse di farsi chiamare Bill Gates «junior» e di conseguenza io diventai Bill Gates III.) Gami mi iniziò al gioco delle carte quando avevo cinque anni, con il «Go fish». Negli anni immediatamente successivi avremmo fatto migliaia di partite. Giocavamo per divertirci, e anche per stuzzicarci l'un l'altro e passare il tempo. Ma la nonna era una che voleva vincere, e vinceva sempre.

All'epoca, la sua abilità mi affascinava. Come aveva fatto a diventare così brava? Era nata così, con quel talento? Era religiosa, e dunque si trattava forse di un dono del cielo? Per un pezzo non trovai la risposta. Sapevo solo che ogniqualvolta giocavamo lei vinceva. Qualunque fosse il gioco, qualunque sforzo io facessi, lei vinceva.

Quando, ai primi del Novecento, Christian Science, il «cristianesimo scientista», si diffuse rapidamente sulla costa occidentale, sia la famiglia di mio padre sia quella di mia madre ne diventarono devoti seguaci. Credo che i genitori della mamma abbiano tratto forza dal movimento, abbracciandone l'idea di base secondo cui una persona trova la propria identità nel mondo spirituale, anziché in quello materiale. Diventarono ferventi adepti. Poiché i cristiani scientisti non sono interessati all'età cronologica, Gami non festeggiava mai il proprio compleanno, e non rivelò mai la sua età o l'anno di nascita. Nonostante avesse queste ferme convinzioni, non le impose mai agli altri. Non aderirono al movimento né mia madre né il resto della famiglia, e Gami non cercò mai di convincerci a fare altrimenti.

Credo che la sua fede abbia contribuito a renderla una persona di ferrei principi. Già allora intuii che aveva una sua rigida etica personale, ispirata a principi di equità, giustizia e integrità. Per lei vivere bene significava vivere in maniera semplice, dedicare agli altri tempo e denaro, e soprattutto usare il cervello, cioè impegnarsi nel mondo. Non perdeva mai la pazienza, non faceva mai né pettegolezzi né critiche, ed era incapace di ingannare. Benché fosse spesso la persona più intelligente di tutte quelle radunate in una stanza, si premurava di lasciar brillare gli altri. Era fondamentalmente una donna timida, ma aveva una sicurezza interiore che le conferiva una calma da monaco zen.

Due mesi prima che compissi cinque anni, mio nonno, J.W. Maxwell jr., morì di cancro a soli cinquantanove anni. Secondo i dettami di Christian Science, aveva rifiutato le terapie della medicina moderna. Negli ultimi anni di vita patì le pene dell'inferno e Gami, che si occupava di lui, soffriva a sua volta. In seguito seppi che il nonno credeva che la sua malattia fosse stata in qualche modo provocata dal comportamento di Gami, la quale avrebbe commesso un ignoto peccato per cui adesso Dio lo puniva. Nonostante questa colpevolizzazione, Gami gli rimase stoicamente al fianco, sostenendolo fino alla fine. Uno dei ricordi più tristi della mia infanzia è che i miei genitori non mi permisero di partecipare al funerale del nonno. Mi resi conto a malapena di cosa stava accadendo: capii solo che mia madre, mio padre e mia sorella maggiore stavano andando a dirgli addio, mentre io rimanevo a casa con una baby-sitter. Un anno dopo, la mia bisnonna Lala morì mentre era in visita a casa di Gami.

Da quel momento, Gami concentrò tutto il suo amore e le sue attenzioni su di me e su mia sorella Kristi, e in seguito sulla nostra sorella minore Libby. Presenza costante nelle nostre giovani vite, avrebbe avuto una profonda influenza sulle persone che saremmo diventati. Mi lesse storie prima ancora che fossi in grado di tenere un libro in mano e continuò a farlo negli anni successivi, facendomi scoprire classici come *Il vento tra i salici, Le avventure di Tom Sawyer* e *La tela di Carlotta*. Dopo la morte del nonno, mi insegnò a leggere, aiutandomi a scandire le parole di *The Nine Friendly Dogs, It's a Lovely Day* e altri libri che avevamo in casa. Quando avemmo letto tutti quei titoli, mi portò in macchina alla biblioteca pubblica nella zona nordest della città per fare il pieno di altri libri. Mi resi conto che leggeva molto e che era informata su ogni argomento.

Nel quartiere esclusivo di Windermere, a Seattle, i miei nonni avevano fatto costruire una casa abbastanza grande da accogliere nipotini e riunioni di famiglia. Gami continuò a viverci anche dopo la morte del nonno. A volte, nei weekend, Kristi e io stavamo da lei, facendo a turno per il privilegio di dormire nella sua camera. Chi non era di turno dormiva in una stanza attigua dove tutto, dalle pareti alle tende, era celeste. I lampioni e i fanali delle auto che passavano per la strada proiettavano ombre inquietanti sulle pareti di quella camera azzurra. Mi spaventava dormirci ed ero sempre felice quando toccava a me pernottare nella stanza di Gami.

I weekend dalla nonna erano speciali. La sua casa si trovava ad appena tre chilometri dalla nostra, ma passarci due giorni ci pareva una vacanza. C'erano una piscina e un minigolf, che il nonno J.W. aveva installato nel cortile laterale. Per noi era una festa anche che Gami ci permettesse di guardare la televisione, cosa che a casa nostra si faceva molto poco, seguendo regole rigidissime. La nonna era sempre pronta a soddisfare qualsiasi richiesta: grazie a lei, le mie sorelle e io diventammo accaniti giocatori che trasformavano qualsiasi gioco – «Monopoli», «Risiko», «Memory» – in uno sport competitivo. Per esempio, compravamo due scatole dello stesso puzzle per poter fare a gara a chi lo completava per primo. Ma sapevamo che cosa preferiva lei: quasi tutte le sere, dopo cena, dava le carte e, immancabilmente, vinceva.

Avevo circa otto anni quando, per la prima volta, cominciai a capire in che modo ci riusciva. Ricordo ancora quel giorno. Sono seduto davanti a lei al tavolo della sala da pranzo e ho al fianco Kristi. Nella stanza si vede una massiccia radio di legno che già da tempo è un cimelio del passato. Appoggiata a un'altra parete c'è una grande credenza dove Gami teneva i piatti speciali che venivano usati a cena tutte le domeniche.

Il silenzio è rotto solo dal colpo secco delle carte che sbattiamo sul tavolo nell'ansia di prendere a velocità supersonica ciò che serve e fare combinazioni. Stiamo giocando a *pounce*, una sorta di solitario di gruppo, molto veloce. Un vincitore seriale di *pounce* deve ricordarsi, oltre alle carte che ha in mano, quelle che appaiono nei singoli mazzetti di tutti i giocatori e quelle dei mazzi comuni sul tavolo. Aiuta molto avere una grande memoria di lavoro e la capacità di rilevare le corrispondenze e le combinazioni, ovvero di capire subito come una carta che compare sul tavolo possa sposarsi con quelle che abbiamo in mano. Ma io, a otto anni, non so nessuna di queste cose. So solo che, qualunque cosa occorra per attirare a sé la fortuna, Gami ce l'ha.

Fisso le mie carte, spremendomi le meningi per trovare combinazioni. Poi sento Gami dire: «Gioca il sei». E poco dopo: «Gioca il nove». Mentre gioca la propria partita, insegna a me e a mia sorella cosa fare. In qualche modo riesce a capire cosa sta accadendo al tavolo e sembra conoscere tutte le carte che ciascuno di noi ha in mano, e non è magia. Come ci riesce? Per qualsiasi giocatore, queste sono le basi: più si riesce a determinare quali carte ha in mano l'avversario, più si hanno probabilità di vincere. Tuttavia, per me a quell'età è una rivelazione. Capisco per la prima volta che, nonostante tutti i fattori impalpabili dovuti alla fortuna, in una partita a carte ci sono cose che si possono imparare per aumentare le proprie probabilità di vittoria. Mi rendo conto che Gami non ha solo fortuna o intuito, ma ha allenato il cervello. E lo potevo allenare anch'io.

Da quel momento, mi misi a giocare a carte con la consapevolezza che ogni mano servita mi offriva la possibilità di imparare: bastava non lasciarsela scappare. Anche la nonna lo sapeva, naturalmente, ma ciò non significava che mi spianasse la strada davanti. Avrebbe potuto prendermi in disparte e spiegarmi per filo e per segno tutte le mosse che si devono o non si devono fare in una partita, e la strategia e la tattica dei vari giochi. Ma questo non era nel suo stile. Gami non era didascalica: insegnava con l'esempio. Così facemmo tante, tante partite.

Giocammo a *pounce*, *gin rummy*, *hearts* e al mio preferito, *sevens*. Giocammo al suo preferito, una complicata versione di *gin rummy* che lei chiamava *coast guard rummy* (*rummy* della guardia costiera). Giocammo un po' anche a bridge. Dalla prima pagina all'ultima, seguimmo tutte le istruzioni del libro di Edmond Hoyle, affrontando giochi noti e meno noti, e perfino il pinnacolo.

Nel frattempo, io studiavo la nonna. In informatica esiste una cosa chiamata «macchina a stati», una parte di programma che, quando riceve un input, sceglie l'azione ottimale basandosi sullo stato di una serie di condizioni. Nel gioco delle carte, la nonna era dotata di una raffinatissima macchina a stati: il suo algoritmo mentale risolveva sistematicamente i problemi usando il calcolo delle probabilità, gli alberi di decisione e la teoria dei giochi. Non avrei saputo descrivere a parole questi concetti, ma a poco a poco cominciai a intuirli. Notai che anche in momenti molto particolari delle partite, come quelli in cui si presentava una combinazione di potenziali mosse e probabilità che era del tutto inedita per lei, faceva generalmente la scelta migliore. Se a un certo punto sacrificava una carta buona, in seguito vedevo che l'aveva fatto per un motivo preciso: preparare la strada alla vittoria.

Giocavamo, giocavamo e io immancabilmente perdevo. Ma osservavo e miglioravo. Per tutto quel tempo, Gami non smise mai di darmi il suo benevolo incoraggiamento. «Pensaci bene, Trey, pensaci bene» diceva, mentre soppesavo la mossa successiva. L'assunto implicito era che, se avessi ragionato e mi fossi concentrato a dovere, avrei capito quale carta sarebbe stato giusto giocare. E avrei potuto vincere.

Un giorno vinsi.

Non si suonò la grancassa. Non ci furono ricchi premi. Non ci demmo il cinque. Non ricordo nemmeno a che gioco giocassimo la prima volta in cui, nell'arco di una giornata, vinsi più partite di lei. So solo che la nonna era contenta. Rammento bene che sorrise, riconoscendo i miei progressi.

Alla fine – ci vollero circa cinque anni – cominciai a vincere in maniera sistematica. Ormai ero quasi un adolescente, per natura competitivo. Mi piacevano le sfide intellettuali, così come mi piaceva la sensazione profondamente gratificante che si prova quando si acquisisce una nuova competenza. Il gioco delle carte mi insegnò che, per quanto complessa o addirittura oscura possa apparire una certa cosa, spesso si è in grado di comprenderla. Il mondo può essere capito.

Sono nato il 28 ottobre 1955, secondo di tre figli. La prima, Kristi, nata nel 1954, aveva ventun mesi più di me, mentre la terza, Libby, non sarebbe comparsa sulla scena che dopo quasi un decennio. Quando ero molto piccolo mi soprannominarono «Happy Boy», cuor contento, perché facevo sempre dei gran sorrisi. Non che non piangessi, ma, a quanto pare, la gioia prevaleva su tutte le altre emozioni. Un'altra caratteristica che spiccava in me all'età del seggiolone era quello che potremmo chiamare «eccesso di vitalità». Mi dondolavo avanti e indietro, all'inizio su un cavallo a dondolo di gomma, per ore di seguito. Quando crebbi, continuai a farlo senza il cavallo: ogni volta che pensavo seriamente a qualcosa, mi dondolavo seduto su una sedia o in piedi. Il dondolio del corpo era una sorta di metronomo per il mio cervello, e lo è tuttora.

I miei genitori capirono quasi subito che il mio ritmo mentale era diverso da quello degli altri bambini. Kristi, per esempio, faceva quello che le veniva detto, giocava volentieri con i coetanei e fin dall'inizio ebbe ottimi voti a scuola. Io no. La mamma era preoccupata per me e avvertì le maestre della scuola materna, all'Acorn Academy, che ero un tipo particolare. Al termine del mio primo anno di asilo, la direttrice della scuola scrisse di me: «Intuendo che era assai diverso dalla sorella, sua madre ci aveva avvertito della sua particolarità. Concordiamo in pieno con lei al riguardo: il bambino ha cercato di farci capire in tutti i modi quanto poco interessato sia a qualsivoglia fase della vita scolastica. Non sa, né è interessato a sapere, come ritagliare qualcosa con le forbici o come infilarsi la giacca, ed è contentissimo di non saperlo». (Fa sorridere che oggi uno dei primissimi ricordi che Kristi ha di suo fratello sia la frustrazione di dover ogni volta fare la lotta con lui per infilargli il giaccone: era costretta a farmi sdraiare per terra affinché stessi abbastanza fermo da permetterle di tirarmi su la chiusura lampo.)

Il secondo anno di scuola materna, mi definirono «un bambino divenuto aggressivo e ribelle», un quattrenne che all'improvviso si metteva a cantare senza la musica e amava immaginare viaggi fantastici. Mi azzuffavo con gli altri bambini ed ero, scrisse la direttrice, «quasi sempre frustrato e scontento». Per fortuna le maestre si rincuorarono quando esposi loro i miei progetti per il futuro: «Ci sentiamo molto ben accette,» osservarono «dato che Bill ci ha incluso come passeggere sull'astronave che si propone di mandare sulla luna» (anticipai di qualche anno il discorso di Kennedy).

Educatori e genitori notarono fin dall'inizio i segni di quello che sarebbe poi diventato il mio carattere. La stessa, forte attenzione che mi induceva a cercare di decifrare l'enigma dell'abilità di Gami nei giochi di carte la concentravo su qualunque cosa mi interessasse, mentre non mi dedicavo per niente a ciò che non mi attirava. Le cose che mi interessavano erano la lettura, la matematica e pensare per conto mio. Le cose che non mi interessavano erano lo sport, il disegno, la scrittura, i rituali della vita quotidiana e della scuola, e quasi tutto quello che mia madre mi diceva di fare.

La lotta di papà e mamma con quel figlio intelligente, ipercinetico e spesso anche turbolento e bastian contrario, avrebbe assorbito gran parte delle loro energie durante la mia crescita, e condizionato in maniera sensibile la nostra famiglia. Oggi che sono grande, capisco meglio quanto i miei genitori siano stati essenziali nell'aiutarmi a seguire l'itinerario anticonvenzionale che avevo scelto per diventare adulto.

Mio padre era soprannominato «il gigante buono», perché era alto due metri e aveva modi quieti e cortesi che potevano stupire in un uomo che era spesso il più imponente di tutti nella stanza. Nel trattare con la gente aveva un modo diretto e deciso che era suo tipico e che ben si conciliava con la sua professione di avvocato specializzato in consulenze amministrativo-finanziarie per società e consigli d'amministrazione (in seguito sarebbe stato a capo della nostra fondazione filantropica). Benché gentile, non aveva timore nel chiedere ciò che voleva. Quando studiava all'università, la sua massima aspirazione era trovare una ragazza con cui andare a ballare.

Nell'autunno del 1946 rientrò nel novero degli ex combattenti che furono favoriti dal GI Bill, il generoso programma governativo che offrì a milioni di giovani la possibilità di conseguire un'istruzione che altrimenti non avrebbero potuto permettersi. A giudizio di mio padre, l'unico svantaggio era che il numero dei ragazzi nel campus dell'Università di Washington superava di gran lunga quello delle ragazze. Ciò significava che le probabilità di trovare una partner per il ballo erano scarse. A un certo punto chiese aiuto a un'amica di nome Mary Maxwell.

Sapendo che Mary era la segretaria di un'associazione universitaria femminile, la Kappa Kappa Gamma, papà le chiese se conosceva una ragazza che fosse interessata ad andare a ballare con un tipo molto alto come lui. Mary rispose che avrebbe verificato. Passò del tempo e non gli venne presentata nessuna studentessa. Un giorno, mentre passeggiavano insieme davanti alla sede della Kappa Kappa Gamma, papà domandò di nuovo a Mary se conoscesse qualche ragazza disposta a fargli da partner nel ballo.

«Ne ho in mente una» rispose lei. «Io.»

La mamma era alta un metro e settanta, e papà replicò che non aveva i requisiti necessari per ballare con lui. «Sei troppo bassa, Mary» disse.

Mia madre gli si avvicinò timidamente, si mise in punta di piedi, si portò la mano sopra la testa come a misurarsi, e replicò: «Non è vero, sono alta!».

Papà ha sempre sostenuto che, quando chiese a Mary se potesse presentargli una ragazza alta, non stava facendo il furbo per indurla a uscire con lui. Però successe che uscirono. «Ah, perbacco, allora proviamo a ballare!» esclamò. E, narrano gli annali, due anni dopo si sposarono.

Mi è sempre piaciuto ascoltare questa storia, perché fotografa alla perfezione la personalità dei miei genitori. Papà, deciso e nettamente pragmatico, a volte anche nelle questioni di cuore. Mamma, socievole e pure lei priva di timidezze nel cercare di ottenere ciò che voleva. È un bell'aneddoto, un distillato della storia intera, un racconto di differenze che andavano al di là della statura e che alla fine avrebbero contribuito a determinare chi sarei diventato.

Mia madre era meticolosa nell'annotare gli accadimenti della sua vita. Mise insieme volumi con le foto delle gite di famiglia e dei saggi musicali scolastici, e conservò album di ritagli di giornale e telegrammi. Di recente ho trovato una serie di lettere che i miei genitori si scambiarono l'ultimo anno prima del matrimonio, che fu celebrato nella primavera del 1951. Sei mesi prima delle nozze, dopo aver conseguito quello stesso anno la laurea in giurisprudenza, mio padre aveva trovato il primo impiego come avvocato nella sua città natale. La mamma frequentava ancora l'ultimo anno di università. In una lettera dell'ottobre 1950, lei esordisce augurandosi di riuscire, nelle pagine successive, a non lasciar trapelare il «turbamento emotivo» che le aveva procurato una loro conversazione del giorno prima. Non lo dice chiaramente, ma pare ci fossero state, durante il fidanzamento, alcune preoccupazioni in merito alla loro unione e al modo di colmare certe distanze. Spiegava Mary:

La mia conclusione oggettiva riguardo alla nostra relazione è che abbiamo tante cose in comune e questo è molto bello. In pratica, aspiriamo alla stessa vita sociale e alla stessa vita famigliare. Credo sia vero che desideriamo entrambi un rapporto molto stretto, ovvero essere una cosa sola. Benché proveniamo da ambienti sociali e famigliari diversi, sono convinta che riusciremo a comprendere i problemi causati da tali differenze, perché, come individui, siamo molto simili. Entrambi amiamo il confronto di idee, in altre parole amiamo pensare e imparare sempre... Entrambi abbiamo come obiettivo tutto il successo che si possa ottenere in maniera onesta e corretta. E per quanto lo apprezziamo molto, questo successo, né tu né io riteniamo sia così importante da essere perseguito al prezzo dell'umiliazione altrui. Vorremmo che i nostri figli condividessero i nostri valori fondamentali. I nostri «mezzi» potranno anche essere diversi, ma sono convinta che possiamo costituire un fronte compatto che rappresenti la sintesi tra i nostri due punti di vista... Tu lo sai, Bill, che se mi mostrerai sempre un amore sincero, io farò l'impossibile per te.

Ti amo

Mary

Intuisco dalla lettera che i miei genitori avevano delle divergenze su cui senza dubbio continuarono a trattare per tutta la durata della mia infanzia e anche oltre. Quasi sempre mantennero il «fronte compatto», cercando di risolvere in privato i contrasti, la maggior parte dei quali derivava dall'educazione che ciascuno di loro aveva ricevuto.

Mia madre, Mary Maxwell, era cresciuta in seno a una famiglia il cui ethos era stato dettato dal nonno J.W. Maxwell, un banchiere che stravedeva per lei e che fu un esempio di persona seriamente impegnata nel costante miglioramento delle proprie condizioni. Da ragazzino, nel Nebraska, J.W. aveva abbandonato la scuola e si era inventato come lavoro di scavare una cantina sotto la casa di proprietà di un banchiere locale, il quale, in cambio, gli aveva offerto un salario, più vitto e alloggio. Quando depose la vanga, due mesi dopo, il banchiere gli propose di lavorare nella sua banca. J.W. Maxwell aveva allora quindici anni. Per qualche tempo rimase in quell'istituto, studiandone il funzionamento, poi si trasferì nello Stato di Washington per iniziare una nuova vita. La crisi economica del 1893 cancellò la banca cui aveva appena dato vita, e la città costiera che contava sarebbe diventata florida andò invece in rovina. Alla fine ottenne un impiego stabile come ispettore federale. Fu perciò costretto a stare lontano dalla famiglia per molti mesi di seguito e a percorrere in lungo e in largo l'Ovest a cavallo, in diligenza o in treno per controllare la salute di piccole banche. Infine riuscì a fondare una banca tutta sua. Quando nel 1951 morì, all'età di ottantasei anni, il mio bisnonno era presidente di una grande banca di Seattle e una delle figure più autorevoli della comunità. Era stato anche sindaco della città, membro della legislatura di Stato, componente del comitato scolastico e direttore del ramo di Seattle della Federal Reserve Bank di San Francisco.

Grazie alle basi di agio e benessere create da J.W. Maxwell e consolidate da mio nonno, a sua volta banchiere, a mia madre da bambina non mancò niente. Era un'ottima allieva, brava in una gran quantità di sport e impegnata in mille attività con i famigliari e un'ampia cerchia di amici. Le domeniche erano dedicate ai picnic di famiglia, mentre in estate, nella casa di vacanza dei nonni al mare, sullo stretto di Puget, si dedicava a lunghe nuotate. Lo sport e le partite erano una parte essenziale di qualsiasi riunione (i più gettonati erano il croquet, lo *shuffleboard* e il lancio dei ferri di cavallo). Si dava poi per scontato che Mary dovesse imparare a giocare a tennis, andare a cavallo e sciare con eleganza. Nella famiglia Maxwell si era convinti che lo sport fosse una lezione di vita. Il golf, per esempio, aveva molte delle caratteristiche dell'attività bancaria: per l'uno e l'altra, scrisse il mio bisnonno, occorrevano «abilità, esercizio costante, sobrietà, pazienza, resistenza e vigilanza».

In uno degli album di famiglia c'è una foto di mia madre a tre o quattro anni. Alcuni genitori del quartiere avevano radunato i loro bambini, ciascuno sul triciclo, per farli fotografare. Sul retro dell'immagine Gami scrisse la storia di quella foto. Un bambino aveva il triciclo più grande di tutti, e mia madre gli chiese di scambiarlo con il suo perché desiderava salirci *lei*. In un modo o nell'altro riuscì a convincerlo. Nella foto che fu scattata alla fine, Mary è raggiante, seduta sul sellino del triciclo grande, una spanna più in alto di tutti gli altri bambini. La mamma non ha mai avuto paura di fare la parte del più forte e occupare spazio.

Con ogni probabilità, trasse la sua fiducia in se stessa e la sua ambizione per metà dai Maxwell e per metà da Gami, che, oltre ad avere al proprio attivo un formidabile intuito per le carte, i voti più alti alla maturità e ottimi risultati a pallacanestro, possedeva una vasta cultura e aspirava a una vita meno provinciale, lontano dalla piccola città natale. Conobbe mio nonno all'Università di Washington. Poi toccò a mia madre iscriversi nel 1946 alla stessa università, forte del sostegno di due genitori ambiziosi e della fiducia dell'intera famiglia nella sua capacità di eccellere.

Bremerton, la città natale di mio padre, sorge sullo stretto di Puget dalla parte opposta rispetto a Seattle. All'epoca era nota soprattutto per i cantieri navali militari, ed era famosa perché lì si mandavano a riparare le navi danneggiate nelle battaglie. Fino a non molti anni prima aveva avuto anche fama di essere una città di giocatori d'azzardo e di contare più saloon di quelli che un ubriaco potesse girare con il suo passo barcollante nell'arco di una giornata.

Quando diventammo un po' più grandi, Kristi e io cominciammo a prendere il traghetto per andare a trovare i genitori di papà a Bremerton. Dall'approdo all'abitazione in collina dov'era cresciuto nostro padre il tragitto a piedi era breve. Era una casetta azzurra in stile Craftsman, affacciata su una strada tranquilla. Di solito stavamo con i nonni una o due notti. Il nonno accendeva la tivù solo per guardare la boxe, in pratica l'unico diversivo che si concedesse. La nonna paterna, Lillian Elizabeth Gates, aveva la stessa passione per le carte della nonna Gami, e così spesso ci facevamo una partita. Come i nonni materni, pure quelli paterni erano adepti di Christian Science. Tra i miei ricordi delle visite ai nonni Gates c'è l'immagine di Elizabeth che ogni mattina, sorbendo una tazza di caffè in cucina, leggeva con calma al nonno la lezione biblica quotidiana di Mary Baker Eddy, la fondatrice del movimento.

Quando rievocava la propria infanzia, papà parlava sempre di suo padre con una certa tristezza. Lo descriveva come uno stacanovista che nella vita aveva dedicato ben poco spazio a tutto quanto esulava dal lavoro. Aveva ereditato dal mio bisnonno un negozio di mobili che era a malapena sopravvissuto alla grande crisi del 1929. La preoccupazione costante per le condizioni economiche della famiglia aveva fatto di lui un ostaggio del lavoro. Dietro la casetta azzurra c'era un vicolo dal quale un tempo mio nonno passava tornando dal negozio per poter raccogliere i pezzetti di carbone lasciati cadere dai camion delle consegne. Papà mi disse che suo padre non andava mai al cinema né lo portava alle partite di baseball: le considerava distrazioni che sottraevano tempo al negozio. Era sempre in uno stato di apprensione riguardo al futuro, mi confidò.

Sotto un certo profilo, non si poteva dargli torto. Da bambino il nonno aveva conosciuto la miseria a Nome, in Alaska, dove la sua famiglia aveva sbarcato a stento il lunario. Il mio bisnonno, infatti, il primo Bill Gates della famiglia, era andato laggiù a cercare fortuna durante la famosa corsa all'oro alla fine dell'Ottocento. Nonno Bill dovette abbandonare la scuola dopo la terza media per aiutare economicamente la famiglia. Faceva lo strillone per le strade ghiacciate di Nome e accettava qualunque lavoretto gli capitasse, mentre suo padre era lontano a cercare l'oro. Alla fine tornarono a Seattle, dove il bisnonno si mise a commerciare in mobili. La situazione famigliare migliorò, ma le preoccupazioni che gli anni dell'Alaska gli avevano causato non si sopirono mai del tutto.

Papà diceva inoltre che il nonno aveva una mentalità assai ristretta, secondo lui dovuta in parte alle sue insicurezze. Non avendo seguito un ciclo completo di studi, il nonno si aggrappava a quelli che mio padre definiva i suoi assiomi, ovvero regole rigide sul mondo e la vita. «Impara a guadagnare, figliolo, impara a guadagnare» ripeteva al ragazzo. Per lui, l'istruzione serviva solo ad acquisire le competenze necessarie a trovare un lavoro: nient'altro.

Anche la nonna, che andava molto fiera di essere stata la seconda miglior diplomata alla maturità e di avere per questo pronunciato il discorso di apertura alla cerimonia di conferimento dei diplomi, aveva un suo assioma che influenzò le idee di mio padre in merito al miglioramento delle proprie condizioni sociali: «Più sai, più sai di non sapere». Ma le cose non furono sempre facili, per lei, a casa. Proprio all'epoca in cui le donne vedevano schiudersi nuovi orizzonti nella società, il nonno era cristallizzato nella sua mentalità passatista. Non permise alla figlia maggiore, Merridy, di prendere la patente. Non lo sfiorò nemmeno l'idea di mandarla all'università. Secondo lui, alle donne toccava solo occuparsi dell'economia domestica.

Papà si rendeva perfettamente conto del divario intellettuale che c'era tra lui e il genitore. Benché non fosse analfabeta, suo padre non sapeva praticamente leggere, mentre papà voleva usare la testa e andare al college. Non intendeva rassegnarsi a entrare nel commercio di mobili, come aveva deciso per lui il padre.

Di fianco alla casa in cui abitava la famiglia Gates c'era una villa che pareva uscita da una fiaba: un edificio in parte intonacato e in parte di mattoni a vista, in stile normanno, con vetri istoriati alle finestre e una torretta dal tetto a punta. Era talmente diversa dalle modeste casette in stile Craftsman da cui era circondata che la gente del quartiere l'aveva soprannominata «il castello». Il viaggio di mio padre verso una vita meno meschina iniziò quando gli capitò di fare visita al castello, dove abitava la famiglia Braman. Jimmy, il loro primogenito, fu il suo migliore amico negli anni della crescita. Erano sempre insieme. Papà si stupiva della capacità di Jimmy di tirar fuori da un'idea balzana qualcosa di pratico, e i due bambini passavano le giornate a fare ogni sorta di progetti e attività. Misero in piedi una bancarella di hamburger nel cortile anteriore del castello, e organizzarono uno spettacolo circense in quello posteriore. È divertente pensare che gli altri bambini pagassero per vedere mio padre sdraiarsi a torso nudo su un letto di chiodi. Pubblicarono anche un giornalino, «The Weekly Receiver», dove, per pochi centesimi, i settanta abbonati leggevano notizie prese dalla radio e apprendevano il risultato finale delle partite delle squadre scolastiche di football e baseball locali.

Papà diventò il figlio adottivo dei Braman. Nel padre di Jimmy trovò un mentore e un modello del tipo di persona che sarebbe potuto diventare. Dorm Braman, che non aveva portato a termine le scuole superiori, aveva fondato la più grande falegnameria di Bremerton, sarebbe poi diventato un ufficiale di marina, sarebbe stato eletto sindaco di Seattle e infine avrebbe ricevuto la nomina a sottosegretario ai Trasporti nell'amministrazione Nixon. Aveva progettato e costruito lui, con le proprie mani, la sua casa così peculiare.

Dorm, mi disse mio padre con ammirazione, non riteneva che «vi fosse alcun limite alle possibilità di una persona di affermarsi». Era l'ethos che trasmise ai maschi della sua famiglia e al suo gruppo scout, cui mio padre si unì non appena compì dodici anni.

Pur avendo abbandonato entrambi gli studi, mio nonno e Dorm avevano affrontato le difficoltà della vita in modo completamente diverso, e in modo completamente diverso si comportarono quando si trattò di coglierne le occasioni. Mio nonno visse in uno stato di perpetua ansia, aggrappandosi alle sue regole rigide, mentre Dorm, anziché recriminare su ciò che gli mancava, si concentrò su ciò che sarebbe potuto diventare. Papà preferiva la visione del mondo di Dorm a quella del suo stesso padre.

Nell'autunno del terzo anno di scuola superiore, papà prese 85 dollari dal cassettone della sua camera da letto, superò i quattro isolati che lo separavano da un venditore di auto usate e comprò una Ford Model A coupé del 1939 dotata di pneumatici con camera d'aria. Suo padre non gli permetteva di guidare l'auto di famiglia (troppi rischi per un adolescente). Siccome, dal punto di vista legale, papà in quanto minorenne non poteva comprare una macchina, fu sua sorella a firmare il contratto d'acquisto. E forse fu sempre la sorella a pagare. (A volte, quando raccontava la storia, mio padre diceva che gli aveva addirittura comprato l'auto come regalo di compleanno.)

Papà fece questo sapendo benissimo che suo padre si sarebbe arrabbiato, e non solo con lui. Il nonno non avrebbe mai speso soldi per comprare una macchina al figlio. E adesso mia zia, a cui era stato proibito di prendere la patente, aveva un'auto intestata a lei.

Papà guidò fino a casa e annunciò con nonchalance di essere l'orgoglioso proprietario di una coupé scassata color verde chiaro. Allarmata dalle loro urla davanti al portone, la nonna costrinse marito e figlio a entrare in casa, sedersi a un tavolo e fare la pace. Papà dichiarò che mantenere la macchina non sarebbe costato molto e alla fine convinse suo padre a fare con lui un giro sulla Ford Model A. Mi piace figurarmeli insieme sulla coupé, il vecchio irremovibile che alla fine cede di fronte all'entusiasmo di suo figlio. Quella notte papà si alzò dal letto due volte per andare a sbirciare il suo acquisto. «Non stavo più nella pelle: finalmente l'indipendenza!» scrisse in una tesina universitaria.

Battezzò la macchina Clarabelle, un nome che riteneva adatto a un'automobile di mezz'età. Clarabelle gli diede la libertà, permettendogli di uscire con le ragazze, andare alle partite di football e raggiungere i posti più adatti alla pesca. A volte fino a dieci persone si stringevano sul sedile posteriore esterno, dondolando le gambe sopra il parafango mentre la Ford sferragliava per le strade di Bremerton e sui sentieri accidentati nei boschi fuori città.

All'epoca papà cominciò ad allontanarsi da Christian Science e a mettere in discussione la religione in generale. All'ultimo anno di liceo, assieme a due suoi amici, cominciò a passare le domeniche sera a casa di Ken Wills, che allenava la squadra di basket ed era un personaggio carismatico della loro scuola. La domenica Wills apriva la palestra a chiunque preferisse giocare a pallacanestro anziché andare in chiesa. La sera papà e i suoi amici lo ascoltavano esporre le sue idee, ovvero che dovevano mettere in discussione l'Antico Testamento e la stessa esistenza di Dio.

Da quasi due anni gli Stati Uniti erano impegnati nel secondo conflitto mondiale e molti amici di mio padre, oltre che la maggior parte degli uomini sotto i quarant'anni ancora in patria, si preparavano ad andare in guerra. Nel cielo sopra Bremerton erano sospesi grandi palloni di sbarramento che avevano lo scopo di sventare un attacco di bombardieri giapponesi. Ai piedi della collina, nel cantiere navale di Bremerton, furono riparate la corazzata *Tennessee* e le altre navi che erano sopravvissute a Pearl Harbor. Dopo aver conseguito il diploma di scuola superiore, papà entrò nell'Army Reserve, la forza di riserva dell'esercito, il che gli permise di frequentare l'Università di Washington finché non fosse stato chiamato alle armi. La cartolina precetto arrivò alla fine del primo anno d'università. Nel giugno 1944, una settimana dopo che centinaia di migliaia di soldati americani erano sbarcati sulle spiagge della Normandia, papà si presentò all'addestramento reclute in Arkansas.

Fu lì che decise di cambiarsi il nome. Sul certificato di nascita era scritto «William Henry Gates III», che gli suonava troppo altisonante per il figlio di un venditore di mobili. Convinto che sentendo il pomposo suffisso «terzo» i sergenti istruttori e le altre reclute lo avrebbero preso in giro e magari bullizzato, presentò formale richiesta perché fosse eliminato e sostituito con «junior».

Riconosco mio padre quando leggo le parole del diciannovenne che scriveva frequenti lettere a casa dall'Arkansas e, in seguito, dalla scuola allievi ufficiali. È spiritoso e consapevole di sé, spiega che si impegna parecchio e mostra un affetto profondo per la famiglia lontana. Fa capire in tutte le missive di essere assai frustrato perché i piani incerti dell'esercito gli rendono oltremodo difficile organizzare una visita a casa. Fa battute, e si dice dispiaciuto di dover chiedere alla famiglia altri soldi per alcune piccole spese (biancheria intima) e perché ha prestato 15 dollari a un'altra recluta. Soprattutto, riflette sulla sua vita. La disciplina militare è dura, dice, ma è un'esperienza che lo aiuta a crescere e a cercare di migliorarsi. È stupito dal nuovo mondo che ha scoperto nell'esercito: giovani di tutti gli ambienti, alcuni poveri, altri ricchi, certuni di colore. Con alcuni ragazzi del Sud discute della guerra di secessione.

La scuola ufficiali sottoponeva i ragazzi a esami periodici: se non si superavano le prove, si veniva sbattuti fuori. A ogni verifica, papà vedeva la sua classe diventare sempre meno numerosa. Ogni volta che ne superava una, si preoccupava di quella successiva, in particolare le flessioni sulle braccia, le trazioni alla sbarra, i cento metri strisciando e altri esercizi atletici. Quando si era arruolato, scrisse a casa, era «praticamente uno smidollato», mentre «adesso ho l'impressione di essere diventato un uomo anziché un ragazzo. Se mi cacciassero di qui, so che non mi riprenderei più. Se ce la farò, penso che affronterò tutte le prove della vita con più fiducia e forza d'animo. Anzi, sono sicuro che sarà così. A parte l'aspetto psicologico, devo dire che fisicamente non sono mai stato così in forma».

Ce la fece, ottenendo il grado di sottotenente, e il 15 agosto 1945, quando il Giappone si arrese, si trovava a bordo di una nave diretta nelle Filippine. Per la maggior parte del suo periodo sotto le armi prestò servizio nel primo gruppo di militari americani a Tokyo. Nelle lettere rivelava di essere stato colpito dagli incredibili contrasti, come la bellezza di un'arrampicata sul monte Fuji di buon mattino e le condizioni sciocanti della città dopo le bombe incendiarie americane, che avevano bruciato le case e ridotto i palazzi a vuoti gusci di cemento.

Papà non parlò quasi mai con noi della sua esperienza nell'esercito. Sapeva di essere stato fortunato. La scuola ufficiali lo aveva tenuto per sei mesi lontano dai campi di battaglia, poi la bomba atomica pose fine alla guerra. Molti suoi amici non ebbero altrettanta fortuna, e quelli che riuscirono a tornare in patria si portarono dietro gli orrori del conflitto. Un amico dei miei genitori che abitava vicino a noi a Seattle era sopravvissuto pur essendo stato colpito alla testa. Conservava l'elmetto sfondato e la medaglia al valore appesa al muro. Quando gli si facevano domande in merito, papà rispondeva che il servizio militare era stato per lui davvero fondamentale, ma il discorso finiva lì.

Una volta tornato negli Stati Uniti, non vedeva l'ora di laurearsi, iniziare una carriera e anche... andare a ballare.

I miei genitori avevano fatto amicizia mentre erano entrambi attivisti volontari del consiglio studentesco. Siccome l'ASUW, l'associazione studentesca dell'Università di Washington, era un organo collegiale ma anche un circolo sociale, papà e mamma ebbero molte occasioni di passare del tempo insieme. In quel periodo l'ASUW si opponeva alla decisione, presa parecchio tempo prima dal consiglio d'amministrazione dell'università, di vietare i discorsi politici nel campus. Mio padre, infuriato per quel divieto di vecchia data, si adoperò perché fosse tolto, ma senza successo.

Diversamente da quello che sarebbe diventato il suo ragazzo, il quale preferiva manovrare dietro le quinte, mia madre amava stare al centro del palcoscenico e amava ancora di più esservi posta da studenti e studentesse come lei. Con la sua tipica determinazione, al terzo anno di università gestì una campagna molto ben organizzata con cui si candidò a diventare la segretaria del consiglio studentesco. Scrisse anche una canzoncina per la campagna (aiutata dalla rima tra *Mary* e *secretary*) e fornì ai suoi sostenitori un copione standard a cui fare riferimento quando avessero telefonato agli studenti sollecitando il voto per lei. Il giorno dell'elezione, controllò meticolosamente come avevano votato i cinquemila universitari che si erano presentati al seggio. Aveva battuto con un ampio margine qualsiasi concorrente.

In un album conservò i telegrammi di congratulazioni di amici e famigliari e un biglietto scritto a mano dalle sue consorelle dell'associazione universitaria femminile. Conservò anche una lettera in cui suo nonno elencava i grandi successi ottenuti dalla nipote quella primavera: era stata eletta segretaria del consiglio studentesco e presidente della confraternita femminile, e in più aveva vinto una gara di sci. Come premio per le tre vittorie, il nonno accludeva un assegno di 75 dollari (un migliaio di dollari di oggi) e si congratulava con lei per «essere salita alla ribalta».

Non faccio fatica a immaginare come i miei genitori siano diventati amici. La mamma, con il suo calore umano e la sua gentilezza, aveva una capacità quasi magica di comunicare con gli altri. Se qualcuno andava a una festa senza conoscere nessuno, lei era la prima a tendergli la mano, dargli il benvenuto e presentarlo agli altri ospiti nella sala. Una volta il pastore della nostra chiesa disse che mia madre «non considerava mai nessuno una persona di scarsa importanza».

Me la figuro mentre cerca di strappare qualche parola al gigante pelle e ossa di nome Bill Gates junior. Vede che è un tipo riservato e cerca di capire che storia abbia alle spalle, di dove sia, chi siano i suoi amici e quali idee e sentimenti abbia. Scopre presto che c'è un terreno comune: le persone e i problemi del consiglio studentesco. Conduce la sua indagine senza civetterie. Bill ha due anni più di lei e si sta già stempiando. Non è bello nel senso canonico del termine. Invece il ragazzo che Mary sta frequentando in quel momento lo è: nelle foto ha lineamenti più marcati di mio padre e un aspetto banalmente attraente.

Tuttavia, Mary è affascinata da Bill. Quando parla, lui non dice mai una parola di troppo. È logico, chiaro, analitico. Vi sono persone come Dorothy, la migliore amica di Mary, che pensano a voce alta. Quel giovanotto, invece, quando si esprime mostra una saggezza che lo fa apparire più maturo e riflessivo degli altri. Inoltre, è spiritoso. Ha un sorriso aperto ed è una persona allegra.

Da parte sua, mio padre è attratto dall'energia e dalla viva intelligenza di mia madre, e apprezza anche che lei non abbia paura di esprimere la propria opinione nemmeno quando si tratta di dire agli altri cosa sarebbe il caso che facessero. «Bill, credo sarebbe un'ottima idea se tu...» è probabilmente una frase che Bill junior cominciò a sentire subito dopo averla conosciuta.

Infine, ballavano bene insieme.

L'album fotografico di Mary Maxwell racconta il resto della loro storia. A partire dalla primavera del 1948, nelle foto Mary appare ai balli, ai party e ad altri eventi universitari con il tizio bello e banale, ma all'inizio del 1950 deve averlo scaricato, perché l'Adone insipido non c'è più, solo una foto che sembra da fidanzamento semiufficiale: quelli che sarebbero diventati mio padre e mia madre sono seduti a un tavolino e sorridono all'obiettivo della macchina fotografica. Papà si laureò quella primavera, conseguendo contemporaneamente una laurea di primo livello e una di secondo in giurisprudenza grazie a un corso accelerato offerto ai veterani. La mamma si laureò un anno dopo in pedagogia.

Evidentemente riuscirono a sanare i contrasti che erano trapelati dalle loro lettere, perché nel maggio 1951 si sposarono. Presto Mary raggiunse il marito a Bremerton, dove lui aveva cominciato a lavorare per un avvocato del luogo che svolgeva anche le funzioni di procuratore civico. Oltre ad aiutare la gente a sbrigare procedure di divorzio, papà doveva fare il pubblico ministero nelle cause in cui era coinvolta la polizia municipale. Nel frattempo, la mamma cominciò a insegnare alla scuola media inferiore che aveva frequentato papà.

Dopo due anni trascorsi a Bremerton, la speranza di un impiego migliore e di una vita sociale più stimolante li indusse a tornare a Seattle. Pochi mesi dopo la mia nascita ci trasferimmo di nuovo, in una casa appena costruita a View Ridge, un'area nella parte settentrionale della città dotata di una scuola elementare, un parco per bambini e una biblioteca rionale, tutti raggiungibili a piedi. L'intero quartiere era ancora in costruzione quando arrivammo. Conservo un filmino che mio padre girò subito dopo il trasloco. Si vede un cortile di terra battuta dove non era ancora stata piantata l'erba. Mia sorella gira in triciclo su un marciapiedi così pulito che il cemento sembra quasi liquido. Dall'altra parte della strada è visibile la struttura in legno di un edificio in costruzione. Guardando il filmino, mi colpisce il fatto che tutto sembri nuovissimo, quasi che l'intero quartiere fosse stato appena edificato per noi bambini.

II
View Ridge

Dapprima ci fu un botto, poi la casa tremò tutta. La mamma, che aveva appena salutato Kristi, me e la baby-sitter, stava uscendo per andare a cena fuori con papà. Quando iniziò il tremito si fermò di colpo, con la mano ancora sulla maniglia della porta. In quell'istante vedemmo, dalla finestra posteriore, la tettoia del garage volare sopra la casa e ripiombare nel cortile sul retro, abbattendo il reticolato del nostro vicino.

La mamma ci fece subito scendere in cantina, dove ci stringemmo accanto alla scorta di carne in scatola e alle altre provviste accumulate nell'eventualità di un attacco nucleare. Nel 1962 l'esplosione di una bomba sembrava assai più probabile che vedersi sconvolgere il venerdì sera da un tornado, il primo negli annali di Seattle. Si formò proprio nel quartiere di View Ridge, atterrò sulla nostra strada e attraversò come una freccia il nostro cortile prima di dirigersi verso il lago Washington, dove sollevò un pennacchio d'acqua alto una trentina di metri. Si placò in un quarto d'ora. Miracolosamente non vi furono feriti. A parte qualche albero sradicato e qualche finestra rotta, i danni nel quartiere si risolsero in pratica nel nostro garage scoperchiato. Il «Seattle Post-Intelligencer» mandò un cronista e un fotografo. Mia madre incollò nell'album, assieme agli altri miei ricordi d'infanzia, la foto che accompagnava l'articolo (un bambino del quartiere in posa sopra le macerie della rimessa).

Mio padre avrebbe voluto invitare a un barbecue gli amici per mostrare loro l'ammasso di pezzi di legno, aste di metallo e grumi di catrame che erano stati fino a poco tempo prima il nostro garage, ma mia madre disse di no. Era ancora scossa. Se avesse aperto la porta di casa anche solo pochi secondi prima, chissà cosa sarebbe successo a lei e a noi. Inoltre, nessuna famiglia rispettabile avrebbe festeggiato un evento del genere: sarebbe parso inappropriato. Invitare gente per un'occasione del genere non corrispondeva all'immagine che la mamma voleva dare della famiglia Gates.

Mia sorella Kristi e io (e in seguito Libby) facevamo parte dell'esercito di bambini battezzati «baby boomer», nati nel periodo di prosperità e ottimismo seguito alla seconda guerra mondiale. Si era in piena guerra fredda e da poco si era costituito il movimento per i diritti civili. Qualche settimana dopo il tornado di Seattle, Kennedy si scontrò con Chruščëv per la questione dei missili sovietici dispiegati a Cuba. L'ultimo giorno di quella crisi, mentre il mondo sembrava sull'orlo di una conflagrazione nucleare, nel soggiorno di casa nostra io stavo aprendo i regali del mio settimo compleanno. Dieci mesi dopo, duecentocinquantamila persone marciavano su Washington, dove Martin Luther King disse che «aveva un sogno», quello che un giorno gli Stati Uniti diventassero un paese in cui tutti gli uomini fossero uguali.

Avevo una consapevolezza solo frammentaria di questi avvenimenti storici. Mi limitavo a cogliere nomi e parole quando i miei genitori guardavano «CBS Evening News» o parlavano tra loro di articoli letti sul «Seattle Times». A scuola gli insegnanti proiettavano terrificanti documentari che ci mostravano il fungo atomico e ciò che aveva provocato a Hiroshima. E ci consigliavano, in caso di attacco nucleare, di buttarci a terra e cercare riparo. Ma a un bambino di View Ridge tutto quel vasto mondo sembrava astratto. In pratica la distruzione del garage esterno era l'avvenimento più drammatico della nostra vita. La fiducia era di gran lunga il sentimento più diffuso in famiglie come la nostra. I nostri genitori e tutti gli altri del quartiere avevano vissuto la grande crisi del 1929 e la seconda guerra mondiale. Era chiaro a tutti che l'America si trovava in pieno boom economico.

Come il resto del paese, anche Seattle si stava rapidamente espandendo nei suoi sobborghi. Campi e boschi furono spianati con i bulldozer per fare spazio ad abitazioni e centri commerciali. Nella nostra città la trasformazione era cominciata già durante la guerra, quando un'industria locale, la Boeing, era diventata la più grande produttrice di aerei da combattimento. Io sono nato proprio quando la Boeing varò il primo servizio di linea, e negli anni successivi viaggiare in aereo divenne una routine, anziché qualcosa di sporadico com'era stato fino ad allora.

Dalla finestra della mia camera da letto udivo i colpi delle mazze da baseball provenienti dal View Ridge Playfield, il campo che si trovava dal lato opposto della casa attigua alla nostra. Quando, nel 1960, cominciai a frequentare le elementari di View Ridge, la scuola aveva appena realizzato una nuova ala per accogliere gli oltre mille scolari e presto si sarebbe dovuto costruire un'altra scuola elementare nelle vicinanze. A dieci isolati da casa nostra, su in collina, la succursale di nordest della biblioteca pubblica di Seattle vantava la più poderosa selezione di libri per l'infanzia dell'intero sistema bibliotecario cittadino. Quando aveva aperto i battenti, l'anno prima che nascessi, la fila di bambini che si era presentata alle sue porte arrivava fino alla strada. Per tutti gli anni della mia infanzia la biblioteca sarebbe diventata per me una sorta di circolo privato, e a lungo fu il posto che preferivo al mondo.

La comunità di View Ridge era composta da uomini d'affari, medici, ingegneri e avvocati che, essendo come mio padre veterani della seconda guerra mondiale e avendo usufruito del GI Bill, erano riusciti ad andare all'università e a stabilirsi nel nord di Seattle, dove facevano una vita migliore di quella dei loro genitori. Era una zona abitata da famiglie bianche di ceto medio. Se fossi nato nero nella Seattle del 1955 non avrei abitato a View Ridge. Nel nostro quartiere e in quelli limitrofi negli anni Trenta erano state varate delle normative in base alle quali nessun «non bianco» poteva «risiedere» nelle case comprese in quel perimetro (a meno che non facesse parte del personale di servizio). Benché a simili orrende restrizioni avesse tecnicamente posto fine, nel 1948, la Corte Suprema, Seattle continuò per un pezzo a praticare la segregazione, e le persone di colore furono costrette ad abitare perlopiù a sud, nella zona industriale della città.

Il lancio nello spazio dello *Sputnik* russo, nel 1957, indusse gli Stati Uniti a finanziare maggiormente la scienza e la tecnologia, e a fondare la NASA e quella che all'epoca fu chiamata Advanced Research Projects Agency (Agenzia per i progetti di ricerca avanzata) o ARPA. Parte di quel denaro finì anche nelle casse del centro di Seattle, perché era lì che la città progettava di ospitare la prossima esposizione universale, denominata «Century 21». Presto l'Expo si trasformò in una risposta alla Russia, ovvero in una vetrina con cui l'America mostrava la sua capacità e la sua visione del futuro in campi come lo spazio, i trasporti, il calcolo elettronico e la medicina, e si proponeva come elemento pacificatore nello scacchiere mondiale. I bulldozer rasero al suolo intere file di case di famiglie povere per fare spazio al polo fieristico. Da uno schizzo disegnato su un tovagliolo nacque lo Space Needle, l'«ago spaziale» alto 183 metri.

«Ciò che esponiamo è stato ottenuto con un grande sforzo nei settori scientifico, tecnologico e industriale» disse, inaugurando la fiera, il presidente Kennedy in collegamento satellitare dalla Florida. «E questa esposizione è un simbolo dello spirito di pace e cooperazione con cui ci prepariamo ad affrontare i decenni a venire.»

Giorni dopo la mamma mi infilò una camicia button down e una giacca blu, e insieme a lei, a mio padre e a mia sorella, tutti vestiti eleganti come me, andai al Century 21. Vedemmo il modulo spaziale del programma Mercury, che aveva appena portato il primo americano nello spazio. Allo Spacearium facemmo il giro del sistema solare e della Via Lattea. Contemplammo il progetto futuristico della Ford, la «Seattle-ite XXI», un'auto a sei ruote alimentata a energia nucleare, e l'idea dell'IBM di un computer a buon mercato, l'IBM 1620 da 100.000 dollari. In un breve documentario intitolato *The House of Science* si descrivevano i progressi del pensiero umano, partendo dai primi matematici della storia per finire alle nuove strade aperte dagli uomini (sarebbe passato molto tempo prima che fosse dato il minimo riconoscimento anche ai contributi delle scienziate donne) in campi come la biologia, la fisica, la geologia e l'ingegneria elettronica. «Lo scienziato considera la natura come un insieme di puzzle» proclamava la voce fuori campo. «Egli è convinto che vi sia un ordine alla base dell'universo.» Anche se non capivo i singoli problemi, afferrai l'idea generale: gli scienziati sapevano cose importanti. Nei quattro mesi dell'esposizione tornammo più volte a visitare gli stand. Entrammo in ogni padiglione e provammo ogni attrazione. Assaggiai i waffle belgi, introdotti per la prima volta negli Stati Uniti proprio all'Expo, e constatai che erano squisiti.

Ecco quale versione darebbe Hollywood della mia storia: affascinato, a poco meno di sette anni, dal padiglione dell'IBM, si innamorò dei computer e continuò ad amarli per tutta la vita. Forse è stato così per altri bambini. Paul Allen, mio socio nella fondazione di Microsoft, confessa che l'esposizione ebbe il merito di farlo appassionare ai computer, proprio come certi musicisti in erba si appassionano in tenera età al violino e non lo abbandonano più. Nel mio caso, però, non andò così. Mi innamorai delle temerarie coppie di sciatori nautici e contemplai ammirato lo spettacolo di Seattle vista dallo Space Needle. Ma la cosa più bella, almeno dal mio punto di vista, fu il Wild

Mouse Rider, un marchingegno simile alle montagne russe che lanciava delle macchinine biposto d'acciaio, e i loro passeggeri, in un percorso tutto curve. Ricordo di essermi divertito talmente tanto che ridevo e sorridevo come un matto. Aveva tutta l'aria di una faccenda rischiosa e accese in me un amore per l'ottovolante che non mi abbandonò mai più.

È però indubbio che la visione tecnologico-ottimistica della grande fiera mi influenzò. A un'età in cui si è molto suggestionabili, il messaggio dell'Expo 1962 fu chiarissimo: avremmo esplorato lo spazio, debellato le malattie, reso i viaggi più facili e veloci. La tecnologia significava progresso e, messa nelle mani giuste, avrebbe favorito la pace. In autunno, tutti noi Gates ci radunammo davanti al televisore quando il presidente Kennedy disse che l'America aveva «deciso di andare sulla luna», e che bisognava mettere insieme tutte le forze e le competenze necessarie a garantirci un futuro audace. Giorni dopo, guardammo la prima puntata dei *Pronipoti*, una versione a cartoni animati di quel futuro, con macchine volanti e cani robot. Dal giornalista televisivo Walter Cronkite e dalla rivista «Life» arrivava intanto un flusso costante di notizie sulle nuove meraviglie: il primo laser, le prime audiocassette, il primo robot uscito da una fabbrica, il primo chip di silicio. Chiunque fosse stato bambino a quell'epoca non poteva non provare grande entusiasmo davanti a un simile scenario.

Il clima di ottimistica fiducia in un progresso illimitato fece da sfondo alla mia infanzia e all'ambizione che la mamma nutriva per noi. Mio padre e mia madre hanno contribuito in egual misura alla mia crescita, ma è stata mia madre a metterci l'orologio di otto minuti avanti, affinché seguissimo il suo, di tempo.

Fin dall'inizio Mary ebbe grandi aspirazioni per la sua famiglia. Voleva che suo marito avesse molto successo, un successo non tanto finanziario quanto di reputazione, di partecipazione responsabile alla vita della comunità locale e di contributo a una più ampia cerchia di organizzazioni civiche e senza fini di lucro. Sognava figli che eccellessero a scuola e negli sport, fossero socialmente attivi e perseguissero i loro obiettivi, quali che fossero, in maniera completa e sistematica. Dava per scontato che sarebbero andati tutti all'università. Il suo ruolo in questo programma era quello di madre e socia sostenitrice, oltre che di forza indipendente che alla fine si sarebbe costruita una propria carriera. Anche se non lo disse mai apertamente, ho il sospetto che avesse scelto come modello per i Gates una delle famiglie più famose dell'epoca: i Kennedy. All'inizio degli anni Sessanta, prima di tutti i guai e le tragedie che sarebbero capitati al famoso clan, i Kennedy erano il tipico esempio di famiglia americana bella, attiva, sportiva, vincente e con tutti gli ingredienti del successo (varie amiche paragonavano Mary Maxwell Gates a Jackie Kennedy).

Nella vita quotidiana seguivamo il complesso di routine, tradizioni e regole imposto da nostra madre. Come diceva papà, Mary gestiva «una famiglia ben organizzata». Aveva un'idea molto precisa di ciò che era giusto o sbagliato, e la applicava in tutti i settori della vita, dalle questioni più banali alle decisioni e ai progetti più importanti. Le normali faccende quotidiane, come rifare i letti, pulire le stanze, lavarsi, vestirsi e prepararsi per la giornata, erano dei veri e propri rituali sacri. Non si usciva di casa se prima non si era rifatto il letto, ci si era pettinati e ci si era messi una camicia stirata. I suoi editti, che mi furono ripetuti per tutta l'infanzia, oggi fanno parte integrante di me, anche se a volte non li osservo: «Non si mangia davanti alla televisione», «Non si mettono i gomiti sul tavolo», «Non si porta in tavola la bottiglietta del ketchup» (perché non stava bene versare la salsa direttamente dalla bottiglia nel piatto: bisognava metterla in piattini da cui prelevarla con il cucchiaino). Per la mamma, questi piccoli riti erano il fondamento di una vita ordinata.

In prima elementare, e poi in seconda, nel 1962, andavo a piedi con Kristi fino al poggio su cui sorgeva la scuola elementare di View Ridge, dove mia sorella, scolara eccellente, aveva fatto sperare alle maestre che lo sarei stato anch'io. Kristi era una che seguiva le regole. Controllava il tachimetro dal sedile posteriore della nostra auto, e ogniqualvolta nostro padre superava il limite di velocità lo avvertiva. A scuola seguiva attenta le lezioni, era gentile con le insegnanti, terminava sempre i compiti puntualmente e, particolare più importante di tutti, aveva bellissimi voti.

Io ero diverso, cosa di cui del resto la mamma si era resa conto al punto da preavvertire le maestre della scuola materna. Nei primi anni delle elementari lessi molto per conto mio, a casa. Mi piaceva cercare di imparare da solo. Mi gratificava la sensazione di assimilare in fretta nuovi dati e potermi divertire a leggere libri per bambini. La scuola, invece, mi pareva una noia. Facevo fatica a interessarmi a ciò che studiavamo, e vagavo sempre col pensiero. Quando qualcosa catturava finalmente la mia attenzione, ero capace di balzare su dalla sedia, alzare convulsamente la mano e urlare la risposta. Non che fosse mia intenzione provocare disordine: è che mi lasciavo facilmente prendere da un irrefrenabile entusiasmo. Nello stesso tempo, sentivo di non essere in sintonia con gli altri bambini. Poiché compivo gli anni verso la fine di ottobre, ero più basso e magrolino degli altri, e avevo una voce particolarmente acuta e stridula. Ero timido nell'approccio con i miei coetanei, e continuavo a dondolarmi avanti e indietro sulla sedia.

Avevo l'impressione che i miei genitori parlassero con le maestre più spesso di quanto non facessero quelli degli altri bambini. Le altre famiglie invitavano a cena le insegnanti dei figli all'inizio dell'anno scolastico, come accadeva a casa mia? Credo di no. Per i miei genitori quell'invito era assolutamente normale e dimostrava quanto si impegnassero nella nostra educazione. Per Kristi e me era particolarmente imbarazzante. Ci sembrava innaturale vedere la maestra mangiare alla nostra tavola. Nel corso degli anni un'unica insegnante rifiutò l'invito, temendo che farsi servire un piatto di pasta al forno con tonno e verdure da nostra madre le causasse un conflitto d'interessi. (Aspettò la fine della scuola, prima di accettare.)

Papà e mamma non pretendevano esplicitamente che avessimo buoni voti. Capivamo quali fossero le loro aspettative soprattutto quando la mamma parlava delle altre famiglie. Se il figlio o la figlia di amici non andava bene a scuola, o si metteva nei guai per questo o quel motivo, nostra madre si rammaricava per la delusione che l'amica doveva provare. Non ci diceva mai «Non fate come quei bambini», ma, poiché aveva un tono tragico nel raccontare la storia del loro cattivo rendimento scolastico, noi afferravamo il tacito messaggio. Voleva dire: non fate gli svogliati, cercate di eccellere a scuola, non deludeteci. I nostri genitori vararono anche un sistema di ricompense. Il voto massimo valeva un quarto di dollaro. Se avessimo preso sempre il massimo dei voti, avremmo avuto il diritto di cenare in un posto di nostra scelta, che di solito era a 183 metri di altezza, ovvero il ristorante girevole nell'«occhio» del nuovo, meraviglioso Space Needle. Erano sempre i voti di Kristi a portarci sulla torre; in quanto fratello, io mi aggregavo indipendentemente dal mio rendimento scolastico.

Ormai la mamma dedicava sempre più tempo al volontariato per organizzazioni non profit come la Junior League e quella che in seguito sarebbe stata chiamata United Way. Siccome usciva spesso il pomeriggio, tornando a casa da scuola mia sorella e io trovavamo ad attenderci Gami, anziché lei. Mi piaceva vedere la nonna sulla soglia. Significava che, una volta in casa, ci avrebbe dato i cracker Ritz con il burro di arachidi o qualche altra merenda per bambini, e ci avrebbe chiesto com'era andata a scuola. Poi, per il resto della giornata, avremmo letto o giocato a carte con lei fino al ritorno della mamma. Gami era come un terzo genitore. Veniva con noi in vacanza, alle feste di pattinaggio natalizie, nei soggiorni estivi in campagna, e partecipava in pratica a tutti gli eventi famigliari. Gli altri genitori sapevano che, se si fossero visti con i Gates, avrebbero avuto buone probabilità di incontrare anche la nonna, che, con il suo filo di perle al collo e la messa in piega perfetta, sarebbe stata la più elegante del gruppo. Lei, però, non si considerava una madre vicaria. Semmai, era la nostra amica e la nostra paziente maestra. Non voleva interferire nell'educazione che i nostri genitori intendevano darci. Vi era una netta linea di demarcazione tra i ruoli, che lei rispettava dandoci la buonanotte e andandosene poco prima che papà tornasse a casa dall'ufficio.

Appena nostro padre varcava la soglia, ci sedevamo a mangiare. In genere la mamma mi diceva di mettere via il libro, perché non era permesso leggere a tavola. La cena in famiglia era un'occasione per parlare. La mamma aveva sentito dire che Joseph Kennedy, padre di JFK, pretendeva che ognuno dei suoi figli a cena parlasse di un argomento che lui stesso gli aveva assegnato. Per esempio, tra una forchettata di carote e l'altra, il futuro presidente doveva riassumere la storia dell'Algeria. Discutemmo fra noi di questo rito che i Kennedy espletavano a cena e delle cose importanti che si potevano apprendere durante il pasto consumato insieme. I miei genitori non ci imposero di tenere una concione su un dato argomento, ma parlavamo della nostra giornata e loro parlavano della loro. Attraverso quelle conversazioni cominciai a farmi in cuor mio un'idea della vita degli adulti e di cosa accadeva nel mondo in cui si muovevano.

Fu a cena, quando mia madre descriveva le campagne della Junior League o alcuni problemi della United Way, che udii per la prima volta espressioni come «finanziamento pubblico» o «risoluzione dei conflitti». Notai che in quelle occasioni la mamma assumeva un tono molto serio. Ogni persona doveva essere trattata con equità, diceva. Ogni questione andava analizzata con cura. Ogni dollaro doveva essere speso con oculatezza. Riassumeva la sua filosofia con una frase che in casa sentimmo tante volte: bisognava essere «buoni amministratori». La sua definizione era perfettamente in linea con quella del dizionario Merriam-Webster: il buon amministratore gestisce con oculatezza e senso di responsabilità una cosa affidata alle sue cure. Era una definizione che si attagliava al cento per cento a mia madre.

All'epoca papà lavorava per Skeel, McKelvey, Henke, Evenson & Uhlmann, uno studio legale noto soprattutto per lo spirito battagliero e aggressivo con cui conduceva le cause. Non credo che fare il mastino in un'aula giudiziaria si addicesse al carattere di papà, ma, come gli era già successo nell'esercito, lo considerava un buon addestramento. Non capivo i particolari dei processi, ma avevo la netta sensazione che le aziende lo pagassero per fare cose importanti. In casa sentivo nominare spesso la Van Waters & Rogers, un'industria chimica locale in rapida espansione e uno dei suoi clienti più importanti.

Prima ancora di capire in che cosa consistesse esattamente il lavoro di avvocato, compresi dai discorsi di mio padre che la legge era una cosa da rispettare profondamente. Dalle storie che raccontava intuivo che aveva maturato un forte senso della giustizia. Appresi per esempio delle ingiustizie commesse dalla Commissione Canwell, che aveva promosso una caccia alle streghe anticomunista all'Università di Washington quando i miei genitori vi studiavano. Albert Canwell, il membro della legislatura statale che presiedeva la commissione, era solito vietare il controinterrogatorio e le obiezioni, e ignorare clamorosamente altri elementi di un dibattimento giudiziario equo. Antesignana delle udienze di McCarthy a livello nazionale di pochi anni dopo, la Commissione Canwell aveva rovinato la carriera di persone innocenti, compresi due professori di mio padre. Papà si indignò molto per gli articoli che uscirono sulle udienze e provò profondo disprezzo per la manifesta violazione delle regole del dibattimento da parte della commissione.

Ogni tanto i genitori ci lasciavano guardare i popolarissimi telefilm di *Perry Mason*, incentrati su processi di cui era protagonista l'eponimo principe del foro che difendeva l'imputato di turno. Poco prima che comparissero i titoli di coda, Perry Mason rivelava particolari che erano emersi all'insaputa di tutti e che dimostravano l'innocenza dell'imputato, e il caso veniva risolto. Ascoltando mio padre, appresi che la legge (e la vita) non funzionava così. I processi di cui si occupava sembravano molto complicati. Dopo cena di solito stava alzato fino a tardi, chino su una pila di carte al tavolo da pranzo. Si preparava per la causa del giorno dopo. Per me quella scena era sicuramente meno spettacolare, ma molto più interessante del dibattimento televisivo.

Se i miei genitori possono apparire un po' troppo virtuosi e zelanti nel loro impegnarsi nel volontariato, dare il proprio contributo alla società e via dicendo, non so che farci: erano davvero così. Dedicavano parecchie ore della giornata a programmare incontri, vedere e chiamare gente, condurre campagne pubblicitarie e tutte le altre attività necessarie ad aiutare la comunità. Mio padre era pronto a fare l'uomo sandwich a un angolo di strada per un'intera mattina pur di sollecitare un contributo volontario per i lavori di manutenzione della scuola. E la sera era altrettanto pronto ad andare alla riunione del consiglio dell'YMCA (Young Men's Christian Association) dell'università, di cui in passato era stato presidente. Quando avevo tre anni, mia madre diresse un programma della Junior League che si proponeva di mostrare in aula ai bambini di quarta elementare i manufatti dei musei. Lo so bene, perché noi facemmo il giornalino. La didascalia, sotto la foto di me e di mia madre davanti a una borsa da medico, diceva: «La signora William Gates junior guarda il figlioletto di tre anni e mezzo, William Gates III, esaminare vecchi strumenti medici dentro una "cassetta degli attrezzi del dottore"».

Gli amici dei miei genitori erano come loro. Non erano persone ansiose di lasciare la città natale per condurre una vita più eccitante a New York o Los Angeles. Si erano laureati in ingegneria o economia all'Università di Washington, e poi si erano stabiliti a pochi chilometri dalla loro *alma mater* e dai vecchi amici. Avevano avuto figli, avevano avviato imprese, erano stati assunti da aziende o si erano candidati a cariche pubbliche, e adesso dedicavano il proprio tempo libero ad attività analoghe a fare l'uomo sandwich per una buona causa o partecipare alla riunione del consiglio dell'YMCA. Molti degli amici di mio padre erano membri della Municipal League, che non era una lega di bowling, ma un'organizzazione di giovani riformatori apartitici (la maggior parte erano trentenni, come i miei genitori) decisi a rovesciare l'amministrazione comunale di Seattle, che consideravano reazionaria. Papà ci spiegò come la lega valutasse le qualifiche professionali dei candidati politici e rendesse di pubblico dominio il loro indice di gradimento in occasione delle elezioni. Nei primi anni Sessanta sentivamo papà e mamma parlare a cena di come la lega sperasse di ripulire il lago Washington. Dopo che per anni vi erano stati scaricati dentro i liquami delle fogne e le scorie industriali, le sue acque erano diventate tossiche. Nel 1965 il cartello «Acque inquinate: divieto di balneazione» fu finalmente rimosso.

Che effetto ebbero su di me tutti questi discorsi degli adulti? Con il tempo naturalmente mi avrebbero influenzato, ma quando ero piccolo mi lasciarono soprattutto l'impressione che essere grandi significasse avere molto da fare. I miei genitori erano persone indaffarate, e lo erano anche tutti i loro amici.

Quando gli amici di papà e mamma venivano a casa nostra, le mie sorelle e io dovevamo occuparci di loro. Spesso ciò significava che la mamma ci assegnava un compito. Il mio era di servire il caffè mentre padroni di casa e ospiti giocavano a bridge. Mi riempiva d'orgoglio vedere la mamma guardarmi girare intorno al tavolo e inclinare nel debito modo, come mi aveva insegnato a fare, la caffettiera sulle tazze di porcellana. È un ricordo cui ritorno ancora oggi quando voglio sentirmi la mamma vicino. Avevo l'impressione di essere importante, di essere partecipe di un rito degli adulti ed essenziale al loro divertimento.

Sulla carta geografica, il canale di Hood sembra un amo frastagliato. In realtà non è un canale – i canali sono costruiti dall'uomo –, ma un fiordo formato da un ghiacciaio, a sudest di Seattle, nella penisola Olimpica. Da bambino, mio padre pescò laggiù il suo primo pesce (un salmone lungo quasi quanto lui) e da boy scout si accampò sulle sue rive. Sempre lì, la mamma era stata in un campeggio di proprietà di due dirigenti della Soroptimist International, un'associazione non profit femminile. Dopo il matrimonio i miei genitori presero l'abitudine di passare tutte le estati un periodo sul canale. In una delle prime fotografie che mi ritraggono, ho circa nove mesi e sono sulle ginocchia di mio padre, che è seduto su una panchina vicinissimo a suo padre: i tre Bill Gates sul canale di Hood nel 1956.

Nei primi anni Sessanta i miei genitori e un gruppo di loro amici cominciarono a prendere in affitto, nel mese di luglio, un cottage del villaggio turistico di Cheerio Lodge. Mi pare ancora di veder comparire il cartello bianco e blu con la scritta «Cheerio», a fianco della North Shore Road, quando svoltavamo per entrare nell'agglomerato di cottage che sarebbe stato la nostra casa nelle successive due settimane. Non era un villaggio di lusso, solo un gruppo di una decina di piccoli cottage vicino a un campo da tennis e a un'area centrale per il fuoco da campo. Intorno c'erano boschi, spazi aperti e spiagge di sassi. Per un bambino era un paradiso. Nuotavamo, giravamo su barchette spruzzando acqua in giro, cercavamo ostriche, correvamo nei boschi e giocavamo a rubabandiera. Io mangiavo quintali di hamburger e ghiaccioli Popsicle. Di solito erano sempre le stesse dieci famiglie, e ciò significava che tra grandi e piccoli c'erano altre cinquanta persone oltre a noi. Gli adulti erano la cerchia più intima degli amici dei miei genitori, e molti lo erano fin dai tempi dell'università. Papà smetteva di essere il solito avvocato serio e riservato e si trasformava in quello che chiamavamo «il sindaco di Cheerio», una sorta di direttore dei giochi e assistente-coordinatore dei bambini. Tutte le sere, quando il fuoco da campo si spegneva, noi piccoli aspettavamo il suo segnale, consci che, non appena si fosse alzato in piedi, avremmo dovuto seguirlo: una lunga fila di bambini che lui conduceva ai rispettivi cottage perché era ora di andare a letto. Mentre gli trottavamo dietro, ci inventavamo lì per lì dei versi che accompagnassero la marcia del colonnello Bogey, quella resa famosa dal *Ponte sul fiume Kwai.* (Solo in seguito, quando vidi il film, mi resi conto che la canzone invita i prigionieri di guerra a radunarsi. Alle mie sorelle e a me riporta sempre alla mente nostro padre che cammina baldanzosamente con una fila di bambini dietro: «Marciamo lungo la strada per Cheerio...».)

In qualità di «sindaco», papà presiedeva la cerimonia di inaugurazione delle «Olimpiadi» del villaggio. Lo spettacolo iniziava con il rito di accensione della torcia, in cui uno di noi bambini, incoronato d'alloro in stile olimpico, correva con una torcia accesa (erano gli anni Sessanta) per inaugurare le gare, che duravano giorni. Gli eventi sportivi erano più prove di destrezza e di buona volontà che di qualità atletiche: una corsa nei sacchi, una corsa podistica, una corsa a tre gambe, una corsa a ostacoli (rappresentati da pneumatici di automobili) e una corsa con l'uovo sul cucchiaio. Ricordo mio padre che mi teneva le gambe nella corsa della carriola. Qualunque fosse la prova, facevo di tutto per arrivare sul podio alla fine della giornata. Di destrezza ne avevo poca, ma di buona volontà tanta.

Dopo circa una settimana a Cheerio, gli adulti scrivevano il nome di ciascuna famiglia su un foglietto che buttavano dentro una piccola scatola blu. Ogni bambino pescava un biglietto e, qualunque fosse il nome che gli capitava – Baugh, Berg, Capeloto, Merritt o altro –, doveva andare nel cottage di quella famiglia e cenare con gli adulti. I figli di quei signori, nel frattempo, cenavano con il padre e la madre del nucleo famigliare di cui avevano pescato il nome. L'idea era stata di mia madre. Quando ripenso alla mia infanzia, capisco che il piano della mamma era di mettere le mie sorelle e me in situazioni che ci costringessero a socializzare, in particolare con gli adulti. Gli amici di Cheerio Lodge erano per nostra madre dei modelli di comportamento, il tipo di persone che sperava noi diventassimo. Erano tutti laureati ed erano tutti ambiziosi. Gli uomini erano dirigenti in settori come le assicurazioni, la finanza e l'industria del legname. Uno dei padri dei bambini di Cheerio lavorava alla Ford e un altro era procuratore federale. Uno possedeva un grande negozio di articoli da giardinaggio, un altro aveva eseguito il calcio piazzato vincente al Rose Bowl. La maggior parte di loro, come mio padre, aveva partecipato alla seconda guerra mondiale. Molte delle signore erano come mia madre, ovvero si destreggiavano tra il lavoro di mamme e mogli e il volontariato in associazioni come Planned

Parenthood. Per me, partecipare a quelle cene voleva dire che non potevo sparire nel nulla o eclissarmi con un libro. A sei o sette anni facevo ancora fatica, ma con il passare del tempo il piano di mia madre si rivelò efficace, perché finii per sentirmi quasi altrettanto a mio agio con le famiglie di Cheerio Lodge che con i miei genitori.

I fabbricanti di automobili giapponesi sono famosi per il *kaizen*, la filosofia del miglioramento continuo che seguirono dopo la seconda guerra mondiale, accrescendo di anno in anno la qualità delle loro macchine. Ma la Toyota non era niente in confronto a mia madre, perlomeno quando si trattava delle vacanze. Prendiamo il Natale, che a casa nostra cominciava all'inizio d'autunno. In quella stagione la mamma leggeva gli appunti sulle vacanze natalizie che aveva preso l'anno prima, per vedere che cos'era andato storto e come fosse possibile fare meglio. Riporto per esempio una voce: «Bill [mio padre] non è affatto sicuro che sia un bene usare di nuovo la neve sull'albero, perché è stata un fiasco». Sono certo che non abbiamo ripetuto quell'errore. A un certo punto, spinta dal *kaizen* di Natale, la mamma mandò il marito in cantina perché fabbricasse con sega e compensato un Babbo Natale a grandezza naturale. Per decenni «Big Santa», come lo chiamammo, fu sistemato accanto alla nostra porta d'ingresso in ogni stagione natalizia.

Appena passato Halloween, la mamma, dopo essersi consultata con noi, cominciava a ideare i biglietti d'auguri per Natale. Con penne, pennarelli, carta colorata, foto di famiglia e perfino una pressa per serigrafia, impiantavamo una catena di montaggio su un tavolino pieghevole e confezionavamo a mano centinaia di biglietti da spedire al vasto universo di amici e parenti dei miei genitori. Nel frattempo Gami creava a sua volta delle cartoline d'auguri artigianali, un'arte che aveva probabilmente appreso dalla propria madre in un'epoca in cui i biglietti di Natale acquistabili nei negozi costavano troppo. Nel 1962, l'anno del tornado, scherzammo sulla feroce volontà dei Gates di superare se stessi nell'impresa degli auguri natalizi: disegnammo vignette che raffiguravano mamma e papà intenti ad architettare stravaganti piani di consegna dei biglietti. Tra queste ce n'era per esempio una in cui noleggiavano un aeroplano per scrivere con il fumo in cielo «Buone feste» a caratteri gotici. In un'altra, papà progettava di inviare ad amici e parenti un pezzo del garage distrutto dal tornado con incisa la scritta: «Sono volato per augurarvi Buon Natale».

Una volta che i biglietti natalizi erano stati spediti, cominciavamo a preparare gli inviti per la festa di pattinaggio che tenevamo ogni anno assieme ad altre due famiglie. Gli inviti non erano mai generici, ma congegnati in maniera da solleticare la curiosità. Una volta mio padre costruì con la sega dei pattini di legno, un'altra il biglietto era un cruciverba le cui risposte rivelavano il giorno e l'ora della festa. Gli ospiti sapevano che, appena arrivati alla pista di pattinaggio di View Ridge, avrebbero visto un omone alto due metri – mio padre – pattinare in tondo vestito da Babbo Natale, mentre mia madre avrebbe servito loro succo di mele e ciambelle con una spolverata di zucchero a velo. Intanto, sullo sfondo, un vecchio piano elettrico avrebbe rallegrato l'atmosfera con qualche canzoncina di Natale.

I giorni successivi si ripeterono nello stesso esatto modo per anni e anni. La vigilia di Natale la mamma regalava a tutta la famiglia lo stesso pigiama con la fantasia che aveva scelto per quell'anno. La mattina dopo ci radunavamo nell'atrio con indosso i nostri pigiami, poi entravamo in soggiorno a uno a uno, in ordine di età (fare le cose in ordine di età era una ferrea tradizione di famiglia). Dal più anziano al più giovane, aprivamo quindi le calze di Babbo Natale. Sapevamo sempre che cos'avremmo trovato: noi bambini un'arancia e un dollaro d'argento, la mamma un mazzo di garofani rossi da parte di papà. Dopo, sebbene vi fosse una catasta di pacchi regalo in attesa di essere aperti, facevamo colazione con prosciutto, uova strapazzate e un *kringle* danese che arrivava dalla pasticceria vicina. Dopo Kristi, io scartavo uno dei miei pacchi sotto gli occhi di tutti, poi si ricominciava il giro con Gami, dal più vecchio al più giovane. I regali erano in genere qualcosa di pratico o scherzoso, e non costavano mai molto. Si poteva essere quasi sicuri di trovare calzini, camicie e magari il bestseller più recente.

Dopo le feste, quando si riponeva nella sua scatola l'ultimo addobbo dell'albero e si mandava l'ultimo biglietto di ringraziamento, la mamma prendeva di nuovo carta e penna e cominciava i preparativi per il Natale successivo. Anche se a volte le mie sorelle e io sbuffavamo al pensiero di dover affrontare quei rituali (non finivamo di scartare i regali che a pomeriggio inoltrato), saltarne uno ci avrebbe fatto avvertire un senso di perdita. Il Natale in famiglia è ancora una delle cose che le mie sorelle e io amiamo di più rievocare.

III

Un luogo razionale

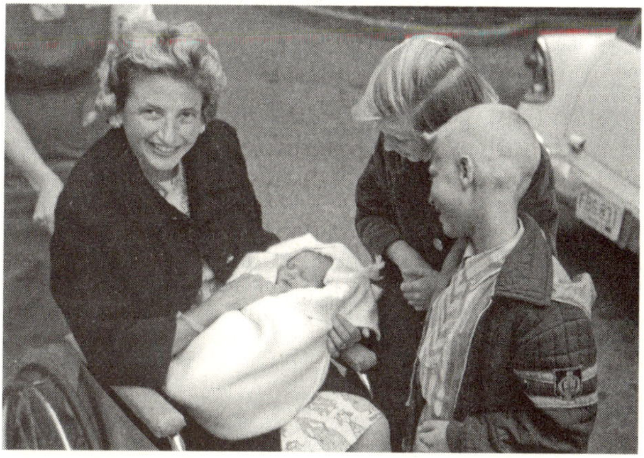

Pochi giorni dopo che avevo finito la seconda elementare, la mamma e la nonna mi caricarono assieme a mia sorella in macchina e partimmo per la nostra prima, grande vacanza. Kristi e io l'abbiamo sempre chiamata «la gita a Disneyland», ma in realtà fu molto di più. Per nostra madre, gli oltre milleottocento chilometri che ci accingevamo a percorrere in auto significavano altrettante occasioni per far imparare nuove cose ai suoi bambini.

Quella mattina del giugno 1963, iniziammo alle 8.15 in punto (ora della mamma, da lei cronometrata) la prima parte del viaggio che in quattro giorni ci avrebbe portati a Los Angeles. Papà, che quella settimana doveva lavorare, ci avrebbe raggiunti in aereo per andare a Disneyland con noi, poi al ritorno avrebbe guidato lui.

La mamma aveva comprato da poco una macchina da scrivere che all'epoca era il modello di gran lunga più evoluto. L'IBM Selectric aveva infatti una testina rotante d'acciaio, delle dimensioni di una palla da golf, che permetteva di usare vari tipi di carattere e di scrittura. Si potevano cambiare le testine per avere caratteri e stili diversi, compreso il corsivo, che a me pareva il più bello. Prima delle vacanze, la mamma aveva preparato una sorta di giornale di bordo per mia sorella e me: ogni giorno dovevamo compilare due pagine su quello che vedevamo. Nel corsivo dell'IBM, scrisse le categorie (le città che avremmo toccato e il numero approssimativo di chilometri quotidiani) e, sotto, una lista degli argomenti su cui avremmo dovuto relazionare. Erano all'incirca questi:

1. *Aspetto del territorio*
2. *Tempo atmosferico*
3. *Distribuzione della popolazione*
4. *Utilizzo del terreno*
5. *Prodotti*
6. *Luoghi d'interesse storico o di altro tipo*
7. *Varie ed eventuali*

In fondo, lasciò uno spazio per la «Descrizione scritta» della giornata di viaggio. Non avremmo avuto carenza di dati per quel compito. Con la consueta energia, la mamma aveva fissato per ciascun giorno un itinerario dettagliato, in base al quale avremmo visitato due sedi di governo statali, la Lava Cast Forest in Oregon, con gli stampi di alberi di migliaia d'anni prima creati dalla lava, un paio di università, il Golden Gate Bridge, il castello Hearst, il carcere di San Quintino, lo zoo di San Diego, una dimostrazione di come si produce la cera d'api e altre due o tre cose per cui valeva la pena fare una sosta.

Mentre la mamma guidava, Gami ci leggeva un romanzo su Man o' War, il purosangue che aveva segnato record di velocità e resistenza ed era tra i cavalli più vincenti della storia. Mentre ascoltavamo la nonna, mia sorella e io guardavamo con attenzione dal finestrino, appuntandoci mentalmente le cose da scrivere nel diario di viaggio: meleti, palazzi di mattoni cotti al sole, pozzi petroliferi, camion che trasportavano enormi tronchi di abeti Douglas. Tutte le sere, nel motel, Kristi annotava quello che avevamo visto nelle varie categorie. Scriveva con cura, sapendo che in seguito la mamma avrebbe guardato il testo e corretto la grammatica e l'ortografia con una penna rossa. In un quaderno più piccolo io annotavo le mie osservazioni, cercando di scrivere meglio che potevo.

Assegnandoci vari argomenti di cui dare conto ogni giorno, la mamma faceva in modo che imparassimo da soli lezioni di geografia, geologia, economia, storia e perfino matematica, e che, presi com'eravamo dal compito di notare questa o quella cosa, apprendessimo anche l'arte di prestare attenzione. Grazie a quei diari, so che le stalattiti sono quelle che pendono dal soffitto e le stalagmiti quelle che s'innalzano dal suolo, e so anche, se mai interessasse a qualcuno, che per arrivare in cima alla rotonda del Campidoglio dello Stato di Washington bisogna salire duecentosessantadue gradini.

Quando nostro padre ci raggiunse a Los Angeles, lo intrattenemmo con la storia dello straordinario purosangue allevato e addestrato per vincere narrata nel libro che la nonna aveva appena finito di leggerci. Con il tempo le mie sorelle e io avremmo maturato l'impressione che nostra madre si fosse prefissa una missione analoga a quella di Man o' War, con i suoi figli.

Nell'estate di quel viaggio, ero vagamente consapevole della dedizione di Gami a Christian Science. Avevo l'idea che la sua fede fosse incentrata sul bisogno di struttura e disciplina. Come i nonni Gates, Gami leggeva ogni mattina una breve lezione biblica della fondatrice del movimento, Mary Baker Eddy, e quella era la cornice entro la quale si svolgeva una routine quotidiana che non cambiava mai di una virgola. La nonna faceva colazione alle otto, consumava il pranzo a mezzogiorno, schiacciava un pisolino all'una e mezza e cenava sempre alle sei. Poi si concedeva un unico bonbon al cioccolato con ripieno di noci aromatizzate allo sciroppo d'acero, la sua sola debolezza quotidiana. Dopo cena giocava a carte o a qualcos'altro, e poi, prima di andare a dormire, leggeva di nuovo la lezione biblica della mattina. Nei tardi anni Sessanta, dopo aver comprato una casa sul canale di Hood, avrebbe aggiunto alla routine il nuovo elemento delle nuotate quotidiane. Nuotava alla marinara nell'acqua fredda, tenendo fuori la testa con la messa in piega perfetta, e lo faceva in tutte le stagioni, anche quando tirava il vento o scendeva una pioggia ghiacciata e noi ci preoccupavamo che finisse inghiottita dai cavalloni.

Quanto alle dottrine specifiche di Christian Science, ne sapevo ben poco, o almeno ne seppi ben poco fino a un weekend in cui i nostri genitori erano via e Gami rimase con noi a casa nostra. Io stavo giocando con Kristi e la sua amica Sue, saltando in costume da bagno in mezzo agli spruzzi dell'irrigatore che innaffiava il cortile anteriore. A un certo punto qualcuno – forse io? – ebbe l'idea di aumentare il rischio. Trascinammo l'irrigatore nel vialetto d'accesso e, a turno, cercammo di saltare in mezzo agli spruzzi d'acqua con i pattini a rotelle ai piedi. All'epoca, alcuni schettini avevano ancora le ruote di metallo. Non ricordo come fossero le nostre ma, comunque fossero, presto scoprimmo che non erano molto adatte a un vialetto bagnato.

Kristi partì di corsa saltando l'irrigatore, ma quando atterrò, i pattini le scivolarono da sotto i piedi e lei piombò sull'asfalto, rompendosi il braccio destro sopra il gomito.

Dopo ricordo solo che ci radunammo nella sua camera con lei che si lamentava per il dolore, mentre Gami si lambiccava il cervello sul da farsi. Secondo Christian Science, gli ospedali sono luoghi da evitare. I fedeli sono invece tenuti a rivolgersi a degli «esperti» di Christian Science, che si ritiene guariscano la gente con la preghiera. Credo che, mentre aspettavamo nella stanza di Kristi, Gami abbia telefonato al proprio esperto, una donna di nome Pauline, e che questa le abbia detto che le fratture ossee sono abbastanza reali da meritare un intervento medico. Più tardi, lo stesso giorno, Kristi fu trasportata al vicino ospedale ortopedico infantile, dove dei medici qualificati le ingessarono l'intero braccio.

Uno o due anni dopo, mi stavo arrampicando sul piano di lavoro della cucina per prendere un bicchiere dal pensile, quando sentii una fitta terribile all'addome. Crollai a terra, dove Gami mi trovò delirante. Stavolta non perse neanche un minuto. Mi portò all'ospedale, dove mi diagnosticarono un'appendicite acuta e mi tolsero l'appendice prima che esplodesse.

Oltre a destare la sensazione che quando i genitori erano via accadessero brutte cose (un argomento su cui mia sorella e io avremmo scherzato per anni), quegli episodi sollevarono in me degli interrogativi riguardo al mondo adulto. Mi sconcertava profondamente che mia nonna, così razionale e colta, non andasse mai all'ospedale e non usufruisse delle medicine moderne. Leggeva i quotidiani, prendeva l'aereo ed era una delle persone più intelligenti che conoscessi, e tuttavia viveva, almeno in parte, nel regno della fede e di quella che appariva a tutti gli effetti superstizione.

La religione, per com'era praticata dalla nostra famiglia, era più che altro un'occasione di aggregazione e discussione intellettuale. Benché entrambi i miei genitori avessero abbandonato Christian Science prima che nascessi, papà e mamma concordarono che andassimo alla University Congregational Church. Era una chiesa molto frequentata in città, con oltre duemila parrocchiani, grazie al carismatico pastore Dale Turner, che a Seattle era una piccola celebrità. La Chiesa congregazionalista lasciava parecchio spazio all'interpretazione. Il reverendo Turner tendeva a una lettura *liberal* dei testi sacri, e coniugava le Scritture con idee progressiste come il sostegno ai diritti dei gay e al movimento per i diritti civili. Sarebbe diventato grande amico dei miei genitori. Anche se mio padre aveva rotto con la religione nelle sue forme istituzionalizzate già al liceo, la mamma voleva che i suoi figli conoscessero gli insegnamenti morali della Chiesa. Fu uno dei compromessi che raggiunsero.

Per me, la scuola di catechismo domenicale era solo uno degli impegni da assolvere, una delle tante attività per le quali dovevo mettermi in ghingheri, ma mi piaceva. Il reverendo Turner ci faceva un'offerta fissa: qualunque bambino avesse recitato a memoria il Sermone della Montagna avrebbe cenato gratis al ristorante in cima allo Space Needle. Erano soprattutto i ragazzi più grandi, quelli che si preparavano alla cresima, a raccogliere la sfida, ma Kristi si guadagnò la sua cena precocemente, attorno agli undici anni. E così, qualche tempo dopo quel suo successo, durante un viaggio di famiglia in macchina sulla costa dello Stato di Washington, cominciai a leggere sul sedile posteriore: «Beati i poveri in spirito, perché di essi è il regno dei cieli...» e il resto delle lezioni morali di Cristo nel Vangelo di Matteo. Quando il reverendo Turner annunciò che avevo vinto la cena allo Space Needle e gli altri bambini si girarono a guardarmi stupiti, provai un forte moto d'orgoglio. Sono sicuro di avere interiorizzato parte del messaggio di Gesù, ma il mio piccolo successo fu dettato soprattutto dal desiderio di fare un test mentale e verificare se ero in grado di imparare il brano a memoria. Se, come dice Gesù, l'uomo saggio costruisce davvero la sua casa sulla roccia, la mia roccia, a quell'età, erano l'intelligenza, una buona memoria e la mia capacità di ragionamento.

Leggere la Bibbia sul sedile posteriore della macchina, o leggere qualsiasi libro in qualsiasi posto, era il mio stato di default. Quando leggevo, il tempo volava. Escludevo il mondo esterno: mi rendevo conto solo vagamente che i miei famigliari facevano questa o quella cosa intorno a me, che per esempio la mamma mi chiedeva di apparecchiare la tavola o mia sorella giocava con le sue amiche. Vivevo solo nella mia testa, in camera con la porta chiusa, o sul sedile di dietro dell'auto, o a un barbecue, o in chiesa. In qualsiasi posto trovavo il tempo di immergermi nelle pagine di un libro, dove potevo esplorare e assimilare nuovi dati da solo, senza l'intervento di chicchessia. La nonna Gami, il mio modello di lettrice colta, appoggiava con forza la mia passione per i libri. Dopo la scuola mi accompagnava alla vicina biblioteca in collina, dove caricavo sulla sua auto una nuova pila di volumi per la settimana successiva. A casa di Gami correvo spesso nel seminterrato, dove un'intera parete era occupata da annate della rivista «Life». La nonna doveva essere abbonata da decenni, ed evidentemente era convinta che valesse la pena conservare quel catalogo degli avvenimenti mondiali. Quando comprammo una bobtail (che chiamammo Crumpet), rovistai tra i vecchi numeri di «Life» alla ricerca di foto di cani, che poi ritagliai e incollai in un album. In seguito, qualunque tema o progetto mi fosse assegnato a scuola, mi mettevo innanzitutto a cercare illustrazioni tra le pile di «Life». Sfogliando le riviste, avevo modo di esplorare qualunque tortuoso sentiero volessi e di informarmi su una varietà di argomenti, dall'attualità ai divi del cinema, dalla guerra alla scienza. E mi facevo così un'idea generale dell'America e del mondo.

I libri erano l'unica spesa cui i genitori non si opponevano mai. Uno dei nostri più grandi tesori era l'edizione del 1962 della *World Book Encyclopedia*. Guardavo con meraviglia tutte le cose contenute in quei venti volumi rossi e blu, con le loro pagine patinate e le loro magnifiche illustrazioni, e in particolare mi affascinavano le belle pagine di plastica trasparente, sovrapposte l'una all'altra, che mostravano ossa, muscoli e organi in maniera da comporre un corpo umano completo. I volumi della *World Book* erano una porta aperta sulla natura, la geografia, la scienza e la politica, ovvero, a quanto mi era dato di capire, l'intero scibile umano. A circa nove anni, lessi quasi ogni volume, dalla a alla zeta. Poi, a gennaio di ogni nuovo anno, arrivava per posta lo *Yearbook*, l'annuario, che mi pareva una sorta di tardivo regalo di Natale, un sommario di tutti gli avvenimenti degli ultimi dodici mesi. Leggevo sempre anche quello.

Attraverso la lettura trovavo le risposte alle domande più disparate, e naturalmente una risposta spesso sollevava ancor più interrogativi: più a fondo si scava, più si desidera sapere. Mi interessai per esempio ai pinguini e, a chiunque me lo avesse chiesto, avrei saputo spiegare per quanto tempo un pinguino di Adelia trattiene il respiro sott'acqua (sei minuti) o che altezza massima può raggiungere un pinguino imperatore (un metro e trenta centimetri). Per un certo periodo fui attratto da razzi e ponti. Feci innumerevoli disegni di razzi di ogni forma e dimensione, e di ponti altissimi e lunghissimi, con complessi graticci e poderosi piloni: pagine e pagine di progetti che mi sembravano belli.

A un certo punto mi resi conto che, per quanto a me apparissero splendidi, non avevo idea di come funzionassero sotto il profilo tecnico. Come si fa a progettare un ponte in maniera che non crolli? Come si fa a far volare realmente un razzo? Il divario tra le mie fantasie e la realtà concreta mi disturbava. Non mi piaceva pensare che i miei progetti fossero idee puerili che non si sarebbero mai potute tradurre in atto.

Per i miei compagni di scuola, leggere molto, essere intelligenti, mostrare interesse per quello che dicevano gli insegnanti erano cose da femmine. È una terribile generalizzazione, ma io la percepivo e la percepivano anche gli altri. In terza o quarta elementare mi resi conto che leggere la *World Book Encyclopedia* per divertimento non era figo, come non lo era giocare a *hearts* con la propria nonna o parlare del motivo per cui i ponti non crollano. Una volta, al programma di letture estivo promosso dalla nostra biblioteca, mi ritrovai unico maschio tra le femmine. Durante la ricreazione, gli altri bambini correvano via con il loro gruppetto di amici e io restavo da solo. I ragazzi più grandi mi sfottevano. Ripensandoci oggi, non posso dire che mi sentissi solo o anche soltanto offeso. Ero più che altro sconcertato: perché gli altri bambini non vedevano le cose come le vedevo io?

Credo che la mamma fosse altrettanto sconcertata dal mio comportamento. «Se Kristi pulisce la sua camera, si pettina e fa i compiti, perché Trey non fa altrettanto? Se gli altri bambini tengono il banco in ordine, non mangiucchiano le matite e si chiudono il giubbotto con la lampo, perché Trey non fa altrettanto?» Non è che mi opponessi di proposito a tutti quei doveri, è che non facevo caso a quel genere di cose. Le continue sollecitazioni di mia madre mi strappavano al mio mondo forse per qualche secondo, ma subito dopo tornavo al libro o a qualunque cosa catturasse in quel momento la mia attenzione. Non dubito che la mamma sperasse in un mio cambiamento e si augurasse che un giorno mi sarei adeguato al suo concetto di responsabilità. Ma non cambiai, e questo fu per lei fonte sia di collera sia di preoccupazione.

La mia mancanza di interesse per quasi tutte le interazioni sociali le causava particolare ansia. La mamma conservava gelosamente una copia piena di orecchie di *Come trattare gli altri e farseli amici* di Dale Carnegie, un manuale che dava consigli e suggeriva trucchi per instaurare e mantenere relazioni umane (a un certo punto ne regalò una copia a ciascuno dei suoi figli per Natale). Non so bene che cosa abbia imparato da Carnegie, visto che aveva l'innata capacità di comunicare con il prossimo a livello emotivo. La vidi con i miei occhi favorire la carriera di mio padre, assumendosi il compito di organizzare eventi per conto dell'ordine degli avvocati e facendosi, lei da sola, comitato di accoglienza per i legali appena assunti che si trasferivano a Seattle. Se il neoassunto cercava casa, lei gli consigliava l'agente immobiliare giusto. Se era single, gli presentava un sacco di gente. Oggi capisco che, siccome studiava e capiva le relazioni interpersonali, desiderava sinceramente che alle persone dotate di certe capacità toccasse il ruolo più adatto. Se qualcuno le chiedeva consiglio, sapeva sempre esattamente chi fosse meglio chiamare. Ma all'epoca il suo era un talento sprecato con me. Mi sembravano tutte cose superficiali e poco importanti.

Oggi mi è chiaro che la speranza di mia madre di rendermi più socievole fu all'origine di molte delle attività in cui mi coinvolse, e anche il motivo per cui finii nel branco di lupetti 144. A otto anni entrai in un gruppo di sessantacinque scout maschi diretto da padri in cui era ancora vivo il ricordo del servizio prestato nell'esercito, in marina e nei marine durante la seconda guerra mondiale. Ciò significa che la gestione del branco era improntata al senso dell'ordine e dell'organizzazione. Eravamo tenuti ad avanzare di grado. Ogni anno passavamo una settimana al campo scout, dove eravamo sottoposti a prove fisiche: salto in lungo, flessioni e addominali, in pratica un piccolo campo di addestramento reclute.

La grande operazione che ci metteva davvero alla prova era, però, l'annuale vendita di frutta secca. Ogni autunno il branco la vendeva per raccogliere i soldi per le attività dell'anno successivo. Era la nostra unica fonte di finanziamento. La campagna era gestita come una sorta di missione militare: avevamo undici giorni per vendere più sacchetti possibile. La sopravvivenza stessa del branco dipendeva dal nostro successo, o almeno così ci pareva.

Proponevamo avellane, pecan, noci, noci brasiliane, mandorle e il misto di frutta secca, che era la cosa preferita dai clienti. Ciascuno di noi doveva vendere e consegnare un minimo di quarantacinque chili. Erano previsti premi per chi superava quella cifra.

Era l'impresa più scoraggiante che avessi mai dovuto affrontare. Quarantacinque chili di frutta secca? Io pesavo a malapena la metà. La distinta della merce che ci aveva dato il comitato elencava un totale astronomico di oltre cento chili. Come avrei potuto anche solo trasportarli? Ma non potevo certo esimermi dal tentare il tutto per tutto.

La sfida stimolò in me anche un altro sentimento: la competitività. Era una gara con parametri chiaramente definiti e un obiettivo chiaro. Segnai nell'elenco dei premi le cose che avrei voluto vincere: la pistola ad acqua (per aver venduto quattro chili e mezzo), un pallone da calcio (trenta chili), e il proiettore per diapositive a batterie Give-A-Show (quarantatré chili). Erano premi fantastici. Ma ancor più bella era l'idea di potersi vantare di essere quello che aveva venduto di più.

Con i capelli (una volta tanto) ben pettinati e l'uniforme da lupetto stirata, cominciai a proporre frutta secca bussando a ogni porta del quartiere, poi mi feci portare da mio padre in zone più ricche. Io bussavo, e lui mi seguiva pian piano in macchina. Il comitato direttivo ci aveva dato un copione sul modo di presentarci alla porta della gente e concludere la vendita. Se per esempio il cliente protestava che il prezzo al chilo era troppo alto, dovevamo ribattere che la frutta secca comprata in negozio spesso proveniva dal raccolto dell'anno prima e non era buona come la nostra.

Fu dunque così che andò negli undici giorni di vendita. Fu difficile per me impegnarmi nell'impresa e presentare il prodotto ai clienti, ma ricordava molto l'operazione «dolcetto o scherzetto» di Halloween e a poco a poco mi sentii meno a disagio. Inoltre, mi elettrizzava spuntare un altro quadratino sull'elenco ogni volta che riuscivo a concludere una vendita.

Al termine della campagna avevo venduto ottanta chili di frutta secca. Ero fiero del totale, benché non ricordi se quell'anno mi qualificai come miglior venditore. Ottenni la qualifica almeno una volta. Ricordo quello che vinceva quasi sempre. Era un bambino che per l'operazione aveva reclutato suo padre, un barbiere che pubblicizzava le vendite del figlio a ogni taglio di capelli. Una simile strategia mi sembrava ingiusta.

Quando, nell'autunno del 1964, mi iscrissi alla quarta elementare, ero un bambino vivace e curioso che non si faceva scrupolo di interrompere la lezione con strane domande e far perdere un sacco di tempo alla maestra. Quell'insegnante, Hazel Carlson, si comportò con me meglio che poté. Non riuscendo a gestire una classe di trenta bambini e nel contempo soddisfare il mio costante bisogno di spiegazioni, dedicò molte ore ad appagare la mia curiosità dopo le lezioni o nell'intervallo. Le facevo domande sui libri, la scienza, in pratica su tutto quello che mi saltava in mente. Poiché era la maestra, la consideravo la persona più intelligente di quelle presenti in aula e quindi pensavo avesse tutte le risposte.

La signora Carlson aveva l'abitudine di tenere in perfetto ordine i capelli spruzzandosi ogni tanto, durante la giornata, la lacca in testa. Una volta, in un tema, inventai la storia di un'insegnante a cui la lacca aveva pian piano tinto i capelli di un colore rosa di cui lei non si rendeva conto, ma che era ben visibile a tutta la classe. Per fortuna la signora Carlson trovò il tema spiritoso e al resto dei compagni piacque molto. Fu forse in quell'occasione che mi resi conto per la prima volta di come potessi attirare l'attenzione con il senso dell'umorismo. Dire battute o fare cose buffe che non passavano inosservate sarebbe presto diventato parte integrante della mia identità di scolaro.

Certe regole per me non avevano senso. Quando iniziammo le lezioni di calligrafia, la signora Carlson diede a ciascuno di noi dei fogli con tre sole righe molto distanziate, perché cominciassimo a scrivere in corsivo. Il compito, mi parve di capire, era quello della bella scrittura, ma se scrivere a mano aveva la funzione di esprimere delle idee, cosa importava che le parole apparissero belle o brutte?

Lo stesso pensavo in merito ai voti. La regola era che A era il voto più alto, seguito da B e C. Mi sembrava avesse senso, mentre mi pareva insensato dare un voto all'impegno: se ci si impegnava molto si aveva un 1, se ci si impegnava così così si aveva un 2 e se non ci si impegnava per niente si aveva un 3. Naturalmente, A1 era considerato il voto massimo. A me sembrava sbagliato. Poiché chi era molto intelligente poteva prendere A con il minimo sforzo, il voto massimo avrebbe dovuto essere A3. Quando spiegai alla signora Carlson quella che ritenevo l'ottimizzazione del rapporto tra intelligenza e sforzo, lei la prese per una battuta. «Per ogni compito la prego di darmi un A3, signora Carlson» dissi. Lei pensò che volessi darmi delle arie, il che in parte era vero, ma effettivamente la combinazione voto alto - scarso impegno mi sembrava la cosa più sensata.

A un certo punto maturai un interesse per il funzionamento dell'organismo umano. Forse a incuriosirmi furono le illustrazioni di anatomia della *World Book Encyclopedia*, fatte con fogli di plastica sovrapposti. Volevo dare una piccola dimostrazione in classe sull'argomento fisiologia. Durante una delle dimostrazioni, per esempio, una bambina aveva portato il suo flauto, e altri i souvenir di viaggi fatti con la famiglia. Io volevo parlare di qualcosa di bello e educativo. Poiché era chiaro che non avrei potuto usare un vero organo umano, mi consultai con papà. Lui osservò che un organo animale avrebbe potuto fungere da sostituto per qualunque cosa intendessi mostrare, e si offrì di andare a informarsi in un macello.

Fu così che, una mattina, portai nell'aula della signora Carlson il polmone di una mucca. Arrivato a scuola, vidi che qualche goccia di sangue era filtrata oltre la carta in cui era avvolto.

Quando aprii il pacchetto, i miei compagni guardarono il pezzo di carne con un misto di ammirazione e disgusto. Premetti la mano sul polmone per dimostrare che era ancora in grado di assorbire ed espellere aria: scambio ossigeno-anidride carbonica! Una bambina svenne. In seguito, qualcuno disse che era una cristiana scientista e che era rimasta orripilata dal polmone per motivi religiosi. Ricordo di aver pensato che i polmoni di una cristiana scientista sono uguali a quelli di tutti gli altri esseri umani e che non sono tanto diversi da quelli di una mucca, per cui qual era il problema? (Alla fine la signora Carlson mi disse di portare il polmone fuori dall'aula, dove rimase, avvolto nel suo foglio di carta insanguinata, finché i miei genitori non vennero a prendermi a fine giornata. Non ricordo che cosa ne facemmo.)

Ogni tanto la signora Carlson metteva un giradischi di fronte ai banchi e lo usava per interrogarci su problemi di moltiplicazione. Seduti al nostro posto, a capo chino e con la matita in mano, ascoltavamo un tizio enunciare i problemi. «Nove per dodici» gracchiava la voce all'altoparlante. Ognuno scriveva la propria risposta. Qualche secondo dopo udivamo «Undici per sei». E noi giù a scrivere. Non mi ci volle molto per accorgermi che finivo ogni problema prima di tutti gli altri. Scrivevo la risposta, alzavo gli occhi e vedevo la maggior parte dei miei compagni ancora con la matita in mano. Alcuni restavano addirittura indietro e, quando la voce del disco passava al problema successivo, dicevano: «Un attimo, non ho ancora finito».

Fu la prima volta in cui mi resi conto di essere più bravo in qualcosa del resto dei miei coetanei. Per me la matematica era facile, addirittura divertente. Mi piacevano le sue certezze inoppugnabili. La matematica seguiva regole fondamentali: bastava ricordarle. Mi sconcertava che altri scolari sembrassero non capirla. Quattro per quattro faceva sempre sedici.

La matematica si conciliava bene con la convinzione, molto più forte in me, che il mondo fosse in gran parte un luogo razionale. Cominciavo a capire che molti problemi complessi, come quelli che riguardavano i ponti, i giochi di carte, il corpo umano e via dicendo, avevano delle soluzioni che potevo trovare spremendomi le meningi. Non posso dire che sia stata una presa di coscienza. Avevo sempre usato molto il cervello e avevo costantemente assimilato nuove informazioni. Ma a quel punto avevo ormai fiducia nel potere della mia intelligenza. E assieme a questa fiducia giunse la sensazione che non vi fosse più un divario intellettuale tra gli adulti e me. Mio padre avrebbe detto, in seguito, che il mutamento si verificò all'improvviso. Disse che ero diventato adulto dalla sera alla mattina: un adulto polemico, dotato di forte capacità di astrazione e non molto simpatico. Tutti i ragazzi attraversano una fase di ribellione quando arrivano all'adolescenza. Io ci arrivai molto prima degli altri. Avevo circa nove anni.

A quell'età, i bambini immaginano che genitori e insegnanti abbiano le risposte a tutte le domande. Io intuivo sempre più che non le avevano, o almeno che non potevano fornire risposte per me soddisfacenti.

La mia percezione dei limiti degli adulti incrinò il patto di famiglia. Se ero in grado di ragionare da solo, mi dicevo, che bisogno c'era dell'apporto dei miei genitori? Forse non avevo nemmeno bisogno di loro. Cominciai a mettere in discussione l'intero sistema genitori-figli. Perché dovevano essere loro a dettare legge? Chi erano loro per dirmi quando dovevo andare a letto, che cosa dovevo mangiare o come dovevo tenere la mia camera? Perché avrei dovuto fare cose di cui non m'importava niente? D'accordo, papà e mamma mi davano tutto quello che avevo o di cui potevo aver bisogno sotto il profilo sia materiale sia affettivo, ma perché mai comandavano? Il loro potere mi pareva arbitrario.

Mia madre fu la principale vittima della mia metamorfosi. Poiché era lei a stabilire e applicare le regole, era di solito nei suoi confronti che provavo moti di ribellione. Mi rivoltavo contro quella che consideravo la sua ansia di controllarmi.

Papà si trovò preso tra due fuochi. Se c'erano motivi di tensione tra mia madre e me che finivano con uno stallo, lei alla fine batteva in ritirata e aspettava che tornasse il marito. Lui, che di giorno faceva l'avvocato, di sera diventava giudice di famiglia. In occasione di uno dei litigi che finivano con «Aspetta che arrivi tuo padre», in quel caso una trasgressione la cui natura non ricordo, papà mi disse chiaro e tondo: «Ci devi portare rispetto». Io non ero d'accordo. E in ogni caso, che cos'era il rispetto, e perché ci tenevano tanto? Con il tono più sprezzante che potevo, ribattei: «No!». Oggi, se ripenso a quel momento, mi si chiude lo stomaco. Sapevo di comportarmi da strafottente saputello, ma non intendevo cedere. Così mi ritirai ancora di più nel mio mondo.

A scuola battei in ritirata. In classe repressi la mia personalità, smettendo di fare domande e impegnandomi di meno. Ero molto determinato a concentrarmi sulle cose che mi interessavano e a lasciar perdere quelle che non mi interessavano. Continuai a eccellere in matematica e lettura, ma non feci nessuno sforzo per applicarmi nelle materie che consideravo insignificanti. Quando la signora Carlson portò in aula il carrello del giradischi con le lezioni registrate di spagnolo, smisi di ascoltare. Com'era possibile imparare da un disco? Non venivamo quasi mai interrogati sulla lingua. Il fatto che la nostra competenza non fosse misurata contrastava con la mia idea che la matematica fosse la materia migliore di tutte. In matematica si sapeva sempre se si aveva ragione o torto.

Un giorno la signora Carlson mi accompagnò lungo il corridoio fino alla biblioteca e disse alla bibliotecaria che avevo bisogno di un compito impegnativo. C'era niente che potesse farmi fare?

Era una biblioteca piccola, come lo erano perlopiù quelle delle scuole elementari degli anni Sessanta, il che significa che non c'erano computer, ma solo libri e periodici. Vi trovai molti «National Geographic», serie popolari come *Black Stallion*, qualche vecchia enciclopedia e alcuni libri scientifici di livello elementare. Quella sala, con una trentina di scaffali a parete intera e uno schedario che arrivava al petto, era l'Internet di allora. La bibliotecaria, Blanche Caffiere, era stata la mia maestra in prima elementare ed era famosa per la vivacità con cui illustrava le storie a noi alunni. Costruiva dei grandi pannelli di feltro che usava come sfondo per mostrare le azioni di Talpa e Taddeo Rospo in *Vento tra i salici* o lo svolgimento di qualunque storia ci leggesse in quel giorno.

Blanche Caffiere insegnava già da molti anni quando era diventata la mia maestra. Aveva visto ogni sorta di studente ed era conosciuta a View Ridge per aver aiutato i casi estremi: da un lato i bambini che facevano fatica ad andare avanti, dall'altro quelli che eccellevano. Gli insegnanti ti valutavano e i dirigenti scolastici ti punivano. La signora Caffiere ti assegnava un lavoro. Secondo lei, il lavoro risolveva qualunque problema tu avessi.

Così mi affidò subito una missione. Disse che c'era una serie di libri mancanti che probabilmente erano sugli scaffali sbagliati. Potevo cercarli? Era il tipico compito inutile che si dava a un bambino perché non si annoiasse, ma lo accettai. «Insomma, le serve una sorta di detective?» chiesi. «È proprio quello che mi ci vuole» rispose. Presi le schede dei libri mancanti e cominciai a esplorare le scaffalature finché non trovai tutti i titoli.

«Dove vanno?» domandai, guardando la pila di volumi che avevo recuperato. Lei mi spiegò che la saggistica era ordinata secondo un codice numerico che andava da 000 a 900. Perché mi ricordassi la classificazione decimale Dewey, mi disse di imparare a memoria la storia del cavernicolo che fa domande sempre più sofisticate, a cominciare da «Chi sono io?» (100: filosofia e psicologia) per salire fino a «Come posso lasciare una documentazione che gli altri possano leggere?» (900: storia, geografia e biografie).

Quando la signora Carlson venne a prendermi per la ricreazione, le chiesi il permesso di restare lì. Mi piaceva quell'incombenza. Non dubito che, nelle intenzioni della Carlson, il mio lavoro di assistente bibliotecario dovesse essere *una tantum*, ma mi piacque talmente che il giorno dopo, di buon'ora, mi ripresentai in biblioteca. La signora Caffiere parve stupita, ma quando le chiesi se potessi fare regolarmente il suo assistente, accettò.

Per un bambino che amava sia i libri sia i numeri, era il lavoro ideale. La biblioteca non era una stanza qualsiasi. Si basava su un sistema razionale, un ordine dettato dai numeri. E se si apprendeva il sistema di classificazione, si poteva diventare un esperto capace di trovare subito quello che si cerca in qualsiasi biblioteca di qualsiasi luogo. Si sapeva, per esempio, che un libro di saggistica sull'argomento cani e gatti sarebbe stato al numero 636 (zootecnia) e non lo si sarebbe mai potuto confondere con *In fuga a quattro zampe* (un romanzo su due cani e un gatto), che sarebbe stato collocato altrove, in ordine alfabetico, perché era un volume di narrativa.

Lavorai in biblioteca per il resto dell'anno, spesso saltando la ricreazione per immergermi nella ricerca e nella ricollocazione dei libri. Non mi accorgevo nemmeno degli altri scolari o del fatto che fosse ora di pranzo: per me era un gioco, un gioco che facevo con me stesso. Con quanta rapidità sarei riuscito a riportare un volume al suo posto? La signora Caffiere esprimeva il suo apprezzamento in maniera da farmi percepire la sua stima. Diceva cose tipo: «Non so come avrei fatto a ritrovare quei libri se tu non li avessi cercati come un segugio, Bill». Mi rendo conto, oggi, che faceva quello che fanno i bravi insegnanti: diceva cose positive perché acquisissi sempre più fiducia in me stesso. All'epoca prendevo i suoi discorsi alla lettera. Aiutavo la biblioteca e la scuola. Mi rendevo utile.

Quando finivo di sistemare i libri ritrovati, Blanche Caffiere mi spingeva a parlare, chiedendomi che cosa stessi leggendo o che cosa trovassi interessante in quel momento. Anche in quel caso faceva cose per me gratificanti, suggerendomi libri che erano a un livello superiore a quello cui ero abituato, come biografie di personaggi famosi e saggi in cui si esponevano idee di cui non avevo contezza. Gli altri bambini avrebbero preferito andare in cortile a giocare, ma per me il tempo passato in biblioteca era speciale e consideravo la signora Caffiere un'amica.

All'inizio di quell'anno, dopo una cena domenicale da Gami, i miei genitori chiamarono Kristi e me in soggiorno per giocare al gioco dell'impiccato. Poiché era una cosa che non facevamo spesso, capimmo che dovevano dirci qualcosa. La mamma propose, con le lineette tracciate sul foglio, una frase che non tardammo a indovinare: «Presto arriverà un piccolo visitatore». Se c'era un messaggio sotteso dietro a quelle parole, non lo capimmo. La mamma allora spiegò che era incinta. I nostri genitori non avevano programmato di avere un altro figlio e non sapevano se fosse un maschio o una femmina. Non ricordo che cos'avrei preferito, se un fratellino o una sorellina, ma mi pare di essere stato contento della notizia. Sarebbe stato interessante avere un altro bambino in casa. A rendere la novità meno gradita, però, fu un altro annuncio: siccome i cani irrequieti non dovevano stare vicino ai neonati indifesi, disse la mamma, avremmo dovuto rinunciare a Crumpet.

A quel binomio buona/cattiva notizia ne seguì un altro. Poiché saremmo diventati cinque, avremmo avuto bisogno di più spazio. I miei genitori possedevano un pezzo di terra dove avevano progettato di costruire un giorno una casa. Quel giorno, spiegarono, era arrivato. Il terreno era a pochi chilometri di distanza, in una zona chiamata Laurelhurst, ma trasferirsi significava farmi andare in un'altra scuola. Quel pensiero mi depresse parecchio. Avevo un lavoro in biblioteca, dissi, la signora Caffiere aveva bisogno di me. «Chi troverà i libri smarriti?» chiesi ansioso a mia madre. Lei replicò che sarebbe stato opportuno invitare a cena da noi Blanche Caffiere, per ringraziarla. Mi aiutò a scrivere un biglietto ufficiale di invito, che il giorno dopo consegnai con aria nervosa alla bibliotecaria. Durante la cena, mi lagnai per il trasferimento. La signora Caffiere mi suggerì di fare l'assistente bibliotecario nella mia nuova scuola.

Mia sorella Libby nacque nel giugno 1964 e circa sei mesi dopo ci trasferimmo nella nuova casa. Nel frattempo apprendemmo che Crumpet era stata accolta in una vicina fattoria, dove sarebbe vissuta felice per il resto dei suoi giorni.

La bibliotecaria della nuova scuola disse che non aveva bisogno di un assistente. Alla fine i miei genitori decisero che sarebbe stato meno deleterio, per me, terminare la quarta elementare nella mia vecchia scuola e continuare così il lavoro di assistente bibliotecario. Considerati tutti i cambiamenti avvenuti in famiglia, immagino giudicassero prudente lasciarmi godere ancora un po' della confortevole compagnia dei libri.

IV

Un bambino fortunato

«Buongiorno a voi, buongiorno a voi, buongiorno, buongiorno, buongiorno a voi!» Così cantava la mamma tutte le mattine della mia infanzia, dalla quinta elementare in poi. La canzoncina arrivava gracchiante dall'interfono che collegava le nostre camere da letto, nella tavernetta, con la cucina del piano di sopra, dove la mamma preparava la colazione. Non credo che le dimensioni della nostra casa giustificassero un impianto interfonico, ma per mia madre quel congegno favoriva la produttività, permettendole varie operazioni, come svegliarci la mattina, farci preparare per la funzione in chiesa o chiamarci a cena, senza interrompere quello che stava facendo, di qualunque cosa si trattasse. Essere chiamati all'interfono significava presentarsi subito al piano di sopra.

Dopo che ci fummo trasferiti a Laurelhurst, la mamma iniziò una carriera professionale che la portò dal settore del volontariato a incarichi come quello di membro del consiglio d'amministrazione di importanti società ad azionariato diffuso, un ruolo che spesso fu la prima donna a ricoprire. Quando si recava alle riunioni, usciva di casa a razzo vestita in modo impeccabile e con la ventiquattrore in mano. Altre volte risolveva al telefono i problemi riguardanti eventi organizzati per raccogliere fondi. Molto tempo dopo che il resto della famiglia era andato a letto, lei era ancora alla macchina da scrivere, a battere lettere di ringraziamento per l'ultima campagna di raccolta fondi o la proposta per quella successiva.

La mamma non si sarebbe mai definita una pioniera, ma nel mondo del lavoro dell'epoca, assai limitante per le donne, era decisamente all'avanguardia rispetto alla media. Oggi sarebbe considerata una femminista, ma una simile etichetta non le sarebbe piaciuta. Preferiva impegnarsi a fondo per reperire strumenti sempre migliori con cui realizzare i cambiamenti che giudicava importanti. E mentre faceva tutto questo si dava un gran da fare nel suo ruolo di madre. Naturalmente la nonna era una presenza costante, sempre pronta a sostenerla.

Io e le mie sorelle eravamo perfettamente consapevoli di come nostra madre fosse tutt'altro che convenzionale. Nessuna delle madri dei nostri amici correva a riunioni in tailleur pantalone o esprimeva la propria opinione su avvocati, uomini politici e imprenditori della nostra cerchia sociale. Eravamo nella metà degli anni Sessanta, due o tre anni dopo che Betty Friedan, nel suo *La mistica della femminilità*, aveva sostenuto che le donne dovevano fare qualcosa di più del lavoro casalingo, ma prima che le americane cominciassero a salire i gradini della scala aziendale. La mamma voleva conciliare la famiglia con la carriera. Tempo dopo, io e le mie sorelle ci saremmo detti quanto fossimo orgogliosi che la mamma avesse trovato un equilibrio, sebbene convulso, tra le sue ambizioni professionali e il suo ruolo materno. A dieci anni, Libby la iscrisse a un concorso locale per il titolo di «Mamma dell'anno». Nel modulo di iscrizione specificò che, oltre a essere «solitamente di buon umore», sua madre era sempre disposta ad andare al bowling, giocare a tennis o anche guardare da bordo campo una partita di calcio. Quando vinse il titolo, la mamma naturalmente ritagliò l'articolo di giornale e lo incollò nel suo album.

Quanto a papà, appoggiò le sue ambizioni in una misura che credo fosse rara per un'epoca in cui i ruoli, almeno nelle famiglie del ceto medio, erano nettamente definiti: l'uomo guadagnava il pane per sé e la famiglia, mentre la donna faceva la casalinga. Sono sicuro che papà non intendesse commettere l'errore di suo padre, che aveva costretto la moglie e la figlia a conformarsi a regole di genere rigorosamente tradizionali. Nelle scatole di cimeli che mia madre conservava trovai una tesina in cui mio padre al college immaginava il mondo perfetto, da lui battezzato «Gatesland». «A Gatesland la gente capisce che le uniche differenze tra uomo e donna sono quelle anatomiche. Massime come "il posto della donna è in casa" ed espressioni come "superiorità maschile", "l'uomo mantiene la famiglia" o "il sesso debole" non hanno alcun significato. Gli uomini e le donne si misurano in tutti i campi allo stesso esatto livello … e siccome le femmine sono presenti quanto i maschi nelle professioni e nelle aziende, i maschi considerano l'impegno femminile nei vari settori come un fatto normale, anziché anormale.»

Nella vera Gatesland, una casa moderna per la metà degli anni Sessanta, sentire la sveglia materna all'interfono significava che dovevamo alzarci, vestirci, rifare il letto e salire al piano superiore, dove avremmo consumato la colazione al tavolo della cucina, sedendoci sempre allo stesso posto e in ordine decrescente di età. La mamma si metteva di fronte a noi, usando il tagliere estraibile come tavolo di fortuna per la propria colazione. A quell'ora papà era già in ufficio. Ci teneva a presentarsi per primo allo studio legale, leggere il quotidiano nella sala ancora silenziosa e salutare tutti a mano a mano che arrivavano.

Quando iniziai la quinta elementare a Laurelhurst, mi vennero tutte le paure e le insicurezze tipiche dei bambini appena arrivati. Non conoscevo nessuno. Mi sarei fatto degli amici? I compagni di scuola mi avrebbero preso di mira? Uno spostamento di pochi chilometri poteva sembrare insignificante, ma entravamo da sconosciuti in una comunità coesa di famiglie i cui bambini avevano giocato insieme per tutta la loro breve vita. Due della mia classe dissero ridendo che si erano conosciuti quando erano ancora nel grembo materno.

Una delle mie prime esperienze mi procurò un misto di paura e attrazione. Un cavalcavia collegava la scuola a un campo giochi dall'altro lato della Quarantacinquesima strada. Le baruffe scoppiate a scuola venivano risolte, successivamente, sulla terra battuta di quel campo, lontano dagli occhi degli insegnanti. Attraversando un pomeriggio il cavalcavia, rimasi paralizzato. Davanti a me due bambini stavano facendo a pugni, dandosi una tempesta di colpi in testa e in faccia. Erano entrambi di quinta, ma molto più alti di me e di tutti gli altri. Uno era anche muscoloso, l'altro semplicemente alto. Non avevo mai visto una scena del genere, e non mi era mai passato neanche per l'anticamera del cervello che a scuola potessero esserci simili scontri violenti. Due maestre accorsero, li separarono e la faccenda finì lì.

Il mio primo pensiero fu: «Meglio stare alla larga da quei due». Pesavo ventisei chili e, benché non fossi il più mingherlino della classe, ci andavo vicino. Inoltre, con i miei capelli biondo platino tipo Barbie e la voce stridula, ero un tipo che si notava. Rappresentavo un facile bersaglio.

Mi colpì anche un'altra cosa, di quei due attaccabrighe: avevano un'identità sociale. Facendo i duri, a scuola ci si conquistava uno status speciale. Non era il tipo di status cui io e la maggior parte dei bambini aspirassimo, ma quei cattivi soggetti si erano affermati all'interno dell'ordine sociale dei circa centoquaranta ragazzini di quinta. In cima alla gerarchia c'erano i figli delle famiglie più abbienti di Laurelhurst, i Timberlake, gli Story e altri, che tutti conoscevano e rispettavano e che costituivano una classe da soli. Dopo quel massimo grado venivano i bambini molto bravi negli sport, poi quelli molto intelligenti e uno o due nerd. Poiché non ero un duro e non ero nemmeno un grande sportivo, quelle due posizioni gerarchiche erano fuori discussione. Non mi identificavo ancora come un nerd ed ero in dubbio se farmi considerare uno studioso. Immaginai che essere diligenti in classe non fosse il tipo di cosa cui aspiravano i bambini più ammirati, e che se lo fossi stato mi avrebbero canzonato.

A conti fatti, pensai che solo una cosa mi avrebbe potuto permettere di distinguermi dagli altri: il senso dell'umorismo. Nella mia vecchia scuola avevo scoperto che il buffone della classe poteva ritagliarsi una posizione di nicchia fra i bambini. Alzare la mano per fare una battuta ti rendeva più popolare che alzare la mano per dare la risposta giusta. I compagni ridevano. Augurandomi di suscitare la stessa reazione nel nuovo pubblico, cercai in tutti i modi di conquistarmi il ruolo di giullare delle elementari di Laurelhurst. Finsi che la scuola non m'interessasse. Mi divertivo a lasciare in disordine il mio banco e facevo i compiti all'ultimo momento. Facevo un po' di teatro quando dovevamo leggere qualcosa a voce alta, e ridevo inappropriatamente mentre la maestra parlava. Se per caso mi impegnavo molto in una cosa, celavo l'impegno dietro lo schermo dell'ironia. La nostra maestra, la signora Hopkins, aveva l'abitudine di assegnare un tema di una sola pagina su un argomento a nostra scelta. Non ricordo cosa scelsi, ma ricordo che mi industriai a comporlo in un unico periodo ininterrotto che occupò tutte e quaranta le righe del foglio protocollo. Gongolai in silenzio quando la signora Hopkins mi lodò in classe per l'impresa che avevo compiuto, in quanto la mia frase così contorta, per quanto irritante, aveva una punteggiatura perfetta.

La maestra, i miei genitori e la direttrice della scuola non sapevano proprio come gestirmi. Avevo voti altalenanti, e un atteggiamento positivo o negativo a seconda della giornata e dell'argomento. Per giunta, qualcuno decise che bisognava correggere la mia voce stridula. All'inizio della quinta elementare cominciai a vedere la logopedista della scuola. Due o tre volte alla settimana andavo nel suo ufficio per cercare di migliorare la mia «voce da papera» (bleah!) e mi esercitai a pronunciare la consonante «erre» mentre leccavo burro di arachidi dalla punta di un grissino. Mi sembrava un'idiozia, ma era una cosa così strana che mi ci adattai.

Conclusione finale delle sessioni: la logopedista raccomandò ai miei genitori di tenermi lì ancora un anno, ovvero di farmi ripetere la quinta elementare. Credo dicesse che ero «ritardato», un termine considerato oggi antiquato e offensivo, ma che all'epoca designava i bambini apparentemente incapaci di adattarsi alla classe. Per fortuna i miei genitori non seguirono il consiglio. Il suo verdetto arrivò un anno dopo che un altro educatore aveva consigliato invece di farmi saltare un anno. Pensai: «Se questi presunti esperti non sanno che pesci pigliare con me, perché mai dovrebbe importarmi della loro opinione?».

In generale, ero ben contento di farmi i fatti miei. Cominciai ad avere degli amici e trovai almeno uno spirito affine al mio nell'atteggiamento verso la scuola. Si chiamava Stan Youngs, ma tutti lo chiamavano Boomer, un nomignolo che gli aveva affibbiato suo padre per il potentissimo strillo, tipo sirena da nebbia, che aveva fatto quando era nato. Boomer era intelligente e aveva uno spirito da bastian contrario che ben si accordava con il mio personaggio da buffone.

Lo conobbi nel 1965 e nei successivi due anni sarebbe stato il mio migliore amico. Corrispondeva al genere di persona verso cui sarei stato attratto per il resto della vita. Era più sicuro di sé di quanto i bambini di quell'età in genere non fossero, e visibilmente sveglio. Era pronto a discutere in qualsiasi momento di qualsiasi cosa, e capace di farlo anche solo per il gusto intellettuale dell'argomentazione, come quando spiegò perché i Green Bay Packers fossero la più grande squadra di football della storia.

Nella tavernetta di casa mia ci confrontavamo in epiche partite a «Risiko» in cui si decideva chi avrebbe dominato il mondo. Boomer aveva anche una fisicità che ammiravo. Benché fosse un tappetto biondo come me, non aveva paura di andare dall'altra parte del cavalcavia della Quarantacinquesima strada per regolare i conti con qualcuno, anche se sapeva che avrebbe perso. Fu mia madre a iscrivermi a football, ma fu Boomer il motivo per cui rimasi a giocare per tutta la stagione. Essere bassi era un vantaggio, perché significava che non si veniva schierati in linea d'attacco, e l'attacco mi sembrava molto meno interessante della mia posizione di linebacker centrale. Da lì vedevo tutta l'azione, l'intera manovra offensiva: la palla che veniva afferrata al volo e anche il tizio che mi passava accanto di corsa per realizzare il touchdown.

Un giorno, a scuola, la maestra annunciò che la classe si sarebbe divisa in due gruppi per discutere della guerra del Vietnam. Ogni bambino scelse di parlare contro la guerra. Così, da bravo bastian contrario, Boomer decise di parlarne a favore per il puro gusto della sfida. Io mi unii a lui. Fummo gli unici due del gruppo. Sotto il profilo politico, lui era più conservatore di me e leggeva addirittura la «National Review». (Quando sottoscrisse l'abbonamento come regalo per la festa del papà, mandò alla rivista una lettera elogiativa, e si emozionò tantissimo ricevendo la risposta di William F. Buckley in persona, il fondatore della rivista, che lo lodava per essere un bambino così intelligente.) Poiché Boomer conosceva bene gli argomenti a favore dell'intervento americano in Vietnam e io avevo letto una montagna di testi sul tema, ci preparammo a esporre la teoria del domino e della minaccia comunista, e vincemmo il dibattito alla grande.

La nostra nuova casa a due piani a Laurelhurst era in collina e dal terrazzo sul retro, pavimentato in legno, si vedeva il monte Rainier. La porta anteriore dava accesso al pianterreno, con il soggiorno, la cucina e la camera da letto dei miei genitori. Nella tavernetta avevamo le nostre camerette Kristi e io. Quando diventò un po' più grande, anche Libby scese nel seminterrato, dove le fu riservata una terza cameretta.

Il fatto che vi fossero un pianterreno, un primo piano e un seminterrato significava che io potevo ritirarmi nella mia stanza ed evitare il quotidiano trambusto della vita domestica. Avevo il mio letto e la mia scrivania, che erano spesso le uniche cose visibili in mezzo alla montagna di libri e vestiti disseminati in giro. Era un gran casino, e la mamma lo detestava. A un certo punto cominciò a sequestrarmi tutti gli abiti che lasciavo sul pavimento e a farmi pagare 25 centesimi per la loro restituzione. Cominciai a indossare meno vestiti.

Da solo nella mia tana, leggevo o, semplicemente, pensavo. Ero capace di starmene sdraiato a letto a lungo a rimuginare su un problema. Sentivo fuori il motore dell'auto accendersi, le foglie frusciare nel vento, i passi sul pavimento sopra di me, e mi chiedevo come quei suoni mi giungessero all'orecchio. Potevo stare per ore a tentare di risolvere il mistero. In seguito trovai su un numero di «Life» un articolo sul suono, consultai la *World Book Encyclopedia* e lessi libri della biblioteca sull'argomento. Mi entusiasmò apprendere che il suono è una propagazione dell'energia prodotta da vibrazioni, un'onda che è influenzata da molti fattori, come la densità e la rigidità del materiale attraverso cui viaggia. Alla fine usai le nozioni apprese per scrivere una relazione scientifica per la scuola intitolata «Che cos'è il suono?». La maestra mi abbassò il voto perché avevo ignorato i margini e scritto fino in fondo alla pagina. A me sembrò assurdo. C'erano troppe cose da dire, sull'argomento, perché mi prendessi la briga di rispettare quelle stupide regolette.

Mi immersi più che mai nella matematica, e quasi tutte le sere aiutavo Kristi a fare i compiti di seconda media. Fu in quel periodo che maturai l'ossessione di diventare più bravo nei giochi di carte, e che feci del mio meglio per vincere almeno qualche mano contro la nonna.

A un certo punto di quel primo anno a Laurelhurst, la signora Hopkins ci fece estrarre un numero da un cappello. Nell'ordine stabilito dalla pesca, bisognava scegliere uno Stato americano su cui scrivere una relazione. Tutti volevano la California, la Florida o qualche altra regione pittoresca. Il mio compagno Leslie estrasse il numero 1 e scelse le Hawaii. Quando venne il mio turno, scelsi il piccolo Stato del Delaware. Era una scelta in controtendenza, che ero sicuro nessun altro ambisse fare. Da mio padre avevo appreso una cosa sul Delaware: favoriva chi voleva fare impresa.

Cercai ogni possibile informazione sull'argomento. Esplorai gli scaffali della biblioteca alla caccia di dati, scovai *Delaware, a Guide to the First State*, e altri libri sulla storia e sul ruolo che questo Stato aveva avuto nella costruzione della ferrovia sotterranea grazie alla quale, nell'Ottocento, tanti schiavi erano riusciti a fuggire nelle zone libere. Scrissi alle autorità locali perché mi mandassero dépliant sul turismo e la storia della regione. A casa, Gami mi aiutò a raccogliere articoli da giornali e riviste come «The Christian Science Monitor», «Life», «National Geographic» e «The Seattle Times». Scrissi ad aziende del Delaware, allegando una busta affrancata con il mio indirizzo e pregandole di inviarmi il loro bilancio annuale.

A mano a mano che conducevo ricerche, scrivevo. Scrissi la storia dello Stato a partire dai Lenni Lenape, gli indiani poi chiamati Delaware, per arrivare al presente, e inclusi una cronologia che copriva quattrocento anni. Compilai una guida turistica di Wilmington e una storia della singolare cittadina storica di Arden. Mi inventai anche il racconto delle vite di un pescatore di ostriche e di uno scalpellino che estraeva granito. Per andare sul sicuro, feci pure un'analisi critica di *Elin's Amerika* di Marguerite De Angeli, la storia di una bambina nel Delaware del XVII secolo.

Dedicai un sacco di tempo alle ricerche su una grande industria locale, la DuPont. Descrissi la sua struttura manageriale, osservai che il consiglio d'amministrazione era composto esclusivamente da uomini, quasi tutti interni all'azienda, ed enumerai i suoi prodotti, le sue operazioni estere, il suo settore ricerca e sviluppo. Parlai dell'invenzione del nylon, cercando anche di spiegare meglio che potevo la chimica della polimerizzazione. Conclusi con qualche riga di commemorazione di un membro del consiglio d'amministrazione che era riuscito, partendo dal ruolo di venditore di basso livello, ad arrivare a far parte del comitato esecutivo.

Quando ebbi finito, mi accorsi di avere scritto sul piccolo Delaware ben centosettantasette pagine. Non so dire quanto orgoglio provai per quella ricerca di una lunghezza assurda. Fabbricai perfino una copertina di legno. Era, sotto ogni aspetto, una relazione favolosa. Nell'intimità della mia stanza, lontano dallo sguardo critico degli altri bambini, potevo fare quel che mi piaceva di più: leggere, raccogliere dati ed elaborare una sintesi di tutte le informazioni. Nessuno pensava che il giullare della classe potesse consegnare un volumone di quasi duecento pagine. Mi rallegrò vedere lo sconcerto e l'ammirazione negli occhi degli altri bambini. Alla maestra la mia ricerca piacque molto.

Quando ripenso alla relazione sul Delaware, vedo indizi dell'adulto che sarei diventato. Fu allora che nacquero e si svilupparono i miei interessi astratti. Mi accorsi, con mio stesso stupore, che con poco sforzo potevo capire come funzionava il mondo, si trattasse del modo in cui viaggiava il suono o di quale fosse l'organizzazione interna del governo canadese (un'altra relazione che feci). Ogni frammento di conoscenza che accumulavo rafforzava il senso delle mie capacità intellettive, l'idea che, ragionando, potevo decifrare anche i misteri più complessi del mondo.

Durante l'anno scolastico compilai un modulo di una sola pagina in cui indicavo i miei interessi e i miei argomenti preferiti. Era una cosa che la mamma aveva fatto fare ogni anno alle mie sorelle e a me. Nella riga che diceva «Quando diventerò grande voglio essere...» saltai risposte come «cowboy» e «pompiere» (le bambine avevano un elenco separato, con opzioni ancora più limitate e sessiste, quali «hostess», «modella» e «segretaria») e scelsi invece «astronauta». Inoltre, scrissi a matita quello che mi sentivo davvero di poter essere: «scienziato». Volevo diventare una di quelle persone che passano le giornate a cercare di comprendere le cose che gli altri non comprendono.

La mamma aveva una più ampia rosa di ambizioni per il mio futuro, e continuò pervicacemente a tentare di arricchire le mie prospettive iscrivendomi a tutte le attività di prammatica. Provai a giocare a baseball, ma mi spaventava talmente l'idea di essere colpito da un lancio sbagliato (cosa che capitava abbastanza spesso nelle partite in cui i bambini dovevano ancora imparare a governare le proprie braccia) che lasciai perdere. Come ho detto, mi adattai a giocare a football con Boomer, ma per un'unica stagione. Gli sport di squadra non facevano per me. Ero ancora molto piccolo per la mia età, un tappo mingherlino dal torace rachitico anche in mezzo a bambini ancora lontani dal periodo dello sviluppo. In generale mi sentivo inferiore ai miei compagni di squadra e avevo paura, sforzandomi come un matto, di fare solo la figura dell'idiota. Non mi muovevo con l'agilità degli altri. Caracollavo a un ritmo appena un po' più veloce di quello di una passeggiata, ma molto inferiore a quello di una corsa.

Mia madre aveva ritenuto fondamentali lo sci e il tennis per il suo ingresso nell'età adulta, e li giudicava altrettanto importanti per i suoi figli. Mi mise gli sci ai piedi quando ero ancora un bimbetto e andavamo tutti insieme sulle montagne locali. In seguito, fui messo sul pullman che portava i bambini di Seattle su un vicino monte durante i weekend. Mi piaceva scendere velocemente e provare il brivido dei salti, ma mi piaceva ancora di più fare lo scemo con gli altri bambini sui sedili posteriori del pullman. Frequentai per breve tempo la scuola di sci di Crystal Mountain, ma non la presi mai troppo sul serio. Con le lezioni di tennis andò nello stesso modo.

La mia carriera musicale iniziò con il pianoforte, proseguì con la chitarra e si infranse sugli ottoni. Non ho idea di come si sia giunti alla decisione di farmi suonare il trombone, ma mi esercitai per due anni sulla quarta posizione, trascinandomi dietro quel povero strumento nella sua custodia nera, prima di mollarlo.

A un certo punto fu deciso che dovessi occuparmi di un giro di consegna di giornali. Guadagnai qualche centesimo, ma era un compito ingrato consegnare una pubblicazione gratuita a cui nessuno si abbonava e che ben pochi volevano. Il mio principale ricordo di quelle consegne è la fatica di avanzare con la bicicletta carica di tutta quella carta. Più di una volta mi dovette soccorrere Gami, che guidava la macchina lungo il tragitto mentre io lanciavo i giornali verso i portici delle case.

La verità era che mi sentivo a casa soltanto nella mia testa.

Eppure, nonostante tutte le mie aspirazioni, continuavo a prendere brutti voti e le mie battaglie in casa si fecero sempre più aspre. In quel periodo potevo stare giorni senza parlare, e uscivo dalla mia camera solo per mangiare e andare a scuola. Quando mi chiamavano a cena, facevo finta di non sentire. Raccogli i tuoi vestiti da terra, mi dicevano, e io niente. Sparecchia la tavola, mi dicevano, e io facevo orecchie da mercante. Sali in macchina ché dobbiamo uscire a cena, e io zitto. Anni più tardi i miei genitori dissero ai giornalisti che una volta, mentre mia madre cercava di indurmi a parlare, io sbottai: «Sto pensando! Tu non pensi mai? Prova a farlo, una volta tanto!». Per quanto mi addolori dirlo, l'aneddoto è vero.

Certi giorni tremavo all'idea di sentire il rumore sordo dei passi di mio padre che, di ritorno dall'ufficio, entrava in casa e salutava la mamma. Udivo il brusio dei loro discorsi: la mamma gli raccontava degli scontri che avevamo avuto quel giorno o dei problemi che avevo avuto a scuola. Subito dopo, papà scendeva nella tavernetta e arrivava alla mia porta. Certe volte mi sculacciava. Capitava di rado, però, e intuivo che farlo gli causava dolore. Credo inoltre che non fosse sempre d'accordo con il rigido metodo educativo della mamma, ma poiché erano soci nell'impresa di allevare i figli, la sostenne sempre. Di solito mi parlava. Non aveva bisogno di dire molto per ottenere un effetto. La sua presenza, la sua scelta oculata delle parole, la sua voce profonda mi inducevano a tirarmi a sedere sul letto e ad ascoltarlo. Papà intimidiva, ma non in senso fisico, nonostante la smisurata statura. A mettere in soggezione era semmai la sua innata razionalità. «Figliolo, tua madre dice che tu le hai risposto male mentre era al telefono. Come sai, a casa nostra non ci comportiamo così, e credo sia giusto che tu vada di sopra e ti scusi» era capace di dire, con una distanza emotiva da cui si capiva che faceva sul serio e che era meglio che gli dessi retta. Non c'era da stupirsi se noi tutti pensavamo che la sua vera vocazione, in campo legale, non fosse quella dell'avvocato, bensì quella del giudice.

Per un breve periodo, mio padre e mia madre si iscrissero a un corso di «formazione del genitore efficiente» presso la nostra chiesa. Ideati all'inizio degli anni Sessanta, quei corsi partivano dall'assunto che i genitori dovessero andare incontro alle esigenze dei figli senza usare mai metodi punitivi. Era un'impostazione che preludeva ai moderni metodi pedagogici, secondo i quali i genitori devono porsi su un piano collaborativo o addirittura paritario con i figli. Se ci ripenso oggi, mi rendo conto che dovevano sentirsi terribilmente frustrati per compiere un tale passo, e capisco quanto debba essere stato difficile, per mia madre, ammettere di aver bisogno di un aiuto esterno. Provo vergogna anche quando mia sorella Kristi, rievocando quell'epoca, dice che con il mio comportamento io assorbivo a tal punto le energie della mamma da lasciargliene ben poche per occuparsi di lei.

Non so bene per quanto tempo i miei genitori abbiano frequentato le lezioni, ma qualunque metodo abbiano tentato di applicare con me non funzionò.

Le tensioni tra noi giunsero al culmine una sera a cena. Ebbi l'ennesimo scontro con mia madre. Non ricordo a che proposito, ma ricordo benissimo che, come sempre, fui offensivo e saccente. A giudicare da quanto accadde subito dopo, dovetti essere anche particolarmente cattivo, perché mio padre, dal lato opposto del tavolo, mi gettò l'acqua del suo bicchiere in faccia. Io smisi di parlare e fissai il piatto. «Grazie della doccia» ringhiai. Poi deposi lentamente la forchetta, mi alzai e scesi nella mia stanza nel seminterrato.

Non avevo mai visto il mio mite padre perdere così le staffe. Constatare che lo avevo spinto a un simile gesto di rabbia mi scioccò.

In quel periodo provocavo un tale scompiglio che i miei genitori chiesero aiuto al dottor Charles Cressey, un assistente sociale con un proprio studio di counseling. Si sapeva che consigliava per esempio gli studenti di medicina sull'approccio da adottare con i malati e che trattava anche le coppie in crisi. Alla prima visita si presentò la mia intera famiglia, ma tutti sapevano che eravamo lì per causa mia.

«Sono in guerra con i miei genitori» dissi al dottore.

Ogni sabato mattina papà e mamma mi scaricavano davanti a un edificio vittoriano dalla facciata dorata, vicino al Jack in the Box del distretto universitario di Seattle. Io entravo e sedevo in sala d'attesa finché il dottor Cressey non aveva finito con altri clienti. Mentre aspettavo, sentivo attraverso le pareti di cartongesso le voci tese delle coppie che cercavano di risolvere i loro problemi coniugali. Alla mia prima visita, mi chiesi: «Queste persone hanno problemi veri, ma io, perché sono qui?».

Durante le nostre sessioni, io e il dottor Cressey sedevamo accanto a un luminoso bovindo e parlavamo per circa un'ora. L'ambiente era fatto apposta per calmare, e sembrava più un soggiorno che quello che mi figuravo come lo studio di uno psicoterapeuta. La finestra dava su un giardino con un grande albero che, in primavera, metteva fiori bianchi.

Era difficile incontrare una persona più tranquilla ed empatica di Cressey. Trovava sempre il modo di farmi parlare, rivolgendomi domande intelligenti e acute su com'era stata la mia settimana, le cose che erano successe a scuola, e come andavano i rapporti con mia madre. Di norma il mio impulso sarebbe stato di eludere domande del genere, ma lui sembrava sinceramente interessato più a quello che avevo da dire che a preparare il terreno per una lezione da farmi o un compito da assegnarmi. Del resto, lui stesso era un personaggio interessante. Prima di diventare assistente sociale era stato pilota di caccia durante la seconda guerra mondiale. In seguito aveva avuto una breve carriera di rappresentante di medicinali, una professione che gli aveva permesso di accantonare una somma sufficiente ad aprire lo studio di counseling. Queste notizie di carattere personale me le diede con molta parsimonia. Tendeva a non parlare di sé, e si concentrava invece su di me. Si limitava a farmi le domande, non mi diceva mai che cosa dovevo pensare o se facevo cose giuste o sbagliate. «Vincerai» mi assicurava, senza ulteriori spiegazioni. Con il senno di poi, mi sono reso conto che mi induceva pian piano a trarre da solo le mie conclusioni.

Era un appassionato studioso della sua materia, e si documentava in continuazione su psicologia e psicoterapia, cercando di reperire nuove nozioni utili alla sua pratica. Mi citò molti dei libri che aveva studiato, dicendomi di leggere Jung, Freud e altri esperti di cui poi discutevamo. Mi affascinava che vi fossero persone che si sforzavano di capire il cervello e il comportamento umani.

Grazie ai nostri colloqui, intuii che aveva ragione: ero destinato a vincere la presunta guerra contro i miei genitori. A ogni anno che passava, la mia indipendenza cresceva. Pian piano sarei diventato del tutto indipendente. Nel frattempo, allora come in futuro, mio padre e mia madre mi avrebbero amato. Non era fantastico che io vincessi la guerra senza perdere mai il loro affetto? Senza mai imporre niente, il dottor Cressey mi aiutò a capire che: A) i miei genitori mi volevano bene; B) non sarei rimasto per sempre sotto il loro tetto; C) in realtà erano miei alleati nelle cose che contavano davvero; D) era assurdo pensare che avessero fatto qualcosa di sbagliato.

Invece di sprecare energia a fare la guerra ai miei genitori, avrei dovuto concentrare tutte le mie energie per acquisire le competenze di cui avrei avuto bisogno nel mondo esterno.

Più tardi appresi che il dottor Cressey aveva avuto un'infanzia difficile, un'infanzia di maltrattamenti fisici che lo avevano riempito di rabbia. Dopo la guerra aveva deciso di mettere da parte la sua collera per dedicarsi a ciò che definiva «diffondere amore». Sapeva senza dubbio che i miei problemi erano minimi in confronto a quelli che aveva dovuto affrontare lui da piccolo e a quelli che, suppongo, dovevano affrontare molti dei suoi clienti. Tuttavia, non sminuì mai le mie difficoltà. Una volta mi disse: «Sei un bambino fortunato». Io stavo guardando fuori dal bovindo e non risposi, ma sapevo che aveva ragione.

Potevo udire un brusio di voci di là dalla parete di cartongesso, ma non afferravo le parole esatte. Il dottor Cressey stava parlando con i miei genitori; io ero uscito dalla stanza perché gli adulti potessero conversare in privato. In seguito, mio padre mi comunicò quello che aveva detto il dottore. «Lasciate perdere» aveva consigliato loro. «Vincerà lui.» Sono certo che Cressey abbia detto anche altro, ma quello era il succo. Raccomandò loro di allentare la pressione, di non forzarmi, di concedermi più libertà.

Quando, anni dopo, mio padre rievocò quella visita, mi confidò che lui e la mamma erano rimasti di stucco. Il consiglio aveva distrutto la loro speranza di avere da lui delle dritte su come rimettermi in carreggiata. Allentare la pressione dev'essere sembrato loro una sconfitta, una cosa che si fa quando non si ha più scelta. Credo sia stato particolarmente duro per mia madre, per la quale ogni problema andava risolto insistendo con maggior decisione. Benché i miei genitori mantenessero sempre il loro «fronte compatto», papà aveva una visione meno rigida dell'educazione dei figli. Essendosi reso indipendente a un'età assai precoce, credo che a livello intuitivo capisse quanto fosse importante per un ragazzo seguire la propria strada. Il fatto è che suo figlio mostrava di aver bisogno di quell'indipendenza molto prima del previsto.

A poco a poco le cose tra noi migliorarono, non perché i miei genitori gettassero la spugna all'improvviso e mi lasciassero fare tutto quello che volevo, ma perché i nuovi obiettivi che mi aveva suggerito il dottor Cressey permisero a *me* di mitigare l'intransigenza, di cambiare registro e di concentrare le energie su qualcos'altro.

Molti anni dopo, per l'esattezza nel 1980, vidi il film *Gente comune,* appena uscito al cinema. Da allora l'ho rivisto molte volte, quasi sempre con un groppo in gola. È un grande film, pressoché perfetto. Se si escludono gli aspetti prettamente drammatici, come il trauma della morte di un fratello, una madre incapace di dare abbastanza affetto e un figlio che per l'angoscia accarezza l'idea del suicidio, ci sono elementi che mi fanno pensare alla mia esperienza personale. Ero giovanissimo e confuso, ed ero in lotta con una madre che voleva che tutto fosse perfetto, soprattutto agli occhi del mondo esterno. Avevo un padre, avvocato come il Donald Sutherland del film, che faceva del suo meglio per garantire la stabilità alla famiglia. E come Conrad, suo figlio, ero assistito da un bravo terapeuta che mi aveva aiutato a capire la mia situazione e ad arrivare da solo alla conclusione che occorreva un cambiamento radicale. Con il tempo avrei finito per accettare che la mamma fosse com'era, e lei avrebbe finito per rassegnarsi al fatto che non avrei mai corrisposto del tutto al modello di figlio da lei sognato. Mi concentrai sempre meno sull'obiettivo di contrastare la volontà della mamma, e sempre più su quello di preparare il terreno a una mia futura, concreta indipendenza. Quel mutamento d'ottica non avrebbe potuto verificarsi in un momento più propizio. Ero sempre più consapevole del grande mondo degli adulti intorno a me, e avevo la fortuna di vivere in una famiglia in cui era considerato naturale, o addirittura logico, entrare a farne parte.

All'epoca facevo spesso visita a mio padre nel suo studio, che si trovava nel centro di Seattle. Prendevo l'ascensore per salire al decimo dei diciassette piani del Norton Building, il primo, moderno grattacielo per uffici della città, e aspettavo nel suo ufficio che papà finisse di lavorare. Mi incuriosivano gli uomini in giacca e cravatta che mi passavano accanto mentre, seduto in poltrona, leggevo un libro. Alcuni erano immersi in un pensoso silenzio, altri, correndo in sala riunioni, discutevano animatamente di una qualche causa. Mi colpiva il clima di estrema serietà, e immaginavo che gli argomenti di cui parlavano fossero altrettanto importanti.

Il sabato lo studio era deserto, e mi divertivo a guardare le cataste di libri di giurisprudenza e le file di dittafoni. Sfogliavo le fotocopie dei processi e cercavo di decifrare le frasi scritte a mano sui margini. A volte sbirciavo, sulle scrivanie degli avvocati, le agende su cui essi annotavano i tempi dei loro impegni quotidiani. Mio padre me ne spiegò la ragione: per essere pagati, tutti i legali dello studio dovevano registrare con cura i minuti e le ore di lavoro fatti. Appresi che esistevano cose come le deposizioni, durante le quali gli avvocati rivolgevano ai testimoni minuziose domande. Ecco a che cosa servivano i dittafoni.

Quelle visite rafforzarono in me la sensazione che papà, come senior partner dello studio legale, avesse il compito di gestire questioni complesse e importanti. Mi resi conto che il quieto senso dell'ordine e la granitica stabilità che aveva assicurato alla nostra famiglia avevano contribuito pure al suo successo in quell'ufficio del decimo piano, pieno di signori in giacca e cravatta. Le visite mi permisero di farmi un'idea precisa della vita professionale e diventarono il parametro attraverso cui avrei finito per misurare il grado di successo di un'impresa.

Le storie di successo di cui si parlava a casa mia non erano quelle di campioni sportivi o stelle del cinema, bensì di persone che creavano qualcosa ed erano attive nell'industria, nella politica o nel settore delle costruzioni, come l'ingegnere civile amico dei miei che era titolare di una locale impresa edile. Alla fine degli anni Sessanta, i miei genitori e i loro amici erano attorno ai quarant'anni e si erano impegnati a lungo per raggiungere posizioni influenti nel governo e negli affari. Quando ero alle medie, il compagno di bridge dei miei genitori, Dan Evans, era il governatore del nostro Stato (in seguito sarebbe diventato senatore degli Stati Uniti). L'intensa attività che papà svolgeva in associazioni giuridiche locali, statali e nazionali, nonché l'impegno profuso da mia madre in organizzazioni non profit locali, permisero a entrambi di ampliare la cerchia delle loro conoscenze e di estenderla a professionisti in ascesa che avevano i loro stessi obiettivi, in genere ambiziosi, per la città di Seattle, lo Stato di Washington e l'intero paese.

Queste persone e le loro storie mi interessavano, e mi era oltremodo facile avere accesso a loro. Tutto quello che dovevo fare era posare il libro che stavo leggendo e salire al piano di sopra, dove quasi ogni settimana li trovavo.

I miei genitori organizzavano molte cene e feste. (Come nel caso delle cartoline e dei biglietti natalizi, nella fase preparatoria di molte serate papà e mamma si inventavano un biglietto di invito ingegnoso, con un enigma che il destinatario doveva risolvere per capire a quale evento fosse invitato e dove e quando si sarebbe tenuto. Ormai, nel seminterrato, avevamo la nostra copisteria.) Spesso queste riunioni servivano per discutere di un problema o reclutare gente per una nuova causa. Non si era mai invitati a casa Gates solo per stare seduti a chiacchierare. Ogni party, ogni cocktail aveva un fine. I miei genitori potevano magari invitare alcuni membri dell'ordine degli avvocati di Seattle per discutere di come dare più potere ai giovani legali nell'avvocatura dello Stato, o come finanziare una borsa di studio per studenti di giurisprudenza neri all'Università di Washington. Prima del party, spostavamo i mobili e disponevamo in giro dei tavolini pieghevoli perché si formassero piccoli gruppi. A cena, mia madre introduceva la questione da dibattere. Al momento del dessert, invitava tutti a guardare sotto la tazzina del caffè, dove c'era un foglietto con l'indicazione del nuovo tavolo a cui sedersi. Con questo gioco la mamma incoraggiava, per così dire, l'impollinazione incrociata delle idee e aiutava le persone a fare nuove conoscenze. Era una vera maestra dell'ingegneria sociale.

Prima che la serata iniziasse, faceva sedere me e le mie sorelle sul divano e ci dava istruzioni. Mentre Libby e io ci azzuffavamo e facevamo gli scemi, lei ripassava con cura ciascun nome della lista di invitati, informandoci delle sue caratteristiche. Armati di queste nozioni, noi avevamo il dovere di intrattenere gli ospiti. Kristi, per esempio, aveva il compito di suonare una canzone al pianoforte. Negli anni a venire, la mamma avrebbe invitato a cantare il coro di cui Libby faceva parte. Di solito io me la cavavo con l'incarico di portare avanti e indietro i drink, districandomi tra una folla che discuteva di come ripulire il lago Washington, trovare altri donatori importanti per la United Way o contribuire a sostenere la candidatura di Joel Pritchard al Senato dello Stato. Mi piaceva la sensazione di poter rivolgere a un ospite una domanda intelligente e di riuscire a tenergli testa nella conversazione.

Un visitatore regolare a casa nostra era un cliente di papà, un cardiologo di nome Karl Edmark. Oltre ad avere eseguito una delle prime operazioni a cuore aperto effettuate a Seattle, il dottor Edmark aveva inventato un innovativo defibrillatore, l'apparecchio che fa ripartire il cuore con una scossa elettrica. (I primi defibrillatori usavano la corrente alternata, come quella dell'elettricità di una presa a muro, che non dava solo una scossa al cuore ma provocava al paziente spasmi violenti. Il dottor Edmark aveva ideato un dispositivo che funzionava a corrente continua, di minore intensità, che oltre a essere portatile non provocava tutti quegli spasmi ai pazienti.) Aveva messo in commercio la sua invenzione fondando un'azienda chiamata Physio-Control.

Appresi questa storia a spizzichi e bocconi, a mano a mano che si svolgeva nel tempo, durante conversazioni e cene in famiglia. Papà mi disse che il dottor Edmark aveva gestito la sua azienda per anni senza guadagnare praticamente un centesimo, finché non si era trovato davanti alla prospettiva di dovervi rinunciare. Con l'aiuto di mio padre, aveva assunto un manager professionista che aveva fortemente rafforzato il settore marketing. A papà era stato chiesto di avvicinare investitori esterni. A poco a poco le vendite erano aumentate, i profitti erano cresciuti e l'azienda aveva avuto successo. Fui affascinato da questa storia di un dottore-inventore che aveva messo a punto un apparecchio per salvare vite, ma il mio cervello di ragazzino di prima media provava anche molto interesse – per quanto gli era dato capire – per la raccolta fondi, i brevetti, i profitti e il settore ricerca e sviluppo.

Presto riuscii a visitare gli uffici della Physio-Control, nel centro di Seattle, dove incontrai degli ingegneri e intervistai il nuovo presidente, Hunter Simpson. Abitava nel nostro quartiere e lo avevo conosciuto a una delle cene dei miei genitori.

Trasformai quello che avevo appreso in una relazione scolastica su una compagnia immaginaria, la «Gatesway», che fabbricava un congegno di mia invenzione per la cura delle coronarie. Nella relazione parlavo dei fattori di produzione e spiegavo come sperassi di raccogliere fondi dagli investitori per fabbricare i miei prodotti. «Se la mia idea si rivelasse buona e riuscissi ad assumere gente in gamba e raccogliere abbastanza finanziamenti, dovrei avere successo» scrissi. L'insegnante mi diede A1, il voto massimo abbinato al massimo impegno. Benché in passato avessi tanto criticato il sistema di assegnazione dei voti, stavolta lo apprezzai.

Quell'anno ero molto più a mio agio a livello sociale, e lo dimostra il fatto che fondai un club, in pratica una versione da scuola media delle riunioni dei miei genitori. Lo chiamai «Contemporary Club» e invitai un gruppo di miei coetanei a discutere le questioni del giorno. Il Contemp Club, presto chiamato così per brevità, contava sei membri: tre ragazzine e tre ragazzini, tra cui il mio amico Boomer. Una o due volte al mese ci vedevamo a casa dell'uno o dell'altro, facendo a turno nell'ospitare. Discutevamo bevendo succo di frutta e mangiando biscotti. Non ricordo gli argomenti, ma senza dubbio parlammo della guerra del Vietnam, dei diritti civili e di altri temi pressanti dell'epoca. (Facemmo anche una festa di Halloween, e la regola in stile mamma fu che bisognava portare un costume per qualcun altro. Per questo posso dire di essermi vestito almeno una volta nella vita da gondoliere veneziano, con tanto di camicia a righe blu e cappello di paglia a tesa larga.)

Con l'aiuto dei nostri genitori, il Contemp Club organizzò visite didattiche a organizzazioni non profit locali e all'Università di Washington. Raccogliemmo anche donazioni per Head Start, un programma educativo per la prima infanzia. Il nostro più grande successo, o almeno così ci sembrò allora, fu la visita a un think tank locale di proprietà della Battelle, la grande azienda di ricerca e sviluppo senza scopo di lucro che aveva sede nel nostro quartiere. Mentre giocavo a football sul loro campo erboso, mi ero sempre chiesto che cosa succedesse dentro quei lussuosi palazzi. In qualche modo riuscimmo a metterci in contatto con i dirigenti e, incredibilmente, ci invitarono a passare un pomeriggio nei loro uffici. La Battelle era famosa soprattutto per avere inventato la fotocopiatura a secco, un brevetto che poi avrebbe acquisito la Xerox. Imparammo la storia di quella tecnica allora all'avanguardia, vedemmo la fotocopiatrice dell'ufficio e apprendemmo che la Battelle aveva investito denaro nel brevetto. Mi sbalordì che ci prendessero sul serio, riservandoci tanta attenzione. Andandomene dalla sede dell'azienda, pensai: «Questo è ciò che fanno le persone intelligenti. Si uniscono ad altre persone intelligenti e risolvono problemi molto difficili. Mi sembra l'ideale».

Continuai a vedere regolarmente il dottor Cressey per circa due anni e mezzo. A un certo punto, le nostre sedute del sabato terminarono. In casa nostra era tornata la pace. Non posso dire che fossi un figlio ideale, ma mi stavo impegnando di più. Nel frattempo anche papà e mamma mi concessero maggiore libertà di essere me stesso. Riconobbi e apprezzai che mia madre cercasse di darmi più spazio, e d'altra parte a quell'epoca cominciò a essere sempre più indaffarata sul fronte professionale e anche su quello domestico, avendo una bambina piccola da seguire. Ripensandoci oggi, credo che, sebbene sia loro servito un certo tempo per adattarsi all'idea, i miei genitori abbiano finito per accettare che fossi un po' lontano da quello che molti genitori avrebbero considerato normale. Come disse il dottor Cressey, il loro affetto per me non sarebbe mai, in nessun caso, venuto meno. E aveva ragione.

Papà e mamma continuarono anche ad alimentare il mio costante bisogno di stimoli intellettuali. L'estate successiva alla prima media portarono me e Kristi (Libby, che allora aveva tre anni, rimase a casa con Gami) in vacanza all'est. Iniziammo il giro da Montréal, dove visitammo l'Expo 67, una sorta di esposizione universale canadese, per toccare poi Boston, New York, Washington e il distretto storico di Williamsburg. Ogni giorno la nostra agenda era zeppa di impegni, con un misto di tappe obbligate e giri divertenti: alle visite educative, come andare a vedere la copia della *Mayflower*, si alternarono lo spettacolo *Il violinista sul tetto* a Broadway e una capatina alla Borsa di New York. In Campidoglio assistemmo a una seduta del Senato, quindi visitammo la Casa Bianca, il cimitero nazionale di Arlington, la Smithsonian Institution e quasi tutti gli altri principali siti della capitale.

Il viaggio nella costa orientale fu una sorta di celebrazione, una specie di premio per me e Kristi. Mia sorella avrebbe cominciato in autunno a frequentare il liceo Roosevelt, e anch'io ero destinato a un nuovo istituto. I miei avevano deciso che sarei dovuto andare alla Lakeside School, un'esclusiva scuola maschile privata nella zona nord di Seattle. La decisione, per loro, non era stata facile. Tutti e due avevano frequentato scuole pubbliche – la mamma si era diplomata al Roosevelt – ed erano convinti che bisognasse sostenere il sistema scolastico pubblico. Inoltre, la retta annuale di 1400 dollari sarebbe stata notevole anche per lo stipendio di mio padre. Ma capivano che avevo bisogno di maggiori stimoli e che ero poco motivato. Forse, pensarono, la Lakeside mi avrebbe spronato. All'inizio detestai l'idea. Avevo sentito dire che gli studenti più grandi erano costretti a portare giacca e cravatta e a chiamare l'insegnante «signor professore». Quando visitai la scuola per affrontare l'esame di ammissione, meditai di dare apposta le risposte sbagliate. Ma appena cominciai a districarmi tra i quesiti, non potei fare a meno di rispondere nella maniera giusta: ne andava del mio orgoglio, e fui accettato.

V
La Lakeside

La prima cosa della Lakeside School che colpì la mia sensibilità di ragazzo di seconda media fu il nome sbagliato. Non si trovava affatto vicino a un lago. Sorgeva in mezzo ai boschi, presso l'Interstatale 5 al confine settentrionale di Seattle, a venti minuti di macchina dal mio quartiere. Il primo giorno, quando vi arrivai a bordo della Ford station wagon della mamma, mi parve molto lontana da casa nostra.

La Lakeside era stata fondata nel 1919 come scuola preparatoria al college per i figli di alcune delle famiglie più ricche di Seattle. In origine sorgeva sul lago Washington – da qui il nome –, ma negli anni Trenta si era trasferita in un'area che era stata sgombrata apposta per costruirci un campus più grande, come quelli dei college. Nei sei anni che avrei trascorso lì, l'istituto avrebbe a poco a poco abbandonato le sue ultime tradizioni conservatrici da *prep school*, come le norme sull'abbigliamento e il corpo insegnante solo maschile, per assumere anche donne e addirittura fondersi con una scuola femminile; ma quando cominciai a frequentarla io, nell'autunno del 1967, tutti gli insegnanti erano maschi bianchi e di donne c'era solo la bibliotecaria. Ogni studente aveva un posto prestabilito al tavolo da pranzo. Mentre ero lì mi innamorai di due classici molto amati dagli adolescenti, *Il giovane Holden* di J.D. Salinger e *Pace separata* di John Knowles, due romanzi che descrivono le tipiche scuole preparatorie della costa orientale. La Lakeside era costruita secondo quel modello, completa di prati verdi ben tosati e edifici di mattoni a vista con colonnati. C'era perfino una torre campanaria.

La scuola era suddivisa in un biennio di media inferiore, e un triennio di media superiore. Non c'era molta osmosi tra l'uno e l'altro settore. Noi studenti delle medie inferiori eravamo perlopiù confinati a Moore Hall, uno degli edifici più vecchi del campus, mentre i ragazzi delle superiori erano liberi di andare dove volevano e dettavano indiscutibilmente legge. Si dava parecchia importanza allo sport, il che, pensai, era una brutta notizia per me. La squadra di football aveva alle spalle una lunga serie di vittorie e quella di canottaggio aveva procurato fama all'istituto battendo una scuola più famosa della costa orientale in un campionato nazionale.

La mia classe era composta da una cinquantina di ragazzi, quasi tutti bianchi. I loro padri facevano il tipo di lavoro che ci si aspettava facessero negli anni Sessanta i padri degli alunni di una scuola privata del Pacifico nordoccidentale: erano avvocati, medici, banchieri, dirigenti dell'industria forestale, ingegneri della Boeing, insomma tutti membri dell'élite di Seattle. Un papà aveva aperto un ristorante di bistecche che sarebbe poi diventato una catena nazionale. Un altro avrebbe dato vita a una grande compagnia di assicurazioni sanitarie. Appartenevamo tutti alla stessa classe sociale, eppure io continuavo a sentirmi diverso dalla maggior parte degli altri ragazzi. Molti di loro sembravano parecchio sicuri di sé, specialmente quelli che avevano fratelli maggiori alla Lakeside e che quindi sapevano già come funzionavano le cose. Nelle prime settimane vidi gli altri trovare subito il loro posto nella comunità, per esempio entrando nella squadra di football, nella redazione del giornale, nel gruppo che faceva teatro o nel coro, o partecipando alle varie altre attività disponibili. Diversamente da me, molti arrivavano alla Lakeside con una rete sociale consolidata alle spalle. Si erano già conosciuti al circolo del tennis o dello sci, oppure attraverso contatti tra famiglie.

Sentendomi smarrito in quel posto nuovo, tornai alla mia collaudata risorsa: fare il buffone. Se aveva funzionato nella mia vecchia scuola, perché non continuare a recitare la parte? Una delle massime onorificenze che si potevano conquistare alla Lakeside era la Gold Star, una medaglia conferita agli studenti che eccellevano nelle «cinque punte» della stella: atletica, erudizione, socialità, carattere e impegno. Nei primi due anni, non ci fu la minima possibilità che qualcuno mi scambiasse per uno degno della Gold Star in qualche cosa.

Ho letto alcune descrizioni di me alla Lakeside in quel periodo. Sono stato definito solitario, nerd, perfino un po' odioso. Ero probabilmente tutte queste cose. A distanza di tanti anni e con il distacco che si acquisisce con l'età, capisco che ero alla disperata ricerca di un'identità. Tutti i progressi che pensavo di aver fatto nella mia vecchia scuola, lì risultavano insignificanti. Ero un non atleta in una scuola famosa per lo sport. In un posto in cui tutti si concentravano su settori specifici, io ero un accanito generalista. Non mi inserivo e non sapevo come risolvere il problema. Così finsi di non volerlo risolvere.

La mia recita fallì quasi subito, clamorosamente.

A insegnare geografia in seconda media era il professor Anderson, che dirigeva il settore dell'atletica ed era noto soprattutto per avere allenato la squadra di football della Lakeside nella sua serie di vittorie. Aveva il *physique du rôle*: mascella quadrata, capelli a spazzola, un pallone da football sulla cattedra. A volte faceva lezione come fossimo sul campo. Se per caso prendevi un brutto voto nel compito in classe, ti costringeva a metterti a terra e fare dieci flessioni sulle braccia. Se gli davi una risposta sbagliata, fingeva di tirarti contro il pallone. Benché amassi la geografia e le carte geografiche, e sapessi in cuor mio che Anderson era un brav'uomo, facevo casino in aula, saltavo i compiti e partecipavo pochissimo alla vita di classe, sicché mi toccava la mia quota di flessioni.

Ero ben contento di recitare il ruolo del giullare, fino al giorno in cui dovetti partecipare a un progetto di gruppo. Il professor Anderson mise insieme gli allievi migliori e accoppiò me con il ragazzino che aveva notoriamente i voti più bassi di tutta la classe. Quel semplice gesto mi fece capire d'un tratto che cosa pensava di me l'insegnante: Gates non è intelligente. La cosa mi bruciò.

Il mio unico tentativo di redimermi fu una relazione sul Mar Nero. Deciso a dimostrare a Anderson che meritavo un riconoscimento, mi recai alla biblioteca pubblica di Seattle, dove copiai pagine e pagine di dati geografici e storici da fonti come l'*Encyclopaedia Britannica*, che mi pareva la versione erudita della *World Book Encyclopedia* per ragazzi che avevamo a casa nostra. Ma sebbene in quinta elementare riempire pagine e pagine di dati nel mio *opus magnum* sul Delaware avesse funzionato, nei due anni trascorsi da allora le aspettative erano cambiate. Anderson mi diede un voto basso (non ricordo esattamente quanto basso, ma abbastanza da colpirmi). Nonostante l'alta opinione che avevo di me stesso, secondo l'analisi obiettiva di Anderson e di altri professori di quell'anno, ero sotto la media.

Al termine del primo anno alla Lakeside, presentai a tutti i professori il mio annuario scolastico, indicando lo spazio in cui volevo firmassero e includendovi la frase: «Datemi un A+!». Naturalmente, non me lo diede nessuno. Non lo meritavo in nessuna materia. A casa, tirai fuori una matita e scrissi in fondo alla pagina, a grandi lettere arrotondate: «Puah! Voi professori siete da dimenticare! Addio!».

Fino ad allora, a scuola me l'ero cavata grazie a insegnanti che avevano intravisto un potenziale dietro la mia maschera di indifferenza. Alla Lakeside pareva che vedessero solo quella. Sono sicuro che, dopo quel primo anno nel nuovo istituto, i miei genitori si siano chiesti se avessero preso la decisione giusta. Senza alcun dubbio me lo chiesi io.

Se però, in primavera, avessi prestato attenzione all'ultimo numero del giornalino della scuola, avrei notato un articolo di due paragrafi, in fondo alla seconda pagina, dove si diceva che a partire dall'autunno il dipartimento di matematica sarebbe stato collegato a un computer. «Si spera che qualche studente lo usi per lavorare a progetti di ampio respiro» concludeva il trafiletto.

All'inizio dell'anno seguente, notai un ragazzino della mia stessa media inferiore. Era difficile non accorgersi di lui. Alto, coi capelli castani arruffati, Kent Evans aveva un vistoso labbro leporino e parlava con una leggera difficoltà. In seguito seppi che era nato con il labbro superiore e il palato talmente deformi che i genitori avevano dovuto nutrirlo nei primi mesi con un contagocce. Quando lo conobbi, in terza media, aveva ormai subito una serie di dolorose operazioni dopo le quali si era ritrovato con la bocca piena di apparecchi ortodontici e le labbra sempre leggermente aperte. Se ci ripenso oggi, credo che le precoci difficoltà dell'infanzia abbiano contribuito a conferirgli un coraggio che si sarebbe manifestato più volte nel periodo troppo breve in cui ci frequentammo.

Kent e io eravamo nella stessa classe di matematica del professor Stocklin. Kent era un tipo silenzioso, che non interveniva quasi mai, ma mi resi conto che capiva benissimo cosa succedeva. Sembrava comprendere bene la matematica, almeno a quanto potevo intuire io dall'altra parte dell'aula. Lo giudicai il ragazzo più serio di tutta la classe.

Seppi che non era di Seattle. I suoi genitori erano venuti ad abitare nella nostra città solo da un anno, poco prima che il figlio si iscrivesse alla seconda media. A causa del lavoro di suo padre, pastore unitariano, si spostavano molto e prima di trasferirsi lì erano vissuti a Victoria, nella Columbia Britannica. Come me, Kent non si era inserito nelle chiuse conventicole della Lakeside. Tutt'altro che atletico, non era certo un figo come quelli intorno a cui gravitava la maggior parte degli studenti. Diversamente da me, però, non gliene importava nulla. Questioni come la posizione sociale, o che cosa gli altri pensassero di lui, non lo sfioravano. Viveva per se stesso e per i propri interessi, che coltivava con una passione ben superiore a quella che in genere si immagina che abbia un bambino di dodici anni. In terza media, quell'interesse era la politica nazionale.

Era l'autunno del 1968 e si stava chiudendo un anno che sarebbe stato ricordato come uno dei più turbolenti della storia americana. Nel giro di pochi mesi si erano susseguiti, oltre agli omicidi di Martin Luther King e di Robert F. Kennedy, gli scontri tra polizia e dimostranti, ripresi dalla televisione, alla convention nazionale democratica di Chicago e le sommosse scoppiate in varie città, da Baltimora a Boston. L'opposizione alla guerra del Vietnam, già accanita, diventò furibonda. Il presidente Johnson rinunciò a candidarsi alla rielezione, aprendo la strada a una schiera di democratici che si misero in lizza per impedire al repubblicano Richard Nixon di salire alla Casa Bianca.

Kent aveva opinioni forti e informate su tutti questi argomenti. Era ferocemente contrario alla guerra del Vietnam, odiava Nixon e amava Ted Kennedy (il cui libro sulle politiche democratiche aveva divorato). Aveva studiato le ultime cause combattute dall'American Civil Liberties Union e deplorava il fatto che fosse sempre più in auge la teoria cospiratoria e antiscientifica secondo cui la fluorizzazione dell'acqua sarebbe stata un complotto comunista per avvelenarci. Idolatrava Eugene McCarthy, il senatore del Minnesota che si era candidato alla nomination democratica contro Lyndon Johnson. Sono sicuro che lo avesse preso a modello e si sentisse un po' come lui, un intellettuale *liberal* che era riuscito anche a conquistarsi un posto nel senato studentesco della Lakeside (dopo aver concorso, senza successo, alla carica di segretario tesoriere).

Quando nel 1968 McCarthy perse la nomination democratica, Kent si lanciò nella campagna presidenziale di Hubert Humphrey. Riempì il proprio cortile di cartelli rossi e blu con il suo nome, fece propaganda porta a porta e distribuì in centro volantini a favore di Humphrey e dei democratici che si candidavano al Senato o alla carica di governatore. Quando Humphrey visitò Seattle, Kent gli fece la posta all'Olympic Hotel nella speranza di parlare con lui (non ci riuscì, ma un mese dopo riferì tutto fiero che aveva stretto la mano al suo candidato alla vicepresidenza, Edmund Muskie). Chiunque a quell'epoca fosse stato militante del Partito democratico a Seattle avrebbe avuto buone probabilità di vedere un tozzo adolescente ai raduni e al quartier generale locale in Union Street, unico ragazzino in mezzo ad attivisti politici e giornalisti.

Uno dei nostri professori alla Lakeside amava raccontare che si era molto stupito quando si era imbattuto in Kent a una riunione di partito e lo aveva sentito parlare degli intrighi interni e delle lotte di potere dietro le quinte. «Conosceva la politica più di quanto avrei mai potuto conoscerla io» disse. Kent era così ossessionato dalla corsa alla presidenza del 1968 che usò le iniziali dei candidati per le risposte nei test di francese: le iniziali di Nixon stavano per «sbagliato» e quelle di Humphrey per «giusto». Com'è noto, alle elezioni vinse Nixon. La delusione di Kent fu lievemente mitigata dalla sua convinzione di avere contribuito, se non altro, a far vincere di stretta misura Humphrey su Nixon nel nostro Stato di Washington.

Questa sua passione mi affascinava. Se gli piaceva una cosa, ci si buttava a testa bassa. Come autore di una relazione di centosettantasette pagine con rilegatura in legno sullo Stato del Delaware, potevo apprezzare il suo entusiasmo. Uno degli insegnanti di lettere gli rimproverò di essere troppo focoso. «Il suo unico difetto, al momento, è un eccesso di preparazione» scrisse sulla sua pagella del primo anno. «Per un recente tema da redigere in quaranta minuti, ha sfornato l'abbozzo di una tesi di laurea.» Diversamente da me, Kent aveva bei voti.

Diventammo presto amici per la pelle. Poco dopo esserci conosciuti partecipammo a un campeggio con un insegnante della Lakeside che aveva fama di condurre i ragazzi a fare lunghe scarpinate nei boschi anche sotto la pioggia. Il tragitto che scelse ci portò a camminare lungo la costa frastagliata dello Stato. Una sera Kent e io piantammo la tenda sulla spiaggia, senza renderci conto di quanto fossimo vicini all'oceano. Più tardi lui mi scosse per svegliarmi, informandomi che l'acqua era entrata nella tenda e ci aveva inzuppato il sacco a pelo. Ridendo come matti, ci rifugiammo, con la tenda a rimorchio, in una zona più elevata.

Se già prima eravamo amici, da quel momento diventammo inseparabili. Le conversazioni che iniziavamo a scuola le continuavamo la sera al telefono. Io srotolavo il lungo filo dell'apparecchio e scendevo le scale per ritirarmi nella mia camera, e andavamo avanti a parlare per ore. Ricordo ancora il suo numero di telefono.

Come la maggior parte dei ragazzi, non passavo neanche un minuto a riflettere sul mio futuro: avevo solo la vaga idea di voler diventare uno scienziato o magari un avvocato come mio padre. A quell'età, però, è difficile capire in che modo dare le risposte giuste agli esami si traduca in una vita post-scolastica, ed è ancora più difficile intravedere il lontano orizzonte di una carriera professionale. Kent era molto più avanti di noi. Parlava sempre di dove avrebbe voluto essere di lì a dieci o vent'anni, e studiava il modo di realizzare i suoi obiettivi. Sembrava certo di essere destinato a grandi traguardi e di dovere solo trovare la strada migliore fra le tante per raggiungerli.

Insieme, leggemmo un mucchio di biografie di personaggi famosi: leader politici come Franklin D. Roosevelt e comandanti militari come Douglas MacArthur. Passammo ore al telefono a discettare della loro vita. Analizzammo il metodo da loro utilizzato per avere successo con la stessa passione adolescenziale che altri ragazzi dell'epoca mettevano nel decifrare il testo di *Lucy in the Sky with Diamonds*. Sarebbe stata una buona idea andare a West Point e diventare generali dell'esercito? Apprendemmo che, fin dalla più tenera infanzia, MacArthur era stato destinato dalla famiglia alla carriera militare. Confrontammo il suo percorso con quello del generale Patton, che invece era diventato un brillante soldato e comandante quasi per caso. Per avere una visione storica leggemmo libri su Napoleone, stupendoci del suo genio e dei suoi terribili difetti. Concludemmo che l'unica maniera per distinguersi davvero era diventare eroi di guerra, ma né Kent né io volevamo andare in guerra. Così eliminammo i generali dalla lista. Che dire del corpo diplomatico? Scoprimmo che solo i diplomatici di carriera ottenevano gli incarichi migliori e che, secondo un rapporto che Kent aveva richiesto a non so quale ufficio governativo, lo stipendio del personale d'ambasciata era basso. Via anche loro dalla lista. E se fossimo diventati professori universitari? Godevano di prestigio e della libertà di compiere ricerche su argomenti interessanti, ma Kent temeva che anche il loro stipendio non fosse granché. E diventare uomini politici? O magari avvocati, come mio padre?

Ero il tipo di ragazzino che vuole vincere tutte le sfide in cui si cimenta, e tuttavia non avevo alcun particolare obiettivo, a parte la vittoria in sé. Avevo capacità intellettive grezze ed ero onnivoro in termini di dati da assorbire, ma non pensavo alla direzione generale della mia vita. L'ambizione di Kent avrebbe contribuito ad accendere la mia e a indirizzare il mio eccezionale spirito di competizione verso un obiettivo.

Proprio mentre immaginavamo il nostro futuro, la strada che alla fine avremmo imboccato si palesò davanti ai nostri occhi.

Una mattina d'autunno di quella terza media, il professor Stocklin condusse la nostra classe alla McAllister House, un edificio bianco con rivestimento in doghe che ospitava il dipartimento di matematica. All'interno, sentimmo echeggiare nel corridoio un *crac-crac-crac* simile allo sferragliare di una ferrovia a cremagliera che saliva sul fianco di una montagna. In fondo al corridoio vedemmo radunato, in un ex ufficio, un gruppo di ragazzi delle superiori chini su una specie di macchina da scrivere che aveva un telefono a disco sul lato.

Il professor Stocklin spiegò che era una telescrivente. Con quella macchina ci si poteva collegare a un computer per fare giochi e anche scrivere propri programmi. Il computer stesso, aggiunse, non era alla Lakeside ma si trovava da un'altra parte, in California, e noi ci collegavamo a esso attraverso la linea telefonica. Ecco perché la telescrivente era dotata di telefono a disco. Quello che ci illustrò l'insegnante, avrei presto imparato, era il *time-sharing*, un sistema che permetteva a diversi utenti di fruire contemporaneamente dello stesso computer. Avevo sempre considerato i computer dei grandi cassoni gestiti da specialisti nei laboratori universitari, nei caveau delle banche e in altri posti in cui la gente di solito non andava. All'esposizione universale avevo visto un computer UNIVAC, una serie di cassoni delle dimensioni di un frigorifero, più alti di una persona e lunghi quanto un camioncino. L'addetto alla macchina, chiamata «la biblioteca del futuro», aveva raccolto domande dal pubblico e le aveva inserite nel computer, che aveva sputato fuori le risposte.

Era difficile immaginare che avrei potuto trastullarmi di persona con un computer.

Dan Ayrault, che entro un anno sarebbe diventato il preside della Lakeside, definì una volta il suo istituto «una scuola con pochissime regole». Pochissime regole significava che i professori della Lakeside erano liberi di fare esperimenti. Se un allievo nutriva un forte interesse per un dato argomento, l'insegnante poteva discostarsi dal suo programma per prendere un'altra direzione. Nelle assunzioni, la scuola cercava di scegliere insegnanti che avessero reali competenze e fossero profondamente interessati al loro campo. Alcuni avevano lavorato nell'industria, in aziende come la Boeing. Uno era un astrofisico. Alcuni erano avvocati. Un altro, che sarebbe diventato il mio professore di chimica all'ultimo anno delle superiori, aveva brevettato un metodo per isolare il triptofano, un aminoacido.

Insomma, alla Lakeside si partiva dal presupposto che un professore di questo tipo non avrebbe avuto paura di concedere agli studenti l'opportunità di esplorare, anche se questo avesse significato spingersi oltre i limiti dei programmi. Robert Fulghum, insegnante di arte, era un pastore unitariano che sarebbe diventato famoso per il bestseller *Tutto quello che mi serve sapere l'ho imparato all'asilo.* Scrisse il libro qualche anno dopo aver testato lo spirito libero della Lakeside assumendo modelle che posassero nude durante le sue lezioni di disegno. Al dipartimento di matematica, l'equivalente delle modelle nude era quel terminale di computer.

Lo avevamo grazie a Bill Dougall, il direttore del dipartimento di matematica. Come molti insegnanti della Lakeside,

Bill non pensava che l'educazione consistesse solo nello stare seduti passivamente in aula ad ascoltare una lezione. Era stato pilota della marina militare e faceva l'ingegnere aeronautico alla Boeing. A un certo punto della vita, dopo essersi laureato in ingegneria e pedagogia, aveva conseguito una laurea in letteratura francese alla Sorbona di Parigi. Appassionato scalatore ed esploratore, si era preso un anno sabbatico per costruire un mulino a vento a Katmandu, ed era stato lui a portarci al campeggio in cui Kent e io, sorpresi dall'alta marea, avevamo solidarizzato. Le sue gite in campeggio erano una tradizione sacra alla Lakeside: orrende escursioni effettuate con qualunque clima il Pacifico nordoccidentale avesse voluto dispensare a quaranta ragazzi e una manciata di intrepidi professori.

Durante l'estate, Bill Dougall e parecchi altri membri del corpo insegnante avevano preso lezioni di informatica e avevano poi insistito perché si permettesse alla Lakeside di accedere al computer. Nel 1968 ciò significava pagare il noleggio mensile del terminale e la tariffa oraria per collegarsi con un mainframe in *time-sharing*. Il terminale costava oltre 1000 dollari all'anno e la spesa per il *computer time*, che era di circa 8 dollari l'ora, poteva voler dire altre migliaia di dollari. Dougall aveva il sostegno del preside, ma era difficile giustificare la spesa: i licei e le famiglie allora semplicemente non avevano un computer. Il professor Dougall si era quindi messo in contatto con un gruppo di genitori della Lakeside che organizzava ogni anno un mercatino di beneficenza per raccogliere denaro per le attività scolastiche. Nel marzo 1967 il Club delle Mamme di Lakeside, come si chiamava la loro associazione ufficiale, si era fatto prestare uno spazio in un palazzo per uffici in centro, e in tre giorni aveva raccolto circa 3000 dollari, sufficienti per noleggiare una telescrivente ASR-33 ultimo modello e pagare abbastanza *computer time* per iniziare.

L'aspetto più divertente di quel miracolo è che nessuno sapeva come usare il marchingegno. Il professor Dougall esaurì le sue conoscenze di programmazione nel giro di una settimana. Un insegnante di matematica di nome Fred Wright aveva studiato linguaggi di programmazione, ma non aveva esperienza pratica con il computer. Tuttavia, intuendo che il terminale era una buona cosa, la scuola scommise sul fatto che qualcuno prima o poi avrebbe capito come usarlo.

A oltre mezzo secolo di distanza, mi stupisce ancora pensare a quanti diversi fattori dovettero entrare in gioco simultaneamente perché io potessi utilizzare un computer nel lontano 1968. A parte l'atto di fede compiuto dagli insegnanti e dai genitori che ci procurarono il terminale, e a parte il colpo di fortuna per cui era ormai possibile accedere a un computer in condivisione tramite linea telefonica, il miracolo fu completato dalla decisione di due professori del Dartmouth College di creare il linguaggio di programmazione BASIC. Sviluppato solo quattro anni prima, questo «Beginners' All-purpose Symbolic Instruction Code» (codice di istruzioni simbolico multiuso per principianti) fu creato per aiutare gli studenti di campi non tecnici ad avvicinarsi alla programmazione di computer. Una delle sue caratteristiche era di usare comandi – come GOTO (vai a), IF (se), THEN (allora) e RUN (esegui) – che avevano senso per gli esseri umani. Fu il BASIC a catturare la mia attenzione e a farmi tornare tante volte davanti al terminale.

Sulla parete vicino alla macchina, un professore aveva attaccato con le puntine un mezzo foglio di carta con le indicazioni più elementari per iniziare a usare il computer, comprese quelle per collegarsi e quali tasti premere quando qualcosa andava storto. Dava anche avvertimenti inquietanti, per esempio che digitare «"PRINT" SENZA UN NUMERO DI STATEMENT PUÒ CAUSARE LA PERDITA DI CONTROLLO».

Il foglio includeva un programma di esempio scritto in BASIC, che ordinava al computer di addizionare due numeri.

```
Ready...
10 INPUT X,Y
20 LET A=X+Y
30 PRINT A
40 END
```

Fu probabilmente il primo programma informatico che digitai in vita mia. L'eleganza delle quattro righe di codice ben si accordava con il mio senso dell'ordine. La sua risposta istantanea ebbe su di me l'effetto di una scossa elettrica. Fu allora che scrissi il primo programma tutto mio, un gioco del Tris. Per farlo funzionare fui costretto per la prima volta a riflettere bene sulle regole fondamentali del gioco. Capii immediatamente che il computer era una macchina stupida a cui dovevo dire ogni singolo passo da compiere, in base a ogni precisa circostanza che potesse verificarsi. Quando scrissi un codice impreciso, il computer non riuscì a inferire o indovinare che cosa intendessi. Nel tentativo di risolvere il problema commisi un sacco di errori. Quando finalmente capii come procedere, più che il risultato in sé mi riempì di soddisfazione il fatto di esserci riuscito. Il gioco del Tris è talmente semplice che perfino i bambini lo imparano in fretta, ma io provavo un senso di trionfo all'idea di avere indotto una macchina a farlo.

Mi piaceva da matti che il computer mi costringesse a pensare. Quella macchina non perdonava la negligenza intellettuale. Pretendeva che usassi una logica coerente e che prestassi attenzione ai dettagli. Bastavano una virgola o un punto fuori posto e il programma non funzionava.

Mi ricordava il procedimento che si segue per le dimostrazioni matematiche. La programmazione non richiede competenze matematiche (a parte quelle elementari), ma impone, come la matematica, un approccio rigoroso e logico al *problem-solving*, ovvero che si scompongano i problemi in elementi più piccoli e meglio gestibili. E come quando si deve risolvere un problema algebrico, ci sono diversi modi di scrivere programmi che funzionano, alcuni più eleganti ed efficienti di altri, ma ci sono infiniti modi di scriverne uno che non funziona. Il mio non funzionava mai. Solo con grande perseveranza, sforzandomi di ragionare nella maniera più lucida, riuscii a indurre un programma a funzionare senza intoppi.

Tra i primi che scrissi c'era anche un gioco di allunaggio. La difficoltà era far scendere un lander lunare sul nostro satellite senza che si schiantasse e prima che finisse il combustibile. Partendo da questa premessa, dovetti scomporre il problema in varie fasi. Innanzitutto bisognava capire come il giocatore potesse spostare il lander a destra e sinistra e in alto e in basso, di quanto combustibile disponesse e a che velocità lo consumasse. Dovetti anche descrivere l'aspetto del lander e comprendere come visualizzarlo sullo schermo mediante trattini e asterischi.

Non molto tempo dopo che la Lakeside ebbe installato il terminale, il professor Stocklin scrisse un programma che conteneva un loop infinito e continuò a funzionare finché qualcuno non lo fermò... ma non prima di aver consumato più di 100 dollari del prezioso budget raggranellato dalla scuola con il mercatino di beneficenza. Non credo che abbia più avuto il coraggio di farsi vedere nella sala. Fu una lezione per tutti noi.

Per evitare di accumulare spese, decisi di scrivere buona parte del mio programma con carta e penna, prima di tentare, sgomitando, di conquistare un posto davanti al terminale. Lo digitavo con il terminale offline per evitare i costi del *time-sharing*, e il programma veniva poi stampato su un rotolo di carta di tre centimetri di larghezza. Quello era il passo numero uno. In seguito componevo il numero sul telefono a disco a lato del terminale e aspettavo di sentire il ronzio del modem che confermava la connessione. Inserivo allora il nastro di carta, e *crac-crac-crac*, i dati venivano immessi nella macchina all'incredibile ritmo di dieci caratteri al secondo. Infine, digitavo «RUN». Poiché in genere ero pressato dagli altri ragazzini che schiamazzavano in attesa di usare a loro volta il computer, se il mio programma non funzionava mi toccava disconnettermi, trovare un posto in cui studiare dove avevo sbagliato e aspettare di nuovo il mio turno alla telescrivente.

Questo ciclo di feedback mi dava dipendenza. La sensazione di andare sempre meglio era esaltante. Per scrivere programmi era necessaria una combinazione di capacità che mi riuscivano facili: pensare in maniera logica e concentrarsi intensamente per ore e ore di seguito. Programmare alimentava anche il mio costante bisogno di dare prova del mio valore.

In sala computer spirava un clima di (perlopiù) sana mescolanza tra collaborazione e competizione. Sembravamo adolescenti che si agitavano sotto il palco di un concerto rock cercando di superarsi l'un l'altro. Nel grande schema delle cose una differenza di soli due o tre anni non è granché, ma quando si hanno tredici anni, si è troppo bassi per la propria età e non si sa bene quando verrà il momento in cui finalmente ci si svilupperà, sembra enorme. Kent e io eravamo tra i più giovani del gruppo. Il fatto che alcuni dei ragazzi più grandi si sentissero chiaramente superiori ci disturbava.

Ero un alunno di terza media sicuro delle mie capacità intellettive e convinto che con la mia passione e la mia concentrazione avrei potuto fare qualunque cosa facevano i più grandi e, se non proprio meglio, almeno più in fretta. Non intendevo permettere a nessuno di sminuire quella mia capacità. Pure Kent, forse ancora più di me, non sopportava di essere messo sotto.

Paul Allen, un ragazzo del secondo anno di scuola superiore, afferrò subito il concetto e ne approfittò bellamente: «Bill, tu che ti ritieni tanto intelligente, prova a risolvere questa cosa qui». Furono alcune delle prime parole che mi rivolse la persona con cui, anni dopo, avrei fondato la Microsoft. Erano passate poche settimane da quando la Lakeside aveva inaugurato la sala computer e un gruppo di adolescenti faceva a gara per accaparrarsi il posto davanti al terminale. Non disponendo di istruzioni, se si escludevano alcuni vecchi libri forniti dai professori, tutti cercavano di capire in che modo scrivere il loro primo programma.

Paul aveva quindici anni, due più di Kent e me, e si considerava molto più figo di noi. L'immagine che si era abilmente costruito era quella di uomo dal multiforme ingegno, uno capace di dirti sia qual era la gittata di un missile balistico intercontinentale sia i cambi di accordi in un pezzo di Jimi Hendrix. Era un bravo chitarrista e, con i suoi basettoni, ne aveva anche tutto l'aspetto. Diversamente da molti di noi, si interessava in realtà già da un certo tempo ai computer, ispirato da quanto aveva visto all'esposizione universale e da quanto aveva letto in molti libri di fantascienza. Due anni prima, durante un discorso pronunciato in occasione del diploma di terza media, aveva immaginato un luminoso futuro in cui i computer sarebbero stati diffusi nell'intera società, e aveva addirittura preconizzato che nel giro di qualche decennio un computer sarebbe stato in grado di pensare.

L'unica cosa che non aveva mai fatto, prima dell'autunno del 1968 nella sala computer della nostra scuola, era usare davvero un elaboratore. Naturalmente, pungolato da lui, mi buttai nel compito assegnatomi, deciso a qualificarmi come il primo ragazzo delle medie inferiori che avesse scritto programmi più complessi di quelli dei ragazzi delle superiori.

In una forma o nell'altra, il copione si ripeté più volte, anche lontano dal nostro terminale. Lo schema era sempre lo stesso. Paul mi incitava dicendo: «Ehi, Bill, scommetto che non riesci a risolvere questo problema di matematica», e io allora mi arrabattavo a dimostrare che invece ci riuscivo. Altre volte buttava là: «Ehi, Bill, scommetto che non sei in grado di battere a scacchi...» e nominava uno qualunque dei ragazzini presenti nella sala. Io abboccavo sempre. Accettavo qualunque sfida Paul mi lanciasse, finché non risolvevo/vincevo/finivo il problema, la partita o che altro. Quella dinamica sarebbe poi diventata tipica della relazione tra Kent e me da un lato e Paul e il suo amico e compagno di classe Ric Weiland dall'altro. Paul e Ric erano entrambi interessati ai gadget elettronici, un hobby che in Ric era stato probabilmente incoraggiato dal padre, ingegnere della Boeing che aveva inventato una parte fondamentale di un gruppo alare. Pochi anni prima Ric aveva costruito un computer rudimentale composto da relè elettrici con cui si poteva giocare a Tris. Ric era più tranquillo e cerebrale di Paul, e meno animato da spirito competitivo. Come coppie, Paul, Ric, Kent e io eravamo rivali divisi dalla differenza di età; come quartetto, invece, diventammo amici.

Con il passare delle settimane, molti dei ragazzi che all'inizio si erano accalcati davanti al terminale persero interesse e non frequentarono più la sala, lasciando il posto a un gruppetto di veri appassionati. Scrivere codice era un livellatore sociale. L'età non contava se si era in grado di scrivere buoni programmi e risolvere problemi difficili. Bob McCaw, un ragazzo dell'ultimo anno, creò da zero un programma di gioco d'azzardo. Un suo compagno di classe, Harvey Motulsky, provò a istruire il computer a giocare a «Monopoli». Io cercai di espandere il suo programma in maniera che il computer potesse giocare contro se stesso. Kent modificò programmi di matematica che aveva copiato da un libro della RAND Corporation. Insieme, io e lui capimmo come combinare sostantivi, verbi, aggettivi e sintassi per creare un generatore di frasi random, una versione molto primitiva dei chatbot AI che sarebbero usciti decenni dopo. Gli facevamo mettere insieme delle frasi e poi ridevamo delle storie strampalate che venivano fuori.

Oggi, a posteriori, mi rendo conto che quell'ondata di creatività fu il risultato voluto di una guida brillante o, meglio, di una mancanza di guida. Fred Wright, l'insegnante di matematica, era *de facto* il supervisore della sala computer. Era giovane, sui ventotto o ventinove anni, ed era stato assunto alla Lakeside appena due anni prima. Era perfetto per quella scuola, un professore che si entusiasmava quando i ragazzi trovavano una maniera propria per arrivare alla soluzione di un problema. In seguito, divenuto mio insegnante alle superiori, mi avrebbe osservato divertito arrabattarmi per riuscire a risolvere problemi di geometria utilizzando l'algebra. Ridendo sotto i baffi, mi avrebbe lasciato esplorare quel modo meno efficiente di arrivare al risultato perché sapeva per istinto che alla fine avrei scoperto da solo il metodo più facile e veloce.

Fred gestiva la sala computer con la medesima filosofia. Nessun registro, nessuna porta chiusa a chiave, nessuna istruzione formale (la Lakeside non offriva ancora lezioni di informatica). Teneva la porta della sala aperta e ci lasciava andare e venire come volevamo, confidando che, non sentendoci condizionati da regole, avremmo fatto di tutto per essere creativi e trovare il modo di imparare da soli. Ogni tanto faceva capolino con i suoi capelli a spazzola per comporre un litigio o ascoltare un ragazzino eccitato spiegargli quale meraviglioso programma stesse scrivendo. A un certo punto un allievo attaccò sopra la porta un cartello con scritto «Attenti alla furia di Fred Wright», un'allusione ironica alla sua gestione lassista. Alcuni insegnanti protestarono, chiedendo che nella sala computer fossero introdotte regole più rigide («Che cosa fanno quei ragazzi, là dentro?»), ma ogni volta Fred li rimbeccò seccamente. Restò così un vuoto di potere che noi ragazzi ci affrettammo a riempire. Fin dall'inizio quello fu il nostro territorio, il nostro circolo. Quell'autunno vi piantammo praticamente radici, impegnandoci in un ciclo continuo di attività su come scrivere programmi, guardarli fallire e riscriverli ancora e ancora per farli funzionare. I nostri voti ne risentirono e i nostri genitori cominciarono a preoccuparsi. Ma imparavamo, e imparavamo in fretta. È stato, in assoluto, il periodo in cui mi sono divertito di più a scuola.

Tutte le mattine andavo alla Lakeside a bordo di un'auto che caricava vari ragazzi del quartiere, un servizio collettivo gestito dalle nostre madri. In genere, nei venti minuti di viaggio, non volava una mosca perché eravamo tutti ancora mezzo addormentati oppure indaffarati a scribacchiare all'ultimo momento il compito per casa. Mia mamma si alternava alla guida con le altre, facendo il suo turno uno o due giorni la settimana. Tutti i lunedì e martedì sapevo che sarei salito a bordo della Chevelle blu decappottabile della madre di Tom Rona, una donna che a quell'ora antelucana sprizzava energia più di chiunque altro, a parte mia mamma. Monique Rona era francese, e in un inglese dal forte accento pungolava i suoi assonnati passeggeri costringendoli a conversare con lei. Nell'autunno del 1968 parlammo di computer. Alla Lakeside stavamo esaurendo i finanziamenti per pagare il nostro *computer time*, e la signora Rona si sarebbe rivelata la nostra improbabile salvatrice. Presto il nostro gruppetto avrebbe ricevuto il più raro dei doni: l'accesso gratuito a uno dei computer più potenti sul mercato.

Da bambina, nella Francia della seconda guerra mondiale, Monique Rona aveva svolto un ruolo nella Resistenza francese, fungendo da esca per sviare i soldati tedeschi e farli allontanare dalle case in cui erano rifugiati degli ebrei. In seguito, mentre era iscritta alla Sorbona, aveva sposato uno studente di ingegneria e dopo la guerra la coppia era emigrata negli Stati Uniti, dove lui si era laureato al MIT e lei aveva studiato matematica. Il marito aveva poi accettato un'offerta di lavoro della Boeing e così si era trasferito con la moglie a Seattle, dov'era diventato caporicercatore. Monique era riuscita a diventare vicedirettore del laboratorio di informatica dell'Università di Washington (all'epoca, erano rarissime le donne con incarichi così prestigiosi).

Mentre riflettevo in silenzio su un problema di programmazione, la signora Rona, che si era accorta di quanto fossi entusiasta del mio nuovo hobby, mi chiese a cosa stessi lavorando, strappandomi alle mie elucubrazioni. Probabilmente apparivo molto più sicuro di me di quanto avrei dovuto essere dopo appena uno o due mesi di esperienza al computer. Sta di fatto che lei era sinceramente curiosa e interessata a quello che dicevo, e non mi trattò mai dall'alto in basso.

Si dà il caso che quell'autunno la signora Rona stesse fondando a Seattle una delle prime aziende di *time-sharing*. Attraverso il laboratorio di informatica dell'Università di Washington aveva conosciuto un venditore della Digital Equipment Corporation, un'azienda dell'area di Boston che allora era all'avanguardia nel costruire minicomputer. All'inizio degli anni Sessanta, la DEC si era affermata vendendo piccoli ma potenti computer a istituti di ricerca e a laboratori universitari che non avevano bisogno dei costosi mainframe dell'IBM o di altre grandi aziende. Con il tempo la DEC aveva alzato il tiro e nel 1966 aveva iniziato a vendere un computer chiamato PDP-10, molto più potente dei cugini mini, ma ancora più conveniente dei principali mainframe. Ed era attrezzato per il *time-sharing*.

La signora Rona, il tizio della Digital e gli altri cofondatori (alcuni dei quali provenienti dal laboratorio di informatica dell'Università di Washington) ritenevano che vi fossero buone opportunità nell'area di Seattle, dove grandi aziende come la Boeing avrebbero probabilmente incrementato il loro utilizzo del computer e quelle più piccole avrebbero potuto essere indotte a dotarsene per la prima volta. Il gruppo offrì a noleggio il PDP-10. Chiamarono la società Computer Center Corporation, o CCC. In quanto appassionato di matematica, non potei fare a meno di battezzarla «C-Cubed», ovvero C al cubo.

Nel frattempo, alla Lakeside, il nostro nuovo hobby stava diventando costoso. I minuti si accumulavano. Rendendosene conto, la signora Rona scrisse una lettera all'istituto facendo una proposta sorprendente: se alcuni dei giovanissimi programmatori della scuola avessero aiutato la sua società, questa ci avrebbe dato – incredibile a dirsi – *accesso gratuito* al suo nuovo computer DEC.

Un sabato di novembre 1968, papà mi fece scendere davanti alla nuova sede della C-Cubed, dove mi incontrai con Paul, Kent, Ric, il professor Wright e alcuni studenti degli ultimi anni delle superiori alla Lakeside. L'ufficio era vicino all'Università di Washington, in una vecchia concessionaria della Buick a pochissima distanza dall'Interstatale 5. Dall'altra parte della strada, un tizio dalle autoproclamate tendenze anarchiche avrebbe presto aperto il Morningtown Café, un ritrovo abituale di hippy dove, nei successivi dodici mesi, avrei mangiato centinaia di fette di pizza al salame piccante, specialità della casa.

Dall'esterno, la C-Cubed aveva in tutto e per tutto l'aspetto della concessionaria d'auto che era stata un tempo, con un'unica differenza: dalle grandi vetrine da cui in passato si ammiravano le Buick Electra e Skylark, ora si vedeva una lunga fila di terminali-telescriventi identici a quello che avevamo alla Lakeside. Quando entrammo, un ingegnere della C-Cubed ci accompagnò in giro, spiegando che la società progettava di aprire i battenti alla fine dell'anno. Avevano quindi due mesi di tempo per assicurarsi che il loro nuovo computer fosse pronto alla difficoltà di gestire contemporaneamente centinaia di utenti.

Per dare un'idea: oggi, qualunque azienda acquisti un sistema informatico esige che il suo software sia accuratamente testato in termini di affidabilità, sicurezza e stabilità. Non era così nel 1968. Società come la DEC e le sue concorrenti, comprese l'IBM e la General Electric, guadagnavano con l'hardware, ovvero con i chip, le unità di archiviazione a nastro e i processori che costituivano il computer vero e proprio, insomma tutta la roba contenuta nel cassone grande come un frigorifero e negli apparecchi a esso collegati. In confronto all'hardware, il software era una preoccupazione secondaria, di valore così scarso da essere aggiunto gratis. Anche dopo che un cliente aveva noleggiato o comprato un computer, il suo sistema operativo (il software che controlla le funzioni principali della macchina) richiedeva spesso un sacco di verifiche e debugging extra, prima che fosse pronto per un utilizzo massiccio e quotidiano.

E qui entrammo in campo noi. Per cercare di migliorare il proprio software, la DEC concluse un accordo con la C-Cubed. Se quest'ultima avesse trovato e segnalato la presenza di eventuali bug, ovvero di falle o errori di programmazione, la DEC avrebbe rinunciato alla rata mensile del noleggio. In linguaggio aziendale è chiamato *assurance testing,* e in genere prevede per il cliente un periodo di tempo determinato per verificare che il nuovo sistema informatico funzioni come promesso. La C-Cubed la vide come un'occasione per rimandare il più possibile il pagamento del costo di utilizzo.

L'accordo concluso dalla signora Rona diede a noi ragazzi libero accesso al loro sistema, con l'unica condizione che, quando la macchina andava in crash o faceva qualcosa di strano, noi lo documentassimo. Paradossalmente, una falla era un fatto positivo, anziché negativo. Preferivano che dei teenager trovassero un problema prima che lo scoprissero i clienti paganti. Inoltre, più bug avessimo rilevato, più lungo sarebbe stato il periodo di noleggio gratuito. La C-Cubed aveva bisogno di scimmie. Scimmie armate di martello.

VI

Tempo libero

Dopo che Monique Rona ebbe chiesto il nostro aiuto, l'ex concessionaria che ospitava la sua azienda diventò la nostra seconda casa. Nel dicembre 1968 Kent, Paul, Ric e io passavamo ore alla C-Cubed a scrivere codice, eseguire il debug dei programmi e segnalare i bug che avevamo trovato. Capodanno arrivò e se ne andò, e i sabati si trasformarono in pomeriggi dei giorni feriali, che a loro volta si trasformarono in notti. Mentre gli altri ragazzi alla Lakeside studiavano, facevano sport, andavano in chiesa oppure dormivano, noi eravamo alla C-Cubed a giocare gratis con un computer costoso e potente. Fortuna volle che fosse uno degli inverni più nevosi nella storia di Seattle – cadde più di un metro e mezzo di neve – e questo ci donò parecchi giorni senza scuola, giorni che io passai alla C-Cubed.

Sapevamo che prima o poi ci avrebbero cacciati via. Come bambini che si affannano ad acchiappare le caramelle cadute a terra da una pentolaccia spaccata, dovevamo approfittarne al massimo finché potevamo. Era lì che stavo con la testa una sera di quell'inverno, seduto in camera mia.

«Perché perdo tempo qui quando potrei essere davanti al computer?»

Erano circa le dieci. I miei genitori erano al piano di sopra. Kristi studiava in camera sua. Senza fare rumore aprii la finestra della mia stanza, uscii, passai sotto la veranda e girai intorno alla casa. Pochi minuti dopo ero al Children's Hospital, dove salii sull'autobus numero 30, che andava da Laurelhurst a Ballard, per poi scendere in Roosevelt Way. Camminai lungo la strada per quattro isolati fino alla C-Cubed. Venti minuti in totale.

Sarebbe stata solo la prima di parecchie sere in cui sgattaiolai via di casa, quell'inverno e per molti anni a seguire. Prendevo il 30, un autobus che faceva servizio fino a tardi, carico di dipendenti dell'ospedale che tornavano a casa. Se perdevo l'ultima corsa, verso le due del mattino, allora tornavo a piedi, quarantacinque minuti di cammino in cui correggevo codice nella mia testa, senza fare caso agli studenti che uscivano dai bar e dai caffè. Nessuno sembrava domandarsi cosa ci facesse un ragazzino là fuori da solo e a quell'ora. Guardando per terra davanti a me, giravo a destra sulla Quarantacinquesima e poi la seguivo per un lungo rettilineo fino al mio quartiere. Se invece volevo prendere un percorso più panoramico, tagliavo per il campus dell'Università di Washington, passavo accanto a un'enorme discarica vicino a casa di Boomer e infine salivo sulla collina per arrivare alla mia. Passavo dal retro e rientravo dalla mia finestra. Poche ore di sonno, e poi: «Buongiorno a voi, buongiorno a voi, buongiorno, buongiorno, buongiorno a voi».

Da quando tra me e i miei genitori si era creata un'atmosfera più distesa, loro erano diventati più accomodanti. Però non avrebbero permesso a un figlio tredicenne di stare fuori fino a così tardi. Kristi sapeva tutto, e le sono grato per non aver mai detto niente. Non sono mai stato un tipo molto mattiniero, ma non riesco a credere che mia madre non si accorgesse che ero ancora più apatico del solito.

È impossibile capire quanto fossero straordinarie per noi quattro quelle ore di *computer time* gratuito. Eravamo ragazzini: io e Kent facevamo la terza media e Paul e Ric, a quindici anni, frequentavano la seconda superiore. Nessuno di noi aveva davvero esperienza con i computer. Secondo Tom Rona, sua madre Monique, per la sua insolita esperienza da bambina nella Resistenza francese durante la guerra, aveva molta fiducia nei ragazzi e sapeva che potevano essere responsabili. Posso immaginare che in quanto donna che si occupava di tecnologia negli anni Sessanta fosse stata scavalcata parecchie volte, ignorata, sottovalutata. Mi piace pensare che ci aiutasse per assicurarsi che non capitasse lo stesso anche a noi.

Ho incontrato molte persone di successo che hanno parlato di come, dopo essersi innamorate del proprio settore, hanno dovuto attraversare un periodo di intenso impegno e duro lavoro. È il periodo in cui il semplice interesse si trasforma in capacità concrete. Nel suo libro *Fuoriclasse*, Malcolm Gladwell parla delle diecimila ore di pratica necessarie per acquisire capacità di alto livello, che si tratti di comporre musica o giocare a tennis. Gladwell usa me come esempio nel campo del software. Vorrei aggiungere qualcosa alla sua regola: senza quel fortunato periodo di accesso libero a un computer – chiamiamole le mie prime cinquecento ore – le novemilacinquecento ore successive forse non ci sarebbero mai state.

Sono sicuro che quello che all'inizio la C-Cubed ricavò dal nostro accordo fu piuttosto deludente. Giocavamo alla cieca con quel computer così potente per vedere cosa succedeva se facevamo qualche stupidaggine. Le nostre prime segnalazioni di bug erano pressappoco così: «Se si fanno girare tutte e cinque le bobine insieme, succede qualcosa di strano. Se chiediamo al computer di eseguire dieci istruzioni, ciascuna delle quali tenta di allocare memoria il più velocemente possibile, il computer si blocca». Scimmie armate di martello.

Nel frattempo, però, imparavamo.

Spesso, molto dopo che Ric e Kent erano tornati a casa, io e Paul restavamo ai terminali, fermandoci solo quanto bastava per mangiare qualcosa o vedere un film al Neptune Theatre, nella stessa via. In quel periodo, che in realtà durò soltanto quattro mesi circa, nacque un modo di lavorare che avrei mantenuto per decenni. Senza badare al tempo o ai costi, entravo in uno stato di concentrazione totale. Appena completata una sezione di codice, potevo chiedere al computer di eseguirla e capire all'istante se andava bene o no. Provare qualcosa, vedere se funziona. Se non funziona, provare di nuovo cambiando qualcosa. Il computer funzionava un po' come una slot machine, che ti assorbiva del tutto regalandoti piccoli premi a intervalli del tutto casuali. Invece di farmi guadagnare dei soldi, il computer mi spingeva a continuare confermando che certe sezioni dei miei programmi funzionavano. Nella mia mente, giocavo per vedere se riuscivo ad aumentare la frequenza di quei premi.

Grazie a quel ciclo di feedback, la nostra sete di sapere non era mai soddisfatta. Non potevamo guardare tutorial su YouTube, perché Internet non c'era. I manuali erano rari. Kent aveva ricopiato a mano i programmi matematici e le procedure per calcolare le popolazioni degli Stati dal manuale della RAND Corporation che aveva preso in prestito chissà dove. Quando misi le mani su una copia di un libriccino intitolato *Introduzione alla programmazione*, avevo una tale paura di perderlo che infilai la sovraccoperta nella macchina da scrivere di mia madre e scrissi: «Questo libro appartiene a Bill Gates. Lo rivuole. Riportateglielo!».

La scarsità di manuali, all'epoca, dipendeva dal fatto che gli esperti erano pochi. Quasi tutti i migliori programmatori lavoravano per il governo, spesso a progetti segreti, o in alcune delle università più prestigiose, posti come Dartmouth, il MIT o Stanford. Conoscevamo una manciata di nomi, spesso a capo dei laboratori di quelle università. Uno di loro, che insegnava a Stanford e si chiamava John McCarthy, era un pioniere del *time-sharing*, il sistema che usavamo noi, ed era uno dei padri degli studi sull'intelligenza artificiale. A loro volta i suoi allievi sperimentarono per primi tecniche, linguaggi e strumenti di programmazione. Fortuna volle che alcuni di quegli studenti arrivassero a Seattle e alla C-Cubed, per andare a costituire lo staff tecnico dell'azienda.

All'epoca non mi rendevo conto di essere solo a un paio di gradi di separazione dall'uomo che aveva inventato il *time-sharing* e l'intelligenza artificiale. Ne godevo, però, tutti i benefici. Ogni tanto i programmatori della C-Cubed ci mostravano frammenti del loro codice, stuzzicandoci con assaggi di quello che avrebbero potuto insegnarci. Noi volevamo vedere di più, ma eravamo troppo timidi per chiederglielo.

Ci inventammo una soluzione alternativa. Alla fine di ogni giornata, qualcuno doveva portare fuori l'immondizia. Parte di quella spazzatura era carta per stampante usata: strisce larghe una quarantina di centimetri, perforate su entrambi i lati e con righe e righe del codice a cui i tecnici della C-Cubed avevano lavorato quel giorno. Il codice era incompleto, frammenti del loro pensiero che la stampante ad aghi aveva trasferito sulla carta, a volte appallottolata, spesso strappata. Una sera, tornati a casa tutti gli impiegati, io e Paul andammo sul retro dell'edificio per vedere cosa potevamo recuperare dal cassonetto. Paul mi fece scaletta e mi tenne per le gambe mentre io frugavo tra gli scarti del giorno… residui di cibo, bicchieri di polistirolo, tutto mischiato a strisce di carta attorcigliata come una doppia elica del DNA ridotta a un unico lungo nastro. Da quella prima incursione non ricavammo granché, ma ci riprovammo più volte. Paul era più alto e più forte, e quindi era lui che mi sollevava. Io ero più leggero e più agile, e quindi ero io che mi tuffavo nel cassonetto.

Una sera, studiando il bottino trovato nel cassonetto, trovammo una pila di fogli pieni di colonne di numeri e comandi concisi come ADD, SUB, PUSH e POP. Portammo tutto dentro e lo distendemmo sul tavolo. Bingo! Erano istruzioni per alcune porzioni del sistema operativo del PDP-10. Quelle istruzioni – il codice sorgente – per noi erano off-limits. Erano qualcosa di criptico, semplici righe di codice che avremmo dovuto decodificare per scoprire a cosa servivano. Quella striscia di carta stropicciata e macchiata di caffè, però, era la cosa più entusiasmante che avessimo mai visto.

La stampata era scritta in linguaggio macchina, il codice più essenziale che un programmatore possa usare. Il linguaggio macchina permette di scrivere programmi che vengono eseguiti molto più rapidamente di qualsiasi cosa si possa creare in un linguaggio evoluto come il BASIC, ma usarlo è un processo laborioso, perché richiede agli utenti la definizione esplicita di ogni passo che il computer deve fare per eseguire un determinato compito. In BASIC, per esempio, perché il computer scriva sullo schermo «Hello» è sufficiente un solo comando (PRINT «Hello»), mentre in linguaggio macchina per ottenere lo stesso risultato potrebbero servire fino a venticinque righe di istruzioni, da scrivere carattere per carattere. Per un novellino era un codice quasi indecifrabile, una lingua segreta parlata solo dai veri esperti, e proprio per questo volevo impararlo.

Più o meno nello stesso periodo, Paul ruppe il ghiaccio con Steve Russell, uno dei programmatori della C-Cubed che aveva studiato al MIT ed era famoso per aver sviluppato «Spacewar!», un gioco nel quale ognuno dei due partecipanti cerca di abbattere l'astronave dell'altro con siluri fotonici. Quando Paul gli disse che volevamo imparare linguaggi più avanzati, Steve ci prestò i manuali del PDP-10 che descrivevano in dettaglio il linguaggio macchina di quel computer e il funzionamento del suo sistema operativo – il TOPS-10 – che avevamo cercato di estrapolare dalle stampate raccolte tra l'immondizia. Erano oggetti talmente preziosi che ogni volta potevamo tenerli solo fino alla mattina seguente. Io e Paul ci sdraiavamo allora sul pavimento della C-Cubed e li leggevamo e imparavamo a memoria fino a notte tarda.

Più diventavo bravo a programmare, più volevo fare qualcosa di concreto, scrivere un programma che potesse essere davvero utile a qualcuno. Era in parte la stessa sensazione di qualche anno prima, quando avevo capito che per quanto riuscissi a disegnare bene un ponte o un razzo, non avrei mai potuto costruirli nel mondo reale. Stavolta però era diverso. Sentivo che con il computer potevo creare qualsiasi cosa fossi riuscito a immaginare. A casa, mia madre per cucinare usava delle ricette che teneva in una scatoletta di legno, suddivise con ordine per categorie. Presi in prestito quattro o cinque di quelle ricette, le portai alla C-Cubed e scrissi un semplice programma in BASIC che, ricevuta l'istruzione «polpettone», restituisse la ricetta di mia madre per quel piatto. Dal punto di vista di un programmatore era qualcosa di banale, a me però insegnò a usare l'istruzione DATA abbinata al comando READ.

La guerra faceva parte della nostra quotidianità. I notiziari tv e le copertine della rivista «Life» portavano nelle case il tributo pagato da entrambe le parti in Vietnam. Probabilmente fu per questo che mi venne l'idea di scrivere un programma che simulasse un conflitto. Avevo in mente qualcosa di diverso da «Spacewar!», un gioco preordinato dove l'unico obiettivo era un punteggio alto. Volevo realizzare una specie di strumento, un modello del mondo reale che consentisse di mettere alla prova strategie e tattiche diverse, come se si fosse un generale al comando di una delle parti in guerra. Immaginai un codice che potesse contenere tutte le variabili che secondo me potevano essere importanti in una grande battaglia. Lavorando prima su carta, creai il mio mondo virtuale lungo una linea costiera e assegnai ai due avversari un esercito, una marina e un'aviazione. Ciascuna parte aveva a disposizione un quartier generale, basi aeree, truppe, artiglieria, mezzi corazzati, la contraerea per proteggerli, e poi aerei da caccia, bombardieri, cacciatorpediniere e portaerei per lanciare un'offensiva in piena regola.

Per raccogliere dati guardai vecchi film di guerra per valutare la cadenza di tiro di una contraerea, presi dei libri in biblioteca per capire le tattiche sul campo di battaglia, e consultai di nuovo i testi di storia militare che io e Kent avevamo letto. Volevo che tutto fosse il più realistico possibile, non come un gioco ma come uno dei modelli computerizzati che già si cominciavano a usare per le previsioni meteorologiche o per studiare l'evoluzione dell'economia.

Mentre pensavo a come tutti questi aspetti potessero interagire, mi resi conto di non poter semplicemente dire al computer «se succede questo, fai sempre quest'altro». Perché fosse realistico, avrei dovuto assegnare a ciascun esito una determinata probabilità di verificarsi. Se un giocatore attaccava il quartier generale dell'avversario con aerei da caccia, ciascun aereo avrebbe avuto qualche probabilità di essere abbattuto dalla contraerea, per esempio. Ma quante probabilità? I libri della biblioteca non me lo dicevano, e allora facevo delle ipotesi basandomi su ciò che avevo visto nei film e su alcuni dati grezzi sul numero di aerei abbattuti in quel modo durante la seconda guerra mondiale.

Con il passare delle settimane, il mio progetto cresceva. Intendevo lavorare ad alcuni aggiustamenti all'efficacia delle varie unità basandomi sull'intervallo tra i vari combattimenti che le avevano viste coinvolte, su quanto avessero potuto recuperare, sul numero di caccia necessari per fare da scorta a ogni bombardiere, sulle probabilità maggiori che avevano i bombardieri di essere colpiti dalla contraerea perché più grossi e più lenti, sugli effetti delle condizioni atmosferiche su aerei, navi e fanteria... eccetera eccetera.

Quando tutto fu pronto sulla carta, cominciai a tradurre i vari scenari in codice BASIC, una riga alla volta, sul PDP-10 della C-Cubed. Spesso Ric e Kent dovevano andarsene – i loro genitori erano più rigidi sull'orario di rientro – e lasciavano me e Paul a lavorare sui rispettivi progetti, lui a imparare il linguaggio macchina e a scrivere i suoi programmi, io a fare la guerra via software.

Avevo un'immagine chiara di cosa volevo realizzare ed ero convinto di poter ottenere quel risultato, anche se mi rendevo conto che andava al di là delle mie capacità in quel momento. Avevo tredici anni, e stavo imparando da solo a usare una macchina da mezzo milione di dollari.

E poi, la nostra fortuna cessò. Verso la fine della primavera la DEC iniziò a farsi pagare dalla C-Cubed per il noleggio del computer, e la C-Cubed decise che non aveva più bisogno di noi. Nel frattempo la Lakeside iniziò a pagare la C-Cubed per avere accesso al suo computer. Da quel momento noi quattro fummo declassati da scimmie sperimentatrici a clienti. A scuola, il signor Wright teneva d'occhio i nostri conti e alla fine di ogni mese scriveva su un foglietto, nella sua grafia eccezionalmente ordinata, quanto doveva ciascuno di noi. Essere in cima alla lista era solo una mezza vittoria: ci potevamo vantare di essere i più irriducibili, ma adesso ci stava costando soldi veri.

Quando si viene allontanati da un castello, diventa utile averci passato già molto tempo, averlo esplorato per bene, conoscerne i passaggi segreti. Nel tempo trascorso davanti al PDP-10 della C-Cubed avevo scoperto una falla nel sistema. Quando ci si connetteva, c'era un intervallo in cui, se digitavi per due volte «Ctrl+C», il computer ti permetteva di accedere come amministratore. Accedere come amministratore a un computer è come avere un passe-partout: nessuna parte di quel sistema ti è preclusa. Puoi vedere gli account di tutti gli utenti e la loro password, consultare i loro file, perfino cancellare quegli account. Puoi riavviare l'intero sistema, o arrestarlo. Noi non facemmo niente di tutto ciò. Paul usò invece quel trucco per trovare qualche password, che pensavamo di usare per ottenere un po' di *computer time* gratuito. Purtroppo fummo scoperti prima di poter mettere in atto quel piano. Quando il signor Wright venne a conoscenza della falla, contattò la C-Cubed, che a sua volta informò la DEC. Di lì a poco, la DEC corresse la procedura di accesso.

Presto riuscimmo ad aggirarla di nuovo.

Per quanto il signor Wright fosse indulgente e propenso a fidarsi, c'era una cosa che non tollerava: la disonestà. Ci convocò nel suo ufficio alla McAllister Hall, dove trovammo ad aspettarci un uomo molto alto con la barbetta alla Van Dyke. Mi sembra che ce lo avessero presentato come il signor Tal dei Tali del Federal Bureau of Investigation. In seguito Paul ne avrebbe parlato come di un rappresentante della C-Cubed, ma con il suo completo scuro sembrava un agente dell'FBI, parlava come un agente dell'FBI e quindi ero convinto che fosse un agente dell'FBI. Chiunque fosse, ero terrorizzato. Ci informò con tono severo che penetrando nel sistema della C-Cubed avevamo violato la legge.

Io non ero un cattivo ragazzo. Non avevo mai rubato niente e non facevo danni. Non mi ero mai cacciato davvero nei guai e non ero abituato a essere sgridato dagli adulti. Fu la prima volta che provai un po' di vergogna, per non parlare di quel leggero terrore. In seguito, ripensando a quella situazione, ho visto le cose in modo diverso. Il nostro lavoro era proprio trovare falle nel sistema. Be', ne avevamo trovata una bella grossa. All'epoca, però, ebbi paura che ci sospendessero. Non successe, ma per me la punizione fu ancora peggiore: fummo banditi dai computer della C-Cubed.

Otto mesi dopo aver messo per la prima volta le mani su un computer, quelle macchine per me erano diventate off-limits.

Quell'estate non frequentai molto Paul o Ric, e passai molto meno tempo con Kent. Partì con la famiglia per una lunga crociera in barca a vela lungo la costa occidentale del Canada che li impegnò per parte dell'estate, poi si recò a Washington con un altro amico della Lakeside. Lontano dai computer, Kent era tornato alla sua passione per la politica.

Nell'ultimo anno le pressioni di mia madre perché mi dedicassi a delle attività extracurriculari si erano parecchio allentate, anche se due volte al mese andavo in macchina con un gruppo di altri ragazzi alla Epiphany Church per prendere lezioni di ballo da sala. (Le lezioni erano imbarazzanti, ma avevano il pregio di mettermi faccia a faccia con le ragazze proprio quando stavo iniziando a trovarle interessanti.) E non avevo bisogno di essere convinto a continuare con i boy scout, che mi erano sempre piaciuti molto. A dodici anni mi ero unito al reparto 186, uno dei più grandi e meglio organizzati della mia zona. All'epoca le escursioni, il campeggio e le gite in montagna si stavano diffondendo sempre più negli Stati Uniti e Seattle era diventata la mecca delle attività all'aria aperta. Un'azienda locale di articoli specializzati, la Recreational Equipment Inc. (meglio nota come REI), stava espandendo rapidamente la sua offerta di prodotti, e il proprietario, Jim Whittaker, qualche anno prima era diventato il primo americano a scalare l'Everest. Il mio nuovo reparto scout era perfettamente in linea con questa tendenza e aveva trasformato le escursioni in montagna nella sua ragion d'essere. I membri si guadagnavano distintivi di specialità e salivano di grado come in ogni altro reparto, ma il motivo principale per scegliere il 186 erano le escursioni e i campeggi.

In terza media avevo partecipato alla gita in cui eravamo stati inondati dalla marea, e con i lupetti avevamo fatto qualche uscita giornaliera, ma quando arrivò il momento della mia prima escursione di 80 chilometri non ero molto esperto di natura incontaminata. Prima di partire mio padre mi portò alla REI e mi comprò uno zaino Cruiser rosso e costosi scarponi italiani in pelle. Mentre mi addentravo con il mio reparto nella riserva naturale del Glacier Peak, presto sentii i talloni sfregare contro la pelle dura degli scarponi nuovi. A metà della prima giornata, dopo cinque o sei chilometri, li sentii bruciare. Però continuai. Quella sera, quando tolsi gli scarponi e sfilai i calzini, avevo i talloni così arrossati che più tardi un altro scout disse che sembravano l'interno di una ciambella alla marmellata. Uno dei genitori che si erano aggregati all'uscita, un otorino, mi diede delle compresse di codeina (negli anni Sessanta si era molto meno rigidi). Stordito dai farmaci e aiutato da altri scout che si erano spartiti il contenuto del mio zaino, mi trascinai per un altro paio di giorni finché non arrivammo a metà strada e mio padre poté recuperarmi.

Ero umiliato, sicuro che tutti mi considerassero un rammollito, l'unico che non era riuscito ad arrivare in fondo, e l'unico abbastanza stupido da non ammorbidire gli scarponi prima di partire. Nella mia testa, quell'uscita era stata un assoluto e totale disastro.

Uno dei capisquadriglia che avevano partecipato all'uscita si chiamava Mick Collier, e aveva circa cinque anni più di me. Tutti sapevano che aveva molta più esperienza nella vita all'aperto perfino degli adulti del reparto. I suoi genitori erano appassionati di trekking e Mike apparteneva ai Mountaineers, un vecchio club che organizzava escursioni e teneva corsi sull'arrampicata tecnica e su altre attività all'aperto. Quando mi unii al reparto, lui e i suoi genitori avevano appena iniziato a invitare un gruppo selezionato di scout alle loro escursioni di famiglia. Erano sempre percorsi molto più ambiziosi delle nostre uscite di reparto.

Malgrado il mio fallimento nell'80 chilometri – o forse proprio per quello, non so – Mike e i suoi genitori mi invitarono alla loro prossima escursione, prevista per giugno, dopo la fine della scuola. Gli altri scout invitati, Rocky, Reilly e Danny, avevano tredici anni come me ed erano grandi appassionati di trekking. Io ero contento che mi avessero chiesto di aggregarmi, ed entusiasta della possibilità di mettermi alla prova. Inoltre il momento era ideale, visto che la C-Cubed aveva appena dichiarato off-limits i suoi computer e io avevo moltissimo tempo libero.

Mike ci raccontò che aveva visto in televisione un programma sul Lifesaving Trail, il percorso che correva lungo la costa dell'isola di Vancouver, una zona famosa per le tempeste, le scogliere e le correnti, e per essere il cimitero di migliaia di imbarcazioni. Nei primi anni del Novecento il governo canadese aveva tracciato un sentiero che i naufraghi trascinati sulla costa potessero seguire per tornare alla civiltà. Con il passare degli anni il sentiero era stato quasi abbandonato. Nel programma televisivo, una naturalista locale e il marito avevano percorso tutti i suoi 80 chilometri, e Mike voleva fare altrettanto. Sarebbe stata un'avventura, ci disse: avremmo viaggiato su un idrovolante, guadato fiumi, scalato dirupi. Avremmo trovato grotte da esplorare e calette dove nuotare.

Mentre stavamo scaricando gli zaini dall'idrovolante, il primo giorno, il mio cadde in acqua. Non certo una buona partenza. Quando iniziammo a camminare capimmo perché avevano tracciato quel sentiero per i naufraghi. Anche se riuscivi a raggiungere la costa, questa era così remota e impervia che i tuoi problemi erano tutt'altro che finiti. Diretti a nord, quel primo giorno, fummo costretti a farci strada in mezzo alla vegetazione che aveva invaso il sentiero e a una serie di acquitrini. Il sentiero si interrompeva bruscamente davanti a un dirupo, e da lì bisognava scendere per una lunga scala oppure calarsi con la corda. Poi dovemmo procedere lentamente sugli scogli per un po', e dopo risalire un'altra serie di scale o corde fino a riprendere il sentiero, di nuovo soffocato dalla vegetazione, infilandoci sotto enormi alberi caduti e coperti di muschio.

L'unica parte del tragitto che preoccupava davvero Mike era il guado del fiume Klanawa. La corrente non era forte, ma la profondità cambiava da giorno a giorno a seconda delle condizioni atmosferiche: le piogge e l'acqua che scendeva dalle montagne potevano rendere impossibile guadarlo. Mike ci spedì lungo la riva sassosa in cerca di legname, poi tagliò dei pezzi di corda da arrampicata e ci mostrò come usare il tutto per costruire le piccole zattere con le quali portammo il nostro equipaggiamento sull'altra sponda.

Il giorno dopo concludemmo l'escursione al piccolo villaggio di pescatori di Bamfield. Quando arrivammo, una donna anziana si avvicinò per domandarci: «Da dove venite, ragazzi?». Seattle, rispondemmo con orgoglio; abbiamo appena percorso il Lifesaving Trail. «Santo cielo!» disse, e ci invitò in casa per offrirci dei gamberetti che suo marito aveva pescato quella mattina stessa.

Più tardi, mentre aspettavamo un passaggio per andare a prendere il traghetto, un altro abitante del villaggio ci venne vicino.

«Uno di voi si chiama Bill Gates?» domandò.

A quanto pareva, mio padre doveva comunicarmi un cambiamento di programma per quel giorno, e allora aveva telefonato a una persona a caso e aveva lasciato un messaggio. Ci sembrò incredibile. La cosa più vicina a Stanley che trova finalmente il dottor Livingstone sulle sponde del lago Tanganica.

Io ero diventato un escursionista convinto. Dopo quella prima uscita, Mike persuase i genitori a permettergli di guidarne qualcuna da solo. A volte c'erano anche altri, ma di solito eravamo noi cinque, Mike, Rocky, Reilly, Danny e io. Ammiravo il modo di fare semplice e naturale di Mike. Sembrava conoscere tutto ciò che bisognava sapere sulle montagne, ma non ti faceva la lezione, né si imponeva d'autorità. Guidava con calma, con l'esempio, e se dovevamo prendere una decisione importante la metteva ai voti. Apprezzavo quella sua impostazione così democratica, anche se di solito significava che le mie proposte di scorciatoie venivano bocciate, come successe due anni dopo sul Press Expedition Trail.

Tornato a casa dall'escursione lungo il Lifesaving, nell'estate del 1969, io e la mia famiglia partimmo per il canale di Hood dove rinnovammo le tradizioni di Cheerio – le solite famiglie, le solite gare, mio padre come sindaco – che avevano definito le nostre estati per tutta la mia vita. Quello però fu un anno speciale. Mia nonna annunciò di aver comprato una piccola casa vacanze sul canale. Dopo decenni come ospiti, la mia famiglia adesso aveva un posto tutto suo, una base dove mia madre e mia nonna speravano che saremmo tornati a riunirci tutti insieme quando fossimo cresciuti e le nostre vite fossero inevitabilmente diventate più impegnative. Quell'estate portammo con noi un televisore e lo piazzammo nell'area comune per seguire l'allunaggio dell'*Apollo 11*, insieme ad altri 125 milioni di americani. In generale non lasciavamo che il mondo esterno interferisse con la nostra vita sul canale, ma il «grande balzo per l'umanità» di Neil Armstrong fu una valida eccezione.

Al di là della passeggiata lunare, quell'estate resta nei miei ricordi come un periodo di transizione personale. Come molti ragazzi a quell'età, stavo sperimentando diverse identità. Ricordo quanto fossi consapevole che il modo in cui gli altri mi percepivano cambiava a seconda delle circostanze. Negli sport organizzati ero una schiappa. Durante l'uscita con gli scout, quell'estate, ero stato un duro, pronto a correre rischi, capace di spingermi fisicamente fino a un punto in cui nessuno che avesse giocato a football con me mi avrebbe riconosciuto. Ero un membro apprezzato del nostro piccolo gruppo dove l'unica ricompensa era il cameratismo.

A Cheerio gli adulti mi videro come un leader. Organizzai gli altri ragazzi, grandi e piccoli, in un gruppo, con tanto di bandiera, e lo chiamai Club Cheerio. Non facevo molto più che imbastire missioni nei boschi vicini, ma il club suscitò un certo entusiasmo e spirito di squadra tra i ragazzi. Me ne accorsi specialmente con Libby, che quell'estate festeggiò il suo quinto compleanno. Adoravo essere il suo protettore oltre che il suo complice. Ai suoi occhi ero l'infallibile fratello maggiore. Mi piaceva tantissimo.

A scuola, però, era tutta un'altra storia. In aula continuavo a concentrarmi soprattutto su come trovare il modo di fare una battuta, oppormi a qualunque cosa stessimo facendo e dire qualcosa che potesse suscitare le risate degli altri anche se era volgare. Durante l'anno scolastico che si era appena concluso avevamo studiato la commedia greca *Lisistrata*, ci avevamo scritto sopra delle tesine, ed erano venuti perfino degli attori a rappresentarla per noi. E io come dimostrai il mio apprezzamento? Ebbi il coraggio di dire alla donna che interpretava il ruolo principale che era un testo stupido, uno dei miei molti commenti scortesi e gratuiti che dicevano di me più di ogni altra cosa. Subito dopo, questo genere di comportamento finiva sempre per tormentarmi.

Alla Lakeside, ogni giorno dopo pranzo gli alunni delle medie inferiori avevano a disposizione un'ora per studiare prima delle lezioni del pomeriggio. Per gran parte degli studenti ciò significava recarsi in fila indiana all'auditorium al secondo piano di Moore Hall, dove bisognava lavorare in silenzio sotto l'occhio vigile di un insegnante. Quell'ora di studio era per le masse, per quelli che tiravano avanti con voti mediocri, o che non si impegnavano in aula. Nel frattempo, un piccolo gruppo di studenti con i voti più alti, i migliori delle rispettive classi, erano esentati dall'ora di studio e ricompensati con quello che veniva definito studio libero.

Avevano una propria stanza al primo piano dove, senza la necessità di un supervisore, potevano fare i compiti, confrontare i propri appunti o semplicemente parlare. Potevano addirittura scendere nel cortile a leggere o gironzolare per il campus, se ne avevano voglia. Lo studio libero era un diritto che bisognava guadagnarsi, e che si poteva perdere se la media dei voti si abbassava. Tutti sapevano che quegli studenti erano i migliori della scuola.

Non sorprende che io restassi bloccato nell'auditorium. Con i miei voti altalenanti e il mio pessimo comportamento, era quello che meritavo. E per un po' non me ne importò nemmeno.

Kent, ovviamente, era entrato presto a far parte dell'élite. Se ne andava con gli altri «intelligentoni» mentre io sedevo scomposto nell'auditorium. Eppure ero sicuro che il mio posto fosse con lui. Se la mia relazione sul Mar Nero era stata il primo indizio, quello fu il secondo: alla Lakeside non c'era rispetto per chi faceva il buffone. Cominciai a capire che la Lakeside offriva una certa libertà ai ragazzi che la meritavano. Se prendevi buoni voti o dimostravi un profondo interesse in qualcosa, la scuola ti dava lo spazio per crescere e imparare. E probabilmente anche un insegnante appassionato disposto ad aiutarti. Kent lo aveva compreso d'istinto. Per me fu un lento risveglio.

Quell'estate la mia mente fu occupata anche da un'altra esperienza scolastica. Le scuole superiori, alla Lakeside, avevano una squadra di matematica che ogni anno partecipava a un concorso regionale rivolto a quattro Stati e aveva vinto per alcuni anni di seguito. Anche se non era in alcun modo paragonabile alle nostre passate glorie come potenza del football, la squadra si era fatta una certa reputazione in alcuni ambienti della Lakeside. Nel 1969 alcuni dei migliori studenti di matematica delle medie inferiori ebbero il permesso di partecipare alla gara. Io fui uno di loro. Mi comportai eccezionalmente bene, ottenendo un punteggio più alto di quasi tutti i membri della squadra, e risultando così, in terza media, tra i migliori studenti di matematica delle superiori nella regione. Questo ovviamente fece bene al mio ego. Ancora più importante, tuttavia, fu il riconoscimento che ricevetti dallo studente dell'ultimo anno che aveva ottenuto il punteggio più alto. Al di fuori della stanza dei computer, dove i ragazzi più grandi tolleravano la presenza dei più piccoli, gli alunni delle superiori e delle medie inferiori non avevano molte occasioni per interagire. Semplicemente non era figo riconoscere le capacità di compagni di quattro anni più piccoli. Tuttavia, quel mago della matematica dell'ultimo anno venne a cercarmi per i corridoi delle medie. Forse voleva solo incontrare un altro futuro mago della matematica. Qualunque fosse il motivo, ne fui elettrizzato. Fu supergentile. Congratulazioni, disse, è raro che un ragazzo della tua età faccia così bene.

Anche al di fuori degli appassionati di matematica, si sparse la voce che uno di terza media aveva fatto meglio di quasi tutti gli altri della scuola. E come se non bastasse – sorpresa – si trattava di Gates, quello che sparava sempre cavolate e che nessuno considerava uno studente brillante. Riflettei parecchio su quel modo di percepirmi. E cominciò a darmi fastidio.

Nella visione del mondo che mi stavo formando, il pensiero logico e razionale richiesto dalla matematica era una capacità che si poteva utilizzare per padroneggiare qualsiasi materia. Era una sorta di gerarchia dell'intelligenza: tanto eri bravo in matematica, tanto potevi esserlo in altre materie come biologia, chimica, storia, perfino nelle lingue. Questo mio modello, per quanto semplicistico, sembrava trovare conferma a scuola, dove sentivo di poter associare le capacità matematiche di un alunno al suo successo accademico in senso più ampio.

Quell'estate, sul canale di Hood, decisi di mettere alla prova quella mia teoria, e proprio su me stesso. Per la prima volta nella vita mi sarei impegnato negli studi.

VII

Solo dei ragazzini?

Alla Lakeside dovevamo comprare da noi i libri di testo. A scuola c'era una piccola «filiale di banca» al piano di sotto di Bliss Hall, dove i genitori depositavano una somma di denaro. Durante l'anno firmavamo degli «assegni» per i libri e altre spese scolastiche (come il nostro *computer time*). Alla libreria – che poi era un tavolino piazzato davanti a un'aula nel seminterrato – dovevi dire a Joe Nix che classe facevi, lui spariva tra gli scaffali per qualche minuto e tornava con una pila di libri per ritirare i quali firmavi un assegno. Joe era il guardiano notturno, un uomo amabile sempre accompagnato dal suo pastore tedesco, che faceva il commesso nella libreria della scuola come secondo lavoro. La prima settimana dopo il mio rientro, mi salutò con un gran sorriso mentre gli mostravo il mio orario. Pieno della mia nuova determinazione, avevo concepito un piano che ero sicuro avrebbe avuto un grande successo.

Mentre guardava la lista dei miei libri – storia antica e medievale, letteratura inglese, latino, biologia e algebra avanzata –, gli dissi che ne volevo due copie di ciascuno. Lui esitò un attimo, chiaramente perplesso per la richiesta, poi però si voltò e andò a prendere i volumi. Ancora oggi non sono sicuro che i miei genitori si siano accorti di aver pagato il doppio del previsto.

Il mio progetto era di lasciarne una copia a casa e una a scuola. Serviva più a dare l'impressione che non avessi bisogno di studiare a casa che a risparmiarmi il fastidio di portare del peso avanti e indietro. Volevo entrare a far parte dell'élite della scuola, ma non ero pronto a rinunciare alla mia immagine di saputello spensierato. Mentre tutti gli altri soffrivano sotto il carico dei loro pesanti libri di testo, io ogni giorno me ne tornavo a casa a mani vuote. La sera, rintanato in camera mia con l'altra copia dei libri, risolvevo più e più volte ogni equazione di secondo grado, imparavo a memoria le declinazioni latine e passavo in rassegna nomi, date e avvenimenti di tutte quelle guerre e battaglie degli antichi greci e di tutti gli dèi e le dee. Il giorno dopo arrivavo a scuola potendo contare su tutto ciò che avevo imparato ma senza dare l'impressione di aver studiato. Dubito che qualcuno se ne accorgesse o gliene importasse, ma nella mia testa tutti si meravigliavano: «Niente libri! Ma come fa? Dev'essere proprio intelligente!». Tali erano ancora le mie insicurezze.

Ho sempre avuto una gran capacità di focalizzare la mia attenzione. Ora stavo imparando a sfruttare questa dote a mio vantaggio a scuola. Se mi concentravo davvero su un argomento, assorbendo dati, teoremi, date e nomi e idee e tutto il resto, la mia mente ordinava in automatico quelle informazioni in una struttura logica. E insieme alla struttura arrivò un senso di controllo: sapevo sempre come accedere a quei dati e come sintetizzare tutto ciò che avevo immagazzinato. Riuscivo a riconoscere all'istante eventuali schemi e a fare domande migliori; e quando arrivavano nuovi dati, ero facilmente in grado di inserirli all'interno della struttura. Per quanto sembri sciocco, mi sembrava che fosse quasi un superpotere. Al tempo stesso, i miei poteri non erano ancora pienamente sviluppati. Avevo quattordici anni ed ero ancora privo della disciplina necessaria per cercare di approfondire la lezione di storia assegnata invece di leggere un altro libro di Tarzan.

E continuavo ad avere difficoltà a concentrarmi su argomenti che non ritenevo rilevanti rispetto alla mia visione più ampia del mondo. A biologia, quell'anno, ci spiegarono come dissezionare una planaria, una specie di verme, ma l'insegnante non ci diede nessuna idea del perché fosse così importante. Dove si collocavano quei platelminti nella gerarchia degli esseri viventi? Che cosa avremmo dovuto imparare dalle loro diverse sezioni? Sembrava tutto così casuale. Il professore probabilmente ci stava insegnando la materia più importante di tutte, la scienza della vita, i sistemi che determinano la salute e la malattia, la diversità delle specie, miliardi di anni di evoluzione e perfino le origini della nostra coscienza. Più avanti nella vita scoprii quello che non avevo colto prima e mi tuffai a capofitto nelle bellezze e nelle meraviglie della biologia. Il mio io di terza media, tuttavia, fissava le parti di quel verme e concludeva che se la biologia era tutta lì non faceva per me. (Il caso volle che lo stesso docente ci insegnasse educazione sessuale, che per come ce la presentava sembrava intrigante quanto le planarie.)

Ho sempre ricordato la terza media come l'anno in cui presi solo A, ma di recente mi sono imbattuto nel mio curriculum scolastico e sono rimasto sorpreso nel vedere un mix di A e B (incluso una in biologia). Chiaramente, il ricordo di come percepivo la mia svolta aveva oscurato il fatto che la mia disciplina mentale aveva ancora molta strada da fare. In ogni caso mia madre, che per anni si era preoccupata del tempo che trascorrevo da solo nella mia stanza, poteva finalmente vedere qualche risultato. Erano i voti migliori che avessi mai preso e mi diedero la carica per impegnarmi ancora di più. Venni anche esonerato dall'aula studio.

Una volta presa la decisione di abbassare la guardia e di mostrare agli insegnanti che ero una persona curiosa e interessata a imparare, sbocciai. La parola «educazione» deriva dal latino *educĕre*, che significa «tirare fuori». Quasi tutti i miei insegnanti alla Lakeside intuirono che da me potevano tirare fuori molto di più se mi avessero sfidato. Avevano capito che per me era importante dimostrare che ero intelligente, capace di uscirmene con un commento interessante in aula o di comprenderli quando mi assegnavano delle letture in più.

Mi avventai su qualunque testo mi raccomandasse il professore di fisica, Gary Maestretti. Nelle molte conversazioni che avevamo fuori dall'aula, lui sapeva convogliare quella mia energia così frenetica su questioni che avrebbero allargato i miei orizzonti. Si opponeva all'idea della scienza come una raccolta di dati da imparare in modo meccanico, a memoria: la scienza, piuttosto, era una maniera di pensare il mondo, un continuo mettere in discussione nozioni e teorie apparentemente consolidate. Nel corso della storia, alcuni ricercatori erano diventati famosi per aver scoperto che «fatti» ritenuti validi da secoli e da generazioni erano in realtà sbagliati, e per aver saputo offrire idee migliori.

L'esempio tra quelli del professor Maestretti che mi colpì maggiormente riguardava come al volgere del XX secolo molti fisici fossero convinti che, nel loro campo, quasi tutte le grandi domande avessero già avuto una risposta. Grazie a Newton, Maxwell e molti altri pionieri, erano in grado di calcolare come agissero la forza di gravità, l'elettricità e il magnetismo. La scienza aveva anche trovato una spiegazione valida per la composizione degli atomi. Già allora, però, i fisici si erano accorti di fenomeni che non riuscivano pienamente a spiegare, come i raggi X e la radioattività scoperta da Marie Curie. Meno di un decennio dopo, Einstein mostrò come le leggi di Newton possono spiegare le situazioni più comuni, ma per i motivi sbagliati. L'universo è più bizzarro di quanto credessero gli scienziati del passato. La materia può curvare lo spazio e la luce. Il moto e la gravità possono rallentare lo scorrere del tempo. La luce si comporta come una particella, oltre che come un'onda. Le nuove teorie della relatività e della meccanica quantistica arrivarono a capovolgere l'idea che gli scienziati si erano fatti della storia, del funzionamento e del futuro dell'universo.

Alla Lakeside, dopo aver studiato fisica si passava a chimica, nel laboratorio di Daniel Morris. Il dottor Morris – a scuola tutti lo chiamavano così – era un ex chimico industriale che aveva conseguito il dottorato in chimica organica a Yale. Da insegnante, aveva brevettato un nuovo (e migliore) metodo per isolare il triptofano, un aminoacido. Con il camice bianco sempre indosso, impegnato a bere il caffè da un becher di vetro, per me rappresentava l'immagine dello scienziato. Nell'introduzione al suo libro di testo aveva scritto una frase che riassumeva un concetto che riusciva a trasmettere a quasi tutti gli alunni del suo corso: «Sembriamo dimenticare il vero fondamento della scienza: la convinzione che il mondo abbia un senso».

Ricordo che ero rimasto affascinato dalla pubblicità della supercolla, il cianoacrilato, con cui a sentire loro si poteva incollare qualsiasi cosa. «Come fa a essere così efficace?» chiesi al dottor Morris. Lui sollecitava sempre domande come quella, motivate dalla curiosità, e le usava come occasioni didattiche. La colla, ci spiegò, è composta di piccole molecole che vogliono attaccarsi l'una all'altra ma sono inibite a farlo da alcuni componenti della miscela che mantengono liquida la colla. Quando questa viene spalmata tra due superfici – comprese le vostre dita, se non fate attenzione – le tracce di acqua neutralizzano gli inibitori e la colla può diventare solida, quasi all'istante.

Come il professor Maestretti, anche il dottor Morris sottolineava l'importanza della stratificazione delle conoscenze, che permette alla comprensione scientifica del mondo di espandersi e approfondirsi nel tempo. In questo senso, il suo personaggio storico preferito era un chimico francese dell'Ottocento, Henri Louis Le Châtelier, che aveva enunciato un principio a proposito dei cambiamenti nell'equilibrio di un sistema. Il dottor Morris ce lo spiegava prendendo spunto dalla vita quotidiana, per esempio il motivo per cui una bibita rimane gassata anche quando la bottiglia è mezza vuota, purché sia tappata. (Non ho mai dimenticato la risposta: l'anidride carbonica passa dal liquido nello spazio vuoto, ma alla fine all'interno della bottiglia si crea di nuovo una pressione sufficiente perché il gas torni a sciogliersi nella bibita alla stessa velocità con cui ne fuoriesce.)

Per il dottor Morris questo principio, noto come «equilibrio dinamico», era un modo elegante per sintetizzare, a grandi linee, molti processi chimici e comprendere meglio certe reazioni nello specifico. Per come spesso viene insegnata, la chimica può essere davvero una faticaccia, una serie snervante di nozioni da imparare a memoria. Il dottor Morris aveva il dono di saper evidenziare, andando al di là delle complessità, modelli più semplici che i suoi giovani alunni potessero comprendere a fondo.

Il dottor Morris cambiò il mio modo di guardare a una vita legata alla scienza. Lo stereotipo, allora, mostrava lo scienziato come una persona consacrata in maniera maniacale a un ambito molto ristretto, quasi esoterico, che in pratica nessun altro poteva capire, ammesso che volesse farlo. Il dottor Morris, invece, aveva un'ampia gamma di interessi, che coltivava con passione. Suonava il clarinetto, dirigeva un coro, faceva ricerche sulla geometria della quarta dimensione e, con grande gioia dei maschi adolescenti tra i suoi alunni, aveva il patentino per i fuochi d'artificio. Ci aiutò a preparare un liquido che esplodeva al contatto; alcuni di noi lo spalmavano sulle spillatrici, e addirittura sui sedili dei gabinetti. (La versione ufficiale, alla quale tuttora mi attengo, è che io non abbia mai fatto parte di quel gruppo.)

La scienza in parte mi attirava perché corrispondeva al mio desiderio di ordine e organizzazione, e offriva quel genere di struttura rassicurante e soddisfacente che già avevo trovato nella matematica. Era inoltre in accordo con la mia visione del mondo iper-razionale. La scienza, per sua natura, richiedeva una mente incredibilmente curiosa e in grado di domare se stessa con la disciplina e lo scetticismo. Mi piaceva il modo di pensare degli scienziati, il loro domandarsi continuamente «Come faccio a saperlo?» e «In che modo potrei sbagliarmi?».

I miei insegnanti alla Lakeside mi regalarono una prospettiva diversa: il mondo progredisce quando mettiamo in dubbio ciò che si sa, ciò che si ritiene vero. Era un messaggio intrinsecamente ottimista per me, a un'età in cui era facile restarne impressionati.

In alto a sinistra: mia madre, Mary Maxwell Gates (seduta sul divano accanto ai suoi nonni), apparteneva a una famiglia di banchieri che amavano sport e giochi di ogni genere ed erano attivi nella beneficenza. Mostrò un temperamento da leader fin da piccola, quando pretese di salire in sella al triciclo più grande (*in alto a destra*).

Mio padre, William Henry Gates senior (qui in una foto da ragazzo), era cresciuto a Bremerton, nello Stato di Washington, dove mio nonno aveva un negozio di mobili. Un giorno, mettendosi al volante di una Ford Model A coupé comprata con i suoi risparmi e da lui battezzata «Clarabelle», diede a mio nonno un precoce assaggio del proprio spirito di indipendenza. Sarebbe poi diventato il primo della sua famiglia ad andare al college e conseguire una laurea in giurisprudenza.

I miei genitori si conobbero quando studiavano entrambi all'Università di Washington e si sposarono due anni dopo, nel maggio 1951. Dotati di caratteri opposti e provenienti da ambienti sociali assai diversi, si completavano a vicenda e hanno rappresentato la solida base della nostra vita familiare.

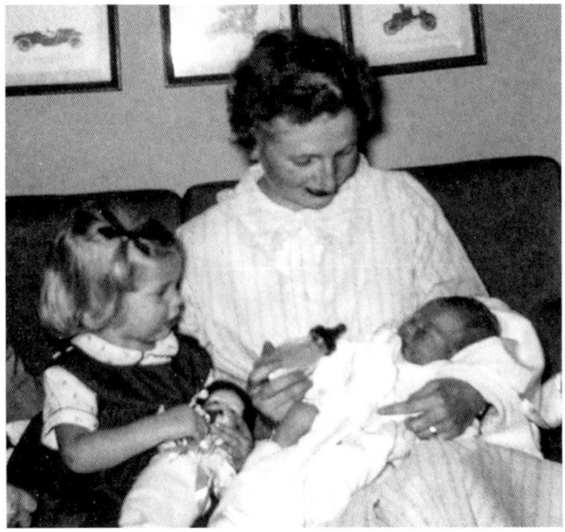

Sono nato il 28 ottobre 1955, ventun mesi dopo mia sorella Kristi. In quasi tutti i ricordi della mia prima infanzia, Kristi è sempre al mio fianco.

Da piccolo, fui soprannominato «Happy Boy», cuor contento, perché facevo sempre dei gran sorrisi. Ben presto i miei genitori capirono che il mio ritmo mentale era diverso da quello degli altri bambini. Kristi, per esempio, faceva sempre quello che le veniva detto, giocava volentieri con i coetanei e fin dall'inizio ebbe ottimi voti a scuola. Io no. La mamma era preoccupata per me e avvertì le maestre della scuola materna che ero un tipo particolare.

I libri avevano un ruolo importante nella nostra famiglia. Fin dalla prima elementare, lessi moltissimo a casa, per conto mio. Mi piaceva assimilare in fretta nuove nozioni e passare ore immerso nella lettura. Fu uno dei primi indici della mia capacità di concentrarmi sulle cose che mi interessavano e di escludere ogni genere di distrazione.

Mia sorella Libby, nata nel 1964, si sarebbe rivelata il membro più socievole e portato per lo sport della famiglia. Da ultimogenita (io avevo nove anni più di lei), ricorda una famiglia assai frenetica, con fratelli e genitori sempre indaffarati.

Avevo tre anni quando finii con mia madre sul giornale locale, perché lei dirigeva un programma della Junior League che si proponeva di portare le scolaresche delle elementari a vedere i reperti dei musei, in questo caso una vecchia borsa da medico.

Mia madre nutriva grandi aspirazioni per la sua famiglia e sia lei sia mio padre erano convinti fosse un dovere civico impegnarsi nel volontariato, molto prima che questa espressione diventasse di moda.

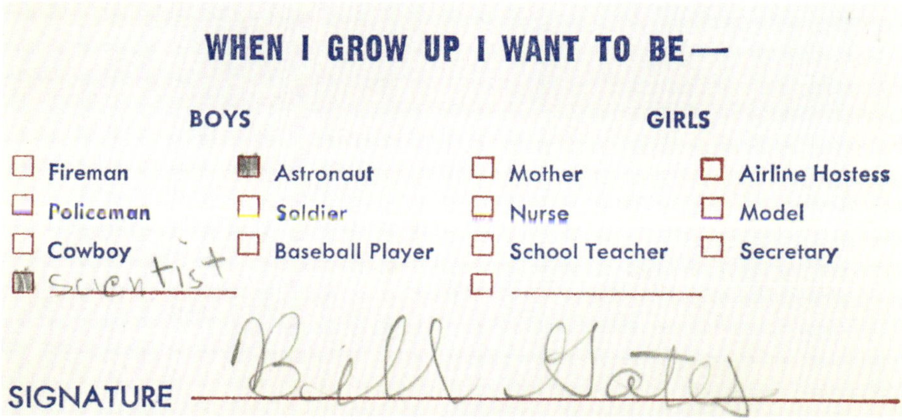

WHEN I GROW UP I WANT TO BE—

BOYS		GIRLS	
☐ Fireman	■ Astronaut	☐ Mother	☐ Airline Hostess
☐ Policeman	☐ Soldier	☐ Nurse	☐ Model
☐ Cowboy	☐ Baseball Player	☐ School Teacher	☐ Secretary
■ Scientist		☐ ______	

SIGNATURE Bill Gates

I bambini degli anni Sessanta vivevano in un clima dominato dalla «corsa allo spazio» e dalle promesse della scienza. Non c'è da stupirsi se, in quinta elementare, spuntai la voce «astronauta» sul modulo intitolato «Che cosa voglio fare da grande». Ma aggiunsi anche, a mano, la professione che era il mio vero ideale: lo «scienziato», una persona che passava il tempo a decifrare i misteri del mondo.

Mia nonna materna, soprannominata «Gami», fu una presenza costante nella nostra infanzia. Quando il nonno morì, concentrò tutto il suo amore e le sue attenzioni su di me e le mie sorelle, a volte unendosi alla famiglia anche durante le vacanze, come nel caso di questa foto scattata a Disneyland.

Nei primi anni Sessanta, i miei genitori e un gruppo di loro amici cominciarono a prendere in affitto, nel mese di luglio, un cottage nel villaggio turistico di Cheerio Lodge, sul canale di Hood. Per un bambino era il paradiso. Papà era il «sindaco di Cheerio», una sorta di direttore dei giochi e assistente-coordinatore dei bambini, e presiedeva anche la cerimonia di inaugurazione delle «Olimpiadi» di Cheerio. Le gare erano più prove di destrezza e buona volontà che di qualità atletiche e ogni volta io facevo di tutto per arrivare sul podio a fine giornata. Di destrezza ne avevo poca, ma di buona volontà tanta.

Nella vita quotidiana, seguivamo il complesso di routine, tradizioni e regole imposto da nostra madre. Come diceva mio padre, la mamma gestiva «una famiglia ben organizzata». Prendiamo il Natale, che a casa nostra cominciava all'inizio d'autunno, quando la mamma rileggeva gli appunti scritti in occasione delle vacanze natalizie dell'anno prima per vedere se ci fosse spazio per un miglioramento. Dai biglietti d'auguri fatti artigianalmente all'annuale festa di pattinaggio, ai pigiami che indossavamo la mattina di Natale, tutti del colore scelto dalla mamma per quell'anno, ci impegnavamo al massimo. Anche se a volte le mie sorelle e io sbuffavamo al pensiero di dover affrontare quei rituali, il Natale in famiglia resta una delle cose che amiamo di più rievocare.

Entrai negli scout, come lupetto, a otto anni. Quando, quattro anni dopo, fui promosso membro del reparto 186, fare escursioni, campeggi e arrampicate in montagna era diventato molto di moda negli Stati Uniti e Seattle era considerata una mecca degli sport all'aria aperta. Il nostro reparto si poneva come principale obiettivo quello di incoraggiare i ragazzi a fare gite e camminate in montagna.

THIS IS TO CERTIFY THAT

BILL GATES III

IS REGISTERED WITH THE

BOY SCOUTS OF AMERICA

TROOP 186

SEATTLE WA

TO THE LAST DAY OF

609 FEB. 1972

THIS CERTIFICATE IS NOT TRANSFERABLE AND IS VOID AFTER EXPIRATION DATE. IT MUST BE SHOWN LOCAL DISTRIBUTOR WHEN PURCHASING UNIFORM.

PRESIDENT CHIEF SCOUT EXECUTIVE

NO. 28-405

L'estate in cui terminai la quarta elementare, un caporeparto scout mi invitò a partecipare al Lifesaving Trail (chiamato oggi West Coast Trail) lungo la costa dell'isola di Vancouver, una zona accidentata famosa per le tempeste, le scogliere e le correnti insidiose. L'escursione, che prevedeva viaggi in idrovolante, guadi di fiumi e scalate di dirupi, fu la più pericolosa che avessi mai affrontato, ma anche la più gratificante. Ne fui molto affascinato.

Quando conobbi Kent Evans (il primo a sinistra nelle foto qui sotto) alla Lakeside, la scuola privata che frequentai dalla terza media alla fine delle superiori, diventammo subito amici.

Nell'autunno del 1968, la Lakeside si procurò una telescrivente con cui ci si poteva collegare a un computer mainframe. Kent e io ne diventammo utenti assidui, insieme con Paul Allen (nella foto al centro) e Ric Weiland. Paul e Ric avevano due anni più di me e Kent, ma finimmo presto per diventare amici, in quanto eravamo tutti interessati a capire come scrivere i nostri primi programmi per computer. Ci battezzammo Lakeside Programming Group.

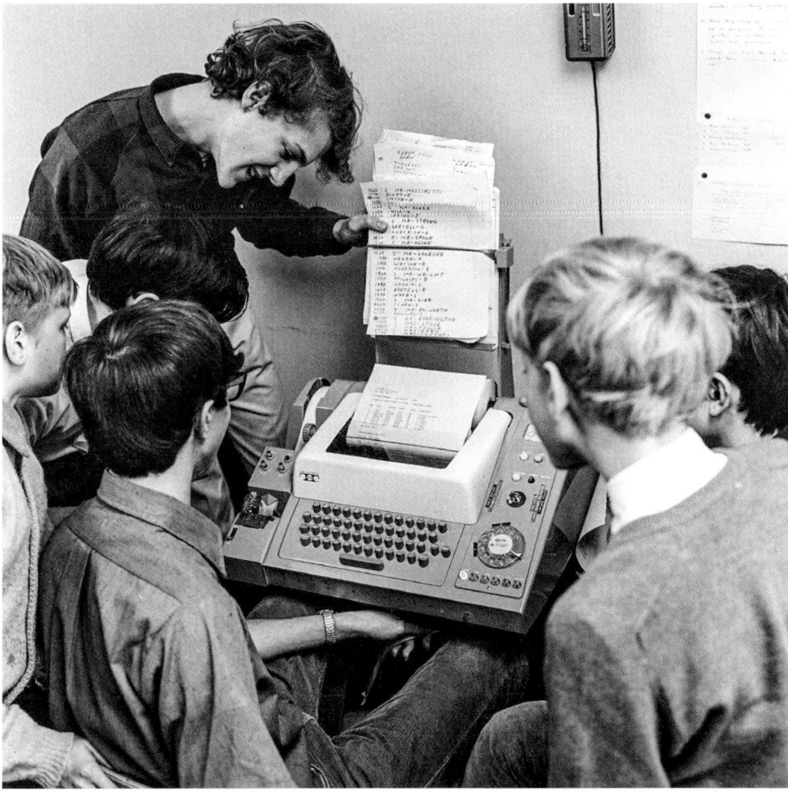

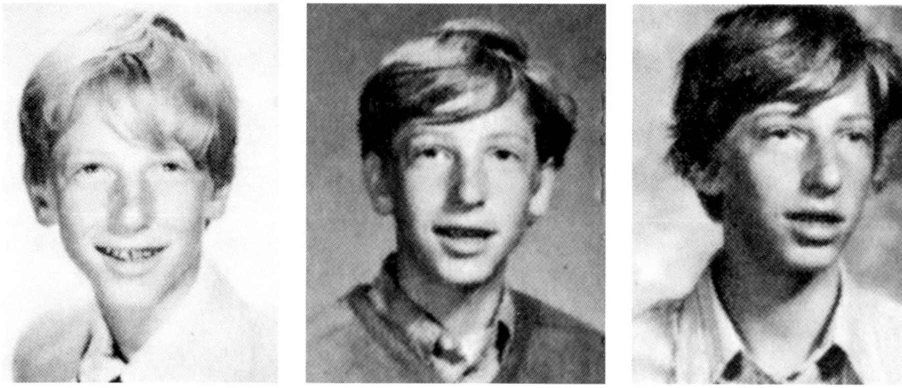

Come si deduce dalle mie foto di classe, ho dimostrato meno della mia età per tutta la durata delle superiori (e anche oltre). Mentre mi davo da fare con il Lakeside Programming Group, le escursioni, lo scoutismo e la scuola, cercavo di capire chi fossi e cosa volevo diventare.

Al secondo anno delle superiori feci l'assistente volontario alla Camera dei rappresentanti di Olympia, la capitale del nostro Stato, e per parte dell'estate del penultimo anno lo feci al Congresso a Washington. È pressoché impossibile, una volta frequentato l'ambiente del Congresso, non esserne conquistati: quell'esperienza destò in me un durevole interesse per la politica e l'arte del governo.

Nella mia nascente visione del mondo, avevo stabilito una gerarchia dell'intelligenza: se si padroneggiava la matematica con il suo pensiero logico, mi dicevo, si potevano padroneggiare pure materie come la biologia, la chimica, la storia o anche le lingue. Dopo essermi diplomato alla Lakeside, mi convinsi che la mia strada fosse la matematica. Harvard fu il passo successivo verso quel futuro.

Nell'aprile 1975, Paul e io trovammo il nome per la nostra azienda: Micro-Soft (alla fine avremmo eliminato il trattino). Il nostro unico prodotto era il BASIC per il chip 8080, che scrivemmo mentre frequentavo il secondo anno di college. Ric (con me nella foto qui sotto a sinistra) presto ci raggiunse ad Albuquerque, dove all'inizio lavoravamo all'interno di un vecchio centro commerciale. A mano a mano che la Microsoft cresceva, crebbe anche la quantità di tempo che dedicai all'azienda. Nell'inverno del 1977 presi il mio secondo congedo da Harvard e non tornai più. Cominciammo ad attirare l'attenzione dei media. Nella foto in basso a destra, nell'altra pagina, conduco una delle mie prime interviste televisive, ma fu solo dopo aver assunto dei dipendenti al di fuori della nostra cerchia di amici che la Microsoft ci parve una vera azienda.

MICROSOFT

January 15,1977

Mr. George Smith
Senior Tutor
Currier House
Harvard College

Dear Mr. Smith,

This letter is to inform you I plan to take the spring semester of this academic year off. A friend and I have a partnership, Microsoft, which does consulting relating to microprocessor software. The new obligations we have just taken on require that I devote my full time efforts to working at Microsoft. Since I have taken a semester off previously I have a full year of school to complete and currently I plan to return in the fall and graduate in June '78. My address and phone number will be those given for Microsoft on this stationary.

Sincerely yours,

William H. Gates

William H. Gates

MICROSOFT/P.O. BOX 754
ALBUQUERQUE, NEW MEXICO 87103
(505) 256-3600

Mr. George Smith
Senior Tutor
Currier House
Harvard College

Egregio Mr. Smith,
la presente per informarla che penso di rinunciare al semestre di primavera di questo anno accademico. Un amico e io abbiamo una partnership, Microsoft, che fa consulenza sul software per microprocessori. Dati i nuovi obblighi che abbiamo assunto, sarò assorbito a tempo pieno dalla gestione aziendale. Poiché ho già saltato in precedenza un semestre, avrò un intero anno accademico da completare e, al momento, progetto di tornare in autunno per laurearmi nel giugno '78. Il mio indirizzo e il mio numero di telefono sono quelli di Microsoft che vede in calce a questo foglio.

William H. Gates

Gami è rimasta una presenza stabile durante le difficoltà della mia crescita sia ad Harvard che nei primi anni in Microsoft.

Costante fonte di sostegno e consigli, mio padre si rese ben presto conto che la Microsoft si stava trasformando in un'impresa seria. Mia madre lo capì in maniera più graduale. Per un bel po' continuò a pensare che alla fine tutto si sarebbe sistemato e avrei conseguito la laurea a Harvard.

Mia madre si attendeva da me risultati eccelsi, ma fece anche tutto quello che poteva per sostenermi e incoraggiarmi, a volte impegnandosi in prima persona, come nel caso del lavoro che svolse per la United Way of America, nel cui consiglio d'amministrazione entrò nel 1980. Con la ricchezza, era solita dire, arriva anche il dovere di donarla. Mi rincresce non sia vissuta abbastanza per vedere fino a che punto io abbia cercato di soddisfare quella sua aspettativa.

Dopo che fummo banditi dal castello della C-Cubed, Paul era riuscito a ottenere l'accesso a una sala computer dell'Università di Washington, dove passò tutta l'estate ad affinare le sue capacità di programmatore senza di noi. Non lo disse né a Kent né a me perché, ci confessò poi, gli sembravamo troppo piccoli per spacciarci per studenti universitari e aveva paura che se ci fossimo presentati avrebbe perso i suoi privilegi. Durante l'anno scolastico seguente si fece perdonare, almeno in parte, quando ci fece tornare alla C-Cubed. A quel punto i rapporti con l'azienda erano migliorati e furono loro a chiedere a Paul aiuto nella programmazione.

Fu così che, dopo sei mesi passati lontano dai computer, cominciai a frequentare di nuovo la C-Cubed insieme a Paul, e tornai a lavorare alla mia simulazione bellica. Un po' alla volta riuscii a farne funzionare alcune sezioni. Stampavo il codice del programma e contrassegnavo gli errori, immettevo il nuovo codice e lo stampavo di nuovo. Alla fine la striscia di carta perforata superò i quindici metri. Alcune sezioni del programma funzionavano piuttosto bene, quando arrivarono le brutte notizie: la C-Cubed stava chiudendo. Dopo poco più di un anno, l'azienda non era ancora riuscita a trovare un numero sufficiente di clienti importanti. La domanda di *computer time* non era stata quella che avevano previsto. In aggiunta, il più grande datore di lavoro di Seattle, la Boeing, attraversava un momento di profonda crisi. Gli ordini di nuovi aerei si erano drasticamente ridotti e la Boeing aveva contratto grossi prestiti per sviluppare il suo primo jumbo jet (il 747), trovandosi così costretta a licenziare decine di migliaia di dipendenti. L'effetto domino portò al declino prima molte attività commerciali e poi l'intera Seattle. (Meno di un anno dopo, qualcuno avrebbe affisso lungo l'autostrada 99 un cartellone che diceva: «L'ultimo che se ne va da SEATTLE per favore spenga la luce».)

Un sabato di marzo, io e Paul eravamo alla C-Cubed a digitare come matti per mandare avanti i nostri progetti mentre gli addetti al trasloco imballavano tutto ciò che non era fissato al pavimento. A un certo punto ci sfilarono perfino le sedie da sotto. Io e Paul ci sedemmo dunque per terra, continuando a lavorare con i terminali sulle ginocchia. Qualche minuto dopo vedemmo una di quelle sedie che scendeva sulle sue ruote lungo Roosevelt Way, verso il lago Union, come se cercasse di scappare dai traslocatori, e scoppiammo a ridere.

Perdere l'accesso gratuito a un computer fu per me un vero problema. Avevo proposto la mia simulazione bellica come lavoro finale del corso di storia. Adesso, senza i mezzi necessari per completarla, dovevo inventarmi qualcos'altro. All'inizio della primavera avevo deciso di leggere il Nuovo Testamento. Avevo frequentato il catechismo fin dalla prima elementare, e l'anno precedente avevo fatto la cresima, seguendo il rituale con cui un giovane si consacra definitivamente a Cristo. Non avevo però ancora ben chiaro in cosa credessi, e così, come facevo ogni volta che avevo bisogno di capire fino in fondo qualcosa, cominciai a leggere. Calcolai che, se avessi letto cinque capitoli ogni sera, mi sarei liberato dei 252 capitoli del Nuovo Testamento che ancora mi mancavano in 50,4 giorni. Finii con un po' di anticipo e dunque ci aggiunsi anche alcuni libri sulla cristianità, compresa una serie di lettere immaginarie scritte a un giovane che «cerca seriamente di arrivare a una filosofia di vita intelligente», per usare le parole dell'autore, Harry Emerson Fosdick. Era una valida descrizione del sottoscritto, e anche se non ero d'accordo fino in fondo con tutte le conclusioni di Fosdick, entrarono comunque a far parte della mia ricerca.

La tesina che consegnai era per metà una descrizione della simulazione bellica e per metà una mia analisi della Bibbia. In alcuni punti facevo fatica a esprimere cosa provassi nei confronti di Dio e della fede. (L'insegnante la valutò così: «Progetto estremamente ambizioso + ben strutturato anche se ogni tanto non riesco a decifrare la tua calligrafia».)

«Caro Paul, ho pensato che potessi sentirti solo senza di noi, e allora ho deciso di scriverti»: inizia così una lettera mai spedita che scrissi quell'anno, un paio di settimane dopo la fine della scuola. Ero appena tornato da un'altra avventura con Mike Collier e tre scout più piccoli. Avevamo percorso di nuovo il Lifesaving Trail, stavolta in direzione opposta rispetto all'escursione di un anno prima. Quella lettera cercava di comunicare l'innocente divertimento a ruota libera di quelle escursioni. Eravamo in cinque stipati come sardine nel Maggiolino Volkswagen di Mike, con gli zaini legati sul tetto. A un certo punto, durante il viaggio che era durato quattro ore, avevo sfidato un ragazzino di nome Phil a chi tratteneva il fiato più a lungo. Vinse lui, con i suoi notevoli due minuti e dieci secondi che ebbero facilmente la meglio sul mio minuto e quaranta, come scrissi a Paul, riferendogli anche l'importante dettaglio che il fratello minore di Phil aveva finito un intero sacchetto dei miei biscotti nei primi cinque minuti del viaggio.

Quella sera sul traghetto i più piccoli si misero a ridacchiare mentre sbirciavano da sopra la spalla di un uomo che sfogliava «Playboy», intanto che Mike studiava le mappe e io leggevo un libro, probabilmente Robert Heinlein o un qualche altro autore di fantascienza. Da Port Alberni ci facemmo dare un passaggio su una chiatta che trasportava tonnellate e tonnellate di ghiaccio, e dove guardammo a bocca aperta un gruppo di uomini e donne che tracannavano una bottiglia di vino dopo l'altra. Restammo svegli fino a tardi, ci perdemmo, mangiammo hot dog per colazione e salvammo un cane che era scivolato lungo una scarpata.

Scrissi la mia lettera qualche giorno dopo dalla barca degli Evans, che era ancorata in un posto che si chiamava Pirates Cove. Alla fine dell'escursione, Mike mi aveva accompagnato in macchina fino all'estremità meridionale dell'isola, dove avevo incontrato Kent e i suoi genitori. Erano salpati da Seattle per Victoria la settimana precedente e mi avevano invitato a unirmi a loro per una decina di giorni. Ci dirigemmo verso nord e verso il Princess Louisa Inlet, uno stretto fiordo di una bellezza incredibile dove le montagne si innalzano direttamente dall'acqua per quasi 2500 metri. Nuotavamo e leggevamo, mentre la sera era dedicata ai giochi da tavolo. A Kent piaceva «Stocks and Bonds», un gioco dove bisognava gestire un portafoglio di titoli seguendo l'andamento incerto del mercato e tenendo d'occhio i notiziari (per scoprire, per esempio, che il presidente di un'azienda era stato «ricoverato in ospedale con prognosi riservata»). Chi alla fine possedeva il portafoglio di maggior valore vinceva. Le aziende erano immaginarie, ma il gioco ci insegnò molte cose del mondo reale: i frazionamenti azionari, il mercato rialzista, il rapporto prezzo-utili e i rendimenti obbligazionari. Come i miei compagni di escursioni, Kent aveva un carattere altamente competitivo, ma gli piacevano di più i giochi che avessero un legame con la realtà.

Fu durante quel viaggio che conobbi meglio i suoi genitori. Mi accorsi di quanto gli erano vicini. Poco prima di trasferirsi a Seattle, Marvin, il padre di Kent, aveva lasciato un lavoro a tempo pieno come pastore unitariano grazie a una piccola eredità dalla sua famiglia materna. I genitori di Kent dedicavano gran parte del loro nuovo tempo libero ai due figli. Siccome era l'unico padre senza un lavoro vero, Marvin era sempre disponibile con la sua Dodge Polara del '67 per accompagnare me e Kent in giro per Seattle. Noi ci sedevamo dietro e lui davanti, ma ogni tanto piegava la testa nella nostra direzione e con il suo morbido accento del Sud ci chiedeva qualcosa sull'argomento di cui stavamo parlando oppure faceva una nuova domanda di sua iniziativa.

Ripensandoci, mi rendo conto di quanto le difficoltà iniziali di Kent debbano aver influenzato la sua famiglia. Da piccolo la sua bocca era così sfigurata che aveva difficoltà a mangiare. Mary e Marvin avevano paura che durante la crescita non sarebbe riuscito ad articolare le parole, che sarebbe stato emarginato, che tutta la sua vita sarebbe stata una lotta. Negli anni Cinquanta c'era molta chiusura verso la disabilità. Credo che alcuni parenti fossero addirittura arrivati a suggerire di darlo in adozione. Interventi chirurgici, terapie e una gran quantità di metallo nella bocca riuscirono a correggere i difetti peggiori dal punto di vista fisico. Quanto alle altre loro preoccupazioni, l'esito non avrebbe potuto essere migliore. Mary e Marvin scoprirono durante la crescita di Kent che il figlio non era stato assolutamente ostacolato da quella partenza difficile: possedeva al contrario una fiducia in se stesso e una maturità che andavano ben oltre i suoi anni. Non si faceva scrupoli ad affrontare nuove sfide, si aspettava molto da se stesso e confidava nelle proprie capacità di avere successo. A fronte di una tale sicurezza, i suoi genitori lo trattavano come un adulto. Credo che, per estensione, anche lui pensasse di esserlo.

Quando lo conobbi, navigare ed essere bravo nel farlo erano già parte integrante della sua identità. Una delle sue cose più preziose era una stampa che riproduceva *Breezing Up* di Winslow Homer, un quadro che raffigura un uomo e tre ragazzini su una piccola barca a vela che si piega sotto il vento forte, e che lui aveva attaccato a una grossa bacheca di sughero che aveva in camera. Quel quadro gli piaceva così tanto che andò apposta alla National Gallery di Washington per vedere l'originale.

La barca sulla quale eravamo quell'estate, una Pearson lunga dieci metri, era un nuovo acquisto, uno sloop abbastanza grande per lunghe crociere su e giù per lo stretto di Puget. L'avevano battezzato *Shenandoah* come il fiume nella loro nativa Virginia. Kent, suo fratello e i loro genitori prendevano il mare subito dopo la fine della scuola e non tornavano finché non ricominciava in autunno, e visitavano posti – come Pirates Cove – con nomi che sembravano usciti dai libri degli Hardy Boys: Desolation Sound, Secret Cove, Sunshine Coast. La madre di Kent annotava con cura tutto ciò che succedeva ogni giorno in un grosso registro con il titolo stampigliato in oro sulla copertina: *Diario di bordo dello yacht «Shenandoah»*.

La mia esperienza di navigazione era cominciata e finita con una Flattie, un tipo di barchetta di compensato caratteristica di quelle parti. Dopo che a mia sorella Kristi era venuta la passione della vela, presi anch'io qualche lezione, in parte per tenere il passo con lei. Come residenti di Laurelhurst, avevamo accesso al circolo nautico del comprensorio, che detto così sembra molto di più di ciò che era, una semplice striscia di sabbia con dei tavoli da picnic e qualche banchina. D'estate il circolo organizzava delle gare con le Flattie. Io e Kristi eravamo in squadra insieme e ci piacevano le giornate con poco vento, quando il nostro scarso peso ci avvantaggiava. Tutto questo per dire che prima di salire a bordo dello *Shenandoah* il culmine della mia carriera di marinaio erano stati alcuni tentativi carichi di adrenalina di girare intorno a una boa più in fretta di un adulto su una barchetta identica alla nostra.

Durante il viaggio, mentre ci dirigevamo verso nord, Kent era di fatto il capitano della barca. Controllava le maree e lo scandaglio affinché non ci incagliassimo entrando nelle Malibu Rapids, la strettoia che portava al Princess Louisa Inlet. Teneva anche d'occhio l'anemometro per poter aggiustare la vela e la posizione della barca, che era capace di determinare con la tecnica della navigazione stimata, e sapeva il significato delle diverse bandierine e quando e dove bisognasse alzarle. Durante i nove giorni che passai a bordo notai lo stesso impegno nel padroneggiare qualcosa che l'anno seguente avrebbe alimentato l'interesse di Kent per l'alpinismo.

Quell'estate gran parte delle nostre conversazioni riguardò i computer. Nell'anno e mezzo da quando avevamo scritto il nostro primo programma avevamo imparato molto. Cosa potevamo fare, però, con quello che sapevamo? Guadagnare dei soldi? Kent era convinto di sì.

Le possibilità di carriera delle quali discutevamo ora si riferivano al mondo degli affari. Il bisnonno di Kent aveva fatto una piccola fortuna vendendo alberi da frutta e altre piante in un vivaio che aveva aperto. Quella era l'origine della loro eredità. Kent ne era orgoglioso e sentiva di essere destinato a trovare la propria strada verso la ricchezza. Io condivisi con lui ciò che avevo appreso sulle attività degli amici dei miei genitori, come il fondatore della Physio-Control, quella che produceva defibrillatori. Kent mi incoraggiò a iniziare a leggere la rivista «Fortune» e il «Wall Street Journal». Lui, nel frattempo, cominciò ad andare in giro vestito come un uomo d'affari, comprando una grossa valigetta più adatta a un commesso viaggiatore di mezza età che a un adolescente. Quella «mostruosità», come la chiamava lui, era sempre stracolma di carte e riviste. La portava con sé ovunque. L'apriva, e compariva all'istante una vera biblioteca.

Proprio come avevamo arrancato tra biografie di generali e uomini politici all'inizio delle nostre riflessioni sulle future carriere, adesso andavamo in biblioteca a recuperare le relazioni annuali delle varie aziende per vedere quanto guadagnavano i dirigenti locali. Io e Kent restammo allibiti quando scoprimmo che un amico dei miei genitori, direttore di una delle più grosse banche della regione, guadagnava circa 1 milione di dollari all'anno, che ci sembrarono un sacco di soldi finché non scoprimmo quanto possedeva in stock option.

«*Quel tizio vale* QUINDICI milioni di dollari!» sbottò Kent. «Te lo immagini se volesse convertire tutto in contanti?!» Cercammo di figurarci lo spazio che quei soldi avrebbero occupato nella sua auto.

Provammo a immaginare anche come *noi* avremmo potuto fare tutti quei soldi. Certamente una carriera in banca era una possibilità, così come inventare un'apparecchiatura medica salvavita, o arrivare ai vertici dell'IBM. Su «Fortune» leggemmo un articolo che parlava del mercato in forte espansione delle periferiche per computer: stampanti, unità a nastro, terminali e altri extra che si aggiungevano ai computer, perlopiù realizzati dall'IBM. (L'idea che *programmare* computer potesse farci diventare ricchi non veniva neanche presa in considerazione.) Le attività più lucrative dalle nostre parti erano le banche, le spedizioni e il legname. L'industria del software non era tra queste. Non a Seattle, né altrove. Non avevamo modelli a cui ispirarci. Speravamo, tuttavia, di poter guadagnare qualcosa con le nostre capacità di programmatori. Come fanno i ragazzi che rasano il prato dei vicini, ma più divertente.

Fu a Kent che venne l'idea di fingere di essere qualcosa di simile a un'azienda per farci spedire gratis a casa sua delle brochure di vari prodotti. All'epoca le riviste di informatica come «Datamation» e «Computerworld» contenevano delle cartoline con le quali richiedere informazioni sulla Sperry Rand, la Control Data e una decina di altre aziende che adesso non esistono più. Kent prese l'abitudine di spedire tutte le cartoline che trovava. Sono sicuro che molti rivenditori di hardware alla fine degli anni Sessanta credevano che al 1515 di Woodbine Way ci fosse la sede di un'azienda che si chiamava Lakeside Programming Group. Il nome era volutamente vago: se avessimo usato un'espressione come «club» avremmo forse svelato di essere solo dei ragazzini e non una vera e propria realtà commerciale. «Group» era un buon compromesso. Era il nome di una proto-azienda, il nucleo dell'idea che qualcuno, un giorno, ci avrebbe forse pagato per le nostre capacità.

I primi anni delle superiori coincisero con l'arrivo alla Lakeside di un nuovo preside. Dan Ayrault aveva insegnato nella nostra scuola prima di chiedere un anno sabbatico per completare i suoi studi in pedagogia. Ritornò come preside alla fine dei turbolenti anni Sessanta, quando le istituzioni, le scuole e le attività commerciali faticavano a adattarsi al cambiamento in corso. La Lakeside avrebbe potuto reagire insistendo ancora di più su tradizioni che si erano dimostrate efficaci così a lungo, per esempio le uniformi e il doversi rivolgere agli insegnanti chiamandoli «signore». L'atmosfera, al contrario, si fece più rilassata. La scuola rinunciò al suo antico *dress code*, permettendoci di togliere giacca e cravatta e sostituirle con quello che oggi chiameremmo *business casual*. Per quel periodo era una scelta radicale, e alcuni genitori protestarono per il colpo inferto alla reputazione dell'istituto. Dan cercò anche di favorire una maggiore diversità nella nostra scuola molto bianca con un programma che prevedeva l'inserimento di altri studenti neri. Fu un tentativo modesto, certo, ma servì a mettere la Lakeside un po' più al passo con i tempi.

Durante l'anno sabbatico, Dan aveva viaggiato per gli Stati Uniti studiando le altre scuole private, per concludere che gli alunni ottenevano risultati migliori quando erano liberi da certe costrizioni. Voleva vedere un mondo «senza istruzione obbligatoria», riferì quell'autunno al giornale della scuola. Ogni ragazzo doveva trovare la propria motivazione a imparare. Quando lo avesse fatto, avrebbe avuto successo. Un orario più flessibile, più corsi facoltativi, modi di imparare meno tradizionali avrebbero portato a studenti più motivati.

A me non sembrava male. Così come una delle strade proposte per arrivarci: le ragazze. Per gestire quella libertà in più, ai ragazzi secondo Dan serviva una buona iniezione di maturità. «Quando ci sono delle ragazze, sembra che i maschietti si comportino con maggior decoro, maturità e disciplina» disse al giornale della scuola. Riconobbe che forse stava generalizzando, ma gli sembrava «un argomento convincente».

«Anche a me» pensai.

Fu dunque con un certo interesse da parte mia e di quasi tutti alla Lakeside che Dan firmò un accordo per la fusione con una vicina scuola esclusivamente femminile, la St. Nicholas. La St. Nick's era decisamente una scuola vecchio stile. Il suo *dress code* – pesante gonna in lana, niente trucco, niente gioielli – forse aveva funzionato negli anni Quaranta, ma alla fine dei Sessanta era davvero obsoleto. Di fronte a un crollo delle nuove iscrizioni, la scuola aveva avvicinato la Lakeside e proposto la fusione.

Bob Haig, uno dei nostri insegnanti di matematica delle medie inferiori, si prese l'incarico di provare a integrare gli orari delle lezioni delle due scuole. La Lakeside decise che la fusione sarebbe stata l'occasione perfetta per affidare tutto a un computer, mentre prima si era sempre proceduto – in maniera imperfetta e improvvisata – a mano. Il signor Haig chiese a me e a Kent di aiutarlo. Scrivere un programma del genere era complicato. Dopo averci pensato bene, non riuscii a trovare una soluzione decente. Fummo quindi costretti a dirgli di no.

Per trovare il tempo di dedicarsi a quel progetto, il signor Haig chiese a Kent di sostituirlo nel suo corso introduttivo all'informatica. Kent arruolò il resto del Lakeside Programming Group perché gli desse una mano. Il nostro primo incarico, se vogliamo chiamarlo così, fu dunque come insegnanti. Be', in realtà più come istruttori non pagati. Ragazzi che insegnavano ad altri ragazzi.

Il fatto era che certe cose non erano mai state insegnate, e non avevamo un piano di studi né un libro di testo. Così ce li inventammo. Ognuno di noi scelse un argomento da trattare. Ric si occupò di spiegare cosa faceva un computer; io insegnavo il linguaggio Assembler; Paul trattava la teoria della memoria; e durante una delle sue lezioni Kent mostrò un film su Shakey il robot. (Shakey allora era la cosa più figa nel campo dell'intelligenza artificiale, praticamente una scatola con quattro ruote e una telecamera in grado di spostarsi dentro una stanza.) Insegnare poneva delle sfide sorprendenti. Sapevamo descrivere cosa fanno un compilatore o spiegare l'istruzione GOTO, ma come dovevamo comportarci quando gli studenti arrivavano in ritardo, o non stavano attenti, o saltavano una lezione? Quando sbagliavano una verifica, era colpa loro o nostra? Non sopportavamo l'idea che un brutto voto potesse ferire quei ragazzi, e dunque distribuivamo generosamente A e B.

La chiusura della C-Cubed aveva lasciato la Lakeside senza nessuno che potesse fornire l'accesso a un computer. Nell'autunno del 1970, la scuola firmò un contratto con un'altra azienda di *time-sharing*. Si trovava a Portland, nell'Oregon, si chiamava Information Sciences Inc. e aveva prezzi molto più alti. Così, ovviamente, ci mettemmo a trafficare finché non trovammo il modo di accedere al computer gratis. Altrettanto ovviamente fummo scoperti prima di poterne approfittare sul serio. Kent era stizzito. Non potevamo in alcun modo pagare i prezzi imposti dall'ISI! Per rimediare, concepì un piano. Di lì a poco l'ISI ricevette una lettera dall'altisonante Lakeside Programming Group che le offriva i suoi servizi. Sulla macchina da scrivere di mia madre avevamo usato la testina rotante con il corsivo perché la lettera fosse ancora più elegante. Eravamo convinti che non avrebbero mai scoperto il sotterfugio. Sono sicuro, però, che per ciò che successe dopo avremmo dovuto ringraziare l'addetto vendite dell'ISI, che sapeva benissimo chi si nascondeva dietro al Lakeside Programming Group e apprezzava quello che facevamo. Ci diedero un lavoro.

L'ISI intendeva convincere le attività commerciali della zona di Portland ad affidare ai computer le loro operazioni, proprio come la C-Cubed aveva provato a fare a Seattle. Un cliente dell'ISI, che fabbricava organi a canne, voleva informatizzare la gestione delle paghe dei dipendenti. L'ISI ci chiese di scrivere il programma gratis, sostenendo che sarebbe stata un'esperienza utile e istruttiva. Prepararono un contratto con l'ambito del progetto, incoraggiandoci a «esercitare la massima creatività nella progettazione del programma» e fissarono il marzo 1971 come scadenza. Il «contratto» era datato 18 novembre 1970. Questo ci lasciava poco più di quattro mesi, e ben presto ci rendemmo conto che era un tempo appena sufficiente.

Il primo ostacolo fu che l'ISI ci aveva chiesto di scrivere il programma in COBOL, un linguaggio che nessuno di noi a parte Ric conosceva. Ci mancavano pure gli strumenti necessari. Proprio come per costruire una casa servono martelli e livelle, per scrivere software servono un editor e un debugger. Ric iniziò a programmare un editor, mentre noialtri imparavamo il COBOL.

Anche se Paul, Ric, Kent e io potevamo considerarci amici, nel nostro rapporto c'era molta competizione, eravamo parecchio suscettibili, e valevano ancora le gerarchie scolastiche, con i più grandi contrapposti ai più piccoli. Finora le nostre battaglie erano state affari di poco conto. Con l'ISI, invece, puntavamo a qualcosa di prezioso: del *computer time* gratuito.

Forse fu per questo motivo che, dopo alcune settimane dedicate al progetto per l'ISI, Paul decise che se ne sarebbero occupati solo lui e Ric. «Non c'è abbastanza lavoro per tutti» disse a me e a Kent. Erano i membri anziani del Lakeside Programming Group, e lo fecero pesare: praticamente ci licenziarono. Noi reagimmo, e soprattutto io. Kent era furioso, la sua tipica reazione di quando si sentiva offeso. Io mantenni la calma. Studiavo geometria con Fred Wright, e mi piaceva passare del tempo a parlare con lui di matematica; adesso avrei potuto farlo più spesso e ne ero contento, credevo. Uscendo dalla stanza dei computer, comunque, dissi a Paul: «Ve ne accorgerete di quanto è difficile. Avrete bisogno di noi!».

Parlavo sul serio. All'avvio del progetto, e con maggiore chiarezza di Paul e Ric, io e Kent avevamo capito che sarebbe stato più impegnativo di quanto pensassimo inizialmente. Un sistema di gestione delle paghe doveva basarsi su regole stabilite dalla finanza, dal mondo degli affari e dal governo. Pagare i dipendenti significava rispettare le norme sulla tassazione statale e federale, e le detrazioni per la previdenza sociale. Significava tenere conto dei periodi di malattia e delle ferie, retribuiti in modo diverso, dei sussidi per quando si era disoccupati, della riconciliazione bancaria degli assegni, degli eventuali titoli di risparmio. Tutte cose nuove per noi.

Con il passare delle settimane, Paul e Ric iniziarono a rendersi conto della complessità di quell'incarico. Dapprima invitarono Kent a tornare. Circa sei settimane dopo il nostro licenziamento, Paul venne a cercare anche me. «Avevi ragione» disse. «La gestione delle paghe è molto più complicata di quanto pensassi.»

A gennaio eravamo di nuovo tutti insieme, ma il progetto stava segnando il passo. Ric era finito in un ginepraio. Riusciva a concentrarsi solo sull'editor, che secondo lui era così figo che avrebbe potuto venderlo anche da solo. Paul, nel frattempo, cominciò a disinteressarsi e a passare il tempo su altri programmi. Non sapeva che un contratto era *vincolante*? Io ero infastidito da quella che, da parte loro, consideravo pigrizia e scarsa professionalità. Avevamo l'occasione di programmare del vero software e Paul e Ric se la stavano lasciando scappare. Verso la fine del mese convocai una riunione e dissi che se Paul voleva davvero che partecipassi al progetto, dovevo essere io il responsabile. In quella veste, avrei anche deciso come distribuire il *computer time* gratuito. Preparai una tabella basata su chi secondo me stesse lavorando di più, e divisi tutto il nostro compenso in undicesimi. Ne assegnai a Paul uno solo, un gesto quasi offensivo, e due a Ric. Kent pretese il mio stesso trattamento, e dunque ottenemmo ciascuno quattro undicesimi. Paul e Ric accettarono con un'alzata di spalle. Probabilmente pensavano che non avremmo mai finito quel programma.

Nel frattempo, Kent era andato a parlare con il capo del laboratorio di informatica dell'Università di Washington, gli aveva spiegato il nostro progetto e chiesto se potevamo usare il laboratorio. Fu un esempio perfetto di comportamento da adulto da parte di Kent, e come tale venne trattato. Il laboratorio aveva diversi terminali, il che significava che potevamo lavorare tutti simultaneamente, e si trovava a pochi passi dalla biblioteca principale dell'università e, soprattutto, dall'area ristorazione, dove c'erano anche delle pizzerie e un Orange Julius. Come con la C-Cubed, avevamo trovato un castello a cui i ragazzi della nostra età di solito non potevano accedere. Come con la C-Cubed, però, non sarebbe durato.

Per il successivo mese e mezzo frequentammo il laboratorio di sera, dopo la scuola, e nei fine settimana, lavorando al nostro programma, che avevamo battezzato PAYROL. Il laboratorio della UW era ancora più vicino a casa mia della C-Cubed. Ormai la mia routine consisteva nel fingere di andare a letto e poi uscire dalla finestra per passare la notte a programmare. Sono sicuro che i miei genitori lo sapessero, ma a quel punto avevamo raggiunto un tacito accordo: io mantenevo una media dei voti alta e restavo fuori dai guai, e loro allentavano un po' la corda.

Non tutti erano entusiasti all'idea che alcuni studenti delle medie superiori si accampassero nel laboratorio e occupassero i terminali per ore, riempiendo i bidoni dell'immondizia di bicchieri di Orange Julius. I gestori del laboratorio però ci tolleravano, tutto sommato. O meglio, lo fecero fino alla sera prima della scadenza, quando stavamo cercando in ogni modo di concludere il progetto. Paul aveva messo le mani su una tastiera che gli avrebbe permesso di lavorare più in fretta, ma gli serviva un dispositivo costoso, un accoppiatore acustico, per collegare un terminale a un computer mediante una linea telefonica. Decise allora di «prenderne in prestito» uno da un altro ufficio.

Verso le nove e mezza di quella sera, il proprietario dell'accoppiatore, un professore a cui fin dall'inizio non era piaciuto che usassimo il laboratorio, entrò spalancando la porta, furioso perché Paul si era impadronito dell'apparecchio senza chiedere il permesso né lasciare un biglietto. Paul disse al professore che non pensava di aver fatto niente di male, e che anzi lo aveva già fatto altre volte, senza alcun problema! Questo servì solo a fare arrabbiare ancora di più il professore. Convocò il direttore del laboratorio, che rimproverò Paul. Dopo quella sfuriata ci rimettemmo al lavoro.

Senza in pratica aver dormito, ci rincontrammo tutti e quattro la mattina dopo alla stazione degli autobus, in una zona particolarmente degradata del centro di Seattle, per salire alle sette sul pullman della Greyhound diretto a Portland, dove avremmo presentato il nostro lavoro. Il viaggio richiese circa quattro ore. Andammo a piedi dalla stazione agli uffici dell'ISI. Avevamo fatto del nostro meglio per avere un aspetto professionale e non sembrare solo ragazzi che quel giorno avevano avuto bisogno di un permesso per saltare la scuola. Indossavamo giacche sportive, cravatte, e avevamo con noi delle valigette. Seguendo l'esempio di Kent, provai a esibire disinvoltura e fiducia in me stesso: «Ma certo, facciamo queste cose di continuo». Dentro di me, però, avevo paura che i responsabili dell'ISI ci guardassero increduli e dicessero: «Siete solo un branco di ragazzini. Fuori di qui».

Successe l'esatto contrario. Ci presero sul serio. Guardarono il codice del nostro programma, PAYROL, che avevamo stampato su un blocco di carta per computer e avevamo portato con noi. PAYROL aveva bisogno di essere perfezionato, ma a quanto pare avevamo fatto abbastanza progressi da impressionarli favorevolmente.

Passammo l'intero pomeriggio all'ISI, dove incontrammo tutti i dirigenti dell'azienda, compreso il presidente, un uomo sulla trentina. Ci portarono a pranzo in un posto di lusso, l'Henry's, dove i nostri ospiti ci parlarono della concorrenza sempre più forte tra le aziende che offrivano *time-sharing*, anche se la domanda per i loro servizi non era ancora decollata: l'idea di trasferire ai computer operazioni cartacee come la gestione delle paghe o il monitoraggio delle vendite era a livello così embrionale che ben poche aziende erano consapevoli della sua possibilità. Noi raccontammo loro di come fossimo stati testimoni del fallimento della C-Cubed.

Di nuovo in ufficio, il presidente disse che avrebbe potuto affidarci altri lavori e chiese i nostri curricula. Io ne scarabocchiai uno sul momento con la matita su un foglio a righe, elencando la mia esperienza alla C-Cubed, il linguaggio macchina che avevo imparato e tutto il resto che avevo provato a fare con un computer. A un certo punto Kent affrontò l'argomento denaro. In futuro, disse, non avremmo accettato una paga oraria o in natura. Volevamo essere pagati alla fine di ogni lavoro, o ricevere delle royalties sulle vendite di ciò che avremmo creato. Kent aveva pensato bene a queste cose. Essendo ragazzi, non ci servivano soldi per vivere, ma se uno dei nostri prodotti avesse avuto successo avremmo potuto guadagnare parecchio con le royalties. Il presidente accettò anche quello. Prima, però, dovevamo finire PAYROL.

Ero convinto che fossimo davvero in gamba. Abbastanza da essere presi sul serio, abbastanza da scrivere quei programmi. A posteriori, riconosco che abbiamo ricevuto anche l'aiuto di adulti generosi. Il nostro principale sostenitore all'interno dell'ISI, per esempio, che si chiamava Bud Pembroke, era attivo da anni nel promuovere la programmazione dei computer per gli studenti dell'Oregon, progettando anche corsi e piani di studio. Sembrava avere una vera passione per l'istruzione. Sono sicuro che fu con lo stesso spirito che diede un lavoro a noi quattro adolescenti. Alla Lakeside, l'adulto che seguiva i nostri lavori era Fred Wright. Anche se non lo riguardava direttamente, Fred firmò il nostro «contratto» con l'ISI e volle aggiungere una postilla che sollevava la Lakeside da qualunque obbligo di consegnare effettivamente il programma, specificando che avrebbe «incoraggiato in ogni modo gli alunni coinvolti a portare a termine questo progetto». Qualunque cosa avessero fatto quegli adulti per trovarci il lavoro, poi fecero un passo indietro e lasciarono che mostrassimo di cosa eravamo capaci.

Fino a quel punto coi computer ci eravamo solo esercitati, senza combinare niente di concreto, un po' come col portafoglio di titoli azionari del gioco da tavolo di Kent. Una finzione. Adesso avremmo dimostrato a noi stessi – e al mondo intero, almeno secondo noi – che potevamo creare qualcosa di valido.

Quando lasciammo gli uffici dell'ISI, Kent avrebbe voluto andare a cena all'Hilton perché secondo lui era lì che un vero uomo d'affari avrebbe festeggiato la chiusura di un accordo. Io, invece, trascinai tutto il gruppo da Hamburger Train. Storditi, rievocammo ogni minimo dettaglio di quella giornata mentre prendevamo patatine e hamburger dai vagoni di un trenino giocattolo che girava per il ristorante.

Tre giorni dopo, di nuovo a Seattle, io e Kent arrivammo al laboratorio della UW pronti a iniziare con la fase successiva del nostro grande progetto, ma trovammo un cartello sulla porta che diceva che gli studenti della Lakeside che usavano il laboratorio non avevano più il permesso di entrare. La donna alla reception spiegò che il professore a cui avevamo preso l'accoppiatore acustico si era così arrabbiato che ci aveva fatto bandire.

Uno studente del dottorato ci guardò raccogliere il nostro materiale, perlopiù stampati e blocchi per appunti. Io e Kent salimmo poi sull'autobus per la Lakeside, sperando di poter usare la sua sala computer. Era chiusa per il fine settimana. Con un po' di affanno riuscimmo a prendere in prestito un terminale portatile. Lo piazzammo in camera mia e provammo a collegarci via telefono con il computer, ma ogni volta che qualcuno in casa mia alzava la cornetta la connessione si interrompeva. Mio padre venne in nostro soccorso permettendoci di usare il suo ufficio in centro. Era il fine settimana, e dunque lo avevamo tutto per noi.

Non dimenticherò mai la primavera del 1971 per la frattura sempre più profonda – Paul e Ric da una parte e io e Kent dall'altra – che all'epoca sembrava grave ma in cui, a posteriori, riconosco le tipiche fasi alterne di un'amicizia tra adolescenti. Io e Kent eravamo arrabbiati perché Paul ci aveva fatto bandire dalla UW, e in più c'era il fatto che Paul e Ric erano sempre meno interessati ai nostri impegni per l'ISI. Più grandi di noi, erano assorbiti dalle proprie attività come programmatori e inoltre, ne sono sicuro, in quanto studenti in procinto di diplomarsi volevano godersi gli ultimi mesi delle superiori.

Poi successe il fattaccio dei DECtape.

A quei tempi, i dischi rigidi e i floppy disk erano disponibili, ma non così comuni. Invece, per i computer che usavamo noi – i PDP-10 – lo standard per memorizzare i dati era un nastro magnetico largo due centimetri e lungo ottanta metri, avvolto su una bobina del diametro di dieci centimetri. Era contenuto in una custodia di plastica che potevi mettere in tasca. (Per salvare e recuperare i dati, i nastri dovevano essere montati su una macchina simile a un registratore a bobina collegata a un computer.)

A un certo punto, dopo la chiusura della C-Cubed, Kent riuscì ad accedere alle carte del fallimento e scoprì che i beni dell'azienda sarebbero stati messi all'asta presso il tribunale federale in centro. Tra i lotti in vendita c'erano anche un centinaio di quei nastri. Se fossimo riusciti ad accaparrarceli a buon prezzo, secondo Kent, avremmo potuto rivenderli ad altre aziende e centri informatici e ricavarne un profitto. I nastri probabilmente contenevano del codice, ma chiunque li avesse comprati avrebbe potuto sovrascriverlo. Inoltre, prima di rivenderli, avremmo potuto esaminarli alla ricerca di qualcosa di utile. Un po' come frugare nel cassonetto, ma senza l'immondizia e le macchie di caffè.

Il giorno dell'asta, io e Kent eravamo bloccati a scuola per un esame di comprensione scritta. Una volta concluso, corremmo in tribunale. I nastri erano stati venduti, ma l'impiegato ci comunicò il nome dell'acquirente. Gli telefonai. Era uno studente di fisica della UW che, da quel che potevo capire, non aveva progetti per i nastri che aveva comprato. Per tutta la primavera, lo richiamai ogni settimana sperando che me li vendesse. A maggio accettò di vendercene centoventitré. Non dicemmo niente a Paul e Ric, che a quel punto avevano praticamente smesso di lavorare a PAYROL. Erano a poche settimane dal diploma, e dedicavano tutto il tempo disponibile in sala computer ai loro progetti. Con solo due terminali per l'intera scuola, bisticciavamo di continuo per fare a turno. Almeno una volta la situazione ci sfuggì di mano. Ric mi spinse contro il muro. Paul mi tolse di mano la stilografica e mi sparse l'inchiostro sul viso. Mi stava ancora trascinando in giro per la stanza quando Fred Wright venne a separarci.

Nella stessa settimana, la tensione tra noi arrivò di nuovo al punto di rottura. Avevamo comprato i nastri, e Kent ne aveva un'ottantina che teneva in un sacchetto di carta. Quel giorno pioveva a dirotto. Temendo che i nostri preziosi nastri potessero bagnarsi mentre Kent tornava a casa in autobus, li nascondemmo nella base del terminale, che era vuota. Pensavamo di essere stati così intelligenti da contenere a stento l'euforia. Il giorno dopo i nastri erano scomparsi. Convinto che li avesse presi Paul, Kent andò su tutte le furie, accusandolo di furto e minacciando di chiamare la polizia, fargli causa, portarlo in tribunale, e adire una sequela di altre vie legali che in seguito elencò in un documento di tre pagine intitolato DICHIARAZIONE DI KENT EVANS E BILL GATES IN MERITO AI LORO RAPPORTI CON PAUL ALLEN E RIC WEILAND. Il primo paragrafo illustrava così le nostre accuse: «Siamo giunti alla conclusione che una serie di falsità e di mezze verità su di noi, a cui un certo numero di individui sono stati esposti negli ultimi giorni, ci abbiano danneggiato in modo significativo. Questa dichiarazione rappresenta il tentativo di presentare il nostro caso, affinché le opinioni non si basino su informazioni parziali o su una sola versione della storia». Nell'ultima pagina Kent concludeva in maniera solenne: «Siamo stati vittime di un furto aggravato ... Se i nastri verranno restituiti entro domattina, non adiremo le vie legali». Lo firmammo e lo consegnammo al signor Wright. Alla fine, Paul ci restituì i nastri.

Eravamo ancora amici, ma non sapevamo se avremmo continuato a frequentarci dopo la fine dell'anno scolastico. Una volta diplomato, Paul si sarebbe iscritto alla Washington State University a Pullman, dall'altra parte dello Stato, mentre Ric sarebbe andato per un anno alla Oregon State University prima di trasferirsi a Stanford. I diplomati della Lakeside, per tradizione, stilavano falsi testamenti nei quali lasciavano un'eredità scherzosa a studenti e insegnanti. Nel suo, Ric scrisse che lasciava «a Kent Evans e a Bill Gates una parte del mio estremo senso di correttezza, del quale hanno evidente bisogno per le loro discussioni in sala computer». In un saggio dell'ultimo anno, Paul scrisse di me: «È molto suggestionabile e pronto a cogliere qualunque occasione per divertirsi nei modi più strani. In questo andiamo molto d'accordo». Il sentimento era reciproco.

Come unici membri superstiti del Lakeside Programming Group, io e Kent rimanemmo da soli a finire PAYROL. Ci lavorammo tutta l'estate, studiando le imposte sul reddito dei vari Stati e contattando il Tesoro degli Stati Uniti per alcuni chiarimenti sugli sgravi fiscali per i titoli di risparmio. Dopo nove mesi passati su un progetto che pensavamo ne avrebbe richiesti tre, in agosto finimmo di scrivere il programma. La cosa migliore è che funzionava.

VIII

Il mondo reale

«Dobbiamo fargli causa!» diceva Kent, passeggiando nervoso per il soggiorno di casa mia. Il terzo anno delle superiori era iniziato da qualche settimana. Io stavo per compiere sedici anni, e Kent era di poco più grande.

Rimasi in silenzio mentre lui si sfogava con mio padre sul trattamento ingiusto che ci stava riservando l'ISI. Dopo quanto avevamo lavorato, centinaia di ore, l'ISI rifiutava di concederci il *computer time* gratuito che aveva promesso. Mio padre, da buon avvocato, ascoltava con pazienza, le mani giunte davanti a sé.

Kent era convinto che mio padre avrebbe colpito l'azienda di Portland con tutta la potenza dello studio Shidler, McBroom, Gates & Baldwin. Secondo me stava esagerando, però, che diamine, era divertente vederlo in azione. Avevo ormai imparato che quando si sentiva bistrattato o c'era qualcosa nell'universo che gli sembrava ingiusto, perdeva le staffe. A volte trovava un modo ragionevole per sfogare la sua rabbia. Proprio quel mese, per esempio, aveva scritto una lettera piccata alla sede locale della CBS in segno di protesta per la decisione di togliere a Roger Mudd la conduzione delle «Sunday Evening News». Altre volte perdeva proprio il controllo, come nel maggio precedente, quando aveva accusato Ric e Paul di furto aggravato dopo la scomparsa dei nastri. Per Kent, il fatto che l'ISI facesse marcia indietro sul *computer time* equivaleva a un reato altrettanto grave.

Quando Kent si stancò, mio padre cominciò a fare domande sul nostro programma, sull'ultima volta in cui avevamo parlato con l'ISI, e sul contratto che avevamo firmato. Alla fine della discussione, papà disse che avrebbe fatto una telefonata all'azienda. E la fece, proprio lì davanti a noi.

Disse al presidente dell'ISI che era il padre di Bill, e che lo stava chiamando su richiesta di noi due per capire se si poteva raggiungere un accordo sul *computer time* dovuto.

Il presidente dell'ISI parlò a lungo mentre mio padre ascoltava. Quando ebbe finito, mio padre rispose semplicemente: «Capisco».

Quell'unica parola di mio padre, detta con quel tono, non l'ho mai dimenticata. «Capisco.» Per me rappresentava l'essenza della forza tranquilla di mio padre. Per nulla persuaso dalle argomentazioni di quell'uomo, voleva solo comunicargli di aver compreso ciò che aveva detto. Non aggiungere altro era un modo per chiarire che non lo condivideva. I ragazzi hanno fatto la loro parte, e adesso hanno diritto a ciò che gli avete promesso: questo, per me, era ciò che mio padre lasciava intendere, e anche il presidente dell'ISI sembrò rendersene conto. Senza insistere troppo, dunque, ci concesse il *computer time* gratuito.

Mio padre ci aiutò a scrivere una lettera con una proposta di compenso e altri dettagli. Meno di due settimane dopo firmammo un accordo per ricevere l'equivalente di 5000 dollari in *computer time*, che l'azienda stabilì doveva essere utilizzato entro il giugno dell'anno seguente, vale a dire entro sette mesi. Mio padre firmò l'accordo in qualità di «genitore/consulente». Da buon avvocato, ci presentò una parcella per i suoi servizi: 11 dollari e 20 centesimi, il costo dei cinquantacinque minuti di interurbana.

È così che ricordo il nostro battibecco con l'ISI: l'azienda si comportò in maniera scorretta, e mio padre fu d'accordo con noi. Riguardando bene le carte, però, mi rendo conto che non fu così semplice. Inizialmente, i dirigenti dell'azienda pensavano di fare un favore a dei ragazzi, concedendo loro un'occasione per imparare, cosa assai rara sia nel mondo degli affari sia in quello della programmazione. Non credo si aspettassero che prendessimo tanto sul serio il lavoro. Quando lo facemmo, tuttavia, decisero che meritavamo di ricevere un compenso. Questo finché non si resero conto che per scrivere il programma avevamo consumato l'equivalente di 25.000 dollari in *computer time*, oltre ai costi per immagazzinare i dati. Ora capisco anche che mio padre stava in parte facendo qualcosa a nostro vantaggio: offriva al proprio figlio e al suo amico l'occasione di imparare qualcosa.

Ero felice che avessimo avuto il *computer time*, ma mi piaceva anche il semplice fatto che avessimo completato il nostro primo prodotto software. Ci eravamo impegnati senza sapere niente delle normative sulle tasse, della previdenza sociale, e di ogni altra caratteristica della gestione delle paghe. Di lì a un anno, ogni dirigente di un'azienda di medie dimensioni con un terminale avrebbe potuto usare il nostro programma per calcolare con precisione le buste paga dei suoi duecento, o magari mille, dipendenti. Non era perfetto, era ancora molto grezzo, ma funzionava, e questo mi lasciava esterrefatto. E avevamo pure ricevuto un compenso. Non in denaro, ma era comunque qualcosa.

Era un inizio, delle fondamenta sulle quali costruire. In autunno ci mettemmo a cercare dappertutto qualche nuova opportunità.

Presentandosi nelle sue lettere come «responsabile del marketing» per il Lakeside Programming Group, Kent cercò clienti per i nostri DECtape. Offrimmo la spedizione gratuita e sconti a seconda di quanti nastri avrebbe ordinato il cliente. Di lì a poco avevamo guadagnato qualche centinaio di dollari da un museo delle scienze e da un'azienda di elettronica industriale ad alta tecnologia, entrambe nella zona di Portland.

Mentre era ancora alla Lakeside, Ric aveva trovato un lavoro part-time come programmatore per un'azienda che studiava i flussi del traffico nelle strade di Seattle e zone limitrofe. Era un incarico ad alta tecnologia in un'azienda a tecnologia tutt'altro che avanzata. La ditta, chiamata Logic Simulation Co., raccoglieva i dati necessari per mezzo di scatole installate sul ciglio della strada. Quando un'auto o un altro veicolo passava sopra un tubo di gomma steso sull'asfalto, la scatola registrava l'orario perforando un nastro di carta. Le città e gli Stati utilizzavano quei dati per prendere decisioni sui tempi dei semafori e sulla necessità di riparazioni al fondo stradale. Quelle macchine producevano rotoli e rotoli di carta i cui dati dovevano poi essere tabulati a mano. Per un po' ce ne occupammo io e Kent, un lavoro noiosissimo. Kent voleva allargarsi, assumere in subappalto altri studenti più piccoli della Lakeside. Chiese il permesso all'amministrazione della scuola, e presto un gruppetto di studenti delle medie cominciò a lavorare per noi.

Avevamo ancora, poi, i nostri 5000 dollari in *computer time* dell'ISI. Kent voleva trovare qualche azienda a cui rivenderlo a prezzi scontati rispetto alle tariffe dell'ISI. Io ero titubante. Competere con l'ISI sfruttando il loro stesso computer mi sembrava immorale. Fred Wright, l'insegnante di matematica che gestiva la nostra sala computer, era d'accordo con me. Quando venne a sapere di quell'idea, scrisse una nota sulla pagella trimestrale di Kent per assicurarsi che i suoi genitori fossero a conoscenza della posizione della scuola in merito. «Le attività del Lakeside Programming Group non sembrano sempre del tutto irreprensibili» fece notare. «Mi sento a disagio, sapendo che intendono rivendere il tempo che l'ISI gli ha finalmente concesso a potenziali clienti della stessa ISI. Voglio accertarmi che sappiate che i ragazzi, in questa iniziativa, sono da soli.» Kent rinunciò al piano.

In autunno alla Lakeside c'era il caos totale per via della fusione con la St. Nick's. Elaborare l'orario delle lezioni al computer, compito di cui si occupava Bob Haig, uno degli insegnanti di matematica, si stava dimostrando assai più complicato di quanto si fosse aspettato. A settembre, alcuni studenti arrivarono al campus e scoprirono di dover frequentare corsi che non esistevano. Altri dovevano frequentare Francese I nell'aula dov'era in corso la lezione di Latino II. I ragazzi tempestarono di domande i loro consulenti scolastici e formarono lunghe code davanti alla segreteria. «Potete cambiarmi orario? Ho tutte le lezioni una di seguito all'altra, e poi quattro ore di buco consecutive.»

C'era anche un disagio più profondo. Per cinquant'anni, la Lakeside era stata un baluardo dell'istruzione esclusivamente maschile, rassicurante nel suo abbraccio esclusivo. Secondo alcuni, diventare una scuola mista avrebbe danneggiato quella cultura così familista. Uno dei miei compagni pubblicò un contributo sul giornale scolastico lamentando la crisi della nostra squadra di football, che secondo lui dipendeva dall'atmosfera sempre più libertaria e permissiva della scuola, e ovviamente anche dalla «distrazione» costituita dalle ragazze in giro per il campus. (Con annessa, Dio ne scampi, una sempre maggiore diffusione del calcio!) Secondo un altro alunno, invece, i cambiamenti non erano sufficienti: trenta ragazze non bastavano a fare la rivoluzione, e la Lakeside, ancora con alunni in maggioranza maschi e bianchi, era ben lontana dal rappresentare in piccolo la nostra società. Kent, da parte sua, era preoccupato per gli standard accademici. Era convinto – a torto, come scoprimmo poi – che la St. Nick's non fosse altrettanto rigorosa della Lakeside. Com'era tipico di Kent, riuscì a intrufolarsi nelle assemblee dei docenti al fine di perorare la sua causa, proponendo perfino un nuovo sistema per valutare le prestazioni dei docenti stessi.

Quanto a me, l'unico problema con l'arrivo delle studentesse era che non avevo idea di come parlare con loro. Avevo difficoltà a comunicare perfino coi ragazzi della mia età, se non erano almeno un po' *geek*. E le ragazze? A parte le mie sorelle, e qualche amica di famiglia, per me erano terra straniera. E poi, perché avrebbero dovuto trovarmi interessante? Ero ancora troppo magro, con la voce chioccia, più bambino che adolescente. Avevo iniziato a guidare, ma non avevo l'auto. Per affrontare le mie insicurezze pensavo a me stesso come a un antieroe, come Steve McQueen in *Il caso Thomas Crown*, e senza il bell'aspetto. Avevo visto il film da poco e adoravo la fiducia dell'attore in se stesso; era un cervellone irresistibile. L'unico posto in cui mi avvicinavo a una sicurezza del genere era la sala computer. Il nostro insegnante di fisica ci aveva assegnato un problema per risolvere il quale bisognava scrivere un breve programma. Mi piazzai dunque in sala computer, ben sapendo che gran parte degli studenti non aveva mai messo le mani su un terminale e che dunque avrebbe avuto bisogno di aiuto. Alcuni di quegli studenti, avevo calcolato, sarebbero state ragazze.

All'inizio del secondo trimestre, mi decisi a un passo radicale che speravo potesse dare risultati migliori: mi iscrissi al corso di teatro. Devo riconoscere che ciò che mi attirava di più era l'alta percentuale di ragazze nel gruppo. E visto che la principale attività del corso era leggersi battute a vicenda, le probabilità che parlassi con qualcuna di loro erano altissime.

Mentre esploravo il mio potenziale come attore di teatro, Kent si dedicava alla sua nuova passione: scalare le montagne. In inverno si era fissato di dover partecipare a un'iniziativa della Lakeside per scalare il monte St. Helens, un enorme vulcano dormiente, usando racchette da neve, ramponi e corde. L'iniziativa era stata già annullata una volta per via del maltempo, e poi una seconda. Era una cosa seria, ben diversa dalle escursioni che avevamo fatto insieme, per cui serviva un equipaggiamento essenziale e che si svolgevano a prescindere dal tempo. Rimasi sorpreso dalla voglia che aveva Kent di imparare i rudimenti dell'arrampicata tecnica. Per lui era un passo lungo quanto per me il teatro. Kent non era un tipo atletico; tutto ciò che richiedeva forza o coordinazione era una sfida. Lui però non si faceva scoraggiare, pienamente consapevole dei suoi limiti e determinato a cercare di superarli. Lo aveva già fatto con gli sci. Dopo aver preso lezioni per una stagione intera, aveva riferito con orgoglio di avere vinto un premio per essere stato il migliore dei peggiori sciatori. Era un piccolo barlume di progresso, ma era quanto gli serviva.

Malgrado gli sforzi erculei di un gruppo di docenti che in autunno avevano aiutato il signor Haig, i problemi con la pianificazione degli orari persistevano. A metà gennaio Bob fu convocato dal consiglio d'amministrazione affinché ne spiegasse il motivo. Intanto, noi continuavamo a tenere il suo corso di informatica, e adesso avevamo davanti, oltre agli alunni delle medie, anche qualcuno dell'ultimo anno delle superiori.

Ex pilota della marina e ingegnere alla Boeing, Bob Haig era un insegnante di matematica di talento e un discreto allenatore di canottaggio, ma non aveva molta esperienza con i computer. Con tutti sul piede di guerra per il caos dell'orario, io e Kent decidemmo di provare ad aiutarlo. Ci incontrammo qualche volta con lui per capire come potevamo sistemare le cose in tempo per il trimestre di primavera. Nella biblioteca della UW, Kent recuperò anni di pubblicazioni accademiche sui metodi di pianificazione degli orari dei college, con titoli come «Elaborare gli orari scolastici col metodo dei flussi», ma nulla, in quella montagna di carte, sembrava poterci aiutare.

Le variabili di cui tenere conto erano innumerevoli, a cominciare dai bisogni e dai desideri di centinaia di studenti, ciascuno dei quali seguiva nove corsi nell'arco di undici ore ogni giorno. A questo bisognava aggiungere la pianificazione di settanta corsi, suddivisi in centosettanta sezioni, e una lunga lista di necessità speciali: il corso di batteria non si poteva tenere nell'aula sopra a quella dove cantava il coro; se la maggior parte dei corsi richiedeva una sola ora di lezione per volta, ce n'erano alcuni, come danza o il laboratorio di biologia, per cui ne servivano due. Dal punto di vista matematico era un problema parecchio complesso.

Quasi senza rendermene conto, però, avevo lavorato a quel problema per gli ultimi sei mesi. Mentre andavo in classe o stavo sdraiato sul letto, la sera, nella mia testa provavo diverse combinazioni orarie: X era il numero dei corsi,

Y il numero degli studenti, e così via, compresi i vari conflitti e le varie limitazioni che rientravano nell'equazione.

Il gennaio 1972 fu uno dei mesi in cui a Seattle nevicò di più e questo significò perdere parecchi giorni di scuola. Martedì 25 gennaio caddero addirittura venti centimetri di neve, causando il blocco quasi totale dell'intera città. Invece di andare a sciare, mi chiusi nella mia stanza con penna e blocco per cercare di risolvere il problema più difficile che avessi affrontato fino ad allora: come soddisfare i bisogni diversi, e che apparentemente si escludevano a vicenda, di centinaia di persone, e come farlo in un modo che un computer potesse comprendere. In matematica è quanto si definisce «problema di ottimizzazione», lo stesso che devono risolvere le compagnie aeree per dare un posto ai passeggeri e le leghe sportive per mettere a punto i calendari. Disegnai una tabella con studenti, corsi, insegnanti, orari e tutte le altre variabili. Un po' alla volta, in settimana la perfezionai e si fece via via sempre più chiara. Il sabato uscii dalla mia stanza certo di aver risolto quei conflitti in maniera sistematica, in un modo che sapevo che un computer avrebbe potuto capire. Per la prima volta in tutta la settimana, il cielo era assolutamente sereno.

Il giorno dopo, domenica 30 gennaio, il signor Haig decollò col suo Cessna 150 da un aeroporto a nord di Seattle. Le temperature erano rimaste sotto lo zero per tutta la settimana e quella mattina era prevista una giornata di sole. Insieme a lui c'era Bruce Burgess, un insegnante di inglese della Lakeside che era anche il guru della fotografia della scuola. Il loro obiettivo era scattare un'immagine perfetta del campus coperto di neve con il monte Rainier in lontananza. Pochi minuti dopo il decollo, cominciarono ad avere problemi al motore; prima che potessero invertire la rotta, l'aereo andò a sbattere contro un cavo elettrico e precipitò su un quartiere a nord di Seattle. I suoi passeggeri morirono entrambi.

La Lakeside era un posto piccolo. Gli studenti, così come i loro famigliari, erano molto legati ai docenti. Bob e Bruce insegnavano alle medie inferiori, e quindi conoscevano i ragazzi quando erano piccoli e li seguivano per tutta la loro carriera scolastica. Il figlio di Bob era in classe con me. Bruce era stato il mio primo insegnante di inglese alla Lakeside. Si infilava spesso in sala computer con la sua fotocamera. (È stato lui a scattare quella che probabilmente è la foto più famosa di me e Paul alla Lakeside, con noi due che alziamo gli occhi mentre lavoriamo ai terminali.)

La morte era una costante nei notiziari di quel periodo, per via del Vietnam e della violenza diffusa. Gli omicidi di Robert Kennedy e Martin Luther King avevano sconvolto l'intero paese; più vicino a noi, Edwin T. Pratt, un leader del movimento per i diritti civili di Seattle, era stato ucciso a colpi di pistola sulla soglia di casa. Nella mia esperienza, però, protetto dalla ricchezza e dai privilegi di Laurelhurst e della Lakeside, la morte era qualcosa che si vedeva solo da lontano. A parte mio nonno e la mia bisnonna, nessuno che mi fosse vicino era mai morto.

Due giorni dopo lo schianto, Dan Ayrault convocò me e Kent per un incontro con un gruppo di insegnanti. Il preside ci incoraggiò a lavorare tutti insieme per completare la pianificazione degli orari. Non c'era tempo per scrivere da zero un nuovo programma che tenesse conto della soluzione che avevo trovato. Per essere pronti a primavera avevamo bisogno di una soluzione temporanea. Dan ci disse che per il lavoro la scuola ci avrebbe pagato 2 dollari e 75 centesimi l'ora.

Gran parte della pressione che avevamo provato scrivendo il programma per gestire le paghe ce l'eravamo imposta da soli. Non avevamo davvero una scadenza vincolante. Con il programma per gli orari, invece, fu una sensazione completamente diversa. Un'intera scuola, la *mia* scuola, si aspettava che trovassimo un rimedio. E se non ci fossimo riusciti, l'avrebbero saputo tutti. Per la prima volta mi sentii responsabile per qualcosa che non riguardava solo me. Io e Kent cominciammo a ricordarci l'un l'altro: «Questo non è il lavoro finale per un corso. È il mondo reale».

Per circa tre settimane, Kent, io e quattro insegnanti lavorammo ventiquattr'ore al giorno, provando a mettere insieme una tabella oraria in tempo per il trimestre successivo. Saltammo le lezioni e ci sforzammo di non commettere errori, mentre ogni notte passava e noi cercavamo di resistere alla fatica. Ricordo una sera, sul tardi, in cui facemmo una battaglia tirandoci gli elastici con un insegnante di inglese in squadra con noi. Ricordo di essermi addormentato mentre lavoravo alle schede perforate, e di essermi svegliato alle tre del mattino ma senza ricordare che giorno della settimana fosse. Ricordo un altro insegnante che ci suggeriva di andare a casa per qualche ora per salutare i nostri genitori, che non vedevamo da giorni.

Lavorammo perlopiù all'Università di Washington, dove la scuola aveva accesso a un computer. Quella macchina, per i tempi, era già un po' obsoleta. Funzionava seguendo la cosiddetta «elaborazione batch», gestendo un programma alla volta, e usava schede perforate, un sistema ormai defunto in cui si digitava il programma su un macchinario che praticava poi dei fori su dei cartoncini. Alla fine ti ritrovavi un'intera pila di queste schede. Alla UW il computer era nel seminterrato. Io prendevo le schede, seguivo il corridoio fino all'ascensore, scendevo nelle viscere dell'edificio e consegnavo le schede all'operatore. Poi aspettavo. Alla fine l'operatore caricava le schede nel computer, che stampava il risultato. Ogni piccolo problema nel codice faceva impallare il computer. Bastava un errore di sintassi, che so, nella riga 10, e l'intero programma era da rifare: bisognava riprendere l'ascensore, tornare su e ricominciare da capo, perforando nuove schede. Dall'inizio alla fine, una prova poteva richiedere anche cinque ore. Ogni volta che uno studente del dottorato ci chiedeva se stavamo lavorando a un progetto per la scuola, io e Kent ripetevamo il nostro mantra: «La scuola non c'entra. È il mondo reale».

Finalmente riuscimmo a convincere il programma a funzionare, la sera prima della scadenza. A primavera, quando le lezioni ricominciarono, in coda davanti alla segreteria non c'era quasi nessuno.

Il programma che avevamo scritto era una specie di prototipo, tenuto insieme con lo sputo. Univa porzioni scritte dal signor Haig – in FORTRAN, un linguaggio usato da scienziati e tecnici – ad altre che avevamo messo insieme nel corso di quelle sere passate a lavorare fino a tardi. Era perfino necessario che uno dei passi per completare l'orario fosse eseguito a mano, perché non avevamo avuto il tempo di inserirlo nel programma. Dan, il preside, fu così contento del risultato che disse di poter trovare dei fondi e pagarci per programmare una nuova versione del software con tutto quello di cui la scuola aveva bisogno, e di farlo in BASIC, il nostro linguaggio preferito. Kent, come al solito, intravide subito un'opportunità migliore. Era convinto che dopo quel successo alla Lakeside avremmo potuto convincere altre scuole del paese a pagarci per gestire i loro orari con il nostro software. Scrisse un discorsetto per vendere i nostri vari progetti ai potenziali clienti, compreso il software per il monitoraggio del traffico, che aveva ancora un discreto successo. Ormai avevamo tre ragazzi che lavoravano per noi, e avevamo chiesto a Chris Larson, uno di terza media, di occuparsene. Preparammo dei volantini e li distribuimmo in giro per la scuola, annunciando che stavamo assumendo collaboratori per il Lakeside Programming Group e per il lavoro sul traffico che stavamo facendo per la Logic Simulation Co.:

> LPG e LSC: due realtà che lavorano coi computer, impegnate in svariati tentativi di fare soldi. Tra questi, la programmazione degli orari scolastici, il monitoraggio del traffico, la produzione di libri di cucina e le «simulazioni con albero dei guasti». Per questa primavera e questa estate valutiamo la possibilità di allargare la nostra forza lavoro, che già ora comprende cinque alunni della Lakeside! L'offerta non è riservata solo ai fanatici del computer. Ci servono persone che sappiano scrivere a macchina e/o disegnare: semplici bozze o disegno tecnico. Gli interessati possono contattare Kent Evans o Bill Gates (alle superiori) oppure Chris Larson (alle medie).

Sul modulo da compilare specificammo che eravamo rispettosi delle pari opportunità.

Fu una primavera molto faticosa. Dovetti recuperare le lezioni che avevo perso per lavorare al programma degli orari, e questo mentre cominciavamo a occuparci della sua versione successiva. Oltre ai corsi che seguivo, facevo ancora lezione di informatica al posto di Bob. Kent era perfino più impegnato di me. A parte i suoi corsi, continuava a contribuire appieno alle riunioni di facoltà, scrivendo un documento da sottoporre in amministrazione su un presunto calo di disciplina che aveva notato negli alunni e proponendo un progetto pilota per insegnare il calcolo infinitesimale alle scuole medie. Come se non bastasse, iniziò a tenere un corso introduttivo di alpinismo all'Università di Washington. Aveva cominciato a frequentare delle conferenze il lunedì sera su queste tecniche, e passava i fine settimana a esercitarsi sulle montagne e sugli affioramenti rocciosi nella parte occidentale dello Stato di Washington.

Come sempre, parlavamo al telefono ogni sera e lui mi chiamava quando tornava a casa dalle conferenze e dalle scalate. Proprio come aveva fatto coi termini nautici, Kent adottò il lessico degli scalatori, snocciolando parole come falesia e chiave, cordata e moschettone. Parlò di come avesse superato la paura nella sua prima vera scalata, la sua prima «Classe 5», come l'aveva chiamata. («Arrampicata vera e propria, con movimenti tecnici, uso di corda, assicurazione e ancoraggi intermedi», per citare una delle definizioni ufficiali.) Ero contento per lui, e così i suoi genitori. Pensavano che fosse una cosa buona che ampliasse i suoi interessi, che si impegnasse in qualcosa senza di me, che facesse nuove amicizie tra gli studenti del college e le coppie che arrampicavano con lui.

Il venerdì prima del Memorial Day, dopo settimane passate a sistemare i dettagli, firmammo il contratto con la Lakeside, che ci avrebbe pagato per la nuova versione del software dell'orario. La scuola accettò di darci uno stipendio e di provvedere al *computer time* necessario.

La sera Kent mi telefonò come al solito. Per quel weekend niente da fare: doveva salire sul monte Shuksan, una cima ghiacciata alta 2700 metri qualche ora a nord di Seattle, per l'ultima scalata del suo corso. I suoi genitori avevano discusso se fosse il caso di farcelo andare; il fine settimana precedente, il gruppo era impegnato a scalare in un posto chiamato «il Dente» quando una roccia aveva ceduto e due suoi compagni erano scivolati lungo un pendio ghiacciato ed erano finiti contro altre rocce. Kent era rimasto a guardare mentre due elicotteri li riportavano a Seattle. Alla fine i suoi genitori gli diedero il via libera. Il figlio era sempre stato capace di badare a se stesso. «Ti chiamo quando torno» disse.

Non sono sicuro di cosa feci quel fine settimana. Probabilmente lo passai nella sala computer della Lakeside a lavorare al software dell'orario.

Lunedì 29 maggio ero in camera mia quando sentii squillare il telefono e i miei genitori che mormoravano al piano di sopra. Mio padre mi chiamò dalle scale per dirmi che c'era Dan Ayrault al telefono e voleva parlare con me. Salii le scale a due gradini per volta, pensando che era strano che il preside mi chiamasse a casa. Mio padre mi fece entrare nella loro stanza, dove mia madre mi porse la cornetta.

Dan andò subito al dunque. Durante la scalata era successo un incidente. Kent era caduto. Una squadra di soccorritori in elicottero lo aveva recuperato e portato in ospedale.

Aspettai che mi dicesse quando potevo andare a fargli visita.

«Purtroppo, Bill, non ce l'ha fatta. Kent è morto stanotte.»

Non ricordo di avere riagganciato, o cosa dissero i miei genitori per consolarmi. Mi chiusi in me stesso, mentre una serie di immagini scorrevano nella mia testa, immagini degli ultimi giorni. Cercai qualche prova che ciò che avevo appena sentito non era vero. Kent a scuola. Kent davanti alla tastiera, che mi guardava. Noi due al telefono. «Ti chiamo quando torno.» Pensai alla montagna, e a lui che cadeva. Dan aveva parlato di un elicottero. Dov'era lui adesso?

Ricordo vagamente di essere andato a trovare i genitori di Kent a casa loro il giorno dopo con Tim Thompson, un altro amico di Lakeside. Siamo tornati il giorno seguente e abbiamo saputo che era stata programmata una cerimonia commemorativa per la settimana successiva. I genitori di

Kent ci hanno chiesto di riferire a Paul e Ric la tragica notizia e di sentire se potevano venire.

Nel ricordo più nitido che ho, sono seduto sui gradini della cappella della scuola e piango mentre centinaia di persone entrano per la funzione in memoria di Kent. I suoi genitori e suo fratello David erano seduti in prima fila. Il nostro insegnante d'arte, Robert Fulghum, salutò tutti all'ingresso. Andai a sedermi con la mia famiglia e fissai lo sguardo a terra. Robert si occupò della funzione. Mentre amici e insegnanti si alzavano e condividevano un ricordo di Kent, io mi lasciavo scorrere addosso le loro parole.

«Kent sapeva apprezzare il lato folle della vita...»

«Lottava per ciò che riteneva giusto...»

«Un giovane capace e dotato, che amava spingersi il più lontano possibile e con tutto l'impegno...»

«I suoi momenti più felici erano proprio quando una situazione diventava confusa, complicata, frenetica...»

«Intelligente, sicuro di sé, sempre tra i migliori della sua classe, e anche alpinista, insegnante...»

«Un giovane imprenditore che inseguiva sempre nuovi progetti, un marinaio provetto, e il peggior artista della Lakeside...»

Avevo in mano un foglio di carta, dove avevo scritto i miei pensieri. Forse intendevo leggerli davanti a tutti, non sono sicuro. Però non riuscivo a muovermi; rimasi seduto, bloccato lì dov'ero. Fuori, alla fine della funzione, mi si avvicinarono molte persone per esprimere il loro rammarico per la mia perdita. Tutti sapevano quanto fossimo vicini: il ragazzo alto e goffo con la valigetta, lo sbruffone magrolino che non riusciva a tenere la bocca chiusa. Entrambi con grandi ambizioni per il futuro. Sapevo che la loro solidarietà era sincera. Non avrebbero potuto comunque mai immaginare cos'era stato tutto quel tempo trascorso insieme. Le battute che capivamo soltanto noi. I periodi di lavoro intenso e frenetico. Ritrovarsi da soli era una sensazione strana. Poi intravidi di sfuggita i genitori di Kent. Che diritto avevo di essere addolorato per me? Quella tragedia avrebbe definito le loro vite.

Me ne resi conto fino in fondo solò al ricevimento, dopo la funzione. Paul, che aveva guidato quattro ore e mezza per venire dal college, diede un passaggio a me e a qualcun altro. Entrammo in casa insieme e fummo accolti dal padre di Kent, che ci strinse le mani e ci invitò ad accomodarci. La madre di Kent era rannicchiata sul divano, e singhiozzava. Fu in quel momento che capii davvero quanto il mio dolore non avrebbe mai potuto essere altrettanto profondo del suo. Lui era il mio migliore amico, ma era il suo bambino. Da qualche parte, dentro di me, sapevo che lei e il signor Evans avrebbero convissuto per sempre con quella perdita. I volti straziati dei genitori di Kent, di quelle persone così gentili, da quel giorno non mi hanno mai abbandonato.

Suo padre ci disse che gli amici di Kent erano liberi di portare via qualsiasi cosa avesse un significato per loro. Entrare nella sua stanzetta, con le familiari pile di carta per computer e i libri sul pavimento, e l'enorme scrivania ricavata poggiando una porta su due schedari, e la stampa di *Breezing Up* sulla bacheca, mi rese triste. Sentii che era troppo doloroso prendere anche la più insignificante delle sue cose. Ringraziai il signor Evans, e gli dissi che non avevo bisogno di niente.

Col tempo, venni a sapere i dettagli di ciò che era successo sulla montagna il giorno della morte di Kent.

I frequentatori del corso e i due istruttori erano arrivati in cima allo Shuksan nel tardo pomeriggio. Mentre scendevano, si erano fermati in cima a una specie di scivolo, sopra il campo base, e un istruttore e un allievo erano scesi per primi per assicurarsi che gli altri potessero seguirli in sicurezza. C'era stato un attimo di tensione, quando uno degli studenti in cima aveva spostato il proprio peso, provocando una piccola valanga che lo aveva spinto più in basso lungo lo scivolo, ma era riuscito a fermarsi e aveva segnalato al gruppo che stava bene.

Quel momento di sollievo, però, era durato poco. Kent era inciampato in avanti, e per una frazione di secondo si era voltato, guardando verso l'alto – agli allievi era stato insegnato che se fossero scivolati avrebbero dovuto stendersi a faccia in giù sulla neve, con la testa verso monte, e usare le piccozze per fermarsi – prima di essere spinto all'indietro lungo lo scivolo e andare a sbattere contro le rocce più in basso. Quando gli altri lo avevano raggiunto era ancora vivo. Il gruppo gli aveva costruito sopra un igloo per tenerlo al caldo mentre due di loro erano andati a cercare aiuto. Tra gli allievi c'erano due medici che si erano presi cura di Kent meglio che potevano.

Quella notte un elicottero dell'esercito lo aveva trasportato in ospedale a Bellingham. Quando ci era arrivato, però, era già morto.

Venni a sapere che era probabilmente il più entusiasta fra gli allievi scalatori, ma anche quello che faceva più fatica. In ogni scalata arrivava quasi sempre in cima per ultimo. Scoprii pure che durante il corso, circa un mese di lezioni, sempre più allievi avevano abbandonato perché lo ritenevano troppo duro o troppo pericoloso. Kent invece era deciso ad arrivare all'ultima scalata. Per sua natura si spingeva sempre al limite di ciò che ci si aspettava da lui.

Nel 1973, una rivista di alpinismo locale pubblicò un breve articolo che sottolineava come l'anno precedente fosse stato, dal punto di vista degli incidenti, «il peggiore nella storia dell'alpinismo nello Stato di Washington». Riportava l'elenco dei morti e dei feriti, compreso Kent, e attribuiva l'aumento degli incidenti almeno in parte alla popolarità dei corsi di alpinismo, che mettevano a rischio i meno esperti. L'articolo si interrogava anche sulla capacità di giudizio e sulla forma fisica di quei novellini. A essere sincero, certe domande me le ero fatte anch'io. Una parte di me era arrabbiata con Kent. Non riuscivo a capire perché avesse dovuto mettersi alla prova con qualcosa di così estremo come l'alpinismo. In un certo senso, provo ancora quella sensazione.

Più di chiunque altro avessi mai conosciuto, Kent era stimolato dalla prospettiva di tutti i luoghi meravigliosi in cui la vita lo avrebbe portato, dai successi sul lavoro all'attraversamento del Perú su una Land Rover che si sarebbe procurato in qualche modo e da qualche parte. Durante l'estate aveva concepito un piano per fare l'assistente guardaparco, anche se sapeva che i ranger non accettavano molti studenti delle superiori. L'ottimismo verso gli obiettivi che, da solo e insieme a me, poteva raggiungere era stato il filo conduttore della nostra amicizia. Oltre alla convinzione che saremmo sempre rimasti uniti.

Quando perdiamo una persona a noi vicina, gli altri si aspettano che diciamo che da quel momento cercheremo di vivere seguendo l'esempio di quella persona. Che certi tratti del suo carattere ci aiuteranno ad andare avanti. In verità, a quel punto – a sedici anni – Kent aveva già avuto una profonda influenza su di me. Quando ci conoscemmo io avevo tredici anni, un quoziente d'intelligenza ancora da affinare e un carattere competitivo, ma il mio obiettivo era più che altro vincere a qualsiasi gioco stessi giocando al momento. Kent mi aiutò a trovare una direzione, mettendomi sulla strada per avere ben chiaro chi volessi diventare. Ancora non conoscevo la risposta a quella domanda, ma avrebbe ispirato molte delle mie decisioni successive.

Di recente ho riletto il grosso libro di bordo stampigliato in oro della barca degli Evans, lo *Shenandoah*, soffermandomi su ciò che sua madre aveva scritto durante il nostro viaggio nell'estate del 1970. Nella primavera del 1972 aveva preso nota di ogni volta in cui Kent era andato ad arrampicarsi invece di prendere il mare coi suoi famigliari. A circa un terzo del libro aveva lasciato due pagine bianche, e proprio al centro di una di esse aveva scritto:

Kent Hood Evans
18 marzo 1955 - 28 maggio 1972
Kent è morto in un incidente mentre scalava
il monte Shuksan

Per tutta la vita ho affrontato il senso di perdita perlopiù evitandolo: soffocandolo per superare i primi stadi del dolore e poi sbrigandomi a trovare qualcosa per distrarmi e impegnare del tutto la mente. In famiglia non indugiavamo sul passato; preferivamo guardare avanti, convinti che ci aspettasse qualcosa di meglio. Nel 1972 non c'era tutta quell'attenzione all'elaborazione attiva del lutto che sarebbe giunta nei decenni successivi. Non ci si rivolgeva allo psicologo: semplicemente si andava avanti con le proprie cose. I genitori di Kent affrontarono a modo loro quell'inconcepibile perdita. Tre settimane dopo la cerimonia uscirono con lo *Shenandoah* per una lunga crociera verso nord fino al posto preferito di Kent, Desolation Sound. Prima di partire, recitarono a bordo una breve preghiera.

Quanto a me, subito dopo la morte di Kent chiamai Paul, che era tornato a casa dal college per l'estate. Gli dissi che intendevo terminare il programma per la pianificazione degli orari entro la fine del mese, e prima che il nostro *computer time* gratuito scadesse. C'era ancora parecchio lavoro da fare. Non glielo specificai, ma per me era importante finire ciò che avevo iniziato insieme a Kent, e inoltre la scuola contava su di me. Gli chiesi, invece: «Mi serve aiuto. Ti va di lavorarci con me?».

Meno di un giorno dopo eravamo nella sala computer della Lakeside a programmare per dodici ore alla volta e a dormire negli intervalli su vecchie brandine dell'esercito. La scuola ci aveva dato un passe-partout, permettendoci di girare liberamente per il campus deserto durante l'estate, e mi sembrava davvero figo. Senza dubbio Paul aveva di meglio da fare, e invece stava con me nel nostro vecchio spazio e insegnavamo al computer a mettere le ore di laboratorio di biologia di uno studente prima di pranzo, a dare a un altro un'ora di pausa il giovedì prima del calcio, e quant'altro serviva a tutti i 580 alunni della Lakeside per poter frequentare senza problemi i loro corsi.

Io e Paul vivemmo in quella sala per un mese. Mi addormentai al terminale più volte di quante riesca a ricordare, col naso che un po' alla volta scendeva sui tasti e ci restava per un paio d'ore. Poi mi svegliavo di soprassalto e ricominciavo subito a programmare. Eravamo così intontiti che a volte scoppiavamo a ridere fino alle lacrime. Qualunque sciocchezza ci faceva sbellicare. Non ricordo molti dettagli di quelle notti in bianco, Paul invece sì. Nel suo libro *Idea man: Io, Bill Gates e altre storie* racconta di quando scoprimmo che chissà come una «X» era finita in mezzo al nostro codice. In preda alla frenesia ci mettemmo a gridare: «X!», in continuazione, come se avessimo scovato la nostra nemesi.

A posteriori capisco che tutto quel progetto, con la sua follia, era il nostro modo di portare il lutto, una missione costruita sul nostro passato condiviso con Kent e tra di noi. Paul sapeva meglio di chiunque altro cosa stessi passando. Sapeva che la maniera migliore di affrontare la perdita, per me, era abbandonarmi alla complessità di quella sfida informatica, e voleva essere presente. Ovviamente non parlammo mai di questi sentimenti. Però erano lì con noi.

Quando si passa tanto tempo con qualcuno è impossibile non avvicinarsi. In passato non avevo trascorso molto tempo a casa di Paul, ma durante l'estate c'ero andato qualche volta. Suo padre era un uomo tranquillo, com'era lecito aspettarsi dal direttore associato delle biblioteche dell'Università di Washington. Sua madre, d'altro canto, era molto amichevole: si capiva che cercava il contatto umano, e lo faceva attraverso i libri. Col tempo avrei imparato a conoscerla come una delle più accanite lettrici che avessi mai incontrato. Aveva letto tutti i libri che conoscevo e centinaia che non avevo mai sentito nominare, dai classici ai romanzi appena pubblicati di autori come Chinua Achebe.

Conoscere i famigliari di qualcuno a quell'età svela molte cose nascoste dalla nebbia dei rapporti sociali a scuola e da come un ragazzo si atteggia in pubblico. Capii fino a che punto Paul fosse veramente un *geek*, e conobbi due genitori che, al pari dei miei, sapevano che il figlio non era come gli altri ragazzi, e lo sostenevano comunque fino in fondo. Nel seminterrato di Paul c'era un vero e proprio laboratorio, compresa un'attrezzatura completa da piccolo chimico e un dispositivo che generava elettricità in mezzo a un paio di sfere di alluminio – un regalo di Natale di suo padre – con cui una volta Paul era rimasto quasi fulminato. C'erano scatole piene di componenti elettrici, saldatori e una serie di altri misteriosi attrezzi – misteriosi per me, almeno – che lui andava a cercare nei negozi dell'usato. Al piano di sopra, la sua stanza era colma fino al soffitto di quelli che dovevano essere tutti i libri di fantascienza mai scritti. A me piaceva la fantascienza, ma Paul sembrava andare avanti con una dieta composta esclusivamente da Heinlein, Asimov, Herbert, Bradbury, Dick e molti altri esponenti del genere meno famosi.

Nelle pause che ogni tanto ci prendevamo, passeggiavamo per il campus deserto mentre lui mi spiegava cosa pensasse del sesso, della droga e del rock'n'roll. Era molto più esperto di me in tutti e tre i campi, vale a dire che le prime due cose non le avevo provate e della terza non sapevo quasi niente. Paul era già stato a qualche appuntamento e aveva pure una ragazza fissa. La musica gli piaceva moltissimo, in particolare alcuni chitarristi straordinari come Robin Trower dei Procol Harum oppure il suo eroe, Jimi Hendrix.

Ah, Hendrix. Per Paul, Jimi Hendrix era l'alfa e l'omega del genio creativo. Durante l'estate mi parlò con entusiasmo di come, con sei corde e un bel po' di distorsione, Jimi riusciva a portarti nel cosmo e poi di nuovo a casa sano e salvo, il tutto nello stesso assolo. Nel fine settimana Paul indossava pantaloni viola a zampa d'elefante e un cappello a tesa larga. Ormai aveva trasformato *Are You Experienced?* in un vero mantra, e anche in un test. Per Paul, la domanda posta dalla canzone che dava il titolo al primo album di Hendrix chiedeva sia se qualcuno era pienamente consapevole di se stesso sia se aveva fatto esperimenti con le droghe. Rivolto a me, il ritornello era un altro modo che Paul aveva per punzecchiarmi: «*Are you experienced? Have you ever been experienced? Well, I have*».

Cominciammo dal whisky scozzese. Uno scotch da due soldi che Paul aveva portato in sala computer. Mi fece ubriacare per la prima volta, così tanto che quella notte vomitai e persi i sensi nella sala professori della Lakeside. L'episodio fu seguito, giorni dopo, da una dimostrazione di come si fumava uno spinello. E poi, ovviamente, Paul sostenne che non avrei potuto definirmi una persona «vissuta» se non avessi provato l'LSD. Lì feci un passo indietro.

Per l'intera estate fui davvero sotto pressione. Sentivo tutto il peso della fiducia che la scuola aveva riposto nella mia capacità di produrre in tempo il programma richiesto. Entro meno di un mese sarei dovuto andare a Washington per passare parte dell'estate come assistente volontario al Congresso. (Al secondo anno di superiori, avevo trascorso un periodo come assistente volontario alla Camera dei rappresentanti di Olympia ed ero impaziente di fare lo stesso al Congresso federale.) Non sopportavo la sensazione che se avessimo fallito avrebbero dato a me tutta la colpa.

Per fortuna, lavorare ventiquattr'ore al giorno fece la differenza. Io e Paul consegnammo il programma in tempo. In autunno funzionò alla perfezione, e il codice che avevamo scritto durante l'estate sarebbe stato usato in seguito per parecchi anni. Gli alunni non sarebbero più corsi dai loro consulenti scolastici a gridare aiuto. E fummo pagati.

L'amicizia con Kent mi aveva lasciato la consapevolezza che un'altra persona poteva aiutarmi a essere migliore. Durante quell'estate io e Paul stabilimmo un legame che avrebbe definito il resto delle nostre vite, anche se all'epoca non lo sapevamo. Un buon compagno contribuisce al rapporto con qualcosa che a te manca; ti spinge a migliorare e ad alzare la posta. Con Paul mi sentivo più sicuro nell'affrontare una sfida al limite delle mie capacità. Avere accanto qualcuno che corre i tuoi stessi rischi ti dà il coraggio di andare avanti.

Il nostro approccio al lavoro era, come scoprimmo presto, complementare. Io prendevo tutto di petto, e andavo avanti a raffica. Ero orgoglioso della mia rapidità, della velocità con cui arrivavo alla risposta giusta, alla risposta migliore. Riflettevo con urgenza, in tempo reale. E potevo lavorare e lavorare e lavorare, un giorno dopo l'altro, fermandomi solo lo stretto necessario. Lo stile di Paul era più calmo, più tranquillo. Dentro gli si muovevano tante cose, però. Ci rimuginava sopra. Ascoltava, e poi elaborava per conto suo. Era paziente con la sua intelligenza. Aspettava che arrivasse la risposta giusta. E presto sarebbe arrivata.

Parlando di computer, Paul si era sempre interessato più al lato hardware. Leggeva ogni rivista che riuscisse a trovare sui minimi dettagli dei progressi tecnici compiuti nei laboratori e nelle aziende informatiche. In quell'estate del 1972 mi parlò parecchio delle innovazioni di una piccola azienda californiana che si chiamava Intel. L'avevo sentita nominare per la prima volta proprio da lui, nell'autunno dell'anno prima. Mi aveva mostrato una pubblicità su «Electronic News» con cui la Intel annunciava di aver realizzato «un intero microcomputer programmabile su un solo chip». In breve, aveva inserito tutte le principali funzioni di un computer su un unico pezzo di silicio. Era nato l'Intel 4004, il primo microprocessore.

Fu una vera svolta. I computer fanno ciò che fanno grazie a impulsi elettrici che seguono una serie logica di istruzioni. Quando nacqui, nel 1955, questo compito era svolto da valvole termoioniche (sembrano piccole lampadine) dentro computer molto grandi. Questi tubi molto fragili occupavano molto spazio, usavano molta energia e producevano molto calore. Più o meno in quel periodo, gli ingegneri avevano inventato il transistor al silicio, che svolgeva la stessa funzione delle valvole, ma lo faceva usando minuscoli circuiti elettronici stampati su microchip grandi come un'unghia. La Intel si spinse ancora oltre, usando questi circuiti per stipare gran parte della capacità di calcolo di un computer su un unico microchip di silicio.

Il 4004 era entusiasmante, se eri un appassionato di elettronica come Paul, con il suo saldatore e i suoi scatoloni pieni di vecchie radio. Aveva dei grossi limiti, però. La Intel lo aveva sviluppato per un'azienda giapponese perché potesse usarlo in una calcolatrice portatile. Non era abbastanza potente da fare molto altro.

All'epoca Paul mi raccontò di una specie di profezia fatta a metà degli anni Sessanta da Gordon Moore, ingegnere e cofondatore della Intel. Moore aveva studiato i progressi nell'ingegneria e nella manifattura che i fabbricanti di semiconduttori usavano per stamparci sopra circuiti sempre più piccoli. A quel ritmo, secondo Moore, il numero di transistor di un processore sarebbe raddoppiato ogni anno (massimo due, come si corresse in seguito).

Un raddoppio ogni due anni? Era una crescita esponenziale. Quando Paul me lo disse, immaginai una linea su un grafico che cresceva gradualmente e poi schizzava verso l'alto, come una mazza da hockey. Noi tendiamo a fare esperienza del mondo in modo lineare, incrementale: un centimetro alla volta, un grammo alla volta. L'informatica non era diversa. A lungo i progressi erano stati graduali, per via di limitazioni legate alle dimensioni, alla produzione di calore e al consumo di energia delle varie componenti collegate insieme per formare il cervello di un computer. Secondo la previsione di Moore, la velocità dei microprocessori sarebbe cresciuta in maniera spettacolare. Se ciò fosse accaduto, un computer che ora occupava un'intera stanza sarebbe potuto stare su una scrivania. Moore stesso scrisse che questo avrebbe potuto dare vita a «meraviglie come un computer in ogni casa».

Dunque, anche se il 4004 non poteva fare granché, i futuri microprocessori avrebbero potuto fare molto, molto di più. Questo almeno se la profezia si fosse avverata. E fu così: il nuovo microchip Intel, l'8008, poteva elaborare i dati a una velocità doppia rispetto al suo predecessore.

Era già il cervello di un computer casalingo? Guardai le caratteristiche tecniche e dissi a Paul di no. Il nuovo microchip non era assolutamente in grado di supportare programmi che facessero qualcosa di interessante, come giocare o gestire le paghe di un'azienda. Dissi a Paul che dovevamo aspettare fino a quando l'Intel non avesse prodotto qualcosa di meglio.

Lui però mi suggerì che c'era una possibilità: il lavoro per il monitoraggio del traffico che io e Kent avevamo iniziato poco prima che lui morisse. Avrebbe potuto essere l'applicazione perfetta per il chip, se avessimo potuto sostituire il tedioso conteggio a mano e l'inserimento dei dati con un computer basato sull'8008. Il problema era abbastanza semplice per essere svolto dall'8008, gli dissi: con un apparecchio per leggere il nastro e il software adatto, quella macchina poteva trasformare i forellini in dati digitali utilizzabili. Potevamo forse creare un computer che trasformasse rapidamente quei forellini su carta in dati sul traffico per centinaia, se non migliaia di città grandi e piccole in tutto il paese?

Il primo passo era trovare qualcuno che si occupasse dell'hardware. Andammo a fare visita a Paul Gilbert all'Università di Washington. Quando cercavamo i bug per la C-Cubed, Gilbert faceva parte di una cerchia più ampia (ma non troppo) di ragazzi appassionati di computer a Seattle. Più grande di noi di qualche anno, adesso studiava ingegneria elettrica. Al campus lavorava al laboratorio di fisica, e quindi aveva accesso a ogni genere di strumenti ed equipaggiamento elettronico. Gli spiegammo a grandi linee la nostra idea, e lui accettò di aiutarci. Adesso, come avremmo fatto a procurarci un microchip Intel?

A luglio Paul Allen scrisse una lettera all'Intel per fare alcune domande sui loro progetti futuri. A dimostrazione di quanto limitato fosse quel campo all'epoca, un dirigente gli rispose e gli scrisse che l'Intel di lì a un paio d'anni – probabilmente entro il 1974 – prevedeva di sviluppare una nuova famiglia di microchip. Paul chiese anche dove potevamo acquistare un 8008. Un grosso fornitore di componenti elettronici, la Hamilton/Avnet, si era proposto come primo distributore dei prodotti dell'Intel. Per fortuna l'azienda riforniva anche la Boeing, e dunque aveva un ufficio vendite a Seattle.

Fu così che nell'autunno del 1972 io e Paul ci ritrovammo nella zona industriale di Seattle, davanti a un addetto alle vendite, per dirgli che volevamo acquistare un singolo microchip Intel 8008. Ancora adesso mi viene da ridere pensando alla sorpresa di quell'addetto, che certo si sarà domandato cosa avessimo in testa.

Gli misi sul bancone 360 dollari in contanti, equivalenti a circa 2400 dollari di adesso, che avevo guadagnato grazie al programma per la pianificazione degli orari. L'addetto ci diede una scatolina che, se fossimo stati in un altro negozio, avrebbe potuto contenere forse un gioiello prezioso. «Com'è possibile che una cosa così piccola costi così tanto?» pensai.

È incredibile ripensare a quel momento, conoscendo l'impatto avuto dall'invenzione dell'Intel. Il raddoppio dei circuiti sarebbe diventato noto come «legge di Moore», e i microprocessori avrebbero guidato la rivoluzione digitale che ci ha dato il personal computer e lo smartphone. L'invenzione del microprocessore si sarebbe rivelata l'evento più importante della mia vita professionale. Senza, non esisterebbe la Microsoft.

Tutto questo, ovviamente, era ancora molto di là da venire per un nerd sedicenne e il suo amico diciannovenne hippie appassionato di tecnologia. Non vedendo l'ora di avere davanti agli occhi un vero microprocessore, aprimmo l'incarto di alluminio proprio lì nel negozio e scoprimmo quello che assomigliava a una lastrina di gomma da masticare con diciotto minuscole zampette dorate. In piena paranoia, temendo che la carica elettrica delle nostre mani potesse fulminarlo, lo rimettemmo in fretta nel suo incarto e uscimmo dal negozio.

IX

Cinque nove e un atto unico

Preparando la mia domanda per essere ammesso a Harvard, condensai tutto il mio bagaglio di esperienza con i computer in seicento parole, nel bel corsivo della Selectric di mia madre. Cominciai dal «proficuo accordo» con un'azienda locale (la C-Cubed) per passare al software per la gestione delle paghe, all'orario scolastico e al monitoraggio automatico del traffico, raccontando per sommi capi la storia del Lakeside Programming Group. Quanto alla mia esperienza come docente, dovetti ammettere che «di tutte le cose che ho fatto questa è stata la più complicata. Di solito in ogni classe ci sono alcuni alunni che si interessano e che continuano a lavorare con i computer ... D'altro canto, ce ne sono altri per cui il computer, quando esco dall'aula, è un oggetto ancora più misterioso di quando ero entrato».

Posto che il responsabile delle ammissioni abbia letto il mio scritto fino in fondo, forse sarà rimasto sorpreso dalla sua conclusione: «Lavorare con i computer si è dimostrato una grande opportunità per divertirsi parecchio, guadagnare qualcosa e imparare moltissimo. Io, comunque, non penso di continuare a dedicarmi a questo campo. Al momento ciò che mi interessa di più è l'economia oppure la giurisprudenza».

In verità, sapevo che una carriera nei computer, e nello specifico nello sviluppo del software, era una possibilità, e forse addirittura la più probabile se il microprocessore avesse favorito la nascita di computer economici e multiuso come io e Paul speravamo. Nell'autunno del 1972, tuttavia, era ancora una grossa incognita. Per il momento, per soddisfare la mia curiosità e come piano di riserva, volevo esplorare nuovi mondi.

Durante l'estate avevo passato un mese a Washington come assistente volontario alla Camera dei rappresentanti. Era stata un'esperienza fantastica vivere insieme agli altri assistenti – tutti alunni delle scuole superiori – e andare al Campidoglio ogni giorno. La mia permanenza a Washington aveva coinciso con la decisione di Thomas Eagleton, candidato democratico alla vicepresidenza, di ritirarsi dalla campagna elettorale del 1972 dopo che ebbe reso nota la sua storia di depressione e altri disturbi psichici. Il candidato alla presidenza, George McGovern, per un paio di settimane lo aveva difeso, ma alla fine aveva dovuto cercare in tutta fretta un sostituto. La vicenda mi aveva coinvolto parecchio: era la cosa più vicina a un thriller politico a cui avessi mai assistito. Provai anche a guadagnarci qualcosa. Prima della definitiva rinuncia di Eagleton, io e un mio amico avevamo raccolto tutti i distintivi «McGovern-Eagleton» che eravamo riusciti a trovare, scommettendo sul ritiro del candidato. Quando questo venne ufficializzato, vendemmo i distintivi ad altri membri del personale e ai frequentatori del Campidoglio interessati a un oggetto da collezione in ricordo di quei diciotto storici giorni. Usammo parte dei nostri guadagni per uscire la sera con gli altri assistenti e andare a cena in qualche buon ristorante.

È quasi impossibile passare del tempo al Congresso, anche ai livelli più bassi, e non essere travolti da una simile esperienza. Per quanto mi riguarda, durante quel mese iniziai a pensare sul serio a una carriera in politica, un percorso che, probabilmente, avrei dovuto iniziare studiando legge. Sebbene fossi io a prendere le decisioni sul mio percorso di studio, sapevo bene quanto mia madre fosse interessata alle mie scelte. L'aspettativa era che ogni figlio dei Gates avrebbe frequentato un ottimo college. Avevo visto quanto i miei genitori erano contenti di mia sorella Kristi, che ormai frequentava il secondo anno all'Università di Washington. Studiava contabilità – un piano di studi molto pratico che di sicuro l'avrebbe portata a un lavoro buono e rispettabile agli occhi di mia madre – ed era molto impegnata nella rappresentanza studentesca, proprio come la mamma quando anche lei era alla UW. Adesso toccava a me. Mia madre non aveva mai detto esplicitamente che l'obiettivo fosse Harvard, ma chiaramente lo era.

Quell'autunno ero concentrato su un nuovo ruolo da interpretare: l'artista nervoso. Sorpreso da quanto mi fosse piaciuto il primo corso di teatro, mi ci ero iscritto di nuovo. Invece di stressarmi, la recitazione era liberatoria, e a ogni lezione mi sentivo più sicuro. Sapevo bene, però, che nessun osservatore obiettivo alla Lakeside si sarebbe aspettato granché dal sottoscritto come attore. Io ero quello dei computer. E quel modo di incasellarmi mi irritava. Il teatro era un tentativo di allargare i miei interessi, provare qualcosa di nuovo e capire se potevo farcela.

Il testo che avremmo dovuto mettere in scena era *Black Comedy* del drammaturgo inglese Peter Shaffer. È una farsa, costruita intorno a Brindsley, un artista giovane e insicuro, e alla sua fidanzata Carol, figlia di un severo ex colonnello dell'esercito, al suo debutto in società. Nell'arco di una sola notte, Brindsley incontrerà per la prima volta il colonnello e anche un famoso collezionista di opere d'arte, «l'uomo più ricco del mondo». Se tutto andrà bene, il nervoso Brindsley otterrà l'approvazione del colonnello e avrà la sua grande occasione, vendendo una delle sue sculture al collezionista. Ma non va bene. Salta un fusibile, si spengono le luci, e i personaggi trascorrono quasi tutto il tempo dell'opera a brancolare in quello che solo loro percepiscono come buio: il pubblico li vede illuminati a giorno, per godersi fino in fondo le cadute col sedere per terra e i loro folli scambi di identità. Avevo visto la commedia durante la nostra gita a New York, l'estate prima che iniziassi a frequentare la Lakeside, e mi era piaciuta molto. Era facile da apprezzare, per come Brindsley cade sui preziosi mobili antichi che ha «preso in prestito» per impressionare il collezionista e cerca di cacciare via una ex fidanzata che compare nel momento meno opportuno.

Contro ogni aspettativa, mi venne affidata la parte di Brindsley. La coprotagonista era Vicki Weeks, una delle ragazze più popolari dell'ultimo anno. Per tre pomeriggi la settimana, il cast doveva riunirsi nella cappella per cercare di mettere a punto i tempi comici, precisi al secondo.

Per quanto il testo fosse lontano dalle passioni che mi avevano aiutato a superare le scuole superiori, si dimostrò una delle mie esperienze migliori alla Lakeside. Arrivavo alle prove e subito mi calavo nel personaggio. Correvo nella cappella spostando i mobili, fingendo di brancolare nel buio: era divertimento puro, reso ancora migliore dal cameratismo tra il cast e il resto della troupe. Era come quei primi anni nella sala computer, ma con una differenza sostanziale: le ragazze. E una ragazza nello specifico, Vicki, la cui sicurezza contribuiva ad aumentare la mia e mi aiutava a correre più rischi recitando. Scherzavamo, chiamandoci con gli stupidi vezzeggiativi del testo, «tesoruccio» questo e «micetta» quello. Protetto dal mio personaggio, stavo esercitandomi a flirtare. Per paura di sbagliare in scena, quando tornavo a casa mi chiudevo nella mia stanza e ripetevo le mie battute più e più volte.

Non avevo previsto quanto sarebbe stato gratificante uscire dalla mia comfort zone. Pensavo che sarebbe successo al college, e non vedevo l'ora di avere la possibilità di ridefinire ancora una volta la mia identità. Se fossi andato in un posto tipo il MIT, sentivo che sarei stato solo un nerd circondato da altri nerd. E anche quell'idea mi stava stretta. (Ecco perché avevo saltato il colloquio al MIT durante l'estate, preferendo giocare a flipper.) Sfogliare le guide dei vari college era come avere davanti un menu stuzzicante, ricco di possibilità: matematica pura, psicologia cognitiva, guerra e politica, teorie del management, chimica avanzata. Erano corsi che potevano allargare i miei orizzonti con ogni genere di nuove prospettive. Mentre compilavo i moduli per le domande, sperimentavo varie personalità. Come avevo imparato al corso di teatro, ogni nuova domanda era una nuova interpretazione; un solo attore, tre personaggi diversi: a Princeton scrissi che volevo diventare ingegnere e scrivere software. Allegai alcuni esempi del mio codice e misi in evidenza la mia media in matematica. A Yale scrissi che volevo lavorare per il governo, forse in ambito legale. Parlai del mio lavoro a Washington, del mio amore per i boy scout e del corso di teatro. Per Harvard, i miei interessi erano l'economia o la giurisprudenza.

La sera in cui mettemmo in scena *Black Comedy* incespicai e caddi per terra, agitai le braccia al buio, cercai di baciare – secondo copione – due ragazze diverse, e non mancai una battuta. L'intero cast fu applaudito per la sua spontaneità.

Dal palco, finita la rappresentazione, potevo quasi leggere le espressioni dei miei genitori. Vedevano il figlio, l'ex giullare della sua classe, circondato da nuovi amici, in un nuovo regno, che metteva in mostra il suo lato fiducioso e socievole. Loro quel lato lo conoscevano, ma come quasi tutti in sala rimasero sorpresi nel vederlo esposto in pubblico. Da parte mia, mi sentivo bene. Mi ero posto un obiettivo ambizioso, e lo avevo pienamente raggiunto. Mentre ci inchinavamo per l'ultima volta davanti al pubblico, me ne posi un altro: a un certo punto, al momento giusto, avrei chiesto a Vicki di uscire con me.

Subito dopo Natale ricevetti una telefonata dal dirigente dell'ISI che due anni prima aveva aiutato il Lakeside Programming Group a ottenere l'incarico per il software di gestione delle paghe. Bud Pembroke disse che stava lavorando come consulente su un progetto per la Bonneville Power Administration, l'ente federale che si occupava di produrre e distribuire energia elettrica negli Stati di Washington, Oregon e California. La gente la conosceva perché era quella che gestiva l'enorme diga Grand Coulee sul fiume Columbia.

La BPA stava informatizzando la sua produzione di energia. La TRW, il grande partner tecnologico della Difesa, sovrintendeva al lavoro di conversione di un sistema perlopiù manuale in uno gestito da un computer PDP-10, lo stesso modello su cui i Lakeside Programming avevano scritto quasi tutto il loro software. Avendo sforato il budget e le scadenze, la TRW stava cercando in giro per il paese un esperto di PDP-10. A forza di cercare erano arrivati a Bud, che li aveva indirizzati a Paul, Ric e me.

Quando arrivò la telefonata di Bud, ero appena tornato da una settimana di lavoro con Paul alla Washington State sul progetto sul traffico, che adesso si chiamava Traf-O-Data. Paul Gilbert aveva assemblato una versione ancora grezza dell'hardware, un groviglio di fili e microchip racchiuso in una scatola grossa come un forno a microonde. Il software però non era ancora finito. Mentre ci lavoravamo al computer della Washington State, Paul mi disse che si era già stancato dell'università. I corsi non erano abbastanza stimolanti per la sua intelligenza e per la sua onnivora curiosità. Stava pensando di mettere in pausa gli studi e trovare un lavoro. Così, quando lo chiamai per parlargli dell'incarico per la BPA, non esitò nemmeno un istante. Per lui andava bene. Ric, che studiava elettrotecnica a Stanford, decise di restare a scuola. (Alla fine ci avrebbe raggiunti durante l'estate.)

Subito dopo Natale, io e Paul prendemmo la Chrysler New Yorker del '64 dei suoi genitori per andare agli uffici della BPA a Vancouver nello Stato di Washington, che allora era una cittadina ancora in via di sviluppo sul confine con l'Oregon. In auto scherzammo su come potesse essere andata la conversazione tra Bud e quelli della TRW:

«Ehi Bud, conosci qualcuno che ci sappia fare con il PDP-10?»

«Be', ci sarebbero Gates e Allen.»

«Chi sono?»

«Due ragazzi.»

Al colloquio specificammo che conoscevamo quelle macchine da cima a fondo. Portammo con noi delle stampate di codice che avevamo scritto per il programma dell'orario scolastico e per il monitoraggio del traffico. Non so se contarono di più le nostre capacità o la loro disperazione, ma ottenemmo l'incarico.

Sembrava una gran cosa. Ci avrebbero dato un compenso orario e, come alla C-Cubed e all'ISI, davamo per scontato che avremmo avuto molto tempo libero per lavorare anche ai nostri progetti. Paul sbrigò subito le pratiche per la sospensione degli studi.

La sera, al nostro ritorno, dissi ai miei genitori che ci avevano offerto un lavoro presso una delle più importanti aziende di servizi del paese. Spiegai che avevano problemi con un loro progetto, e che sarebbe stata una grande esperienza, e in più ci avrebbero pagato. E la scuola?, chiese mia madre. Era il mio ultimo anno, e dovevo chiuderlo con ottimi voti per poi fare domanda nei vari college. Io ero sicuro che non sarebbe stato un problema. Lei non era molto convinta. Tuo figlio che lascia la sua prestigiosa scuola superiore e va a vivere per conto suo a centinaia di chilometri da casa era una grossa modifica al copione.

E così, durante quella settimana, io, mia madre e mio padre andammo a trovare il sempre saggio Dan Ayrault, il preside della Lakeside. Io feci il mio discorso. Avrei saltato due mesi del secondo trimestre e sarei tornato in tempo per finire l'anno e diplomarmi. Ero abbastanza sicuro che Dan sarebbe stato dalla mia parte, e così fu. Non soltanto l'anticonvenzionale Dan pensò che non fosse un problema, ma propose addirittura di far risultare quel periodo come studio autonomo e farlo contare poi per il diploma.

Da ragazzo, a metà degli anni Sessanta, ero un grande appassionato di *Kronos – Sfida al passato*, un telefilm di fantascienza in cui i protagonisti, due scienziati, viaggiavano avanti e indietro nel tempo verso destinazioni reali e immaginarie. Il giovedì sera restavo alzato per guardare quei due che cercavano di salvare il *Titanic* o scansavano frecce nella foresta di Sherwood oppure cercavano di sfuggire alla lava del vulcano Krakatoa. Il telefilm era ambientato in un'enorme sala controllo sotterranea, dove una squadra di scienziati in camice bianco girava manopole e digitava istruzioni in un computer per spedire i colleghi attraverso il tempo e nell'ennesima situazione spinosa.

Quando vidi il nostro nuovo ambiente di lavoro, pensai proprio questo: «È la sala controllo di *Sfida al passato*!», ma era anche meglio. C'era uno schermo che occupava una parete intera e monitorava lo stato della rete elettrica, e di ogni diga e centrale elettrica del Nordovest. C'erano file e file di terminali, ciascuno con un monitor a tubo catodico ultimo modello, cioè con lo schermo a colori! Il soffitto era così alto che bisognava arrampicarsi su e giù con lunghe scale per aggiustare le luci e regolare i monitor.

La sala controllo era il cuore di un sistema elettrico che serviva la parte occidentale del paese. Otteneva l'energia dalla diga Grand Coulee e da altre in tutto il Nordovest, oltre che da fonti addizionali come centrali a carbone, e la distribuiva a milioni di utenti. La Bonneville produceva energia perlopiù con impianti idroelettrici. Il trucco consisteva nel far coincidere la produzione fluttuante di energia con l'andamento fluttuante della domanda. L'azienda lo aveva sempre fatto a mano: un addetto ne chiamava un altro e gli diceva: «Aumenta la produzione dalla diga X» o «Riduci la produzione dalla diga Y», girando letteralmente una manopola. Il nostro compito era informatizzare quel procedimento.

Era semplice a dirsi, ma non a farsi. La DEC aveva progettato il PDP-10 e il sistema operativo TOPS-10 perché svolgessero compiti avanzati e in tempo reale, dove ogni microsecondo era importante, come nel controllo della produzione nei vari reparti di una fabbrica di automobili. Perfino quello, però, era semplice in confronto alla sfida che la TRW doveva affrontare. Dovevano programmare il computer perché passasse al setaccio un diluvio di dati – utilizzo dell'energia, capacità produttiva delle varie dighe, insomma tutto ciò che riguardava la domanda e l'offerta di energia elettrica – e prendere all'istante la decisione giusta su come equilibrare le due cose.

All'inizio non avevo compreso bene l'entità del compito. Eravamo impegnati in una riunione, quando uno dei programmatori parlò di «cinque nove». Non avevo idea di cosa significasse. Ascoltando, capii che voleva dire che il sistema che stavamo costruendo doveva assicurare che la fornitura di energia funzionasse in modo continuativo per il 99,999 per cento del tempo, cinque nove, appunto. Un simile livello di efficienza limitava il tempo di inattività ad appena cinque minuti e ventisei secondi ogni anno, praticamente una fornitura ininterrotta. Non avevo mai lavorato a niente che dovesse avvicinarsi tanto alla perfezione. Credevo stessero scherzando.

Quelli della TRW ci spiegarono che la fornitura, anche nelle fluttuazioni della domanda e dell'offerta, doveva restare ininterrotta. Di solito la domanda cresce al mattino, quando le persone si alzano e accendono gli elettrodomestici, per arrivare al picco nel pomeriggio e in prima serata, quando tornano dal lavoro e accendono il riscaldamento o l'aria condizionata, le luci, la tv e così via. Anche alle due del mattino serve energia per i lampioni, gli ospedali, le stazioni della polizia e dei pompieri, e le tavole calde aperte tutta la notte. Questo carico di base, come viene chiamato, richiede impianti capaci di generare un flusso costante di energia.

La nostra sala controllo in stile *Sfida al passato* era un prodotto di quella cultura, con la rete della Bonneville riportata su una parete sotto forma di luci e schermi. In ogni momento era possibile vedere, a colori, dove la fornitura fosse attiva e dove no.

A gennaio ero arrivato assolutamente fiducioso in me stesso e nelle mie capacità di programmatore più di quanto fossi mai stato. Avevo già quattro anni di esperienza con i computer, per giunta quasi tutta sulle stesse macchine utilizzate dalla Bonneville. Avevo lavorato al programma per la gestione delle paghe, quello per l'orario scolastico era stato un grande successo, e avevo una mia attività che avrebbe automatizzato il monitoraggio del traffico nelle città americane.

Il primo compito che mi affidarono riguardava i messaggi di errore, ovvero scrivere in un linguaggio semplice ciò che sarebbe comparso sugli schermi in caso di problemi con il sistema. Non era un lavoro particolarmente creativo o interessante. Eppure mi ci dedicai a fondo. Io e Paul arrivavamo la mattina presto e facevamo le ore piccole. Con il tempo, ci affidarono compiti sempre più importanti.

Mi vantavo di essere veloce a scrivere codice, lavorando per lunghi periodi con intensità e senza interruzione. Posso solo immaginare cosa pensassero i programmatori più anziani della Bonneville di quel ragazzo che lavorava come un pazzo ogni giorno fino a tarda notte, che sgranava codice e mangiava polvere di frutta liofilizzata direttamente dal barattolo finché la lingua non gli diventava arancione. Quell'estate battei ogni mio record, restando nella sala controllo per quasi cento ore consecutive. Ovvero, senza fare la doccia e restando praticamente digiuno per quattro giorni.

Una mattina arrivai e vidi sulla mia scrivania una stampata del codice che avevo scritto la sera prima, coperto di segni blu. Qualcuno aveva corretto il mio lavoro come un insegnante di scuola. Qualcosa di più, in realtà. Quella persona lo aveva completamente fatto a pezzi: non si trattava solo di problemi di sintassi, ma dell'intera struttura, del progetto stesso di ciò che avevo scritto. Di norma, la mia prima reazione sarebbe stata quella di ribellarmi. Se qualcuno alla Lakeside provava a mettere in discussione il mio codice, io scattavo: «Non è possibile. Ti sbagli». Stavolta, però, seduto a leggere quei commenti e a studiare il nuovo codice, pensai tra me: «Wow, questo tizio ha proprio ragione».

Il tizio in questione era John Norton, un altro programmatore che la TRW aveva assunto nel tentativo di salvare il progetto. Alto, con i capelli neri tagliati cortissimi, John aveva quasi quarant'anni e, come avrei scoperto in seguito, era conosciuto per la qualità del suo codice e anche per un catastrofico errore. Nel 1962, prima di compiere trent'anni, John si era occupato del software che doveva controllare un componente chiave della sonda spaziale *Mariner 1*. La sonda, diretta su Venere, era passata alla storia perché la NASA l'aveva distrutta pochi minuti dopo il lancio quando in sala controllo si erano resi conto che i suoi sistemi radar non funzionavano. Il problema nasceva da una minuscola anomalia, probabilmente solo un segno «–» che mancava dal codice che John Norton avrebbe dovuto controllare. Secondo la leggenda, Norton era così ossessionato da quell'errore che per anni aveva portato nel portafogli un articolo di giornale sul disastro della *Mariner*, ripiegato con cura come un origami.

Non avevo mai conosciuto nessuno così attento e acuto, quando si trattava di codice. Continuava a restituirmi il mio lavoro con delle correzioni che lo portavano a livelli che nemmeno sapevo esistessero. Era un uomo silenzioso, sicuro di sé e sempre concentrato sul compito che doveva svolgere. Non gli importava del suo successo personale, ma di come potesse utilizzare le sue conoscenze per rendere migliore il lavoro e far funzionare il progetto.

L'assioma secondo cui si impara più dai fallimenti che dai successi è trito, ma anche assolutamente vero. Fino a quel punto, probabilmente, avevo passato più tempo di ogni altro adolescente dell'epoca a pensare al codice e alla sua sintassi. Norton, però, mi aprì un orizzonte del tutto nuovo. Con un mentore così severo, imparai non solo a scrivere codice migliore, ma anche ad avere una diversa percezione di me stesso. Ricordo di aver pensato: «Perché sono così arrogante, quando si tratta di programmare? Chi me lo dice, poi, che sono tanto bravo?». Iniziai a pensare a come sarebbe stato il codice informatico quasi perfetto.

A marzo telefonai a casa. Rispose mio padre, e capii che era euforico per qualcosa. «Figliolo, è arrivata una busta da Harvard.» Sentii che l'apriva. «Con la presente vi informiamo che William Henry Gates… è stato ammesso allo Harvard College» lesse. Riuscivo a percepire l'orgoglio di mia madre attraverso il cavo telefonico. Ero già stato ammesso a Yale, e un mese dopo anche Princeton mi avrebbe comunicato l'esito positivo della mia domanda. Senza nemmeno bisogno di dirlo, però, tutti in Gatesland sapevano che avrei scelto Harvard.

Trascorsi i tre mesi successivi a Seattle, per finire l'anno scolastico e passare un po' di tempo con i compagni del corso di teatro, Vicki compresa, a provare il nostro saggio finale, una serie di brevi sketch di James Thurber, grande umorista americano e vero filosofo dell'assurdo. Recitai *La notte in cui si rovesciò il letto*, un monologo per il quale mi ritrovai sul palcoscenico da solo per quasi dieci minuti a raccontare all'eccentrica maniera di Thurber la reazione eccessiva di una famiglia dopo che il letto del narratore gli si è rovesciato addosso.

Vicki e qualcun altro del nostro corso decisero di organizzare un ballo di fine anno, il primo da quando la Lakeside si era fusa con la St. Nick's. Doveva essere una cosa di basso profilo, senza troppi fronzoli, e avrebbero partecipato tutti gli alunni del nostro corso. Mi sembrò l'occasione adatta, non troppo impegnativa, per invitare Vicki ad andarci con me. Qualche giorno prima del ballo trovai il coraggio per telefonarle. Ogni volta che facevo il numero, mi dava occupato. Lo rifeci in continuazione, tanto che a un certo punto aggiunsi la sfida di comporlo con il piede. Alla fine, verso le dieci, mi rispose il fratello di Vicki, che andò a buttarla giù dal letto.

«Pronto.»

«Vicki, sono Bill... Bill Gates» mi ricordai di aggiungere, anche se sono certo che avesse riconosciuto il mio caratteristico tono acuto. Le dissi che era tutta la sera che provavo a telefonarle senza successo, e che avevo addirittura composto il numero con l'alluce, dettaglio che forse non era il massimo se volevo presentarmi a lei come un affascinante compagno di ballo. Girai attorno alla vera domanda: «Che fai sabato sera?».

«Oh, pensavo di andare al ballo» disse.

«Be', ti va di venirci con me?»

«Posso pensarci fino a domani?» Sperava che glielo chiedesse un certo tizio, spiegò, ma se lui non l'avesse fatto, me l'avrebbe detto. Il giorno dopo, nel cortile interno della Lakeside, mi comunicò che il ragazzo si era fatto vivo. Non avrebbe potuto essere più gentile, ma mise in chiaro che mi considerava solo un amico. Mi ci volle un po' per superare quel rifiuto; in seguito, per qualche tempo, evitai di rendermi di nuovo vulnerabile. Andai comunque al ballo e mi divertii molto con una ragazza del penultimo anno, benché sospettassi che per entrambi fosse una soluzione di ripiego.

Com'è tradizione in ogni altra scuola superiore d'America, a primavera gli studenti dell'ultimo anno della Lakeside saltavano un giorno di lezioni – il Senior Sneak – per trascorrerlo tutti insieme prima che ognuno prendesse la propria strada. Il Senior Sneak della classe del 1973 ci portò in traghetto fino a Bainbridge Island, dove passammo la notte nell'enorme casa di un compagno. Per un po' mi trattenni con Vicki e gli studenti più popolari, ma alla fine se ne andarono per i fatti loro e io mi ritrovai con qualche sbandato. Avevo già fumato uno spinello, e quindi mi sentivo abbastanza disinibito quando qualcuno mi offrì dell'acido. Avevo sempre resistito all'idea di Paul secondo cui dovevo fare «esperienza» con l'LSD. Stavolta decisi di vedere di cosa si trattava. Quel mio *trip* fu, almeno in parte, elettrizzante, però non avevo tenuto conto del fatto che la mattina dopo, quando mi presentai dal mio dentista per un intervento fissato da tempo, sarei stato ancora sotto l'effetto dell'acido. Con la bocca spalancata guardai il volto del dentista che lavorava di trapano, incerto se ciò che stavo vedendo e provando stesse succedendo davvero. «Devo scendere da questa sedia e andarmene?» pensai. Giurai che se avessi preso di nuovo l'acido non l'avrei fatto da solo e, soprattutto, non se avessi avuto qualcosa in programma per il giorno dopo, e specialmente una visita dal dentista.

Dopo il diploma passai l'estate a Vancouver, tra le nottate a programmare con Paul nella sala controllo e lo sci d'acqua sul fiume Columbia, dove uno degli ingegneri della Bonneville aveva una barca. Ric, in vacanza da Stanford, si era unito a noi. Ogni tanto ci definivamo ancora Lakeside Programming Group, ma non era la stessa cosa senza Kent.

Abitavamo tutti e tre insieme in un appartamento di Vancouver in pessime condizioni. Di notte usavamo il PDP-10 della Bonneville per lavorare ai nostri progetti personali, ovvero scrivere il software per il monitoraggio del traffico e aiutare la Lakeside ad aggiornare il programma per la pianificazione dei corsi. Non avevo orari, e andavo avanti a pizza e polvere di frutta liofilizzata; fu il periodo più libero e sereno della mia vita.

Gli ingegneri della TRW mi prendevano in giro per il modo bizzarro che avevo di lavorare (quell'estate mi sentii spesso dire: «Sei proprio un tipo strambo»), ma erano anche incredibilmente d'aiuto. Non tenevano conto della mia età, né di quanto fossi immaturo, e mi accolsero nella loro cerchia. Mi sentivo accettato, quasi fossi a casa, proprio com'era capitato con i miei amici durante le escursioni o nella sala computer della Lakeside.

Gli ingegneri apprezzavano l'entusiasmo con il quale svolgevo tutti i compiti che mi affidavano. Mi chiedevano di scrivere qualcosa solo per vedere se riuscivo a farlo in fretta e bene, sapendo che avrei passato la notte a provarci. A volte avevano perfino già scritto loro stessi il codice, così, quando finivo, lo confrontavo con il mio, imparando dalle loro subroutine più astute e dagli algoritmi più intelligenti.

Quell'estate pensai parecchio a come si diventa i migliori in qualcosa. Norton era una figura autorevole, con un talento e una professionalità impareggiabili. Provai a capire che cosa avesse lui che mancava ad altri programmatori. Che cosa serve per essere di un venti per cento migliore di chiunque altro? Quanto conta il talento rispetto all'impegno, all'essere concentrati in maniera implacabile sull'ottenere oggi risultati migliori di quelli di ieri? E poi a fare lo stesso il giorno dopo, e quello dopo ancora, e continuare così per anni e anni?

Come programmatore, su quella strada ero già piuttosto avanti, tanto che quelli della TRW cercavano di convincermi a saltare il college. Lascia perdere la laurea, mi dicevano. Mi spingevano a passare direttamente ai corsi di programmazione per i dottorandi, per poi trovare lavoro alla Digital Equipment Corp. «Il tuo posto è quello» disse uno dei programmatori. «Tu devi andare a lavorare con loro, e a decidere come sarà la prossima versione del sistema operativo.»

Era un'idea un po' folle. Quando gli ingegneri della DEC venivano alla Bonneville, durante l'estate, io vedevo come i programmatori dell'ente, eccezionali già per conto loro, si rimettevano alle conoscenze ancora più specializzate e allo status di quei tizi, veri pezzi grossi dell'informatica. L'idea che qualcuno pensasse che avevo abbastanza talento per essere uno di loro faceva davvero bene alla mia autostima. La DEC, nel mio immaginario, era un'azienda leggendaria; mentre facevamo ricerche sulle nostre future carriere, io e Kent avevamo assorbito ogni dettaglio che eravamo riusciti a trovare su di loro. Sapevo come nel 1957 due ingegneri, Ken Olsen e Harlan Anderson, avessero lasciato il lavoro al MIT per fondare la DEC con un piano industriale di appena quattro pagine e un investimento di 70.000 dollari. All'epoca il gigante del settore era l'IBM, e i suoi mainframe da un milione di dollari erano considerati imbattibili. L'idea che un'azienda appena avviata potesse ricavare una nicchia per sé era una specie di sogno. Olsen e Anderson avevano iniziato con poco, producendo apparecchiature elettroniche per i test di laboratorio, e in pochi anni avevano costruito un'impresa in grado di generare profitto, prima di lanciare il primo computer a marchio DEC. Di lì a dieci anni, la DEC era invidiata da ogni azienda d'America e Olsen apprezzato come il suo visionario fondatore. La storia della DEC faceva sembrare possibile perfino a noi l'idea di fondare un'azienda di successo.

Paul era pronto a partire. All'inizio dell'estate cercò di convincermi a dimenticare Harvard. Disse che avrebbe prolungato la sua assenza dall'università. Potevamo iniziare con poco, come aveva fatto la DEC, lavorando al computer monouso per il monitoraggio del traffico, e poi espanderci, raccogliendo qualche consulenza, seguendo progetti interessanti come quello della Bonneville e nel frattempo scrivendo software per il nuovo universo di microprocessori che la Intel aveva iniziato da poco a produrre.

Facendo l'avvocato del diavolo, commentai che secondo me parecchie delle sue idee e previsioni tecnologiche, almeno nell'immediato futuro, avevano poco senso da un punto di vista economico e commerciale. Non ero convinto, inoltre, che le nostre attuali fatiche fossero un motivo sufficiente per abbandonare i miei progetti per il college. Per un po' giocai con l'ipotesi di saltare subito a un corso di dottorato, e lo accennai perfino ai miei genitori. A loro quell'idea non piacque. In verità, io al college ci volevo andare. Volevo avere la possibilità di vedere come me la cavavo davanti ad altri cervelloni provenienti da un contesto assai più ampio della Lakeside.

La mia opinione di allora era che il mondo progredisse grazie alle singole persone. Mi immaginavo il proverbiale genio solitario, lo scienziato che lavorava senza posa nel proprio campo, senza risparmiarsi finché non avesse sfondato. Ne avevo avuto un assaggio quando eravamo riusciti a risolvere il problema dell'orario scolastico. Parecchi mesi dopo la consegna del software, mi sentivo ancora profondamente soddisfatto di quel progetto, una dimostrazione matematica che, tradotta in codice per computer, aveva reso migliori centinaia di vite. Era un successo modesto nel grande schema delle cose, però mi permetteva di immaginare cosa sarei stato in grado di realizzare. Pensavo che una strada potesse essere la matematica. Avevo un cervello in grado di trovare la soluzione a un teorema vecchio di secoli o qualcosa che migliorasse le vite degli altri attraverso la scienza? Sembrava inverosimile, ma volevo vedere fino a che punto mi sarei potuto spingere.

Quella mia visione del mondo da scienziato solitario fu al centro di una lunga discussione con Paul. Secondo lui, il mondo progrediva grazie alla collaborazione, a squadre di persone intelligenti che lavoravano insieme per un obiettivo comune. Se il mio modello era Einstein, il suo era il Progetto Manhattan. Erano due visioni entrambe semplicistiche, ma con il tempo sarebbe stata la sua a definire il nostro futuro.

Con il passare delle settimane, quella discussione filosofica divenne lo sfondo di un contrasto ancora più serio a proposito del lavoro per la Lakeside. Nel tempo lasciato libero dalla TRW, continuavamo infatti ad aggiornare l'orario prima dell'inizio del prossimo anno scolastico. Proprio come l'estate precedente, avevo paura che non saremmo riusciti a finire in tempo. Ricademmo nel solito schema: Paul proponeva delle idee per l'orario e io le bocciavo, di solito perché, come primo artefice del programma, semplicemente ne comprendevo la struttura e le implicazioni matematiche meglio di lui. Discutevamo insieme, però poi scrivevo il codice come era meglio secondo me. Quando bisticciavamo a quel modo sull'orario, il fatto che passassimo tutto il nostro tempo insieme non ci aiutava. Ogni pasto. Ogni film. Ogni giorno al lavoro. Era naturale che ci dessimo sui nervi a vicenda.

Stavamo discutendo anche una sera mentre, usciti dalla sala controllo, raggiungevamo il parcheggio. Spesso, come i piloti a Le Mans, correvamo alle nostre auto – io alla Mustang presa in prestito da mio padre e Paul alla sua Chrysler – e poi facevamo a chi arrivava primo al ristorante dove avevamo deciso di cenare. Probabilmente fu per questo che puntai a rotta di collo verso l'auto. Comunque sia, correndo superai Paul. A un certo punto, durante la giornata, qualcuno doveva aver teso una corda all'ingresso del parcheggio. Per la fretta, e al buio, non me ne accorsi e andai a sbatterci contro, all'altezza della cintura. Non mi resi conto nemmeno di come si tendeva sempre di più, finché con un sibilo non mi scagliò all'indietro sull'asfalto, come una fionda. Paul, senza scomporsi, mi raggiunse e mi guardò. Scoppiammo a ridere fino a sentirci male.

Lo stress del vivere e lavorare insieme era particolarmente forte per Paul, che un giorno decise di chiamarsi fuori da entrambe le nostre attività. In una lettera che mi lasciò in camera scrisse: «Negli ultimi tempi mi sono sempre più convinto che il nostro lavoro, le nostre discussioni e perfino vivere insieme siano diventati troppo pesanti, almeno dal mio punto di vista». Continuava dicendo che gli sembrava che non rispettassi le sue idee, la sua intelligenza, e che fosse arrivato «il momento di interrompere ogni legame» a proposito dell'orario della Lakeside e di Traf-O-Data. In quello che sembrava quasi un accordo per un divorzio, Paul scrisse: «Dichiaro pertanto, da questo momento, di non avere più alcun interesse nell'orario scolastico … e dichiaro altresì di non avere più alcun interesse nell'apparecchio per monitorare il traffico. Sono <u>tutti</u> tuoi (al 100%)». La lettera, scritta a mano, prevedeva uno spazio per le firme di entrambi. Proprio in fondo, aggiunse: «PS: Dico sul serio».

Io non firmai. Immaginai che quando entrambi ci fossimo calmati il nostro rapporto avrebbe ritrovato il suo equilibrio. Nel frattempo, però, me ne andai. Senza nemmeno fare i bagagli, tornai in macchina a Seattle e lavorai senza sosta alla Lakeside per finire l'orario rispettando la scadenza. Alla fine non tornai più alla Bonneville; Ric mi fece la gentilezza di riportare le mie cose a Seattle.

Le dinamiche tra me e Paul erano sempre state complesse, un misto di affetto e rivalità, simili a quelle che devono esserci tra due fratelli. Di solito le nostre differenze di carattere, stile e interessi riuscivano a trovare un punto comune, per il bene di entrambi. Quelle differenze ci facevano andare avanti, ci rendevano migliori. Per la prima volta, però, quell'estate mise a dura prova un legame che tuttavia avrebbe continuato a evolvere. Io avevo diciassette anni, Paul venti. Avevamo ancora molta strada davanti.

Di lì a un paio di mesi avevamo ricominciato a parlarci. Era tornato alla Washington State University, e io ero matricola a Harvard. Facemmo pace, e ricominciammo a lavorare a Traf-O-Data, come raccontai a Ric in una lettera dopo averlo ringraziato per averci aiutato ad arrivare a un armistizio: «Sono certo che tu sappia che io e Paul siamo ripartiti (e sarà un lungo viaggio) su basi assolutamente egualitarie, e pure con un certo entusiasmo. Voglio davvero ringraziarti per l'amicizia che hai dimostrato verso me e Paul in un momento particolarmente difficile per entrambi. Mi piace davvero pensare che a un certo punto ci saremmo comunque accorti anche da soli di quanto fossero ridicole le nostre posizioni. La tua gentilezza nel riportare a casa mia tutto ciò che avevo lasciato in quell'appartamento è stata solo un'appendice della premura verso di noi che hai dimostrato durante tutta l'estate. Vorrei poter dire lo stesso di me, anche se, tutto sommato, è stata un'estate incredibile... Con amicizia, Trey».

X

Precoce

Una domenica mattina del 1969, ancora col buio, un camion dell'esercito americano era arrivato rombando al campus di Harvard. Uomini in uniforme avevano scaricato grosse casse con una specie di regalo da parte del dipartimento della Difesa: pezzi di un computer mainframe della DEC che era stato smontato in Vietnam, dove lo avevano installato per scopi legati alla guerra. I pezzi, grossi ciascuno come un frigorifero, furono estratti dalle casse nello Aiken Computation Laboratory dell'università, dove i tecnici li usarono per assemblare un PDP-10, lo stesso modello sul quale programmavo ormai da cinque anni quando arrivai al campus nell'autunno del 1973.

Quella consegna notturna aveva permesso di evitare i manifestanti pacifisti che in quel periodo protestavano contro la partecipazione delle università a progetti di ricerca militari. Gli studenti con i loro slogan non avevano tutti i torti: le forze armate all'epoca erano probabilmente il miglior cliente dell'industria informatica, e i timori legati alla guerra fredda e all'Unione Sovietica dirottavano molti fondi pubblici nelle ricerche universitarie sui sistemi di guida automatica per missili e sottomarini, e su quelli per avvisare in anticipo di eventuali lanci di missili intercontinentali.

Quando arrivai a Cambridge per l'orientamento per le matricole, anni di massicci investimenti governativi in tecnologia militare avevano profondamente cambiato Boston e dintorni. La DEC e decine di altre aziende della zona erano nate da progetti del MIT per costruire computer e altre tecnologie per uso militare. Prima che la Silicon Valley diventasse il cuore dell'alta tecnologia americana, quel titolo spettava di diritto alla Route 128, la strada lunga un centinaio di chilometri che girava intorno a Boston.

Ebbi un assaggio della storia di quei finanziamenti pubblici la prima volta che entrai nello Aiken Computation Laboratory, qualche settimana dopo l'inizio delle lezioni. Dovevo incontrare il direttore del laboratorio. Nell'atrio vidi una grossa macchina con un cartello che spiegava che si trattava del Mark I, un prototipo di computer sviluppato da Howard Aiken, a cui era intitolato il laboratorio. Da comandante della marina militare negli anni Quaranta, Aiken aveva lavorato con l'IBM per creare il Mark I come ausilio per il calcolo delle traiettorie dei missili. In seguito sarebbe stato utilizzato anche dal Progetto Manhattan. Ai suoi tempi era un'innovazione, un ammasso di rotelle e relè che era in pratica una calcolatrice lunga quindici metri, un macchinario capace di sommare, sottrarre, moltiplicare e dividere più in fretta di un essere umano. Ma quando ci posai io gli occhi, era solo un pezzo da museo.

Dall'altra parte dell'atrio vidi la stanza che ospitava lo Harv-10, come il laboratorio aveva ribattezzato il PDP-10 avuto in dono dal governo. La DARPA, l'agenzia per i progetti di ricerca avanzata del dipartimento della Difesa, finanziava l'Aiken perché i professori di ingegneria e gli studenti di Harvard usassero quel sistema per sperimentare nuovi modi di programmare che permettessero di realizzare software più in fretta e in modo più affidabile ed economico. L'agenzia aveva anche collegato lo Harv-10 alla propria rete, l'ARPA Network, in seguito meglio nota come ARPANET. Il laboratorio era uno delle poche decine di centri in tutto il paese che avevano iniziato a collaudare la posta elettronica e altri nuovi protocolli di comunicazione, i mattoncini con cui si stavano costruendo le fondamenta di Internet.

Quell'autunno non sapevo nulla dei legami tra il governo e il laboratorio Aiken. Al momento pensavo solo a due cose: (1) wow, Harvard ha un PDP-10!, e (2) devo trovare il modo di usarlo. Allora non sapevo che il laboratorio era in pratica precluso ai laureandi. Era riservato agli iscritti ai corsi di dottorato, la maggior parte dei quali faceva ricerca con il suo direttore, Tom Cheatham. Il professor Cheatham era arrivato a Harvard dopo aver lavorato per alcuni periodi nell'industria informatica e per il governo. Era il supervisore dello Harv-10, la persona che decideva come usarlo e chi poteva metterci le mani. A me serviva solo la sua firma.

Gran parte del mondo accademico non considerava ancora i computer un campo di studi con dignità propria. In quasi tutte le università le discipline informatiche afferivano ad altri dipartimenti; a Harvard, per esempio, facevano parte di quello di ingegneria e fisica applicata. L'orgoglio di quel dipartimento era la dinamica dei fluidi, un campo di studi costruito su secoli di eleganti calcoli matematici usati per descrivere il volo degli uccelli e lo scorrere del sangue. L'informatica poteva essere un utile strumento per studiare quei fenomeni, ma in nessun modo poteva essere considerata allo stesso livello della fluidodinamica. Di solito, uno studente interessato ai computer si laureava in matematica applicata o in ingegneria. Dovevano passare altri dieci anni prima che Harvard offrisse un corso di laurea in informatica.

Per questi motivi, e per orgoglio personale, dissi a Cheatham che non avrei seguito nessun corso di informatica, se non magari qualche seminario avanzato per dottorandi, ma che volevo comunque usare il computer del suo laboratorio. Quel primo incontro fissò il tono dei nostri rapporti per tutto il tempo che sarei rimasto a Harvard. Io ero il ragazzo ipercinetico che mentre parlava non riusciva nemmeno a stare seduto, lui il direttore di laboratorio pieno di impegni che aveva cose ben più urgenti da fare e fumava la sua Parliament aspettando che finissi.

Gli raccontai del Lakeside Programming Group e di tutto quello che avevo fatto da quando avevo imparato a programmare a tredici anni. Gli dissi che avevo saltato una parte dell'ultimo anno delle superiori per lavorare alla TRW su una rete elettrica che serviva milioni di clienti. Gli parlai di Traf-O-Data e dei clienti che sicuramente avremmo attirato sfruttando la potenza del microprocessore – che, aggiunsi, avrebbe cambiato ogni cosa! I grossi macchinari a cui eravamo abituati sarebbero diventati piccoli come scatole di fiammiferi, e i costi si sarebbero ridotti in proporzione!

Ero abituato a stupire gli adulti con la mia conoscenza di quello che era ancora un mondo per iniziati. Perfino i programmatori anziani della C-Cubed e della TRW erano divertiti dal mio entusiasmo per la materia e dal mio desiderio di imparare sempre di più. Il professor Cheatham, invece, non sembrava affatto interessato. Mi sentii intimorito. Dopotutto era il direttore del laboratorio.

In seguito scoprii che i compiti amministrativi – come firmare le schede degli studenti o la gestione quotidiana del laboratorio – erano la parte che apprezzava meno del suo lavoro. A Cheatham piaceva programmare. Dietro la sua sedia girevole c'era un terminale collegato allo Harv-10. Era lì che lavorava alla progettazione di nuovi linguaggi quando non era in riunione con i pezzi grossi del dipartimento della Difesa per assicurarsi altri fondi per il laboratorio.

Dopo una mezz'oretta di quella mia tirata così entusiasta, spense la sigaretta e firmò il modulo che mi serviva. Avrei poi saputo che Cheatham era noto per concedere molta autonomia ai suoi studenti, permettendo loro di sperimentare. Era aperto alle nuove idee. Quella che mi era sembrata mancanza di interesse probabilmente era una combinazione di quell'apertura e del desiderio di far uscire quello studente così fastidioso dal suo ufficio e tornare a dedicarsi al software che stava scrivendo. Qualunque fosse il motivo, alla fine della giornata avevo la chiave del laboratorio e un mio account personale, il numero 4114, oltre a qualche ammaccatura alla mia certezza di essere eccezionale.

Come matricola, vinsi un premio che mi permise di scegliere i compagni di stanza che preferivo. Mi piaceva l'idea di entrare in contatto con persone di tipo diverso. A Washington avevo scoperto che mi divertiva ascoltare i racconti degli altri volontari, che provenivano da ogni genere di ambiente. Pensai che Harvard potesse offrirmi la stessa opportunità, e allora chiesi di avere in stanza con me uno studente straniero e una persona di colore.

Entrando nella stanza A-11 di Wigglesworth Hall – Wigg A, in breve – incontrai Sam Znaimer, che era di Montréal, il che tecnicamente lo rendeva uno studente straniero, e Jim Jenkins, un nero del Tennessee iscritto a ingegneria. Imparai subito qualcosa in più sulle mie origini privilegiate. Sam era arrivato un paio di settimane prima di noi perché oltre a studiare lavorava come custode, pulendo i bagni e le docce prima che le orde di studenti euforici si trasferissero nei dormitori. Quel lavoro gli serviva a pagare la retta. In seguito mi avrebbe raccontato di essere figlio di due sopravvissuti all'Olocausto che si erano incontrati da profughi nella piccola comunità ebraica dov'erano cresciuti. Suo padre gestiva da solo un negozio di scarpe per bambini, e la madre faceva la cameriera. Era un po' imbranato, come me, e mi piacque da subito. Jim disse che era figlio di militari e da bambino aveva girato parecchio, ma era orgoglioso di essere del Sud e di amare certi fumetti e certe patatine che vendevano dalle sue parti e di cui non avevo mai sentito parlare. Lavorava anche lui, e nei fine settimana spariva per recarsi in una vicina base dell'aviazione.

Andammo tutti e tre insieme a iscriverci ai corsi. Per soddisfare l'obbligo degli studi umanistici, scelsi i classici greci, Ulisse, Antigone, quelle cose là, un po' perché avevo già seguito una versione di quel corso alla Lakeside e un po' perché il professore che lo teneva era una leggenda di Harvard. Pensai che sarebbe stato divertente e facile, e mi avrebbe lasciato tempo per i corsi più duri. Sfogliando la guida dello studente durante l'estate, avevo trovato un corso di ingegneria che prevedeva delle ore di studio autonomo su progettazione e ricerca, per qualunque progetto in qualunque campo ci interessasse, compresi, secondo la guida, i circuiti elettronici, l'ingegneria termica e, cosa più importante, l'informatica applicata. Immaginai che il programma del corso fosse così flessibile che avrei potuto lavorare su qualunque argomento mi interessasse esplorare. Mi iscrissi anche a quello.

Nella sezione dedicata alla matematica vidi che la numerazione dei corsi iniziava da «1A» – geometria analitica e introduzione al calcolo infinitesimale – e saliva da lì. Verso la fine dell'elenco, subito prima delle varie opzioni per lo studio autonomo, trovai i numeri più alti disponibili per le matricole: 55A e 55B, due corsi di calcolo infinitesimale avanzato da frequentare l'uno di seguito all'altro. Mi piacque l'avvertenza inserita nella descrizione: «Gli studenti interessati alla matematica in maniera superficiale non dovrebbero scegliere questi corsi, che non intendono soddisfare un vago desiderio per la matematica "teorica"». Qualunque studente volesse frequentare il corso doveva sostenere un test di ingresso.

Mi resi conto che quell'avvertimento intendeva smistare i futuri laureandi in matematica tra le due branche della disciplina. Una, la matematica pura, era quella prestigiosa, la forma più elevata di lavoro intellettuale, dove non ti servivano altro che il cervello, carta e matita, gesso e lavagna. I matematici puri sono le menti geniali, la punta di diamante; i loro successi sono chiamati «scoperte». La branca della matematica «applicata», invece, era un sobborgo del mondo accademico, dove ci si limitava a utilizzare gli strumenti che i pionieri avevano inventato decenni o addirittura secoli prima per svolgere lavori senz'altro utili, ma certo non «puri».

Alla Lakeside avevo completato i corsi di matematica più difficili offerti dalla scuola. Avevo ottenuto il punteggio perfetto, 800, nella relativa parte del test attitudinale SAT e avevo preso il voto più alto all'esame extracurriculare di calcolo infinitesimale. Il 55 sembrava una porta sul mondo della matematica pura. Solo un gruppo ristretto di persone ne possedeva la chiave. Mi iscrissi al corso, e alla fine della settimana passai anche il test di ingresso.

Alle undici del mattino del primo lunedì di lezioni entrai nell'aula del 55A a Sever Hall dove trovai un'ottantina di altri studenti, più di quanti me ne aspettassi. Erano quasi tutti maschi.

In piedi davanti alla lavagna c'era un giovane professore coi capelli rossi crespi e una barba dello stesso colore, così folta che cancellava in parte le parole che stava scrivendo con il gesso sull'ardesia, «Spazi vettoriali a dimensione finita», il titolo del primo capitolo della dispensa fotocopiata che ci avrebbe distribuito ogni settimana. Stridendo, il gesso produsse un elenco di alcuni degli argomenti che avremmo affrontato nelle lezioni successive: assiomi, campi, tuple, numeri complessi e immaginari, spazi vettoriali, isomorfismi e altro ancora, fino alle equazioni differenziali. Di alcuni di quegli argomenti avevo solo una vaga idea... cosa accidenti era uno spazio di Banach? Ne conoscevo abbastanza, però, per sapere che i laureandi in matematica che non avessero frequentato il corso 55 avrebbero passato sei semestri e più a studiare quello per cui a noi ne sarebbero bastati due. Due semestri molto intensi. Su un lato della lavagna, il professore dai capelli rossi aveva scritto il suo nome: John Mather.

Tra i miei compagni cominciarono subito a girare certe chiacchiere su di lui. Era diventato professore ordinario in tempi record, ad appena ventotto anni. Quando ne aveva sei, mentre i suoi coetanei imparavano a leggere, Mather già studiava i logaritmi. Seduto a cena con la sua famiglia, facendo penzolare le gambe dalla sedia, parlava di matematica con il padre, che insegnava ingegneria elettrica a Princeton. A undici anni, Mather studiava il calcolo infinitesimale dai testi del padre. Alle superiori passava quasi tutto il suo tempo libero sepolto in mezzo a libri che parlavano di topologia, algebra astratta e, certo, spazi vettoriali a dimensione finita. Fu il primo studente delle superiori a cui fu permesso di seguire i corsi di matematica all'Università di Princeton. Da studente di Harvard arrivò tra i primi dieci in tutto il paese al concorso Putnam, le olimpiadi annuali di matematica per gli studenti universitari. Un anno dopo, lo fece di nuovo. Aveva solo ventiquattro anni quando ottenne il dottorato a Princeton con una tesi che conteneva una scoperta molto importante, che adesso è nota come «teorema di preparazione di Malgrange-Mather», e aveva pubblicato una serie di articoli in cui risolveva un fastidioso problema della teoria della singolarità in modo così completo che in seguito un collega avrebbe scritto che aveva «risolto la questione fino in fondo e in un certo senso esaurito l'argomento perché non c'era altro da aggiungere».

Nella sua carriera sarebbe giunto a ulteriori scoperte e avrebbe ricevuto innumerevoli riconoscimenti, ma sulla scorta di quello che sapevo allora di lui, professore trentunenne, era evidente che un talento straordinario e un inizio precoce erano indispensabili per diventare matematici di fama mondiale.

Il secondo lunedì del corso 55 eravamo rimasti la metà, e alla fine del primo mese eravamo scesi a venticinque. Capimmo che per sopravvivere avremmo dovuto fare squadra. Forse, tutti in branco avremmo evitato l'abbattimento.

Fu così che conobbi Andy e Jim, che sarebbero diventati due dei miei migliori amici di Harvard. Erano due tipici esempi dei superstiti del corso 55. In prima media Andy Braiterman aveva studiato algebra da autodidatta in tre settimane, mentre era a letto con la polmonite; alle superiori era andato avanti e aveva finito il calcolo infinitesimale, due anni prima di me. Era uno dei più giovani del nostro corso, essendosi iscritto a Harvard ad appena sedici anni. Jim Sethna era figlio di una chimica e di un laureato del MIT che dirigeva il dipartimento di ingegneria aerospaziale all'Università del Minnesota.

Andy e Jim alloggiavano in una camera quadrupla al terzo piano di Wigg A, proprio sopra di me. Alcuni di noi, tutti iscritti al corso 55, cominciarono a incontrarsi nella stanza comune della loro suite per lavorare ai problemi della settimana. Era lo stesso Mather a inventare quei problemi, per un corso del genere non esistevano libri di testo. Le fotocopie che Mather distribuiva ogni settimana, sorprendentemente, non ci aiutavano quasi per nulla. «Non ci sono numeri!» gridava qualcuno. Mather non divideva i problemi in sezioni più piccole, né spiegava come quei concetti si potessero usare nel mondo reale. Le dispense erano più che altro una guida a tutte le cose che avremmo dovuto imparare... in qualche modo. Toccava a noi andare a cercare i libri e risolvere i problemi che ci avrebbero aiutato ad apprendere quei concetti.

Non avevo mai visto niente del genere. E anche se ero sopravvissuto all'abbattimento, non era chiaro che ruolo avessi nel branco.

Il cuore del laboratorio era lo Harv-10, il computer donato dal governo. Occupava buona parte della stanza, cinque o sei grossi scatoloni lungo una parete collegati a una decina di terminali. Molti di quelli che frequentavano il centro erano lì proprio per il PDP-10. Era lo strumento con cui gli studenti di dottorato, sotto la supervisione di Cheatham, lavoravano a compilatori e assemblatori per creare un linguaggio di programmazione sperimentale che avevano battezzato ECL.

Altri, che avevano già il dottorato in chimica e lavoravano con il professor E.J. Corey, usavano un software di intelligenza artificiale noto come LHASA che avevano sviluppato come ausilio per sintetizzare nuove molecole per finalità mediche, materie plastiche e altre applicazioni industriali. (Alla fine i progressi realizzati in quei campi avrebbero portato Corey al premio Nobel e alla National Medal of Science.) Io ero stupito dalla grafica. Il software riusciva a disegnare le forme delle molecole mentre venivano create, atomo dopo atomo.

Il mio primo giorno al laboratorio notai un altro computer, relegato in un angolo della stanza, che nessuno utilizzava. Sembrava un centro di comando per un lancio spaziale. Gran parte dei computer di allora non avevano schermi propri, questo invece ne aveva quattro, rotondi e a tubo catodico, disposti lungo una scrivania a forma di L. Sulla scrivania c'era un tablet con stilo prodotto dalla RAND, uno dei primi strumenti per trasformare la scrittura e i disegni realizzati a mano in immagini sullo schermo di un computer. Era l'antenato delle tavolette grafiche che decenni dopo sarebbero diventate onnipresenti sulle scrivanie degli artisti digitali, e costava 18.000 dollari.

Al centro della scrivania c'era un PDP-1 della DEC. Conoscevo il PDP-1, il primo modello di computer che la DEC avesse venduto. Non lo avevo mai usato, però. Era uno dei primissimi computer «interattivi», dove l'utente poteva lavorare direttamente sulla macchina, cosa che non era possibile con i mainframe chiusi in altre stanze o collocati a chilometri di distanza. La DEC lo aveva commercializzato a 120.000 dollari, quasi niente rispetto ai 2 milioni per un mainframe come il PDP-10. La DEC lo produsse solo per un decennio, e ne vendette poco più di una cinquantina. Se all'epoca il PDP-10 era l'equivalente di una *muscle car* della fine degli anni Sessanta – pura potenza, insomma –, il PDP-1 era una Chevy del '57, vecchiotto, non molto veloce, ma stilosissimo.

Arrivato nei laboratori all'inizio degli anni Sessanta, il PDP-1 ebbe subito un grande successo tra gli hacker che volevano solo trafficare direttamente con un computer. Un PDP-1 che la DEC aveva dato al MIT entrò nella leggenda per aver contribuito a far nascere una generazione di smanettoni che impararono a creare programmi forse frivoli, ma fighissimi per quei tempi, che riproducevano le musiche degli organetti da fiera o mostravano una serie infinita di modelli di fiocco di neve. Io conoscevo il PDP-1 soprattutto per via di «Spacewar!». Steve Russell, una delle leggende dell'informatica che avevamo conosciuto alla C-Cubed, aveva raccontato a Paul e a me la storia di come aveva usato il PDP-1 del MIT per tirarne fuori quella pietra miliare dei videogiochi.

Anche se il PDP-1 del laboratorio Aiken era ormai datato, i suoi schermi e le sue periferiche di ingresso lo rendevano comunque un ottimo strumento per mostrare e interagire con la computer grafica. Durante una delle mie prime visite al laboratorio, Eric Roberts, un dottorando in matematica applicata, mi aveva raccontato la sua storia recente. Vedi quei fili che penzolano dietro al rack del computer? Lì è dove Ivan Sutherland aveva collegato il suo apparecchio per la realtà virtuale da indossare sulla testa, il bisnonno dei visori più raffinati che sarebbero arrivati decenni dopo. All'epoca Sutherland era già famoso per avere creato il software Sketchpad, il precursore dell'interfaccia utente grafica che sarebbe poi diventata standard su tutti i computer. Quindici anni dopo avrebbe vinto il premio Turing (l'equivalente per l'informatica del premio Nobel) per Sketchpad e sarebbe stato riconosciuto come uno dei padri della computer grafica.

Eric indicò un joystick sulla scrivania, davanti al PDP-1. Mi disse che serviva, insieme ad alcuni interruttori e a vari pulsanti, per controllare un innovativo simulatore di volo programmato nel 1967 da Danny Cohen, un allievo di Sutherland. Era stata la prima dimostrazione nota che un simulatore sofisticato poteva girare anche su un normale computer dalla potenza limitata.

Mi spiegò che qualche anno dopo Cohen, che allora insegnava a Harvard, aveva lavorato con due studenti di dottorato per migliorare il simulatore di volo. Avevano avuto un'idea radicale per quei tempi: sfruttare la potenza di tre computer diversi collegati attraverso ARPANET. Il PDP-1 era ottimo per la grafica, con tutti quegli schermi, e aveva il joystick. Però era lento e incapace di riprodurre in maniera realistica l'esperienza del volo. Eric mi disse che un dottorando, Ed Taft, aveva creato un software per dirottare i calcoli più impegnativi dal vecchio computer al PDP-10 di Harvard e a un altro computer al MIT, a chilometri di distanza. L'esperimento era stato un successo e aveva dimostrato che era possibile impegnare più computer attraverso ARPANET – l'antenata di Internet – per l'esecuzione di programmi e la gestione di grafiche in 3D.

Di recente Cohen era passato da Harvard all'Università della California del Sud, e i due studenti di dottorato, Taft e Bob Metcalfe, lavoravano alla Xerox PARC, il settore dell'azienda di fotocopiatrici dedicato alla ricerca. (In seguito, Cohen e i colleghi sarebbero diventati famosi per i grandi contributi al software e al networking; Taft sarebbe andato a lavorare per Adobe, dove aiutò a sviluppare prima il PostScript e poi il PDF; Metcalfe fu tra gli inventori della tecnologia Ethernet e fondò la 3Com.)

Il racconto di quegli esperimenti mi diede ispirazione per il mio progetto di studio autonomo. Mi piaceva l'idea di collegare il PDP-1, con le sue potenzialità grafiche, al computer più potente dall'altra parte della stanza. Invece della carlinga di un aereo, però, immaginai un campo da baseball in 3D, con ogni schermo del computer che offriva un punto di vista diverso sulla partita. Un giocatore avrebbe usato il joystick e gli altri controlli del PDP-1 per lanciare, battere e intercettare la palla, con il computer che inviava i dati mediante ARPANET al PDP-10 per i complicati calcoli a proposito della velocità e della traiettoria della palla e le relative basi rubate dal battitore. Sarebbe stato un programma complicato, serviva parecchio lavoro per simulare la complessità di una partita reale. Come si insegna a un computer a mostrare l'animazione di un giocatore che raccoglie un rasoterra, o si allunga per intercettare una palla alta? Cosa fa l'interbase quando c'è una battuta a sinistra con i corridori in prima e in terza base?

Scrissi la mia proposta per un «sistema grafico interattivo, tridimensionale e a triplo punto di vista» (altrimenti detto gioco di baseball per computer) e la consegnai a Tom Cheatham. Chiesi se voleva farmi da relatore per il progetto. Sembrò entusiasta dell'idea e firmò i moduli necessari.

Una simulazione di baseball era un progetto volutamente ambizioso. Avevo convinto Cheatham a dare fiducia alle mie capacità di programmatore. Una parte di me voleva dimostrargli che le mie non erano solo chiacchiere. All'epoca, la grafica e il networking erano due dei campi più in voga dell'informatica. Ed erano entrambi ai primi passi. C'era dunque molto spazio per l'innovazione, per lasciare il proprio segno. Forse sarei riuscito a seguire le orme di altri pionieri della computer grafica. Quanto meno, immaginai, sarei riuscito a programmare un bel gioco per me e i miei amici.

Il laboratorio Aiken avrebbe dovuto avere un supervisore accademico, un vicedirettore alle dipendenze di Cheatham, ma il posto era vacante da un po' di tempo. Come molti laboratori informatici universitari dell'epoca, era invece gestito dalla comunità dei suoi utenti, in una sorta di autogoverno cooperativo composto da due dozzine tra dottorandi, ricercatori e smanettoni vari. Erano persone che conoscevano le particolarità dei computer del laboratorio ed erano in grado di ripararli se si guastavano. Uno poteva sapere come recuperare i file corrotti, un altro come convincere il sistema a ripartire dopo essere andato in crash. E tutti erano più che disposti ad aiutare chiunque avesse una domanda. Se c'era un leader di fatto in quel gruppo, era senz'altro Eric Roberts. Eric soffriva di una dipendenza dalla programmazione che conoscevo molto bene. Il ponte per il giorno del Ringraziamento per Eric significava arrivare in laboratorio la sera del mercoledì, scrivere codice fino a addormentarsi davanti al terminale, rinunciare al tacchino del giorno dopo e trattenersi fino alla domenica, nutrendosi di snack dalla macchinetta e di un paio di hamburger unti della mensa. Quando non lavorava ai suoi progetti, Eric scriveva manuali per gli utenti, riparava l'unità a nastro o giocava al medico di guardia per il PDP-1. Se quella vecchia macchina si rompeva, Eric arrivava con un oscilloscopio e la rianimava trapiantando dei componenti donati da un altro computer nella stanza.

Mi adattai con grande rapidità alla cultura democratica e rilassata di quel posto. Non c'erano regole, se non il buon senso che ti raccomandava di lasciare in pace quelli impegnati nelle ricerche o negli ultimi ritocchi al loro progetto di tesi. Per il resto eravamo completamente liberi, ventiquattr'ore al giorno. Ecco perché nell'autunno del mio primo anno non ci misi molto a farmi conoscere come quello che lasciava soli gli amici la sera per andare al laboratorio Aiken, dove rimanevo fino a tarda notte cercando di mettere in campo i miei giocatori di baseball virtuali.

La suite di Jim e Andy al terzo piano diventò il nostro circolo, e mentre il resto del dormitorio faceva festa davanti a bidoni di punch alla frutta e vodka, noi ci ponevamo problemi matematici, passavamo il tempo e ci coinvolgevamo a vicenda in discussioni che mettevano alla prova le nostre capacità di pensiero o la nostra conoscenza di varie nozioni: è più estesa la Bulgaria o la Cecoslovacchia? Quante stazioni di servizio ci sono negli Stati Uniti? Un valore aggiunto era che il compagno di stanza di Jim e Andy possedeva uno dei pochi impianti stereo in circolazione al dormitorio. Io comprai due dischi: uno era *Are You Experienced?* di Jimi Hendrix, perché Paul mi aveva convinto che fosse figo e dunque averlo rendeva figo anche me; l'altro, quello che suonavo più spesso, era *Donovan's Greatest Hits*. Il cantante scozzese, così sornione, e la sua *Mellow Yellow* mi rilassavano. Era dell'ottima musica per sedersi e pensare. (La mia ossessione per Donovan era tale che più di vent'anni dopo Andy mi avrebbe offerto una nuova copia di quel disco, per scherzo, come regalo di nozze.)

All'epoca c'era una certa purezza nelle amicizie, che adesso apprezzo più di quanto facessi allora. Le cose normali che gli amici fanno a quell'età, di cui al momento quasi non ti accorgi, ti insegnano a conoscersi a piccole dosi, creando nel tempo un legame. Ci spostavamo in branco – Sam Znaimer, Jim Jenkins, Jim Sethna, Andy Braiterman e io – fino alla mensa per mangiare, o nel seminterrato di Wigg A per passare le ore a giocare a flipper, o alla Freshman Union per guardare i notiziari alla tv.

Era l'anno in cui la sentenza *Roe v. Wade* garantì il diritto all'aborto e l'anno della dichiarazione con cui Nixon affermò di non essere «un delinquente». Iniziò anche il lento svincolarsi dell'America dal Vietnam, e la leva venne sospesa. Questi grandi avvenimenti fecero da sfondo alle nostre vite nel 1973, ma io e i miei amici eravamo concentrati più che altro su problemi di meno ampio respiro. Parlavamo di matematica, di fisica, di storia, di cibo, e ogni tanto di ragazze, anche se nessuno di noi aveva molte interazioni con loro al di fuori delle nostre poche compagne del corso 55.

A quei tempi, a Harvard si organizzavano feste dove le studentesse si ritrovavano per bere e ballare, spesso in college vicini come Pine Manor. Per queste rare occasioni, mi comprai una costosa giacca di pelle marrone che abbinai a pantaloni a campana di velluto blu, che nella mia mente mi collocavano all'apice della moda degli anni Settanta. Io e la mia banda di Wigg A non abbiamo mai avuto fortuna nell'incontrare ragazze a queste feste, anche se gli amici della nostra cerchia più ampia tornavano dicendo di esserci riusciti. Quasi all'unisono il resto di noi balbettava: «Come avete fatto?».

Per il corso 55 dovevamo consegnare i problemi risolti ogni lunedì mattina. Ogni domenica sera, un gruppo di noi si dava appuntamento nella suite di Andy e Jim. Insieme affrontavamo i problemi astratti posti da Mather, davamo loro una nuova forma e tiravamo fuori una risposta concreta e corretta. Non era mai un'impresa facile. Un tipico problema conteneva delle definizioni o assiomi, formulava un teorema derivato da quei dati (senza mostrare come) e poi chiedeva che dimostrassimo quel teorema. Era un processo in più fasi, e se la prima era sbagliata, non saremmo mai arrivati a una soluzione. Ognuno di quei problemi, insomma, ci costringeva a pensare seriamente a quale fosse l'approccio giusto. Una volta trovato, il resto di solito filava liscio. Arrivarci, però... Serviva un brainstorming a cinque solo per venire a capo di cosa ci stava chiedendo Mather. Poi lavoravamo ciascuno per proprio conto, facendo a gara a chi trovava per primo l'approccio giusto. Alla fine qualcuno gridava: «So come fare!», e spiegava l'idea agli altri se erano ancora bloccati.

Durante la notte, un po' alla volta, i membri del gruppo tornavano nelle proprie stanze a dormire. Di solito io, Jim e Andy continuavamo a lavorare fino a dopo mezzanotte. Quindi andavamo da Pinocchio's, una pizzeria in Harvard Square. Se avevamo fortuna, arrivavamo proprio mentre stavano chiudendo e potevamo comprare per poco le pizze avanzate, col formaggio che già tornava a indurirsi. Poi continuavamo a studiare fino alle due o alle tre, e a volte fino alle quattro del mattino, e dormivamo qualche ora prima di correre a lezione, alle undici, e consegnare le risposte.

In quei primi mesi di college mi sentii come un bambino in un negozio di caramelle, stordito dall'apparente accesso quasi illimitato all'opinione di esperti e agli stimoli intellettuali. Nel mio corso di materie umanistiche sui classici greci c'era il professor John Finley, che riusciva a intrecciare Omero, Erodoto e Aristofane con la vita e la letteratura moderna. Adoravo la libertà che lo studio autonomo mi garantiva di spingermi al limite delle mie capacità di programmatore, ed ero rinvigorito dal cameratismo che legava noi studenti del corso 55, mentre arrancavamo sulle dispense di Mather e ci spingevamo a vicenda a migliorare.

Verso la fine di quel semestre, tuttavia, mi sentii quasi smarrito. Ero arrivato a Harvard da una scuola piccola, dove nel mio stesso anno si erano diplomati meno di novanta alunni. Alla Lakeside, una volta capito quale fosse il mio posto, era stato facile eccellere ed essere riconosciuto per quello che ero. Mi aveva aiutato anche avere l'appoggio di una comunità molto unita di insegnanti, amministratori e genitori. Sapevano che ero un caso anomalo, un ragazzo un po' imbranato e molto intelligente, che ogni tanto aveva bisogno di una spintarella (Iscriviti al corso di teatro, Bill!) o che qualcuno gli aprisse una porta (Certo, prenditi pure un trimestre per lavorare). A Harvard ero solo, un pesce in un mare molto più grande. Tutti, poi, alle superiori erano stati i migliori delle loro classi, tutti erano in grado di eccellere e tutti cercavano di essere i migliori.

Lo avevo sentito con forza entrando nell'aula di chimica organica e trovandomi circondato da centinaia di studenti, perlopiù iscritti a medicina e decisi a primeggiare sugli altri e uscire vincitori da quella mischia, che era solo una tappa del lungo percorso per diventare medici. Io mi ero iscritto per il semplice motivo che alle superiori mi era piaciuto studiare chimica con il dottor Morris. Chimica organica sembrava, secondo logica, il passo successivo, anche se non pensavo di passare a medicina. Concentrati sul docente in piedi davanti all'enorme platea, i miei compagni di corso sedevano con un mostruoso libro di testo sulle ginocchia mentre in scioltezza montavano modelli di molecole usando bastoncini e palline colorate. Ero intimorito.

Qualche settimana dopo l'inizio del semestre, smisi di andare a lezione. Ci avevo ragionato sopra, e siccome il voto dipendeva unicamente dall'esame finale, non dovevo fare altro che imparare tutto prima della fine dei corsi. Inoltre, visto che le lezioni erano videoregistrate e disponibili in biblioteca, potevo guardare quelle invece di seguire in presenza. Una cosa splendida di Harvard era che ti concedeva una ventina di giorni esclusivamente per la preparazione degli esami finali. Azzardai che se tenevo la testa a posto durante quel periodo, sarei riuscito a studiarmi il libro e guardare le cassette, e per un maestro dello studio a rotta di collo come me sarebbe andato tutto bene. Se c'era una cosa che sapevo fare, era concentrarmi come un forsennato e imparare per conto mio.

Mi lanciai così in una routine quotidiana con ritmi che per me erano giusti, anche se ai miei amici sembravano estremi. Tra lo studio e la programmazione, ero capace di restare sveglio per trentasei ore filate. Ogni volta che la stanchezza si faceva sentire, tornavo a Wigg A-11 e cadevo addormentato per dodici ore e anche di più, spesso senza neanche spogliarmi, a volte senza nemmeno levarmi le scarpe, sempre con la mia coperta elettrica gialla sulla testa per non vedere la luce del giorno. Quando mi svegliavo, buttavo giù qualcosa in fretta con Jim Jenkins o con Sam, magari mi fermavo alla suite per vedere Andy e Jim Sethna, e poi andavo in aula, in biblioteca, oppure tornavo al laboratorio. Continuai a seguire più o meno questa routine per mesi.

All'inizio dell'anno avevo aderito a un servizio di lavanderia che si occupava ogni settimana delle lenzuola. Era un lusso, per chi se lo poteva permettere. Una volta alla settimana dovevamo restituire le lenzuola sporche e ce ne consegnavano di pulite. Ricevetti la prima serie, ma ero così preoccupato che non le restituii allo scadere della prima settimana. Poi passò anche la seconda, poi la terza e la quarta... intorno alla sesta settimana ero ormai disgustato di me stesso. Le lenzuola erano lerce, macchiate di inchiostro e di fango.

Il tizio della lavanderia controllò il mio nome su una lista e vide che era passato almeno un mese e mezzo. «Figliolo, hai battuto il record!» disse ridendo, mentre gli porgevo le mie lenzuola sudicie. Mentre mi allontanavo pensai: «Ehi, è comunque un successo. Almeno in qualcosa sono il migliore di Harvard!».

Verso la fine del semestre, entrai nella sala video e, con mio grande stupore, la trovai piena dei miei compagni di corso di chimica organica che riguardavano le lezioni che avevano frequentato con costanza durante tutto il semestre, con il libro di testo aperto e i modelli di molecole in mano. I video non erano facili da seguire. A volte andava via il sonoro; altre volte lo schermo diventava nero, e senza il supporto visivo le parole del professore perdevano senso. In certi momenti, mentre guardavano quei video, i miei compagni preparavano un modello con atomi di idrogeno bianchi e di carbonio neri, e si mettevano a discutere se fosse simmetrico in senso isometrico, o isometrico in senso simmetrico. «Oh merda» pensai. «Sono fregato.»

Conclusi quel corso con una C, il voto peggiore che abbia preso al college. In primavera, non seguii la seconda metà del corso di chimica organica.

Come matricola, mi era stato assegnato un consulente che mi avrebbe aiutato nel percorso verso la scelta della materia in cui laurearmi, cosa che avrei dovuto decidere al secondo anno. In autunno non lo incontrai mai. All'inizio del semestre di primavera, il suo ufficio mi telefonò per fissare un appuntamento.

Gli era giunta voce che avevo insistito per iscrivermi a corsi di dottorato in informatica. A forza di chiacchiere, ne avevo potuto seguire uno come uditore proprio nel primo semestre – il corso AMATH 251a, architettura dei sistemi operativi – e volevo il permesso di continuare, dare l'esame e ottenere i relativi crediti. Gli altri miei corsi non indicavano un percorso chiaro verso una scelta precisa. Mi ero iscritto alla seconda parte del corso 55, e anche a un corso di psicologia fisiologica, incentrato sul «comportamento degli organismi intesi come macchine biologiche».

Io e il mio consulente per il primo anno – un professore del dipartimento di chimica – avremmo poi sviluppato un ottimo rapporto; era estremamente disponibile, e mi avrebbe fatto da guida nella definizione del piano di studi. Quel primo incontro, però, mi prese alla sprovvista. Non ricordo con esattezza cosa dissi, ma ricordo di essermi tuffato in uno dei miei flussi mentali ipercinetici dell'epoca, declamando entusiasta che i computer di domani sarebbero stati molto diversi dalle apparecchiature vecchie e polverose che conoscevamo allora e spiegando che mi ero iscritto al corso di psicologia perché un giorno i computer avrebbero avuto un potere paragonabile a quello del cervello umano. Mentre ascoltava quel torrente di parole, il consulente mi disse: «Sei molto precoce!».

Fino a quel momento nessuno mi aveva definito a quel modo, a parte mia madre, e per lei non era nemmeno un complimento. «Sei solo un moccioso precoce» mi diceva sempre quando le rispondevo a tono e in qualche modo la sfidavo. Avendo udito il termine solo in quel contesto, lo presi come un insulto, quasi avesse il valore di uno schiaffo. Mi allontanai da quell'ufficio demoralizzato, e stupito dal fatto che il consulente mi vedesse sotto una cattiva luce.

Ce l'aveva con me: ero di nuovo uno di quinta elementare che si era comportato male.

«Ma ci credete? Quello mi ha chiamato "precoce"!» dissi ai miei amici al dormitorio, cercando la conferma che il consulente avesse superato qualche limite di decenza. Nessuno reagì. «Precoce! Che maleducato.»

«Ma Bill, tu *sei* precoce» disse Andy. Adesso ero doppiamente demoralizzato. Perfino i miei amici pensavano che fossi un moccioso. Andy mi spiegò che non conoscevo il vero significato della parola. Valla a cercare, mi disse qualcuno. Lo feci: «Che mostra un livello di sviluppo in largo anticipo sui tempi ... una spiccata maturità in età insolitamente giovane».

Io ero il ragazzo più a suo agio con gli adulti che con i suoi coetanei, per la dimestichezza che ritenevo di avere con una consapevolezza adulta del mondo. Era un ruolo che interpretavo: Trey Gates, il lettore iperveloce, il mago della matematica, il cervellone che sapeva parlare di brevetti e di mercato azionario, dell'avvento del minicomputer o dell'invenzione del nylon. Lì stava la mia fiducia nel fatto di essere intellettualmente intrepido, incuriosito da tutto, e pronto a imparare se qualcuno me lo insegnava.

Qual era il limite di età per definirsi precoce? A un certo punto si diventava adulti e si veniva trattati come tali. Non più come ragazzini curiosi.

Per gran parte della mia carriera scolastica avevo pensato alla matematica come alla disciplina intellettuale più pura. Nel mare di Harvard, per quanto adesso sembri ovvio, mi resi conto che malgrado il mio innato talento c'erano altri più bravi di me. E due di loro erano i miei migliori amici.

Mentre studiavamo per il corso 55, anche se ci aiutavamo a vicenda, di nascosto tenevamo d'occhio pure il punteggio. E questo accadeva anche nella cerchia allargata degli altri nerd. Tutti sapevano come andavano gli altri, per esempio che Lloyd, di Wigg B, aveva superato a pieni voti l'esame del corso 21, o che Peter – o era qualcun altro? – aveva scoperto un errore nelle dispense di Mather. Capivamo subito tutti chi tra noi quel giorno era stato più pronto, più acuto, quello che ci era «arrivato» prima e poteva condurre il resto di noi alla soluzione. Ogni giorno lottavamo per essere in cima. Alla fine del primo semestre mi resi conto che il mio piazzamento in quella gerarchia non era quello che avevo sperato. Ai primi due posti del corso 55 c'erano Andy e Jim.

Sotto molti punti di vista me la stavo cavando bene. Nel primo semestre presi un B+, che per quel corso era un successo. Secondo il mio modo di vedere, così inflessibile, quel voto era però il segno di ciò che non sapevo, piuttosto che il contrario. La differenza tra un B+ e una A era quella tra essere il primo del corso ed essere un impostore. La mia idea, per quanto severa, era che tutti in quel corso fossero i più bravi in matematica che avessero mai conosciuto... *fino a quel momento*. Tutti noi avevamo preso almeno 800 nella parte del SAT relativa a quella materia. Tutti eravamo arrivati al college convinti che saremmo stati i migliori. E se non fosse successo, be', saremmo stati vittime di un inganno per nostra stessa mano, e per come la vedevo io saremmo stati tutti degli impostori.

La mia incapacità a fare meglio in quel corso mi costrinse a rivedere l'idea che avevo di me stesso. Mi ero tanto identificato con il più intelligente, il migliore. Era stato come uno scudo dietro al quale avevo nascosto le mie insicurezze. Fino ad allora c'erano state poche situazioni in cui avevo pensato che qualcuno fosse senza dubbio migliore di me in qualche impresa intellettuale che ritenevo importante, e in quei casi avevo approfittato fino in fondo di ciò che potevano insegnarmi. Stavolta era diverso. Riconoscevo che se pure avevo un'ottima testa per la matematica, non avevo il dono dell'intuizione che contraddistingue i matematici eccellenti. Avevo del talento, ma non le capacità per arrivare a scoperte importanti. Mi vedevo di lì a dieci anni, a insegnare all'università, ma non abbastanza bravo da far progredire la disciplina. Non sarei diventato un John Mather, che si muoveva là dove la matematica arriva a sfiorare i segreti più profondi dell'universo.

In tutto ciò non ero solo. Nella loro suite, durante l'inverno, Jim e Andy mi confidarono che anche loro erano perplessi, e in qualche modo in crisi. Per entrambi Mather era un modello di ciò che sarebbero diventati se avessero insistito con la matematica pura. Lui era brillante ma sembrava vivere in un mondo tutto suo, lontano dalle cose concrete. Anche se allora non lo sapevamo, di lì a un anno Andy avrebbe chiuso con la matematica pura, e al terzo anno avrebbe saltato un semestre prima di laurearsi in matematica applicata (avrebbe poi preso una seconda laurea in giurisprudenza, e avrebbe lavorato a Wall Street come esperto di questioni fiscali). Jim si sarebbe laureato in fisica (per poi diventare un docente di grande successo nella stessa disciplina alla Cornell). Un altro dei nostri compagni del corso 55, Peter Galison, ebbe in qualche modo la stessa illuminazione. Per lui la matematica pura era come la più raffinata delle arti. Sapeva apprezzare il genio nel *David* di Michelangelo, ma non si sarebbe mai avvicinato a creare qualcosa di altrettanto perfetto. Per essere un matematico puro bisognava convincersi di poter diventare un Michelangelo. (Peter sarebbe diventato un importante professore di storia della scienza, e a Harvard, niente di meno.)

E io, che cosa avrei fatto? C'erano le aspettative implicite dei miei genitori. In una lettera che scrissi a Ric, in febbraio, dicevo: «La settimana scorsa sono stato a New York con i miei, e siamo andati a teatro, in ottimi ristoranti eccetera eccetera. Loro preferirebbero che studiassi economia o giurisprudenza – anche se non me lo dicono». Non so cosa fosse successo a New York, ma dovevo aver colto qualcosa per capire che la pensavano a quel modo. «Io ancora non ho deciso.»

In realtà, stavo già cercando inconsciamente la risposta. Molti miei amici di Harvard trovavano strana quella mia fissazione per la matematica. Ne ricordo bene uno, Lloyd Trefethen – che, guarda caso, diventò un matematico –, che mi spinse verso l'ovvia soluzione del problema: «Sei davvero bravo con i computer. Perché non scegli quella strada?». Altri mi avevano suggerito lo stesso percorso, ma fu Lloyd a insistere su quell'idea.

Io e Paul ci sentivamo spessissimo per telefono, e le nostre conversazioni mi spingevano nella stessa direzione. Lui era al terzo anno alla Washington State e non faceva progressi. I corsi non lo stimolavano abbastanza. Disse che studiare lo faceva sentire bloccato, quando avrebbe preferito essere fuori a lavorare e costruire qualcosa di importante. In un angolo della mia testa sentivo le voci incoraggianti degli ingegneri della TRW: forse avrei potuto trovare lavoro alla DEC. Quell'inverno decidemmo di preparare i nostri primi curricula, battuti a macchina, non come quelli che avevamo scritto a mano anni prima per l'ISI. Sul mio elencai ogni computer su cui avessi mai lavorato, e ogni programma che avessi scritto. Annotai anche che avevo avviato un'attività per il monitoraggio dei flussi del traffico «in società con Paul G. Allen». Non volevo davvero trovare un lavoro, però magari se ci avessi provato qualcosa di interessante sarebbe potuto succedere. Trovai un cacciatore di teste che era specializzato in ambito informatico e gli spedii il curriculum. Senza dirlo ai miei genitori.

Mentre mi abituavo all'idea dei computer come mia vocazione, mi convincevo sempre di più che io e Paul dovevamo fare qualcosa insieme. Le nostre conversazioni tenevano viva la sensazione comune che i microprocessori, della Intel come di altri, avrebbero sconvolto il mondo dell'informatica, anche se a quanto pareva nessun altro di quelli con cui parlavamo sembrava essere d'accordo, né preoccuparsi troppo della questione. Paul aveva già qualche idea sul tipo di azienda che potevamo avviare. Secondo me sarebbe stato più facile parlarne se non fossimo vissuti così lontani.

«Perché non ti prendi una pausa e ti trasferisci qui, così possiamo fare un brainstorming sui prossimi passi?» gli dissi un giorno, a primavera. Gli avevo già accennato l'idea un paio di volte: avremmo potuto lavorare entrambi a Boston come programmatori o amministratori di sistema, occupazioni che ci avrebbero permesso di accedere a un computer, guadagnare qualcosa e avere un po' di tempo per dei progetti collaterali. Mollare il college ed entrare nel mondo del lavoro era però piuttosto rischioso. Paul non poteva mantenersi da solo senza un lavoro. Gli serviva qualcosa di sicuro su cui puntare.

Nel frattempo, il mio progetto sul baseball si era rivelato più complicato del previsto. Per interi mesi mi ero dedicato anima e corpo al programma e non avevo ancora giocato nemmeno una partita. Ero riuscito a far funzionare alcuni passaggi critici, e Tom Cheatham fu abbastanza gentile da premiarmi con una A. (Sono sicuro che Eric Roberts ci avesse messo una buona parola.) Mi dava fastidio, comunque, avere tanto insistito sulle mie capacità con Cheatham e poi non essere riuscito a portare a termine l'impresa.

Per il semestre di primavera, ottenni il permesso di seguire la seconda parte del corso di dottorato sui sistemi operativi e avere i relativi crediti. Lo tenevano due professori che lavoravano sia a Harvard sia come ingegneri nella divisione informatica della grande azienda Honeywell. Il fatto che lavorassero nell'industria me li rendeva ancora più credibili. Il più giovane dei due, Jeffrey Buzen, si era già fatto conoscere nel campo dell'ottimizzazione dei sistemi, elemento centrale anche del nostro corso.

Il secondo giorno di lezione, il professor Buzen ci parlò di un concetto che chiamò «teoria delle code». Per illustrarlo, mise a confronto due algoritmi, spiegando perché uno fosse più efficiente dell'altro. Ascoltando la sua spiegazione, pensai: «Ehi, questo tizio è completamente fuori strada». Certo, era uno dei principali esperti della materia, ma io ero comunque convinto di saperne di più.

«Si sbaglia» sbottai, liquidando il suo approccio perché, secondo me, c'era un difetto evidente. Confuso, lui cercò di spiegarsi meglio. Non volli sentire ragioni. Ribattei che i suoi criteri per misurare l'efficienza erano ottusi e bla, bla, bla.

Provò di nuovo a spiegarsi. «No, si sbaglia di grosso» ripetei. Mi alzai di scatto dal mio posto e me ne andai. Posso solo immaginare cos'abbia pensato il resto degli studenti, che seguivano tutti un programma di dottorato, di quella matricola uscita dall'aula in modo così teatrale. Niente di buono, ne sono sicuro.

Feci due passi, ripensando a quell'incidente. Dopo circa un quarto d'ora, la mia sicurezza lasciò il posto all'angoscia. Mi resi conto, in effetti, che ad avere torto ero io, completamente, assolutamente torto. «Che cosa ho fatto? Che stupido sono.» Per giunta, quello era uno dei miei professori preferiti. Inoltre era stato abbastanza gentile da permettere a me – che non ero ancora laureato – di seguire il suo corso.

Alla fine della lezione tornai da lui per scusarmi. Lui non avrebbe potuto prenderla meglio. Alla fine instaurammo un buon rapporto. Il professor Buzen si impegnò a insegnarmi i dettagli del sistema operativo a cui stava lavorando per la Honeywell, e io appresi un'altra lezione: avrei fatto meglio ad ascoltare e imparare. Ancora oggi mi vengono i brividi se ripenso a quanto ero stato scortese. Mia madre sicuramente mi avrebbe apostrofato come «un moccioso precoce».

A un certo punto, in primavera, ricevetti una risposta a uno dei curricula che avevo inviato. Gli ingegneri della DEC che avevo incontrato alla Bonneville in estate mi avevano aiutato a contattare la sede vicino a Boston, e così avevo ottenuto un colloquio.

Nei cinque anni in cui avevo usato i computer della DEC, l'azienda era diventata uno dei più importanti datori di lavoro dello Stato del Massachusetts. Nella primavera del 1974 stava acquistando tutti gli edifici intorno alla sua sede centrale e costruendone di nuovi. La DEC era ormai presente nell'intero Massachusetts orientale. Mentre si espandeva, il suo fondatore, Ken Olsen, aveva messo insieme una piccola flotta di elicotteri perché gli ingegneri della DEC potessero sfrecciare dall'una all'altra delle sue sedi.

Questo, immagino, valeva anche per chi voleva lavorare con loro. Con mia grande sorpresa l'azienda mi disse di prendere la metropolitana fino all'aeroporto Logan, dove un elicottero della DEC mi aspettava per condurmi alla sede centrale, la leggendaria vecchia fabbrica dove i computer che avrebbero cambiato il mondo venivano prodotti negli stessi ambienti in cui un tempo i telai avevano tessuto le coperte per i soldati della guerra di secessione. Non avevo mai volato su un elicottero. Anche se non avessi ottenuto il lavoro, già quello era abbastanza figo.

Attraversare la fabbrica e incontrare quegli ingegneri, per me e a quell'età, era la cosa più simile a un pellegrinaggio alla Mecca. Era stata la DEC a dimostrare con tanta chiarezza come i cambiamenti nelle tecnologie aprissero il campo a nuove idee, a nuove aziende, a modi completamente nuovi di utilizzare i computer. Ed era stato studiando la DEC – Kent con il suo abbonamento a «Fortune», Paul con le sue riviste di informatica – che ci eravamo convinti che con l'idea giusta anche noi avremmo potuto dar vita a una nostra impresa. Benché conservassi ancora una mia visione del mondo da genio solitario, l'idea che io e Paul dovessimo lavorare insieme e fondare un'azienda nostra era sempre più presente. Ero convinto che, se e quando avessimo deciso di fare da soli, tutto sarebbe andato bene.

Il colloquio alla DEC lo feci con i creatori del sistema operativo TOPS-10. Il TOPS era lo stesso sistema che avevo usato alla C-Cubed e che Paul, Ric e io avevamo contribuito a personalizzare alla Bonneville. Lo conoscevo in ogni suo dettaglio. Alla DEC ero in soggezione davanti a chiunque incontrassi, e mi crogiolavo nell'impressione di essere valutato per quelle capacità che ci avevo messo tanto tempo ad affinare. Mi offrirono il lavoro.

Ero incredibilmente lusingato. Quelli del TOPS-10 erano stati gentili anche solo a prendermi in considerazione. Eppure, non accettai il lavoro. Mi dispiacque. Credo che in quel momento avessi solo bisogno di un'iniezione di fiducia. Per un pomeriggio ero tornato in un mondo che comprendevo pienamente, in mezzo a persone che parlavano la mia lingua e che erano convinte che potessi dare un mio contributo. Quella primavera ricevetti qualche altra offerta, compresa quella per un posto di programmatore presso la divisione elettrodomestici della General Electric, nel Kentucky. Le rifiutai tutte.

Era stato una specie di test. Potevo ricevere delle offerte? Del lavoro in sé non avevo bisogno. Quelle proposte mi regalarono una storia da raccontare ai miei amici. Era come se avessi avuto la prova di quanto valevo nei confronti del mondo, anche senza l'istruzione di alto livello che tutti faticavamo tanto per ottenere.

Ai miei genitori non dissi nulla di quei colloqui né delle offerte di lavoro. Non avrebbero capito. Anzi, probabilmente ne sarebbero rimasti inorriditi, pensando che potessi allontanarmi dal mio percorso a Harvard.

Verso la fine della primavera dovetti andare al pronto soccorso per dei forti dolori allo stomaco, e mi venne diagnosticata una colite ulcerosa. Due settimane in ospedale con la febbre che superò i 40 segnarono la fine del mio primo anno di college. Una parte di me non è convinta di quella diagnosi. Il problema non si è mai più ripresentato. Non posso fare a meno di domandarmi se lo stress, la fatica, una dieta sbagliata e il senso generale di angoscia per quello che stavo facendo della mia vita non avessero avuto un ruolo in quello che mi capitò a primavera.

All'inizio dell'estate ebbi notizie dalla Honeywell. Avevo fatto domanda per un lavoro alla sede centrale della divisione di Waltham, a pochi chilometri da Harvard. Durante il colloquio avevo insistito su ciò che avevo fatto «in società con Paul G. Allen», tanto per chiarire che io e Paul speravamo di continuare a lavorare insieme. Chiesi che ci prendessero in considerazione tutti e due, e loro mi accontentarono proponendo a Paul un colloquio telefonico. Quando offrirono il lavoro a entrambi, io sapevo che sarei tornato al college. Paul accettò.

Ad agosto, Paul prese in prestito la Plymouth del padre e insieme alla sua ragazza, Rita, attraversò il paese per iniziare una nuova vita a Boston.

XI
Jolly

C'è un sogno ricorrente che ancora oggi mi fa sobbalzare nel letto. Il sogno arriva dritto al punto: panico. Sono a Harvard, verso la fine del semestre, e non ho ancora capito dove si riunisce la mia classe. Non ho capito quale libro di testo mi serva. Mi aggiro alla ricerca dell'aula per la lezione o della sala per l'esame finale. E ho paura: non ho più tempo, e non riuscirò mai a mettermi in pari. Ho rimandato lo studio troppo a lungo. Non passerò.

Attribuisco la fonte di quest'ansia al mio approccio generale alle lezioni durante il mio secondo anno. Anche se il mio piano per chimica organica, quello di fare tutto all'ultimo minuto, non era andato come previsto e mi aveva causato molto stress, strutturai l'anno scolastico seguente con lo stesso approccio per tutti i miei corsi. Saltavo le lezioni e speravo di riuscire a imparare gli argomenti di un semestre in poche settimane di studio maniacale. Poi, negli orari in cui avrei dovuto frequentare quelle lezioni, seguivo altri corsi che mi interessavano davvero. Ero determinato a esplorare tutto ciò che Harvard aveva da offrire. Il doppio delle lezioni, pensavo, significava il doppio dell'apprendimento.

Scelsi matematica applicata come materia di laurea. Nelle nostre conversazioni dell'anno precedente, il mio consulente scolastico mi aveva spiegato che la matematica si applicava a tutto ciò che esisteva e in pratica mi dava la possibilità di esplorare tutto ciò che era presente nel catalogo dei corsi di Harvard. Mi aiutò a capire che la matematica applicata era un jolly, una materia che mi avrebbe permesso di seguire una serie di corsi basati puramente su ciò che trovavo interessante. Nel mio periodo a Harvard, giocai spesso questa carta per giustificare la frequenza a corsi di linguistica, diritto penale, economia e perfino storia della Gran Bretagna. Era la materia perfetta per un onnivoro dell'informazione.

Non facevo mistero del mio rischioso approccio alla carriera accademica. Saltai il corso di matematica combinatoria per seguire per tutto il semestre delle affascinanti lezioni di psicologia. Quando giunse il momento degli esami finali dei due corsi, che per caso si tenevano nello stesso auditorium, gli amici che mi ero fatto a psicologia mi videro seduto tra i nerd di matematica e pensarono che avessi commesso un errore. «Sei nella sezione sbagliata!»

Devo ammettere che era tutta scena: faceva parte del bisogno che avevo sempre avuto di apparire un tipo intelligente e un po' diverso. Era lo stesso istinto che mi aveva portato a comprare due copie di ogni libro alla Lakeside in modo da far sembrare che non ci stessi provando sul serio, anche se dietro le quinte ci provavo *davvero* sul serio. Ero tornato a nascondere le mie insicurezze dietro la nonchalance.

Nonostante la fiducia che avevo nella mia capacità di accumulare sapere, tutto questo rese la fine del semestre stressante. Prima degli esami finali dovevo sparire nella biblioteca Widener e vivere praticamente lì fino a quando non avevo finito. Mi piaceva l'intensità e riuscivo a far funzionare la cosa, ma ebbi come conseguenza una vita di incubi in cui non trovo l'aula giusta.

Prima del secondo anno, la mia cerchia di amici più stretti – Sam, Andy e i due Jim – partecipò alla lotteria degli alloggi nella speranza di procacciarsi delle suite alla Currier

House, un dormitorio per laureandi molto attraente per due ragioni: 1) era un habitat naturale per gli amanti di matematica e scienze, e 2) era misto. La seconda era la più forte per me, e invece passai tutto il mio tempo con il primo gruppo.

Non riuscimmo a ottenere la nostra suite; io finii per condividere una stanza con Andy. Eravamo compatibili sotto molti aspetti, non ultimo il fatto che eravamo entrambi degli sciattoni.

Presi l'abitudine di giocare a poker con un gruppo di ragazzi della Currier. Diverse sere alla settimana ci riunivamo in una stanzetta nel seminterrato che aveva un lungo tavolo da sala riunioni e giocavamo a carte fino a notte fonda. Alcuni di quei ragazzi trattavano il poker quasi come una seconda materia di laurea. La maggior parte degli avventori regolari era gente di scienze e matematica che capiva le probabilità e la teoria dei giochi al volo. E molti avevano i mezzi per alzare la posta in fretta.

Anche se io non avevo giocato molto a poker, all'inizio mi consideravo sopra la media del gruppo. La cosa non durò. Fu come con il corso 55: pian piano i giocatori peggiori abbandonarono, e così, anche se il mio livello cresceva, le mie abilità relative rispetto al gruppo diminuirono. Tuttavia persistetti. Competere con quei giocatori superintelligenti mi spingeva a migliorare sempre di più. Quella sensazione creava dipendenza, anche se perdevo così tanto denaro che a un certo punto chiesi a Paul di tenere lui il mio libretto degli assegni. Avevo di nuovo otto anni al tavolo da pranzo con Gami, impegnato a perdere ma a migliorare a ogni mano. Solo che stavolta si giocava per soldi.

La posta continuava a salire e le partite si spostarono dalla Currier House a scalcagnati appartamenti studenteschi fuori dal campus. La mia serie migliore avvenne una sera fuori dal campus, durante una partita di *seven-card stud hi-lo*. Vincevo e vincevo, infilando a ogni turno le banconote nella tasca dei miei pantaloni color cachi, perché lasciarle sul tavolo sembrava troppo vistoso. Speravo anche che, con le vincite riposte al sicuro, avrei resistito alla tentazione di puntarle ancora. Quella sera me ne andai con qualcosa come

1800 dollari, una somma enorme. La sera successiva, stessa casa, stessa compagnia, la persi quasi tutta.

Non mi piacque, e quella sarebbe stata una delle ultime volte in cui avrei giocato. Mi resi conto di non essere abbastanza bravo per uscirne vincitore, dato che erano rimasti solo i giocatori migliori in assoluto.

Paul e la sua ragazza, Rita, erano arrivati a Boston in agosto e avevano preso in affitto un appartamento in periferia, a circa quaranta minuti d'auto da Harvard. Entro l'autunno Paul si stava abituando alla vita da dipendente stipendiato alla Honeywell, dove scriveva piccoli pezzi di programmi più grandi. I miei amici dell'università sapevano già dai miei racconti che era un personaggio esuberante. Adesso Paul teneva viva quell'aura di persona. In quei giorni era insolito che uno studente universitario prendesse un'aspettativa e si trasferisse dall'altra parte del paese per lavorare come programmatore. Con la sua barba e la sua ragazza, la chitarra e il suo vasto sapere, Paul rientrava alla perfezione nel ruolo del fratello maggiore figo. E, come al solito, mi stimolava, e un po' mi corrompeva anche.

Un fine settimana di ottobre, andai in auto con alcuni amici a trovare lui e la sua ragazza Rita, che festeggiava il compleanno. Paul aveva un po' di LSD che ci prendemmo tutti mentre guardavamo *Kung Fu*. Rita, con grande pazienza, rimase sobria, per riaccompagnarci nel caso qualcosa fosse andato storto. Di sera andammo a fare un giro nei boschi intorno alla casa, fermandoci a lungo a ogni albero ad ammirare i colori dell'autunno. Vidi un amico tracciare un ∃ con il dito sulle gocce di rugiada che si erano formate sul bagagliaio dell'auto di Paul, il simbolo che nei problemi di logica significa «esiste». Ne scrisse un altro accanto al primo: ∃∃. Le due E al contrario, fianco a fianco, per lui e per noi avevano un profondo significato. «Bill, guarda qua. L'esistenza esiste» disse mentre fissavamo il bagagliaio. Fu uno di quegli attimi che sul momento sembravano perfettamente cosmici, ma semplicemente stupidi una volta svanito l'effetto dell'acido.

Al culmine della serata, una strana concatenazione di pensieri mi attraversò la mente. Su un computer è possibile cancellare un file e perfino eliminare tutti i dati immagazzinati. Dato che il cervello è solo un computer sofisticato, pensai: «Ehi, magari posso ordinare al mio cervello di cancellare tutti i miei ricordi...». Ma poi ebbi paura che testare quell'idea potesse davvero metterla irrevocabilmente in moto. Meglio non pensarci neanche! Il giorno dopo, mentre facevo la doccia, passai in rassegna l'inventario dei miei ricordi più cari, e fui sollevato di trovare tutto intatto. Quella sarebbe stata una delle ultime volte in cui mi sono fatto di LSD.

Quando non lavorava, Paul era immerso nelle sue riviste, nell'appartamento cosparso di numeri arretrati di «Popular Electronics», «Datamation», «Radio-Electronics», e schede tecniche di computer di ogni tipo e dei loro componenti. Poteva tranquillamente passare un'ora a esplorare Out of Town News, il famoso chiosco di quotidiani e riviste al centro di Harvard Square. Dalla sua crescente pila di articoli e pubblicazioni nacquero molte delle idee per le numerose imprese che Paul mi propose quell'autunno.

La maggior parte era incentrata sul microprocessore. Per un po' di tempo, Paul ebbe l'idea fissa di dar vita a un'azienda informatica sul modello della DEC. La DEC aveva sfruttato nuove tecnologie per abbassare il prezzo dei computer e ampliarne enormemente l'uso. Potevamo fare lo stesso con microprocessori economici, magari collegando più chip insieme per creare un computer superpotente in modo davvero economico? E se avessimo predisposto un servizio di *time-sharing* mirato ai consumatori? La gente poteva collegarsi al nostro computer per accedere a notizie e altre informazioni utili come, che so, delle ricette?

Passavamo al setaccio queste idee mangiando pizza oppure da Aku Aku, un locale polinesiano in stile Trader Vic's, dove parlavamo per ore mentre io sorseggiavo Shirley Temple (a diciannove anni avevo l'età per bere, ma preferivo gli analcolici per bambini). A causa dell'amore di Paul per l'hardware, le sue idee spesso si incentravano sulla costruzione di un qualche computer innovativo. Una grande ispirazione che gli venne in mente fu una tecnica per collegare insieme chip più economici e meno potenti in un unico grande processore chiamato «bit-slice». La sua domanda era: potremmo usare questa tecnica bit-slice per battere l'IBM proprio come aveva fatto la DEC dieci anni prima? All'epoca un computer mainframe IBM System/360, leader del settore, poteva costare diverse centinaia di migliaia di dollari. Passai un po' di tempo a studiare per conto mio i dettagli del computer IBM e dell'idea bit-slice di Paul. Alla nostra uscita serale successiva, gli dissi che secondo me poteva funzionare. Probabilmente potevamo costruire un computer equivalente al 360 per 20.000 dollari.

Tuttavia, Paul sapeva che mi stavo raffreddando sempre di più sull'idea di costruire hardware. Il business di fabbricare computer mi sembrava troppo rischioso. Avremmo dovuto comprare le parti, assumere persone per assemblare le macchine, e trovare un sacco di spazio per farlo. E poi come potevamo competere realisticamente con grosse aziende come l'IBM o con i produttori giapponesi di elettronica in rapida ascesa?

La mia opinione era influenzata dalle sfide poste dall'hardware della Traf-O-Data. Da diciotto mesi il nostro socio a Seattle, Paul Gilbert, si stava dando da fare per far funzionare il nostro computer. La macchina richiedeva la delicata coordinazione di impulsi elettronici che dovevano raggiungere ognuno dei chip di memoria della macchina esattamente nello stesso momento. Un ritardo di un microsecondo e tutto si bloccava. Un filo elettrico un po' più lungo di quanto richiesto, o una minima quantità di radiazione da questo prodotta, poteva disturbare gli impulsi. E così accadeva, più e più volte. Questi infiniti problemi tecnici alimentavano la mia preoccupazione che stessimo andando incontro a una vita fatta di noiose risoluzioni di problemi che sembravano rabberciate e mai sotto il nostro pieno controllo.

Gilbert si dichiarava un perfezionista, un ingegnere ossessionato dalla matematica che si accaniva ostinatamente su un problema fino a quando non l'aveva risolto. «Non mi piace essere sconfitto. Lo sistemerò a prescindere da quanto ci vuole» diceva. (La sua ragazza quell'anno lo lasciò perché passava troppo tempo su Traf-O-Data.)

Io scrivevo software per testare la memoria e poi i due Paul ci si buttavano a pesce. Fissavano con pazienza l'oscilloscopio, dando la diagnosi: «Un'anomalia nei dati alla linea nel chip sette». Un po' come in quei moduli di chimica organica, nei problemi dell'hardware c'era un certo grado di disordine che mi frustrava. Sono certo che la mia energia nervosa non faceva che aggravare lo stress. Continuavo a insistere per controllare se si poteva cambiare o aggiungere qualcosa in modo da velocizzare il tutto.

Alla fine, nella primavera del mio primo anno di università, Gilbert riuscì a far funzionare l'hardware. In estate organizzai una riunione nella casa dei miei genitori con potenziali clienti della contea di King. Quella mattina era tutto perfettamente sistemato, ma quando arrivò il momento della mia dimostrazione, il lettore di nastri dell'unità si ruppe. Pregai mia madre di dir loro che la sera prima aveva davvero funzionato senza problemi, sul serio. I nostri ospiti finirono educatamente il caffè e se ne andarono. Dopodiché, spendemmo altri soldi per comprare quella che consideravamo la Rolls-Royce dei lettori di nastri. Tutti quegli sforzi e quelle spese per un semplice computer, con l'unico compito di tradurre i fori su un nastro di carta in grafici.

Sempre più spesso, le mie conversazioni a cena con Paul tornavano al software. Il software era diverso. Niente fili, niente fabbriche. Scrivere software era solo capacità mentale e tempo. Ed era quello che sapevamo fare, quello che ci rendeva unici. Era dove avevamo un vantaggio. Potevamo addirittura fare da apripista.

Innanzitutto ci serviva un computer. Alcune aziende avevano messo in commercio piccole macchine basate sull'innovazione di Intel. In Francia, un computer delle dimensioni di una valigia, chiamato Micral, aveva utilizzato l'8008 di Intel – lo stesso chip presente nella nostra macchina per i flussi del traffico – per applicazioni singole come l'automazione dei caselli stradali. Un altro, chiamato Mark-8, era semplicemente un progetto fai-da-te. Si pagava qualche dollaro per le istruzioni di montaggio e poi si dovevano acquistare vari componenti da diversi fornitori, sperando che il computer funzionasse una volta saldato tutto insieme. Sapevo che il nuovissimo chip Intel, annunciato quello stesso anno qualche tempo prima, era abbastanza avanzato da alimentare un computer funzionale di uso generale. Si trattava dell'8080. In quanto nostra vedetta per tutto ciò che riguardava l'hardware, Paul teneva traccia di ciò che stava accadendo con quel chip.

«Fammi sapere quando qualcuno tira fuori un computer basato sull'8080» gli dissi.

Nel frattempo, accettai di vedere se potevo ottenere aiuto da Harvard. Nell'elenco dei corsi cercai lezioni che si concentravano sull'architettura hardware e trovai «Introduzione ai computer digitali». Non conoscevo il professore, ma immaginai che potesse avere dei contatti nel settore. Presi un appuntamento e gli presentai la mia idea. Gli dissi che ero molto interessato ai progressi nel campo dei microprocessori e che volevo provare a scriverci del software. Poteva aiutarmi a contattare Intel e altre aziende per vedere se erano disposte a donare dei chip per la ricerca? Lui mi chiese se quello che volevo fare serviva per un corso specifico. Risposi di no, era solo un'area che mi entusiasmava. Il professore replicò che probabilmente non poteva aiutarmi.

Alcuni giorni dopo tentai di nuovo. Tornai nel suo ufficio per lasciargli una proposta dettagliata del mio progetto per l'hardware e una lettera campione per chiedere donazioni che, con la sua firma, speravo potessimo inviare ai produttori di hardware. In seguito venni a sapere che non aveva mai dato un'occhiata al progetto. Disse al mio tutor anziano che non aveva «né il tempo né la voglia di aiutare, dato che non riguardava un corso».

La maggior parte delle persone con cui parlai di questo chip magico rispose con scetticismo. Oggi, se cerco di mettermi nei loro panni, posso capirli. I microcomputer erano un cugino lontano e debole dei mainframe e dei minicomputer che occupavano la mente degli accademici informatici e della maggior parte del settore industriale. I microcomputer erano giocattoli. Il dipartimento della Difesa non pagava Harvard per fare ricerca su giocattoli. Nel 1974 nessun microcomputer avrebbe guidato un missile o pilotato un sottomarino. Ma all'epoca ero meno generoso nei miei giudizi: questa gente era priva di immaginazione riguardo a ciò che poteva avere in serbo il futuro.

Alla fine di novembre, la ragazza di Paul, Rita, era tornata a Seattle. Paul si era ormai trasferito in un alloggio sovvenzionato a Cambridge, a una breve tratta di treno da me. Il condominio si chiamava Rindge Towers, ma Paul lo aveva soprannominato «Grindge» per assonanza con il Grinch, considerando lo stato deprimente dell'appartamento, con le sue pesanti porte d'acciaio e gli scarafaggi iperattivi. Era anche adatto all'umore di Paul all'epoca. L'amore della sua vita si era trasferito dall'altra parte del paese. Si sentiva solo. Era stanco del suo lavoro. Diverse sere alla settimana e la maggior parte dei weekend veniva lui alla Currier House oppure andavo io al Grindge per passare del tempo insieme a parlare dei nostri progetti.

Questa era la situazione un nevoso pomeriggio di inizio dicembre 1974, mentre leggevo nella mia camera del dormitorio. Il programma delle settimane seguenti era stabilito. Avrei sostenuto l'esame Putnam e poi avrei finito i corsi di quell'anno, prima di tornare a casa per le vacanze. Ero sicuro che mia madre mi avrebbe tenuto fin troppo impegnato con le feste, le cene e lo scambio di regali con amici e famigliari, come aveva fatto per il mio primo anno. Mi aveva già chiesto cosa volevo per Natale: *The Beatles 1967-1970*, *Welcome* di Santana, e un libro di fantascienza consigliatomi da Paul. Dopo le vacanze, progettavo di tornare all'università per l'inizio del periodo di ripasso, il 6 gennaio, e di studiare come un matto per gli esami finali.

Fu allora che Paul irruppe nella mia stanza. Era arrivato di corsa dal chiosco di Out of Town News ed era senza fiato. Aveva gli stivali coperti di fango e neve.

«Ti ricordi cosa mi avevi detto?» chiese.

«Cosa?»

«Avevi detto: "Fammi sapere quando qualcuno tira fuori un computer basato sull'8080". Be', eccolo... guarda qua» disse, infilandomi in mano una rivista. Era il numero di gennaio 1975 di «Popular Electronics». In copertina: *PROGETTO RIVOLUZIONARIO! Il primo kit per minicomputer al mondo in grado di competere con i modelli commerciali.*

Mi appoggiai allo schienale e sfogliai la rivista fino a trovare l'articolo. Il titolo diceva: *Il progetto del più potente minicomputer mai presentato: si può costruire con meno di 400 dollari.* Sotto, un riquadro elencava alcune specifiche impressionanti: un processore Intel 8080 a 8 bit, fino a 64K di memoria e 78 istruzioni macchina: quasi il doppio rispetto al chip 8008 che avevamo usato per il Traf-O-Data.

Paul rimase là in piedi, a guardare in silenzio mentre scorrevo le sei pagine dell'articolo e gli schemi dei circuiti. Mi sentii vacillare.

Quella cosa era piccola, poco più grande della macchina da scrivere che avevo di fronte. Sembrava un ricevitore stereo con interruttori a levetta e luci. Non aveva tastiera né schermo, e nemmeno una connessione per una telescrivente. L'articolo diceva che era espandibile, il che significava che si potevano collegare tutte quelle cose, rendendolo un computer pienamente funzionante. Il primo paragrafo riassumeva: «L'era del computer in ogni casa – l'argomento preferito degli scrittori di fantascienza – è arrivata! È stata resa possibile dall'Altair 8800 di POPULAR ELECTRONICS/MITS, un vero e proprio computer che può farsi valere contro i sofisticati minicomputer presenti oggi sul mercato. E non costa diverse migliaia di dollari».

Gli autori osservavano che il prezzo inferiore ai 400 dollari equivaleva più o meno al costo di un televisore a colori.

Da tre anni io e Paul parlavamo di come nuovi computer che sfruttassero il miglioramento esponenziale dei chip potevano cambiare tutto. Guardai Paul. «Sta succedendo senza di noi» disse.

L'era del computer in ogni casa? Lo era davvero?

Il prezzo di 397 dollari per l'Altair 8800 forniva la versione non assemblata, un kit che arrivava in centinaia di pezzi. Dopo aver finito di saldare e avvitare tutto insieme, bisognava sperare che funzionasse. Essenzialmente i computer eseguono i loro calcoli utilizzando la matematica binaria, ovvero tanti 1 e 0. Questo vale anche per i processori straordinariamente potenti delle macchine di oggi, dagli smartphone ai supercomputer. Ma molti strati di software sofisticato nascondono alla gente la natura fondamentalmente binaria dell'informatica. Per scrivere un software non è necessario pensare in termini di 1 e 0, e tanto meno per eseguirlo.

La natura binaria dell'Altair era palese. Senza collegarlo a una telescrivente o a un altro sistema per fornirgli programmi, bisognava inserire tutto usando le sedici levette (o venticinque in totale) sul davanti del computer. Ognuno dei sedici interruttori aveva due posizioni: su, che rappresentava un 1, e giù, che invece era uno 0. Ogni 1 o 0 rappresentava un bit. Trattandosi di un processore a 8 bit, il chip 8080 riuniva otto di questi bit in un byte di informazione.

Per inserire un singolo byte nell'Altair bisognava azionare almeno nove interruttori. L'inserimento anche del più semplice dei programmi, per esempio quello per sommare 2 + 2, richiedeva decine di azioni. Qualsiasi programma che eseguisse un compito utile di una certa complessità comportava, come minimo, centinaia di azioni. Il computer inoltre usava il sistema binario per comunicare i risultati del suo lavoro all'utente, su file di piccole luci LED rosse.

Anche una volta assemblato, l'Altair 8800 non era certo un computer per ogni casa.

Ciononostante, ero sicuro che moltissimi, oltre a Paul e me, ne avrebbero voluto uno. Per circa il prezzo del solo processore Intel 8080, MITS vendeva un intero kit per computer. Per l'appassionata comunità degli hobbisti informatici, sarebbe stato il Santo Graal. Cosa ancora più importante, io e Paul pensavamo che ci sarebbero state rilevanti applicazioni aziendali e ingegneristiche, perché anche con i dispositivi da aggiungere era davvero economico.

L'articolo di «Popular Electronics» non citava praticamente il software. Per poter scrivere con facilità programmi su un Altair senza azionare tutte quelle levette, servivano un terminale-telescrivente e un linguaggio di programmazione come il BASIC o il FORTRAN adattato al chip 8080. Ma gli autori non dicevano se era disponibile un linguaggio del genere.

Noi scommettemmo che non ce l'avessero.

C'era un grosso intoppo, però. Non avevamo un Altair 8800 e nemmeno un Intel 8080, il microprocessore che era il cervello della nuova macchina. Come potevamo testare il nostro codice?

Paul ci aveva pensato, e durante le vacanze di Natale mi chiamò con grandi notizie. L'anno precedente aveva ideato un modo in cui potevamo scrivere programmi per la macchina del nostro Traf-O-Data usando un PDP-10 per simulare il chip Intel 8008, costringendo di fatto un mainframe da 500.000 dollari a fingere di essere un microprocessore da 360 dollari. Adesso, dopo aver studiato il manuale del PDP-10, trovò il modo di fare la stessa cosa per il chip, molto più potente, Intel 8080. Quel simulatore ci avrebbe permesso di usare il PDP-10 di Harvard come fosse un Altair.

Assodato questo, preparammo un piano. Ci saremmo procurati il manuale di riferimento dell'Intel 8080 e avremmo imparato il suo set di istruzioni. Io avrei progettato e scritto il BASIC in linguaggio assembly usando le istruzioni dell'8080. Essendo un linguaggio concepito fin dall'inizio per rendere la programmazione accessibile ai principianti, avrebbe avuto un appeal maggiore sul mercato degli hobbisti dell'Altair rispetto a un linguaggio più avanzato come il FORTRAN. Io ero fiducioso di poterlo realizzare rapidamente: forse non sarebbe stato il BASIC definitivo, ma avrebbe funzionato abbastanza da essere pratico e utile. E anche se non avevo finito il BASIC che avevo iniziato alla Lakeside (per il PDP-8), quel progetto mi avvantaggiò su questo. Nel frattempo, Paul avrebbe costruito un simulatore che facesse comportare il PDP-10 come un 8080 ed eseguire il mio codice. Avrebbe anche modificato degli strumenti software che avremmo usato sul PDP per monitorare il codice dell'8080 mentre era in esecuzione e per fare il debug quando inevitabilmente non avrebbe funzionato.

Non avevamo mai sentito parlare del produttore dell'Altair, un'azienda di aeromodellismo e calcolatrici elettroniche chiamata MITS Inc. L'articolo di «Popular Electronics» riportava un indirizzo di Albuquerque, nel Nuovo Messico, e un numero di telefono. Agli inizi di gennaio, Paul scrisse una breve lettera alla MITS sostenendo che avevamo una versione del BASIC per il chip Intel 8080. Disse che lo avremmo fatto pagare 50 dollari a copia e suggerì che la MITS lo avrebbe potuto rivendere agli hobbisti per un prezzo tra i 75 e i 100 dollari. Scrisse la nota su carta da lettera intestata della Traf-O-Data e la firmò «Paul G. Allen, Presidente».

Dopo settimane senza ricevere una risposta, decidemmo di chiamare.

Temevamo che se avessero saputo che eravamo solo uno studente universitario e un programmatore di basso livello alla Honeywell non ci avrebbero mai presi sul serio. Ecco perché Paul era stato così deciso nella sua lettera, dicendo che avevamo una versione di BASIC pronta, ed ecco perché volevo che fosse Paul a parlare. Era più grande e aveva una voce più profonda, e per queste ragioni era probabilmente migliore come volto pubblico di qualunque compagnia avessimo fondato. Inoltre, aveva firmato lui la lettera di gennaio. Secondo Paul, invece, dovevo chiamare io. Pensavo più in fretta e avevo più esperienza nel parlare di affari.

Raggiungemmo un compromesso. Una sera di inizio febbraio, dalla mia stanza del dormitorio, composi il numero pubblicato nell'articolo di «Popular Electronics».

Quando la donna che rispose passò la mia telefonata a Ed Roberts, il presidente della MITS, pensai: «Quanto può essere grande quest'azienda se riesco a parlare al telefono con il presidente?».

Mi identificai come Paul Allen, dicendo che chiamavo da Traf-O-Data, a Boston. Spiegai che avevamo quasi finito di scrivere una versione del BASIC per l'Altair e che ci avrebbe fatto piacere mostrargliela.

Roberts mi rispose di aver già ricevuto telefonate di gente che sosteneva di avere lo stesso software. Disse che avrebbe concluso l'accordo con la prima persona che avesse prodotto una versione funzionante. Aggiunse che l'Altair non era ancora pronto e che ci sarebbe voluto un altro mese circa prima che potesse eseguire qualsiasi versione del BASIC avessimo. Nel giro di pochi mesi venimmo a sapere che, nonostante i proclami del primo articolo, a quel punto l'Altair era solo un goffo prototipo, un'unica macchina che non era nemmeno finita.

Questa era l'alba della rivoluzione del personal computer. Tutti noi non facevamo altro che fingere.

Come la maggior parte delle versioni del BASIC, quella che scrivemmo per l'Altair era un particolare tipo di linguaggio di programmazione chiamato «interprete». Non diversamente dagli interpreti che stanno accanto al presidente americano o cinese e traducono un'idea alla volta, un interprete BASIC converte una riga di codice alla volta in istruzioni che il computer può facilmente capire. Uno dei vantaggi di un interprete è che può lavorare usando meno memoria rispetto ad altri tipi di programmi. A quell'epoca, la memoria del computer era preziosa perché era costosa. Anche se i proprietari dell'Altair potevano riempire il case di schede di memoria aggiuntive per aumentare la RAM, fino a un massimo di 64K, le schede erano molto costose: 338 dollari per ogni espansione da 4K.

Per questo sapevo che la difficoltà maggiore sarebbe stata trovare un modo per infilare il BASIC nella minor quantità possibile di memoria. Altrimenti non ne sarebbe rimasta a sufficienza per i programmi BASIC che gli utenti avrebbero scritto e per i dati che quei programmi avrebbero usato.

La prima cosa che feci fu di ripensare all'escursione di tre anni e mezzo prima, quando avevo arrancato sulle nevose Olympic Mountains scrivendo codice informatico nella mia mente. Essere stato capace di renderlo così compatto ed efficiente fu per me la prova che potevamo infilare un intero linguaggio di programmazione BASIC in meno di 4K di memoria, avanzando anche dello spazio. La parte che avevo creato durante quell'escursione – il valutatore di formule – era fondamentale. Adesso dovevo solo scaricarla dalla mia testa. Cominciai da lì, scrivendola su un bloc-notes giallo. Era piccola e compatta. «Se solo riuscissi a scrivere il resto del programma così, potremmo farcela.»

La nostra preoccupazione principale era il tempo. Calcolammo di avere appena poche settimane per terminare il programma e mandarlo alla MITS prima che qualcun altro ci battesse sul tempo. C'era troppo lavoro per due persone, una delle quali con un lavoro a tempo pieno e l'altra con una serie di corsi da seguire. In particolare, ci preoccupava una sezione del programma chiamata «matematica in virgola mobile», usata per gestire numeri molto grandi – «elevati alla potenza di» – e molto piccoli – frazioni decimali – e quantità come pi greco (3,14159). Non era difficile scrivere quel codice, ma avrebbe richiesto un sacco di lavoro noioso. Potevamo lasciar perdere quella parte per rispettare la scadenza che ci eravamo imposti, ma ciò avrebbe gravemente limitato il nostro BASIC. Non si può costruire un gioco decente sull'allunaggio senza matematica in virgola mobile.

Una sera di inizio febbraio, io e Paul stavamo discutendo del nostro problema con la virgola mobile mentre mangiavamo nella mensa della Currier House, quando uno studente dall'altro lato del tavolo ci interruppe: «Io l'ho fatto». A quanto pareva, aveva ascoltato l'intera conversazione. Era una matricola di matematica di nome Monte Davidoff. Gli feci qualche domanda per capire se sapeva davvero di cosa stesse parlando. Lo sapeva, e risultò molto sicuro di sé. Gli chiesi se poteva passare in camera mia più tardi per continuare la conversazione. Quella notte parlammo per diverse ore. Monte mi disse di essersi appassionato all'informatica durante il liceo in Wisconsin. Aveva già acquisito un bel po' di esperienza con molti linguaggi di programmazione e diversi computer, ed era stato perfino pagato per scrivere programmi per un grande produttore di batterie per autoveicoli. Inoltre aveva delle buone idee riguardo agli algoritmi in virgola mobile che ci servivano, così gli spiegai il nostro progetto di scrivere l'interprete BASIC. Era disposto a lavorarci.

All'inizio della seconda settimana di febbraio mi alternavo tra la sedia rossa in cui mi sfinivo a scrivere a mano il codice su fogli protocollo gialli e il tempo passato all'Aiken per tentare di farlo funzionare. Durante il giorno dormivo, e poi mi incontravo con Monte in camera mia a inizio serata e andavamo insieme all'Aiken. Paul veniva direttamente dal lavoro al laboratorio. Monte e Paul usavano il numero del mio account, 4114, e ognuno di noi prendeva un terminale e scriveva codice per tutta la notte.

Io lavoravo alla parte principale del programma, mentre Monte iniziò a occuparsi del codice per gestire funzioni matematiche come addizione, sottrazione, moltiplicazione, divisione ed elevamento a potenza. Paul mise a punto il simulatore 8080 che aveva sviluppato (il codice che ci permetteva di usare gli strumenti del PDP-10 come se stessimo usando un computer basato sull'8080). A mano a mano che il simulatore migliorava, aumentava anche la velocità con cui riuscivamo a programmare. Potevo inserire il mio codice scritto a mano nel PDP-10 e il mainframe emulava esattamente quello che avrebbe fatto l'Altair. Quando il mio programma Altair si bloccava, potevo usare i potenti strumenti di debug del PDP-10 per capire rapidamente dove avevo commesso un errore. Eravamo sicuri che nessun altro avesse mai ingannato il PDP-10 in questo modo. Ed eravamo sicuri che questo ci desse un vantaggio su chiunque altro avesse cercato di scrivere software per l'Altair.

Nella gerarchia sociale del laboratorio Aiken, i dottorandi del professor Cheatham e chi faceva ricerca seria avevano la priorità nell'uso dei terminali. Io non volevo intralciare nessuno, perciò svolgevamo il grosso del nostro lavoro di notte, quando il PDP-10 era perlopiù inattivo, in laboratorio non c'era nessuno e potevamo ritagliarci grandi quantità di tempo al computer. A parte le visite alla mensa e un paio di pause cinema, la maggior parte delle mie ore di veglia le passavo all'Aiken. La temperatura interna era tenuta intorno ai dieci gradi: perfetta per raffreddare il PDP-10, ma troppo bassa se si restava seduti lì per ore. Con indosso la mia giacca invernale, scrivevo codice fino a quando non mi stancavo e mi addormentavo al terminale oppure mi raggomitolavo sul pavimento vicino al punto in cui il computer emanava calore.

Con il simulatore di Paul e i suoi strumenti per lo sviluppo, il lavoro procedeva spedito. Riuscivo a scrivere il codice, caricarlo nel PDP-10 e fermare il programma proprio dove trovava il problema. Poi tentavo di correggerlo e andavo avanti. Avevo passato gran parte della mia vita in quello strano circolo vizioso quasi magico: scrivere, eseguire, correggere; un periodo in cui il tempo sembra fermarsi. Mi sedevo al terminale dopo cena e poi alzavo lo sguardo sorpreso di scoprire che erano le due del mattino.

In mezzo a tutto questo, mi resi conto che non avevamo abbastanza informazioni per scrivere il codice necessario a connettere una telescrivente all'Altair, un passo necessario per chiunque avesse voluto programmare in BASIC. Chiamai di nuovo la MITS e parlai con l'ingegnere che aveva progettato il computer. Immagino che la mia domanda su come il computer ricevesse e inviasse i caratteri sia stata così dettagliata da impressionarlo. Disse qualcosa tipo: «A dire il vero siete i primi a chiederlo». Oltre all'informazione che mi fornì, la conversazione mi fece capire che dovevamo essere davanti a tutti nello scrivere un interprete BASIC per il computer della MITS.

In marzo, dopo circa sei settimane di frenetica programmazione, il nostro BASIC era finito, funzionante e, secondo noi, abbastanza pronto per essere mostrato alla MITS. Avevamo un lungo elenco di funzionalità da aggiungere e di sezioni da migliorare, ma tutto quello poteva aspettare.

Paul chiamò la MITS, parlò con Ed Roberts (che non si chiese perché la sua voce fosse più baritonale di quando aveva chiamato la prima volta) e fissò un incontro. Io gli comprai un biglietto aereo.

La sera prima della sua partenza, mi accorsi che un piccolo errore nella nostra interpretazione del manuale dell'8080 poteva rovinare tutto. Avevamo eseguito il programma sul PDP-10 solo tramite il simulatore di Paul: mai su un Altair vero e proprio, ma solo su un computer che fingeva di esserlo. Se c'era qualcosa che non andava nel simulatore di Paul, la nostra dimostrazione sarebbe stata un disastro. Mentre Paul dormiva, passai tutta la notte a controllare ogni istruzione sul manuale Intel confrontandola con il simulatore, alla ricerca di errori. Quando ebbi finito, salvai il programma su un nastro perforato e corsi a portarlo a Paul. Lo osservai mentre lo infilava nel suo bagaglio a mano.

In effetti qualcosa la dimenticammo. Sull'aereo, Paul si rese conto di non aver scritto un pezzettino di codice – chiamato «bootstrap loader» – per dire all'Altair di caricare il nostro programma in memoria e lanciarlo. Così tirò fuori un bloc-notes e scrisse in fretta e furia le righe di codice mancanti.

Il giorno dopo alla MITS avevano preparato una macchina con 6K di memoria e un lettore di nastri perforati. Paul inserì il suo codice bootstrap, cosa che richiese un po' di tempo: per inserire ogni byte bisognava regolare otto interruttori dati. Poi fece partire il lettore. Ci vollero circa sette minuti per caricare il nostro programma BASIC nel computer. Finalmente, arrivato alla fine del nastro, cominciò a eseguire il programma e... non successe niente. Non funzionava.

Provarono ancora. E sul terminale comparve la scritta:

```
DIMENSIONI MEMORIA?
```

Paul scrisse alcuni comandi BASIC per dimostrare il nostro capolavoro.

```
PRINT 2+2
4
OK
```

Fu così che nacque il primo software scritto per il primo personal computer.

XII

Il tuo lavoro sia così corretto

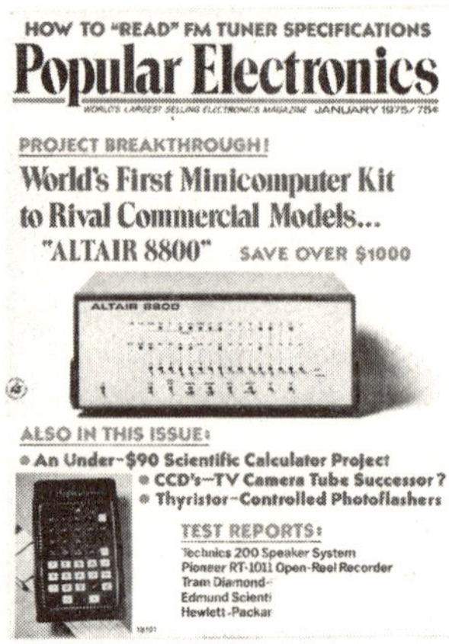

«Non so chi fosse più sorpreso, se io o loro!» esclamò Paul sorseggiando il suo punch alla frutta durante una cena di festeggiamento da Aku Aku. Quando il nostro software unito al loro computer aveva sommato 2+2, raccontò Paul, il presidente della MITS era rimasto allibito. «Oh mio Dio, ha stampato quattro!»

Paul era sbalordito dal fatto che il nostro programmino avesse funzionato in modo impeccabile al suo debutto. Al tempo stesso, Ed e l'informatico capo della MITS, Bill Yates, erano rimasti senza parole perché la loro macchina aveva effettivamente *fatto* qualcosa.

Dopo la semplice prova di addizione, Paul aveva voluto pavoneggiarsi ancora un po' e vedere da sé cosa poteva fare il nostro programma. Yates gli aveva dato una copia di *101 BASIC Computer Games*, da cui Paul aveva digitato una versione di «Lunar Lander», il semplice gioco basato su testo che avevamo imparato a programmare alla Lakeside. Simulava il controllo dei retrorazzi di un lander lunare dell'Apollo. L'obiettivo era rallentare la caduta libera in modo da atterrare dolcemente sulla luna prima di esaurire il carburante. Quel giorno fu eseguito per la prima volta sull'Altair.

Ed Roberts era estasiato. Chiese a Paul di raggiungerlo nel suo ufficio per parlare di affari.

Tramite lui, Paul venne a sapere molte cose sulla MITS, un'azienda di cui non avevamo mai sentito parlare prima dell'articolo sull'Altair. Era piccola, contava meno di venti persone. Ed aveva fondato l'azienda alla fine degli anni Sessanta come produttore di trasmettitori per aeromodelli, prima di passare ai kit per calcolatrici elettroniche. L'aumento della potenza e la diminuzione dei costi dei chip avevano permesso alla MITS e a una manciata di altre aziende di entrare nel mercato con kit per calcolatrici programmabili. Ed ci aveva puntato molto, contraendo debiti per finanziare il suo business delle calcolatrici, solo per perdere denaro a causa della dura competizione e di un'economia americana in calo. Questa era la situazione della MITS nella primavera del 1974 quando Intel aveva annunciato l'8080. Con l'azienda sull'orlo del fallimento, Ed vide il chip come la sua ancora di salvezza. Sentendo d'istinto che c'era un mercato per un computer economico e funzionale, prese in prestito altro denaro per far partire il business dell'Altair.

La storia fu una lezione sul gioco d'azzardo. Ed aveva saputo che «Popular Electronics» stava cercando un computer da promuovere nel suo numero di gennaio. Così lo aveva proposto alla rivista, senza un prototipo e nemmeno un vero progetto, ma assicurando ai redattori che avrebbe avuto un computer economico pronto per la pubblicazione. Loro accettarono. Una cosa però ce l'aveva: un accordo con Intel per il quale, se la MITS avesse comprato un certo numero di chip, avrebbe avuto un forte sconto, vale a dire circa 75 dollari a chip, rispetto al prezzo di listino di 375. Ecco come la MITS era stata in grado di proporre l'Altair alla metà del prezzo che sarebbe costato il solo cervello del computer.

La MITS costruì un prototipo e lo inviò a «Popular Electronics» a New York. Non arrivò mai (e non fu mai ritrovato). L'Altair raffigurato sul numero di gennaio era una scatola vuota, un modello messo insieme dalla MITS per il servizio fotografico. Se ricordo bene, il pannello frontale era fatto di cartone.

Adesso, tre mesi dopo, centinaia di persone inviavano assegni da 400 dollari per ricevere un Altair. L'azienda non riusciva a stare al passo con la caterva di ordini. Paul disse che l'ufficio della MITS era stato trasformato in una catena di montaggio, con lavoratori che riempivano scatoloni con le parti interne e il casing per poi spedirli. Era chiaro che le vendite avrebbero superato di gran lunga le diverse centinaia previste da Roberts. Ed era chiaro che l'azzardo di Ed avrebbe ripagato: la sua azienda sarebbe stata di nuovo solvibile.

Nel suo ufficio, Ed disse a Paul di voler ottenere immediatamente la licenza del nostro interprete BASIC. Il nostro software poteva trasformare l'Altair in un computer utile. Ed sapeva che avrebbe contribuito ad alimentare ulteriormente la domanda. «Ha detto che possiamo decidere i termini in seguito» mi disse Paul.

A cena discutemmo di ciò che avremmo dovuto mettere nel contratto e di quanto ci saremmo fatti pagare.

Una delle cose che ci servivano era un nome per la nostra società. Fino a quel momento io e Paul ci eravamo chiamati Traf-O-Data e avevamo usato la carta da lettere dell'azienda. Ma volevamo separare il lavoro sui flussi di traffico da qualunque nuovo affare avremmo fatto con i microcomputer. «Allen & Gates Consulting» aveva una sua logica, ma secondo me la gente ci avrebbe scambiati per avvocati. Dava inoltre l'idea di un'impresa piccola e artigianale, mentre noi volevamo un nome con maggior peso, come il nostro modello, la Digital Equipment Corporation. Con un nome così la gente ci avrebbe preso sul serio, il che sembrava ancora un obiettivo ambizioso per due giovani che cercavano di capire le cose a mano a mano che accadevano. Fu Paul ad avere l'idea successiva: dato che scrivevamo software per microcomputer, perché non unire quelle due parole? Io fui d'accordo. Avevamo finalmente il nostro nome: Micro-Soft.

Più o meno in quel periodo, vidi Eric Roberts (nessuna parentela con Ed Roberts) al laboratorio Aiken. Gli parlai del viaggio di Paul alla MITS e del fatto che forse avevamo la possibilità di vendere il software appena scritto. Con i suoi classici modi affabili, mi diede un consiglio da amico: smettere di usare il PDP-10 di Harvard. Dato che era finanziato dalla DARPA, il ramo del dipartimento della Difesa per scopi di ricerca, spiegò, il computer di Harvard non si sarebbe dovuto usare per creare prodotti commerciali. A quel punto avevo già sentito la storia di come il computer era arrivato con i camion dell'esercito in piena notte e sapevo che l'aveva pagato il governo. Ma non ero a conoscenza di nessuna regola riguardo al suo utilizzo. Gli dissi che avremmo smesso di usarlo e che avremmo spostato il nostro progetto fuori da lì. Eric aggiunse con fare sinistro che un nuovo amministratore del laboratorio sapeva del pesante impiego del computer da parte mia. E non ne era felice, disse.

All'inizio di quell'anno l'università aveva assunto qualcuno per la posizione, da tempo vacante, di direttore associato, incarico ideato per gestire le operazioni quotidiane dell'Aiken e giustificare il denaro della DARPA che veniva usato. Tom Cheatham era ancora direttore del laboratorio – la nuova persona doveva riferire a lui –, ma nel laboratorio era chiaro a tutti che ci sarebbe stato un controllo più rigido e sarebbero state introdotte più regole. (In seguito Cheatham avrebbe definito la nuova supervisione «il livello dei contabili».)

Qualche giorno dopo che Eric mi aveva detto di smettere di usare lo Harv-10, andai con l'auto di Paul alla First Data, una società di *time-sharing* in un sobborgo di Boston, aprii un conto e installai il nostro programma sul loro PDP-10. Da quel momento smisi di usare il laboratorio Aiken per qualunque cosa riguardasse il nostro progetto. Quando rividi Eric, gli chiesi se dovevo andare a parlare al nuovo direttore associato per spiegare la situazione. Mi rispose di non preoccuparmi. Gli avrebbe detto lui che avevo smesso.

Durante il tira e molla con la MITS riguardo ai miglioramenti al nostro BASIC, Ed offrì a Paul un impiego. Per noi era perfetto. Eravamo convinti che fosse una buona idea che uno di noi lavorasse direttamente con la MITS per supportare il BASIC e svilupparne nuove versioni. In aprile Paul aveva già lasciato la Honeywell e stava facendo i bagagli per il Nuovo Messico. Nell'arco di pochi giorni era l'unica persona a occuparsi di software alla MITS, con l'altisonante carica di direttore dello sviluppo del software.

Visto l'afflusso di ordini per l'Altair, la MITS creò una newsletter per condividere consigli e informazioni con l'universo degli utenti, piccolo ma in crescita. Quando uscì il primo numero di «Computer Notes», la seconda settimana di aprile, Paul mi chiamò. Mi lesse l'articolo di punta, *ALTAIR BASIC – PRONTO E IN FUNZIONE*. Pronto e in funzione? Tecnicamente era vero, ma non c'era verso che il nostro software fosse pronto per una distribuzione su larga scala. L'articolo includeva un semplice programma di nove righe che calcolava gli interessi, i pagamenti mensili e la somma dovuta su un prestito di 650 dollari per diciotto mesi con un tasso annuo del 6,5 per cento. «Sono due i fattori chiave della nuova rivoluzione informatica» continuava l'articolo. «Uno è che i computer devono essere economici, e l'altro è che i computer devono essere comprensibili. Con l'Altair 8800 e l'Altair BASIC, entrambi questi criteri vengono soddisfatti.»

Nessuno, leggendo quell'articolo, avrebbe saputo che avevamo solo una rudimentale versione 4K del nostro software, che necessitava ancora di mesi di verifiche. Inoltre non avevamo ancora firmato un contratto. Avevamo trovato un avvocato solo di recente e avevamo cominciato a mettere a punto il nostro accordo. Fino a quell'articolo, solo pochi di noi erano a conoscenza del nostro BASIC. Adesso lo conoscevano migliaia di persone.

«Voglio vederla nel mio ufficio domani alle dieci. Sono nella stanza 20» disse il direttore associato quando risposi al telefono in camera mia. Eravamo a metà del periodo di ripasso, il 14 maggio per essere esatti, e stavo studiando per gli esami finali. Capii subito che mi stavano convocando all'Aiken per parlare del mio uso del computer.

La mattina seguente, mi affrontò senza nessun preambolo. Perché passavo tutto quel tempo al centro? A cosa stavo lavorando? Chi facevo entrare nel centro?

Gli risposi che avevo scritto una versione del BASIC per un microcomputer, collaborando con Paul e Monte. Gli parlai del viaggio di Paul alla MITS e del contratto che stavamo negoziando. Per gli abituali frequentatori del laboratorio, niente di tutto questo era nuovo. Ero sempre stato sincero con chiunque bazzicasse il laboratorio riguardo a ciò che stavamo facendo.

Il direttore associato sembrava già conoscere le risposte a molte delle sue domande. Il centro aveva da poco introdotto un programma di contabilità per tracciare il tempo per cui ciascuna persona utilizzava il computer. Mi piazzò davanti un foglio di carta che mostrava i risultati dell'utente 4114, il mio account. Avevo collezionato 711 ore nel mese di febbraio e altre 674 in marzo. Dato che in un mese non ci sono tutte quelle ore, gli sembravano tante. Era rimasto sbalordito quando aveva fatto i calcoli: 711 ore volevano dire che Bill Gates e i suoi «soci», come chiamò Monte e Paul, avevano usato il centro una media di otto ore e mezza al giorno per tutti i ventotto giorni di febbraio. Com'era possibile? Non ero sicuro che capisse che era una pratica comune lasciare il terminale incustodito per parecchie ore mentre il computer eseguiva un lavoro da solo. A volte usavamo due o tre terminali contemporaneamente, perciò ero sicuro che le ore fossero il doppio o anche il triplo del tempo che avevamo effettivamente passato al centro.

Forse non era questo che importava. A parte il tempo al computer, il problema era che avevo portato in laboratorio persone non autorizzate – Paul e Monte – e che avevo lavorato a un progetto commerciale. Mi spiegò che il governo avrebbe avuto da ridire sul fatto che si svolgesse lavoro commerciale nell'ambito del contratto con la DARPA.

Mentre mi fissava dall'altro lato della scrivania, sono certo che vedesse uno studente indisciplinato, a cui avevano dato incautamente accesso al suo centro, che aveva fatto entrare i suoi due complici nella sala computer protetta di

Harvard, dove avevamo lavorato in tre a qualche misterioso prodotto, e a tarda notte per non farci notare. Secondo questo scenario, se i generali del dipartimento della Difesa avessero mai scoperto cotanta macchinazione, non avrebbero avuto altra scelta che tagliare tutti i loro generosi finanziamenti all'Aiken Computation Laboratory, il laboratorio all'avanguardia di Harvard.

Mi sembrava un esito improbabile e immagino di averlo dato a vedere. A quanto pare, la mia mancanza di contrizione in quel momento lo disturbò. Nelle note che ho trovato di recente nei miei registri di Harvard, scrisse: «Non ha capito le implicazioni delle sue attività e non è sembrato per niente colpito quando gliele ho spiegate». In altre note sul mio registro commenta che ero «un saputello».

Forse lo ero. All'epoca, la mia capacità di filtrare le mie reazioni non era molto sviluppata. In precedenza il laboratorio non aveva regole, nessun controllo rigido. Molti utenti lavoravano a propri progetti secondari, compreso uno che usava il computer per scrivere saggi e tesine per altri studenti in cambio di denaro. Il nostro impiego del computer non intralciava nessun altro: la macchina sarebbe rimasta inutilizzata se non l'avessimo usata noi. Inoltre, non eravamo stati assunti dalla MITS per scrivere il software. L'avevamo fatto di nostra iniziativa, scommettendo che se ci fossimo riusciti l'azienda l'avrebbe potuto comprare.

Non sono sicuro che un po' di contrizione in più avrebbe aiutato. Sembrava che la decisione fosse già stata presa.

«Voglio ricordarle che sta parlando davanti a un testimone» disse a un certo punto, indicando la sua assistente amministrativa seduta alla scrivania lì accanto. «Testimone? Sono in pericolo dal punto di vista legale?» pensai. Dissi che avrei rimborsato il centro per il tempo in cui avevo usato il computer, e aggiunsi che avrei messo la versione del BASIC che avevamo scritto a Harvard nel pubblico dominio, dove chiunque avrebbe potuto accedervi.

Lui mi rispose di consegnare la mia chiave del centro Aiken. Poi disattivò il mio account davanti a me. Disse che avrebbe subito informato il consiglio d'amministrazione.

Il consiglio d'amministrazione? Questo voleva dire che il preside del college e una commissione di amministratori e membri di facoltà avrebbero esaminato il mio caso. Due giorni dopo venni a sapere cosa c'era in ballo. Il mio tutor anziano (un consulente dell'ultimo anno) mi spiegò che, nel peggiore dei casi, il consiglio mi avrebbe espulso e, se avessero considerato le mie azioni particolarmente gravi, avrebbero cancellato il mio registro, che significava in pratica cancellare il fatto stesso che avessi mai frequentato l'università. Accidenti.

All'epoca non chiamavo spesso i miei genitori: una volta ogni tre settimane circa. Inoltre non li avevo tenuti particolarmente al corrente di ciò che stavo facendo con Paul e il BASIC.

Adesso, in una telefonata, appresero tutto.

Come sempre, mio padre andò dritto alle domande chiave: le regole del laboratorio erano messe per iscritto e ti erano state comunicate? Come fa l'università a distinguere il tuo impiego del computer da quello dei professori che usano le risorse dell'università per i loro lavori commerciali? Potrai assistere alle testimonianze di altri? A un certo punto chiamò l'università per porre domande simili. Mio padre non era tipo da impersonare il poliziotto cattivo ma, dato il suo temperamento – era misurato, logico, succinto e non incline a chiacchiere insulse –, poteva comunque intimidire. Sono sicuro che la persona con cui parlò ebbe l'impressione che stesse seguendo la faccenda con attenzione. Esplicito o meno, sono certo che il suo messaggio fu: qualunque sarà il vostro verdetto, è meglio che il processo sia equo.

Dopo tutti questi anni, non ricordo i dettagli del coinvolgimento dei miei genitori nel mio casino con l'Aiken. So che mio padre arrivò a Boston per parlarmi e valutare la gravità della situazione. So che era preoccupato che il college mi calpestasse. E so che la prospettiva che potessero cacciarmi da Harvard angosciava profondamente mia madre. Era preoccupata per me.

Sono sicuro che fosse anche preoccupata per la reputazione della nostra famiglia all'interno della comunità. A quell'epoca aveva ormai raggiunto il genere di successo per cui aveva lavorato per molti anni: era stata la prima donna a diventare direttrice di una grande banca nello Stato di Washington, e la prima donna presidente della United Way nella contea di King (e in seguito del comitato nazionale dell'ente di beneficenza). Quell'anno era stata anche eletta nel consiglio d'amministrazione dell'Università di Washington. Tutto questo mentre faceva parte anche dei consigli del Children's Hospital e della Seattle Foundation. Kristi stava iniziando a lavorare come contabile, un passo verso il tipo di carriera che una generazione prima era di fatto preclusa alle donne come mia madre. Fu un giorno pieno d'orgoglio quando Kristi ottenne un posto alla Deloitte. Libby, che ormai aveva dieci anni, si distingueva in tre sport (finalmente mia madre aveva un figlio che condivideva le sue capacità atletiche!). E avere un figlio a Harvard che otteneva buoni risultati dal punto di vista accademico completava l'immagine della famiglia di successo che aveva inseguito per vent'anni, forse anche di più.

Che quel figlio abbandonasse l'università sarebbe stato scioccante. Che ne venisse cacciato, era persino peggio.

Seduto alla mia macchina da scrivere intento a battere, nel corso di una lunga notte, una lettera per il consiglio d'amministrazione, sentivo il peso di tutto questo.

Il documento – ne ho ancora una copia – era una difesa delle mie azioni, una lettera di scuse, una critica dell'Aiken, un racconto del nostro progetto e un'istantanea di un'industria sull'orlo della rivoluzione. Scrissi che l'avvento del microprocessore nel 1974 significava che all'improvviso i computer sarebbero potuti diventare «più piccoli di una scatola di fiammiferi». Aggiunsi che «Paul Allen crede fermamente che i microcomputer siano l'onda del futuro» ed espressi il nostro interesse a cercare di far parte di quell'onda.

Mi sentivo terribilmente in colpa per aver trascinato Monte in quel casino. Il consiglio stava prendendo in considerazione delle azioni disciplinari anche contro di lui. Era al primo anno, all'inizio della sua carriera universitaria. Il progetto aveva già danneggiato i suoi voti. Nella mia lettera sottolineai che ero io a capo del progetto, che avevo portato io

Monte nel laboratorio e che l'errore era mio. Ero convinto che lui dovesse essere del tutto scagionato.

Una volta finito di scrivere, lessi le dieci pagine ai miei genitori al telefono. Mio padre mi suggerì di essere più conciliante. Seguendo il suo consiglio, conclusi la lettera così: «Chiedo scusa per i miei errori. Mi sembra di aver dimostrato una grave mancanza di giudizio riguardo alla vendita del BASIC. Credo di poter continuare a essere una risorsa per la comunità di Harvard, e vi chiedo di non mettere una macchia sul mio registro che possa ostacolare le mie attività in futuro».

Il 19 maggio ero di nuovo alla mia macchina da scrivere, a battere una lettera per Paul. «Stanotte ho pensato molto alla Micro-Soft e ho deciso di buttare giù qualche idea e spedirtela.» Elencai i punti salienti del nostro negoziato con la MITS e sottolineai i dettagli tecnici dei nuovi prodotti. La lettera è una finestra di tre pagine sulla mente di un novello proprietario d'azienda, che analizza tutti i dettagli: come dividere i profitti, gestire le spese ed evitare una stretta monetaria data la necessità di pagare il nostro avvocato, affittare un appartamento e coprire le spese di sostentamento per noi due e un impiegato, un amico della Lakeside. Se io o Paul «usciamo di scena in modo sostanziale (tornando all'università)», immaginai come avremmo diviso i redditi dai contratti futuri. «Non penso sarà un problema ... per allora avremo guadagnato 100.000 dollari in ogni caso» predissi.

Una settimana dopo, ero nella mia camera del dormitorio a studiare per gli esami di fine anno quando mi chiamò il mio tutor anziano. Il consiglio d'amministrazione si era appena riunito per il mio caso. Avevano votato di «ammonirmi» per il mio uso improprio e non autorizzato del laboratorio. «Cosa significa?» chiesi. Mi spiegò che me l'ero cavata più facilmente di quanto pensasse. Nessuna punizione.

Delle tre questioni interessate – il tempo trascorso al computer, la creazione di un prodotto commerciale e l'aver portato gente non autorizzata in laboratorio – stabilirono che avevo violato solo la terza. Avrei dovuto chiedere l'approvazione prima di portare Paul e Monte all'Aiken. Per fortuna decisero di «cancellare» l'accusa contro Monte, scagionandolo da tutto.

Fui fortunato perché il consiglio si rese conto che il laboratorio era stato gestito in modo molto approssimativo e praticamente senza regole precise. Tutte le persone interrogate al riguardo lo confermarono, ma sono sicuro che il mio guru dell'Aiken, Eric Roberts, mi avesse aiutato parecchio. In una dichiarazione che rese al consiglio, scrisse che, anche se era contrario allo sfruttamento commerciale del nostro lavoro, «penso che l'azione di Bill debba essere considerata alla luce dell'atteggiamento tradizionalmente disinvolto del Centro, e che il Centro debba assumersi una parte di responsabilità per non aver fissato delle norme sull'uso della macchina». Eric avrebbe poi fondato il primo dipartimento di informatica al Wellesley College e in seguito avrebbe insegnato a migliaia di studenti a Stanford e in altre università.

Non so bene perché non ho un ricordo più preciso delle preoccupazioni dei miei genitori durante i miei problemi con l'Aiken. All'epoca ero molto indipendente e anche meno in sintonia con gli stati emotivi degli altri rispetto a oggi. So però che allora mi sembrava che, siccome avevo causato io il problema, toccasse a me trovare il modo di uscirne. Un documento in mio possesso risalente a quel periodo è una lettera di Natale da parte di Gami. Come c'era da aspettarsi, aveva una posizione ferma, di principio, nei confronti del mio casino. Sono certo che le sue idee rispecchiavano quelle dei miei genitori:

> Sono sicura che riconosci di avere un meraviglioso talento e siamo tutti orgogliosi della tua creatività e diligenza nel perseguire ogni idea. Accertati di aderire allo standard etico più elevato. Fa' di tutto per esaminare ogni aspetto delle tue imprese da ogni punto di vista. Forse sono preoccupata perché penso che le tentazioni siano troppo grandi per non trascurare qualcosa qua e là, dimenticando che il nostro obiettivo generale viene messo in pericolo. La tua esperienza a Harvard, anche se sei stato in un certo senso assolto, è comunque un avvertimento a essere onesto in ogni tuo passo. Aver visto vite

distrutte perché un individuo pensava che il fine giustificasse i mezzi dovrebbe farci stare attenti. Voglio che tu stia all'erta. Fa' che il tuo lavoro sia così corretto da non poter essere in nessun modo interpretato come improprio. Sei un giovane meraviglioso: ti sostengo e ti voglio bene. A presto, Gami.

Nei miei registri di Harvard, cinquant'anni dopo, ho trovato le note di un colloquio avuto con Tom Cheatham nel corso del mio riesame da parte del consiglio d'amministrazione. Era lui che mi aveva aperto le porte del laboratorio ed era diventato il mio consulente accademico al secondo anno. Ma non sapevo cosa pensasse riguardo al mio caso.

Ci eravamo incontrati all'inizio del mio progetto del BASIC e gli avevo detto che avrei lavorato su quegli strumenti e avrei tentato di scrivere un interprete. Si dimostrò entusiasta, anche se occupato, perciò non entrammo nei dettagli. Fu una rara interazione tra noi due. A quel punto pensavo che fosse stanco del fatto che riempivo i nostri incontri con resoconti esaltati di tutte le tecnologie a cui pensavo e dei progetti che secondo me il laboratorio avrebbe dovuto intraprendere. Raggiungemmo un accordo implicito per cui se avessi avuto bisogno che mi firmasse qualche documento, l'avrei lasciato al suo assistente per poi riprenderlo firmato. Quando mi resi conto che poteva esserci un problema con il mio lavoro sul BASIC al laboratorio, fissai un appuntamento per vederlo. Non si presentò. Il nostro rapporto era ormai diventato così. Ero sempre nervoso all'idea di parlare con lui, e probabilmente ci sentivamo entrambi più a nostro agio a non incontrarci di persona. Era una situazione insolita, per me. Nei miei professori di Harvard ho trovato grande disponibilità e ho costruito con loro rapporti basati su lunghe conversazioni sulla matematica e la programmazione; alcuni hanno addirittura contribuito direttamente all'evoluzione delle mie idee sul futuro dell'industria informatica.

All'epoca della controversia su Aiken, pensavo che Cheatham non fosse dalla mia parte, ma le note di Harvard rivelano che in realtà mi difese. Disse al consiglio che sarebbe stata «una parodia della giustizia» se mi avessero costretto a ritirarmi da Harvard, e che lui sarebbe «stato felicissimo di avere BG a usare il computer al Centro l'anno prossimo». Sembrava conoscere il mio stato d'animo generale. L'origine di tutta la faccenda, disse, secondo le note, era che «BG ha dato il via al progetto per noia: uno studente del secondo anno che è già annoiato dai corsi di laurea» e che si era dedicato ai microcomputer per avere qualcosa con cui giocare. Tutto questo era senz'altro vero. Col senno di poi, è chiaro che mi sostenne, e gliene sono grato. Vorrei solo che al tempo avesse stretto un rapporto migliore con me. Tom Cheatham lavorò a Harvard fino ai tardi anni Novanta, e continuò ad aiutare la programmazione a evolversi dal suo stadio artigianale in una disciplina più ingegneristica. Quando lessi i miei documenti di Harvard, molti anni dopo, venni a sapere che era morto nel 2001.

La tensione riguardo al mio uso dell'Aiken derivava dal modo in cui era sempre stato considerato il computer: una risorsa rara e da proteggere. Molto era cambiato dai tempi in cui Howard Aiken aveva costruito il suo enorme calcolatore meccanico Mark I negli anni Quaranta, quando il numero di computer di tutto il mondo era irrisorio. Nel 1966, anno in cui la DEC vendette il suo primo PDP-10, al mondo esistevano migliaia di computer. Nel 1975, quando arrivò l'Altair, ce n'erano molti di più. Tuttavia erano ancora costosi, e accedere a uno di essi richiedeva un aggancio speciale o delle credenziali, la chiave di una stanza o, se si era fortunati, degli insegnanti illuminati al liceo.

Anche se all'epoca nessuno poteva comprenderlo appieno, la scarsità stava per cedere il posto all'abbondanza, e i computer sarebbero diventati molto presto disponibili per milioni di persone. Il programma BASIC scritto da noi e che aveva provocato tanto scompiglio avrebbe svolto un ruolo chiave, come il lavoro di migliaia di altri. All'improvviso l'idea che un adolescente potesse creare al computer qualcosa di valore sarebbe passata da improbabile a comune. E il costo dell'uso dei computer sarebbe crollato così in fretta da farlo diventare presto quasi gratuito.

XIII
Micro-Soft

Quando nell'estate del 1975 arrivai ad Albuquerque, l'ex negozio di sandwich che la MITS chiamava quartier generale era stato trasformato in un'improvvisata fabbrica di computer con lunghi tavoli messi insieme con travetti e compensato. Ogni giorno si vedevano decine di persone infilare componenti elettronici in scatole che venivano spedite il più in fretta possibile, anche se non alla stessa velocità con cui i numerosi clienti volevano ricevere il loro kit per computer da 400 dollari. Gli appassionati duri e puri guidavano per centinaia o addirittura migliaia di chilometri fino alla MITS per ritirare il loro Altair. Andando al lavoro al mattino presto, non era insolito trovare dei camper parcheggiati all'angolo tra Linn Avenue e California Street, in attesa del loro Altair come se fosse una pizza da asporto. Quell'ufficio, in un vecchio centro commerciale circondato da un'agenzia di cambio assegni, una lavanderia automatica e un salone di massaggi, fu il *ground zero* di quella che sarebbe stata chiamata la rivoluzione del personal computer.

Il padre di tutto questo, Ed Roberts, aveva avuto l'idea giusta, ma ne aveva sottovalutato di molto la popolarità.

Aveva previsto che la MITS avrebbe potuto trovare più o meno ottocento clienti all'anno disposti a sborsare dei soldi per la novità di avere un computer tutto loro. Invece, in quei primi mesi, gli ordini furono migliaia. Agli acquirenti dell'Altair non sembrava importare che, una volta assemblato, non ci si potesse fare molto a parte azionare interruttori e far lampeggiare le lucine. Erano perlopiù ingegneri, medici, piccoli proprietari d'azienda, studenti e altri hobbisti che avevano mezzi da sperperare per gadget elettronici e il tempo libero per smanettarci.

In marzo, a Menlo Park in California, un gruppo di trentadue hobbisti si era riunito in un garage per scambiarsi informazioni sull'Altair. Prima di quell'incontro, uno dei membri aveva guidato dalla California ad Albuquerque solo per vedere se l'azienda che vendeva per posta il computer esistesse davvero. Aveva incontrato Ed Roberts e aveva saputo che la MITS aveva accettato ordinazioni per molti più computer di quanti fosse in grado di consegnare. Per l'incontro successivo del club, i membri riuscirono a dare la loro prima occhiata a un Altair. Senza software, tastiera o schermo, il novello proprietario del computer, un carpentiere di nome Steve Dompier, vi inserì mediante le levette un semplice programma. Quando azionò l'ultima levetta, l'Altair suonò una versione in staccato di *The Fool on the Hill* dei Beatles tramite – cosa sorprendente – una radio AM. (La fece seguire da *Daisy Bell*, che, come probabilmente sapevano tutti quelli che ascoltavano, era stata la prima canzone mai suonata da un computer, nel 1961, nonché il brano cantato dal computer HAL 9000 mentre «moriva» lentamente nella versione originale di *2001: Odissea nello spazio*.)

In seguito, quel gruppo si sarebbe battezzato l'Homebrew Computer Club. Nell'arco di alcuni mesi i suoi membri sarebbero diventati centinaia. Club come l'Homebrew spuntarono in tutto il paese. Come me, questi primi fan dei personal computer erano cresciuti con l'idea che i computer costassero centinaia di migliaia di dollari. Adesso, per meno di 100 dollari, chiunque poteva possederne uno, anche se non poteva farci molto.

Per alimentare questo mercato piccolo ma molto vivace, Ed Roberts caricò sul suo camper Dodge azzurro alcuni computer Altair e assunse uno studente universitario per fare un giro pubblicitario delle città americane. Il Blue Goose, come venne battezzato il furgone, incontrava gli hobbisti all'Holiday Inn del luogo, dove gli impiegati della MITS mostravano l'Altair che eseguiva il nostro BASIC, prima di passare alla città successiva.

In giugno volai a San Francisco per unirmi a un gruppo di impiegati della MITS e al Blue Goose per alcuni giorni, visitando l'Homebrew Club e altri hobbisti. Fu la mia prima volta nella Silicon Valley, un nome che era stato adottato solo alcuni anni prima grazie all'abbondanza di aziende di semiconduttori come Fairchild e Intel. Il viaggio si rivelò istruttivo. Molti degli hobbisti che incontrai vedevano l'Altair e l'intero concetto di personal computer attraverso le lenti della controcultura. I computer economici o gratuiti si adattavano allo spirito hippie degli anni Sessanta e dei primi Settanta. Rappresentavano il trionfo delle masse sulle corporazioni monolitiche e sulle forze istituzionali che controllavano l'accesso all'uso dei computer. Anche se alcuni degli informatici lavoravano per fornitori della Difesa come Lockheed e grandi aziende elettroniche come Hewlett-Packard, la loro passione per la tecnologia era ben radicata nell'ideologia del cambiamento sociale e della libera circolazione delle idee. Tra i gruppi che incontrai c'era la People's Computer Company, che non era un'azienda più della band che aveva ispirato il suo nome, la Big Brother and the Holding Company di Janis Joplin. La PCC era semmai un club che offriva accesso economico al computer e corsi gratuiti di informatica, perlopiù a scolari. Il numero inaugurale della newsletter della PCC esponeva la sua missione:

> I computer sono perlopiù usati contro la gente invece che per la gente
> Usati per controllare la gente invece che per liberarla
> È ora di cambiare tutto questo…

L'unica tappa del nostro viaggio che sarebbe stata ricordata da molti fu una dimostrazione al Rickey's Hyatt House, un albergo di Palo Alto. Erano passati solo pochi mesi da quando Paul, Monte e io avevamo scritto la nostra versione del BASIC su un computer di Harvard. Quel programma, il 4K BASIC, era rudimentale, un grezzo prototipo funzionante che avevamo in mente di affinare quell'estate. Ma era l'unico linguaggio di programmazione che la MITS offriva per l'Altair, e quindi, a quelle prime dimostrazioni, era la star dello spettacolo, perché consentiva ai fan dell'Altair di *fare* finalmente qualcosa con quella scatola da 400 dollari.

Venticinque anni dopo, un giornalista avrebbe definito la serata all'Hyatt «il giorno in cui qualcuno rubò il software di Bill Gates». Nella sala conferenze si erano affollate circa duecento persone, tra cui molti membri dell'Homebrew Club. Mentre un impiegato della MITS faceva una dimostrazione con l'Altair, qualcuno allungò una mano in una scatola di cartone e afferrò un nastro perforato di scorta del 4K BASIC. Mi ricordo a malapena di quella serata, figuriamoci se avevo notato il codice mancante: la cosa sarebbe venuta fuori alcuni mesi dopo. Alla fine il nastro arrivò fino a un membro dell'Homebrew, che produsse un'altra settantina di copie su nastro del software, le distribuì a una riunione del club e incoraggiò tutti a farne altre copie. Nell'arco di poche settimane giravano decine, forse centinaia, di copie del 4K BASIC: diverse settimane prima che avessimo finito la versione che avevamo progettato di vendere.

In linea con l'etica hippie del nascente mondo del personal computer, l'idea che il software dovesse essere gratuito era generalmente diffusa. Il software era una cosa da copiare da un amico, condividere apertamente o perfino rubare. Per molti versi all'epoca era come la musica. Per ogni fan di Bruce Springsteen che quell'estate aveva comprato *Born to Run*, molti altri avevano preso in prestito l'album da un amico e l'avevano registrato gratis su una cassetta.

L'hardware era un'altra storia. Era tangibile. Stava sulla scrivania. Potevi sentire la sua ventola di raffreddamento che ronzava. Se appoggiavi la mano sul case, sentivi il calore dell'alimentatore. Se toglievi il coperchio, vedevi tutti i piccoli componenti saldati al loro posto con il cervello del microprocessore, un dispositivo magico così sensibile che veniva prodotto in una fabbrica priva di polvere. Al contrario, il software era virtuale, bit di informazione immagazzinati in modo invisibile su un nastro magnetico o come segni indecifrabili su un rotolo di carta perforata. Ci voleva un volo di fantasia per rendersi conto che qualcuno aveva passato migliaia di ore a progettare, scrivere, eliminare bug, e fare del suo meglio per renderlo eseguibile. E dato che era sempre stato gratuito, perché non distribuirlo in giro?

Ma io e Paul volevamo mettere su un business. La nostra convinzione, arrivata dopo molte chiacchierate a tarda notte, era che, via via che i personal computer fossero diventati sempre più economici e si fossero diffusi nelle aziende e nelle case, ci sarebbe stata in concomitanza una richiesta quasi illimitata di software di alta qualità. Già mentre lavoravamo a quella prima versione del BASIC per la MITS, io e Paul ragionavamo su quali altri tipi di software sarebbero serviti alla gente per i suoi personal computer. Potevamo creare strumenti di programmazione come editor di codice e versioni di altri linguaggi popolari come il FORTRAN e il COBOL. Dopo aver studiato il sistema operativo del minicomputer PDP-8 della DEC, che come l'Altair aveva pochissima memoria, ero abbastanza sicuro che avremmo potuto creare un intero sistema operativo per un personal computer. Un giorno, se le cose fossero andate come speravamo, la Micro-Soft sarebbe diventata quella che chiamavamo una «fabbrica di software». Avremmo fornito una vasta gamma di prodotti che sarebbero stati considerati i migliori nel loro campo. E se le cose fossero andate davvero bene, magari – pensavo – avremmo potuto avere una grande squadra di programmatori esperti a lavorare per noi.

All'epoca, se qualcuno ci chiedeva qual era il nostro obiettivo, descrivevo l'idea della fabbrica di software, o dicevo semplicemente che volevamo mettere il nostro software su ogni personal computer del mondo. La reazione di solito era un'espressione scettica o divertita.

Un consistente gruppo di produttori di chip aveva presto seguito Intel. Motorola, Fairchild, General Instruments, Signetics, Intersil, RCA, Rockwell, Western Digital, National Semiconductor, MOS Technology, Texas Instruments e altri producevano microprocessori a 8 bit simili all'Intel 8080. Uno qualunque di quei chip poteva in teoria essere il cervello di un personal computer. Ogni volta che arrivava sul mercato un nuovo chip, Paul trovava un articolo tecnico con le sue specifiche e poi discutevamo se valeva il tempo necessario per scrivere il software.

Ovunque guardassimo, i semi di un'industria stavano germogliando. In aprile, un membro dell'Homebrew Club e un suo amico avviarono la Processor Technology a Berkeley, in California, inizialmente per vendere schede di memoria aggiuntive per l'Altair; nell'arco di un anno avrebbero messo sul mercato un loro computer, il Sol-20. Alla fine del 1974, un professore di Stanford di nome Roger Melen era in visita agli uffici newyorchesi di «Popular Electronics» quando vide per caso il modello dimostrativo dell'Altair prima che il computer venisse annunciato. Ne rimase talmente impressionato da cambiare il suo volo di ritorno, facendo tappa ad Albuquerque per incontrarsi con Ed Roberts. Presto Melen e un suo amico di Stanford svilupparono componenti aggiuntivi per l'Altair, tra cui una videocamera digitale e un joystick, e col tempo avrebbero prodotto un microcomputer, lo Z-1. (Il nome della loro azienda, Cromemco, derivava da un dormitorio di Stanford, il Crothers Memorial.)

Ispirato dall'Altair e dal suo Intel 8080, un ingegnere della Hewlett-Packard di nome Steve Wozniak comprò un MOS Technology 6502, il microprocessore più economico che riuscì a trovare, e costruì rapidamente il prototipo di un suo computer. Come un sacco di membri dell'Homebrew, Wozniak era motivato dal brivido della progettazione e dall'orgoglio di costruire qualcosa da poter condividere con il club. Tutto questo finché il suo amico Steve Jobs non vide il prototipo. Jobs era da poco tornato da un soggiorno di sette mesi in India, dov'era andato, come disse in seguito, alla ricerca di se stesso. Nell'arco di un anno abbandonò le sue vesti color zafferano, si fece ricrescere i capelli e convinse Wozniak che il suo hobby informatico era un business. Non passò molto prima che i due battezzassero la loro azienda Apple e cominciassero a vendere il loro primo computer, l'Apple I.

I miei genitori si aspettavano che trascorressi l'estate a Seattle seguendo uno o due corsi all'Università di Washington, come avevo fatto l'estate precedente. Invece ero in Nuovo Messico. E presto avrei detto loro che mi sarei preso un semestre di pausa da Harvard per restare ad Albuquerque. Erano preoccupati ma, a quanto ricordo, non si opposero. Forse, dopo l'ammonimento del consiglio d'amministrazione, pensavano che una pausa mi avrebbe fatto bene; in inverno, probabilmente credevano, questa incursione nel software si sarebbe conclusa o trasformata in un lavoretto secondario che avrei mantenuto una volta tornato all'università per finire il mio corso di laurea.

Per mio padre, «organizzato» significava avere le cose sotto controllo. Se eri organizzato, avevi un piano, avevi riflettuto, stabilito un obiettivo e individuato i passi necessari per raggiungerlo. Io volevo dimostrare a lui e a mia madre che ero organizzato, che ero consapevole di cosa stavo facendo con questa impresa della Micro-Soft pur sapendo che avrei potuto fallire.

Tenevo un elenco mentale delle volte in cui avevo dovuto chiedere aiuto a mio padre. La prima era stata lo scontro che io e Kent avemmo con l'ISI riguardo al nostro programma di gestione delle paghe, e la seconda la controversia con il consiglio d'amministrazione di Harvard. Mentre cominciavo a costruire la Micro-Soft, speravo di non dover tornare da lui, soprattutto perché avevo detto ai miei genitori che ero in grado di gestire sia l'azienda sia l'università.

Le aziende di software non esistevano: almeno non il tipo che io e Paul volevamo costruire. E il nostro prodotto era una cosa che secondo i nostri potenziali clienti doveva essere gratuita. Ma noi avevamo il nostro unico cliente e la fiducia di poter partire da lì.

La nostra prima casa ad Albuquerque fu una stanza condivisa a un paio di isolati dalla MITS, al Sundowner Motor Hotel, prima che io e Paul affittassimo un appartamento con due camere da letto, il numero 114, in un complesso chiamato Portals, a breve distanza in macchina dall'ufficio. Portals era economico e aveva una piscina, anche se penso che nessuno dei due ebbe mai il tempo di nuotarci. Io e Paul prendemmo una stanza ciascuno, e quando Monte Davidoff si presentò per aiutarci a scrivere il codice per l'estate, si fece un letto con i cuscini del divano sul tappeto a pelo lungo. Per il mese di agosto venne Chris Larson, il mio amico della Lakeside che ci aiutava a gestire la nostra impresa del Traf-O-Data. Lui e Monte condivisero il soggiorno - camera da letto, sistemazione che sembrò funzionare, dato che a Monte piaceva programmare da solo tutta la notte, abbandonandosi sui cuscini del divano proprio quando Chris si alzava al mattino per andare al lavoro.

La nostra sede, se così si poteva chiamare, faceva parte della MITS, in una zona sul lato dell'edificio. Avevamo alcuni terminali che usavamo per collegarci al PDP-10 dall'altra parte della città, nel distretto scolastico di Albuquerque. Paul aveva stretto un accordo per affittare tempo di utilizzo del computer, ma questo significava che di solito lavoravamo di notte, quando non era utilizzato dagli utenti del distretto. Non avevamo una stampante, perciò alla fine di ogni giornata uno di noi doveva guidare per alcuni chilometri fino al distretto per ritirare risme di carta da computer perforata che contenevano il nostro codice segreto.

In quanto direttore del software della MITS, Paul passava gran parte della sua giornata a adattare il nostro software per l'Altair e a rispondere alle chiamate di clienti confusi che cercavano di familiarizzare con il loro nuovo acquisto. Per la Micro-Soft, Paul contribuì a impostare la direzione della nostra tecnologia e fu il custode dei nostri strumenti di sviluppo. Il lavoro che aveva fatto per creare il simulatore per il PDP-10 e i relativi strumenti avrebbe dato frutti per anni. Non solo ci permise di creare il nostro primo BASIC senza un Altair (o un Intel 8080) ma, nel corso del tempo,

Paul avrebbe adattato gli strumenti in modo che potessimo scrivere versioni del linguaggio e altro software per processori diversi. Il suo lavoro ci aveva aiutato a conquistare una posizione di testa sul BASIC e ci avrebbe dato un grande vantaggio per molto tempo.

Nel frattempo, io mi immersi di nuovo nel BASIC. Oltre a sistemare i bug della versione 4K, progettammo altre due versioni: una a 8K e una a 12K, che chiamammo Extended BASIC. Se fossimo stati romanzieri, il BASIC 4K sarebbe stato una traccia, un semplice abbozzo della storia. La versione 8K aggiungeva azione e personaggi più definiti; la versione Extended era una stesura completa del romanzo, che nel mondo dei computer significava che aveva cose come istruzioni ELSE e variabili a 64 bit in doppia precisione, caratteristiche necessarie per scrivere programmi migliori.

A fine luglio avevamo firmato il nostro contratto con la MITS, piegandoci alle insistenze di Ed di garantire alla MITS i diritti globali in esclusiva di tutte le nostre versioni del BASIC per il chip 8080. L'accordo ci fruttò subito 3000 dollari, e in più avremmo ottenuto una royalty per ogni copia del BASIC per l'8080 venduta con un Altair, tra i 10 e i 60 dollari a seconda che fosse 4K, 8K o Extended. Le royalties da queste vendite avevano un tetto di 180.000 dollari. L'accordo dava inoltre alla MITS il diritto esclusivo di concedere in sublicenza il software; ogni azienda che voleva usare il BASIC dell'8080 nei propri prodotti avrebbe dovuto ottenere il codice sorgente – la ricetta del BASIC – tramite la MITS, non la Micro-Soft. La MITS accettò di dividere con noi gli eventuali profitti di queste sublicenze. Se molte aziende avessero usato l'Intel 8080 nei loro prodotti, questo si sarebbe potuto tradurre in un affare considerevole. Ma nel luglio 1975 tutto ciò era una grande incognita.

In seguito al successo dell'Altair, Ed aveva progettato di lanciare una versione più economica chiamata Altair 680, usando il processore 6800 della Motorola. Gli sarebbe servita una versione del BASIC che funzionasse per il chip Motorola. Gli dicemmo che l'avremmo scritta. Sempre nello stesso periodo, i floppy disk stavano diventando un valido sostituto dei nastri perforati per immagazzinare i dati, e Ed voleva vendere drive per l'Altair. Il che significava un'altra versione ancora del BASIC. Accettammo di scrivere anche quella.

Con tutto quel lavoro da fare, chiamai Ric a casa dei suoi genitori a Seattle per sapere se era disposto a posticipare il suo ultimo semestre a Stanford. Gli dissi che avevamo bisogno di scrivere un BASIC per il chip 6800 della Motorola. Che ne pensava di passare l'autunno ad Albuquerque e guadagnare un po' di soldi? Alla fine di settembre, Ric si era trasferito al 114 di Portals con me e Paul, subentrando sul divano mentre Chris Larson tornava alla Lakeside e Monte al suo secondo anno a Harvard.

Di noi tre, Ric era quello meno sereno, in apparenza sempre intento a rimuginare non solo su decisioni quali se dovesse frequentare legge o economia, ma anche su questioni più profonde riguardo alla sua identità. Due anni prima, quando avevamo trascorso tutti insieme l'estate a programmare alla TRW, Paul, Ric e io avevamo condiviso un appartamento nel Sud dello Stato di Washington. In occasioni separate, quell'estate, Ric aveva preso da parte me e Paul individualmente confidandoci di essere gay. Fu sollevato quando entrambi gli rispondemmo che per noi non faceva differenza: eravamo amici. Scherzammo dicendo che in un certo senso l'avevamo sempre saputo: Ric, dopotutto, era l'unico di noi che aveva in casa delle copie di «Playgirl».

All'epoca probabilmente non capii appieno quanto coraggio gli ci volle per uscire allo scoperto. Agli inizi degli anni Settanta l'omosessualità era ancora ampiamente stigmatizzata, e il movimento per i diritti dei gay stava appena nascendo; non esistevano molti luoghi a cui rivolgersi in cerca di sostegno. E non è che i membri del nostro gruppo passassero il tempo ad aprirsi emotivamente gli uni agli altri. Eravamo molto amici, compagni nelle nostre piccole imprese. Passavamo il tempo a bighellonare, parlare di tecnologia, mangiare fuori e vedere film. Ma non rivelavamo spesso, se non mai, le nostre emozioni o fragilità più profonde. In un certo senso eravamo ancora gli stessi adolescenti che si erano conosciuti nella sala computer della Lakeside.

Anche le dinamiche sociali tra noi non erano cambiate. Paul continuava ad assorbire tutte le notizie e i dati sulle ultimissime tecnologie, trasformandoli in idee che potevano contribuire a far progredire la Micro-Soft. Il punto di forza di Ric era la capacità di concentrarsi su un lavoro e affrontarne metodicamente ogni fase fino al completamento, che per la programmazione era proprio ciò di cui avevamo bisogno. Io ero quello che metteva a punto la nostra strategia, con la costante preoccupazione che non ci stessimo muovendo abbastanza in fretta o che non stessimo lavorando abbastanza duramente. Era così fin da quando lavoravamo tutti al compito dei libri paga al liceo. Alla Lakeside quest'organizzazione dava agio a Paul di fare il lavoro che gli piaceva – e in cui era più bravo – e lasciava il resto a me. Adesso, mentre cercavamo di far decollare la Micro-Soft, assumemmo spontaneamente quei ruoli: Paul si concentrava sulle innovazioni tecnologiche come il suo simulatore e gli strumenti, mentre io scrivevo il nuovo software e gestivo la maggior parte degli aspetti commerciali. Di recente avevo anche supervisionato le negoziazioni contrattuali con Ed Roberts. Mentre ero a Boston, Paul aveva tentato di convincere Ed a firmare il contratto, ma non c'era riuscito; quel tipo di negoziazioni faccia a faccia erano probabilmente la parte della nostra nuova impresa che Paul amava di meno.

Avevamo conquistato la MITS da 2000 chilometri di distanza, con un paio di telefonate interurbane e un volo da 240 dollari per Albuquerque. Ma per trovare il cliente successivo e quello dopo ancora, dovevamo vendere noi stessi e i nostri prodotti scrivendo lettere, partecipando a fiere e visitando aziende. Avevamo molto da capire: quanto avremmo dovuto farci pagare? Come ci saremmo presentati sul mercato? Come avremmo assunto degli impiegati? Come avremmo risolto le questioni delle paghe e delle tasse? Per Paul questi erano compiti noiosi. E se tutto fosse andato come speravamo, sarebbero solo cresciuti di numero e complessità.

Alcuni giorni dopo aver firmato il nostro accordo con la MITS, misi per iscritto le mie sensazioni in un messaggio per Paul: «La Micro-Soft può cavarsela bene perché è in grado di progettare e scrivere buon software e perché è in grado di prendere persone, come Monte, ... e insegnar loro, scegliere per loro un progetto, fornire risorse e gestirle. Le necessarie decisioni economiche, legali e gestionali sono molto difficili, come sono sicuro saprai. Penso che il mio contributo a questi compiti mi dia diritto a più del 50 per cento della Micro-Soft».

Avremmo dovuto dividere la partnership della compagnia al 60-40 per cento, continuai con fermezza. Mi sembrava giusto. «Sono molto ottimista riguardo al nostro lavoro insieme. Se le cose andranno bene, intendo prendermi un anno intero di pausa dall'università» scrissi in chiusura. Paul fu d'accordo con la spartizione.

Mentre cominciavo questo viaggio nel tentativo di trasformare le nostre idee sul software in un'impresa redditizia, trovai un modello in Ken Olsen della DEC. Lui aveva imparato strada facendo, e in seguito era diventato un maestro nel suo campo. In quanto ingegnere, immaginavo che dovesse essere bravo in matematica, e dato che la matematica richiedeva pensiero logico e un'affinata capacità di risolvere i problemi, pensai che lui e, per estensione, io avremmo potuto acquisire ogni capacità e competenza necessarie. L'algebra lineare, la topologia e il resto del corso di matematica 55 avevano messo alla prova i miei limiti. In confronto, i libri paga, la finanza, perfino le assunzioni, il marketing e tutto ciò che serviva per gestire un'azienda dovevano essere ampiamente alla mia portata. Era un punto di vista semplicistico, che anni dopo avrei abbandonato, ma, ehi, avevo diciannove anni e allora la vedevo così.

Quell'autunno la mia vita si divise perlopiù tra scrivere codice per giorni e giorni di fila e dormire solo quando ero costretto, e spesso dove mi trovavo. Mi appisolavo al terminale, oppure sul pavimento lì accanto. Paul finiva il suo lavoro quotidiano alla MITS, poi veniva nella nostra parte dell'edificio per lavorare qualche ora per la Micro-Soft, quindi andava a casa a dormire un po' prima di tornare alle due di notte trovandomi ancora al terminale. Quando più tardi arrivavano al lavoro gli impiegati della MITS, io e Paul andavamo da Denny's per fare colazione, poi io tornavo al 114 di Portals per dormire il resto della giornata. In quel periodo avevamo ormai sistemato un terminale anche nel nostro soggiorno, che si poteva collegare tramite la linea telefonica al computer nel distretto scolastico. Quasi tutti i giorni Ric si alzava dal divano e si installava a quel terminale a sfornare il codice del BASIC per il 6800. Sul pavimento erano sparse pagine del nostro codice del BASIC per l'8080, che usava come guida.

Non cucinavamo mai a casa e, a parte un vasetto di piedini di porco in salamoia comprato da Chris per scherzo, il nostro frigorifero era in genere vuoto. Mangiavamo sempre fuori, spesso da Furr's Cafeteria, un locale che faceva parte di una piccola catena di ristoranti dove assaggiai la mia prima bistecca di pollo fritta; da quel momento per abitudine la ordinai quasi ogni volta che andavamo lì. Ricordo un sacco di cibo messicano, consumavamo *chili con queso* a secchiate e ci sfidavamo a mangiare una certa salsa al peperoncino verde così piccante da ustionarsi la lingua.

In primavera, quando Paul era partito da Boston, mi aveva lasciato la sua Plymouth, ormai vicina a esalare l'ultimo respiro. Quando due mesi dopo andai in aereo a ovest, abbandonai la macchina nel parcheggio, sapendo che alla fine sarebbe stata portata da uno sfasciacarrozze. Quella prima estate ad Albuquerque, Paul accantonò ogni mese una parte del suo salario della MITS per comprare la sua prima auto nuova, una Monza del 1975 azzurro cielo. Parlava sempre del fatto che un giorno sperava di fare abbastanza soldi da permettersi una Rolls-Royce. Per il momento doveva accontentarsi di una Chevy a due porte. Quella Monza azzurra era la nostra auto aziendale ufficiosa, usata per andare a ritirare gli stampati dal distretto scolastico, portarci a mangiare altre bistecche di pollo fritte e percorrere le strade piatte e infinite che si allungavano verso ovest e quelle tortuose che attraversavano i monti Sandia verso est. L'auto era leggera e aveva un motore V8 e la trazione posteriore, perciò slittava con grande facilità se non si stava attenti. Poco dopo che Paul prese la macchina, io e Chris ci stavamo facendo un giro quando imboccai una curva a velocità troppo elevata e finii con il muso contro una recinzione di filo spinato. Quella fu probabilmente l'unica volta che vidi Paul vicino a piangere. Pagai per farla riverniciare, ma provai sempre un terribile senso di colpa. Paul amava quell'auto, che da quel momento in poi fu ribattezzata «Trappola Mortale». Sempre quell'anno, mi arrestarono per eccesso di velocità sulla Trappola Mortale. Al poliziotto non piacque il fatto che continuassi a scherzare e mi sbatté in cella per la notte. Chiamai Paul, che al mattino pagò la cauzione con gli spiccioli e le banconote che aveva trovato sparpagliati sulla mia cassettiera.

Un venerdì, io e Paul ci unimmo agli impiegati della MITS in una bettola in Central Avenue. Dato che l'età per bere era vent'anni, non mi fecero entrare, ma i barman chiusero un occhio quando i colleghi della MITS portarono le loro pinte ai tavoli da picnic all'esterno. La cultura dell'happy hour del dopolavoro mi era nuova. Fino a quel giorno, avevo l'ingenua convinzione che le aziende fossero tutte gestite con efficienza, e che gli impiegati fossero motivati, amassero il loro lavoro e collaborassero con la dirigenza per gli stessi obiettivi. L'idea che un'azienda fosse un'organizzazione umana con tutte le fisime e i difetti umani che ne conseguivano non mi era mai venuta in mente. Quel primo venerdì, seguito da altri, mi liberò da una visione così semplicistica. Insieme alla birra scorrevano anche le lamentele. La MITS era al centro di una nuova industria in espansione, eppure era un delirio di iniziative disorientanti, di strategie incomplete, di piani in costante cambiamento e, infine, di clienti talvolta arrabbiati. Anche alcuni dei dipendenti più anziani davano la colpa al capo, Ed Roberts. Ed erano franchi sul perché: avevano tutti troppa paura di esprimere le proprie preoccupazioni.

Ed Roberts era grosso – alto e corpulento – e aveva una voce tonante che rimbombava per tutto l'ufficio quando voleva che si facesse qualcosa. La gente attribuiva il suo stile dirigenziale di comando e controllo all'aeronautica militare, dove Ed aveva lavorato con i laser in un laboratorio di armi. Quando parlava, si aspettava che tu ascoltassi; intimidiva il suo personale, e lo sapeva. Sono certo che quella forza di volontà abbia contribuito a renderlo un imprenditore seriale, il genere di persona che può piegare il mondo intorno a sé nella forma che desidera. Paul era rispettoso nei confronti di Ed, cosa che Ed si aspettava, credo. Io invece non lo ero. Lo trattavo da pari, come avevo sempre trattato gli adulti ben prima di diventarlo anch'io. All'inizio, la cosa sembrò divertirlo. Era un narratore nato e padroneggiava una vasta gamma di argomenti; io ascoltavo, poi ribattevo con la mia opinione. Sembrava sconcertato dal mio modo di essere: l'energia e l'intensità, la mia personalità che aveva bisogno di chiarire tutto subito. Facevamo grandi chiacchierate e imparai molto da lui. Eppure, al tempo stesso, lui considerava Paul e me dei ragazzini a cui stava facendo un favore, motivo del soprannome che mi aveva dato: «il ragazzino». Aveva circa trentacinque anni, cinque figli, aveva ideato un computer di successo ed era il presidente di un'azienda di tendenza con un grande futuro. Ricordo di aver pensato: «Per Ed e la MITS, noi siamo una minuzia». Quando aveva bloccato il nostro contratto per alcuni mesi, io ero andato a Seattle ad attendere che lo firmasse. A suo modo di vedere, ciò costituiva un atto di insubordinazione.

Una volta sottoscritto il contratto, ero pronto a tutto. Io e Paul viaggiammo con il furgone Blue Goose e cominciammo a scrivere articoli sul software per «Computer Notes», la newsletter della MITS, dispensando consigli di programmazione e gestendo un concorso mensile con premi che andavano ai possessori di Altair che scrivevano il software migliore. In un'azienda che sapeva poco di software, io e Paul eravamo gli outsider pieni di energie e idee. Il fatto che Paul programmasse a tarda notte ascoltando gli assolo spaccatimpani di Hendrix e il mio entusiasmo sempre al massimo accentuavano l'impressione che fossimo diversi. A Paul piaceva raccontare la storia secondo cui Ed Roberts aveva dato istruzioni agli impiegati della MITS di non portare i clienti nell'area software, cosa che Paul attribuiva al fatto che non ci facevamo né la barba né la doccia. Una volta Ed entrò nel nostro ufficio e per poco non inciampò su di me che dormivo sul pavimento.

Ogni momento in cui non ero intento a dormire, a programmare o a scrivere una lettera per tentare di concludere affari, avevo la mente focalizzata sul passo successivo: gente da assumere, accordi da stringere, nuovi clienti. Quando mi mettevo in moto, tutto ciò che avevo in mente si riversava su chiunque volesse ascoltare. A cena con Paul e la gente della MITS potevo parlare per un'ora di fila, dondolandomi sulla sedia e sorseggiando il mio Shirley Temple mentre cercavo di capire come avremmo fatto a mettere il nostro software dentro ogni personal computer, o perché il Motorola 6800 era meglio del MOS Technology 6502, o perché una piccola azienda avrebbe comprato uno Sphere 1 piuttosto che un Altair. La mia mente aveva bisogno di mettere ordine in tutto ciò che venivo a sapere, in ogni nuova informazione che assorbivo. Parlavo e parlavo e poi notavo che tutti gli altri avevano finito di mangiare. Lasciavo il ristorante senza neanche aver toccato il mio cibo. «Magari fra qualche ora vado da Denny's. Oppure no. Si può resistere una giornata senza mangiare, no?»

Quelli dell'happy hour mi spronavano a convincere Ed ad apportare i cambiamenti di cui, secondo loro, la compagnia aveva bisogno. «Ehi, Bill, perché non vai a dire a Ed che stiamo facendo troppe cose e che dovremmo focalizzarci di più. Ehi, Bill, dovresti andare a dire a Ed che sarebbe meglio scartare la sua idea per un nuovo Altair.» Un po' ero cresciuto dai giorni della sala computer della Lakeside, quando Paul aveva capito quanto fosse facile spingermi all'azione. Ma non troppo.

La MITS aveva preso uno stand alla New Mexico State Fair di settembre. Era strano stare al nostro stand con un computer da quasi ventitré chili, in attesa che qualcuno posasse lo zucchero filato per ascoltare la sua prima lezione sul linguaggio di programmazione BASIC. Ma eravamo ottimisti. Alcuni si fermarono, ma spesso, non appena cominciavamo la dimostrazione, il computer andava in crash.

L'Altair veniva spedito con pochissima memoria – appena 256 byte di RAM –, il che era come guidare una macchina con un serbatoio delle dimensioni di una lattina di soda. Questa limitazione fece nascere diverse aziende dedicate a vendere schede di memoria che i clienti potevano comprare a parte e inserire nel loro Altair.

Ed Roberts odiava quei venditori di schede. Erano «parassiti», diceva, che corrodevano un business che era legittimamente suo. Parte del problema era che la MITS faceva pochissimi soldi sull'Altair. Questo spingeva Ed a inventarsi periferiche e altri extra da poter vendere ricavandoci un profitto. Le schede di memoria erano state il primo tentativo. Ma quelle della MITS erano difettose, in parte perché comprava chip di memoria difettosi. Ecco perché il nostro computer dimostrativo andava in crash e all'improvviso orde di clienti si lamentavano. Queste schede erano un grande argomento di discussione per il gruppo dell'happy hour. Era chiaro che la MITS avrebbe dovuto smettere di venderle. «Dovresti dirlo a Ed» suggerivano.

Scrissi un software che individuò il problema in una combinazione tra il progetto delle schede e il fatto che certi chip di memoria perdevano la loro carica elettrica troppo velocemente. Mostrai i risultati a Ed e gli dissi che doveva smettere di vendere le schede fino a quando non avessimo risolto il problema. Rispose di non poterlo fare. «Non capisci che le banche ci stanno col fiato sul collo?» urlò. Io non feci marcia indietro. Ribattei: «Smettila di vendere le schede! La risolveremo; smetti solo di vendere le schede fino a quando non ci riusciamo».

Invece continuò a spedirle, ma tornavano indietro così in fretta che il servizio clienti della MITS non riusciva a stare al passo con le lamentele e le richieste di sostituzioni. Su «Computer Notes», Ed si scusò per i difetti delle schede. La MITS, disse, stava tentando di addestrare più in fretta gli impiegati del servizio clienti. «Per favore, abbiate pazienza. Ci stiamo provando!!!» scrisse.

Avrei finito per considerare Ed un imprenditore esperto, un intelletto poliedrico che nutriva curiosità per molte cose e che nel perseguimento di una grande idea era disposto a mettere da parte i dettagli difficili. Il tipo di persona a cui viene in mente l'Idea Geniale spesso non è l'individuo migliore per trasformarla in un business.

Nel periodo in cui lo frequentai, Ed trovò un sacco di nuove passioni e le perseguì con entusiasmo. Con il denaro arrivato alla MITS grazie alle vendite degli Altair, nel settembre 1975 si comprò un Cessna 310, e due mesi dopo mi ritrovai seduto dietro di lui su quel bimotore. Volammo da Albuquerque a Kansas City, in Missouri, per partecipare a un incontro tra aziende che operavano nel settore del personal computer e lavoravano a uno standard comune con cui i computer potessero immagazzinare dati su cassette a nastro.

La conferenza andò bene. Ebbi l'opportunità di mettere in pratica le mie doti di venditore, incontrandomi con altre aziende e presentando la Micro-Soft e il BASIC. Inoltre stabilimmo uno standard, anche se alla fine sarebbe stato abbandonato quando i floppy disk sostituirono le cassette.

Un ricordo che mi è rimasto di quella conferenza, tuttavia, è il viaggio di ritorno ad Albuquerque. Decollammo un sabato pomeriggio dopo la fine dell'incontro. Quando arrivammo a 7000 piedi di altezza, all'improvviso Ed disse che il motore di sinistra stava perdendo olio; dovette spegnerlo e volare con un solo motore. Dal retro, vedevo il sudore che gli colava sul viso mentre lottava per impedire all'aereo di sbandare verso sinistra – quel giorno imparai il termine «rollio» – e tornare all'aeroporto di partenza per un atterraggio d'emergenza. Di solito tendo a non spaventarmi. Mi piace guidare veloce. Mi piace farmi sbatacchiare sulle montagne russe. Ma vedere Ed che sudava e si sforzava per tenere l'aereo in rotta mi terrorizzò. Ricordo di aver pensato: «Ed è un buon pilota? Avrei dovuto chiederlo prima». Quando atterrammo – in tutta sicurezza, devo aggiungere –, giurerei di aver visto un'ondata di sollievo attraversargli il corpo.

Rimanemmo a Kansas City un'altra notte, mentre un meccanico ispezionava l'aereo dicendo poi a Ed di non aver trovato nessun guasto. La mattina dopo decollammo e... a 7000 piedi il motore di sinistra perse di nuovo olio, costringendo Ed a fare il suo secondo atterraggio d'emergenza in due giorni. Nonostante la mia propensione al rischio, era troppo. Lasciai Ed e il suo aereo e presi un volo di linea per Albuquerque.

Di notte uscivo spesso di casa per fare lunghe passeggiate sulle strade intorno alla base aerea di Kirtland. La zona era tranquilla in quelle ore, il luogo perfetto per camminare e pensare, a volte ai problemi di programmazione ma di solito a qualche parte dei nostri piani per la Micro-Soft. Nel dicembre 1975, poco prima di tornare a casa a Seattle per Natale, camminando mi trovai a riflettere sugli otto mesi passati da quando avevamo fondato la Micro-Soft. Avevamo fatto molti progressi. Era sorprendente pensare che migliaia di persone usavano il software che avevamo creato noi. Eppure, mi preoccupava dipendere dalle royalties della MITS, e che troppe persone stessero scegliendo la versione vecchia e copiata del BASIC e non ci pagassero per le versioni più recenti. Per ogni cento Altair venduti dalla MITS, forse dieci includevano il nostro software, grazie alla dilagante diffusione della versione piratata. Per avere una misura della nostra situazione, quell'anno la Micro-Soft dichiarò tasse sui redditi per 16.005 dollari, che comprendevano i 3000 che la MITS ci aveva pagato subito. Quanto al business futuro, avevamo fatto molte conoscenze e avviato contatti promettenti, ma ancora nessun accordo.

Di lì a un mese circa, sarei dovuto tornare a Harvard. Come progettato, mi ero preso di permesso solo il semestre autunnale per far partire la Micro-Soft, e a cominciare dai primi di febbraio dell'anno successivo avrei tentato di destreggiarmi tra il lavoro per la nostra azienda e i corsi. Paul faceva quadrare le esigenze di dipendente a tempo pieno della MITS con quelle del suo ruolo alla Micro-Soft. Anche Ric, nel frattempo, stava tornando all'università per il suo ultimo semestre. Non sapeva se sarebbe rimasto con noi o addirittura cos'avrebbe fatto dopo. Tutto questo significava che non ci sarebbe stato nessuno a occuparsi della Micro-Soft a tempo pieno.

Eppure a quel punto credevo ancora che ce l'avremmo fatta. Ero incredibilmente ottimista, forse fin troppo. Ero sicuro riguardo allo sviluppo del settore del personal computer. Sentivo che eravamo vicini a stringere qualche accordo, e non avevamo ancora dei rivali significativi. Dalla People's Computer Company nella Silicon Valley era appena spuntata una versione gratuita del linguaggio, chiamata Tiny BASIC, ma era carente rispetto alla nostra.

Durante quella passeggiata mi convinsi di poter fare entrambe le cose, gestire un'azienda e continuare con Harvard. Tutto il tempo che avevo dedicato al programma di baseball adesso potevo dedicarlo alla Micro-Soft. Sentivo anche che ciò che stavo imparando a Harvard era ancora fondamentale per la persona che stavo diventando. In più, amavo l'università: ne amavo il ritmo frenetico, le chiacchierate a tarda sera con persone che sapevano cose che io non sapevo. Nonostante il mio difficile periodo di adattamento al primo anno, nel secondo avevo trovato un buon ritmo. Ripensandoci adesso, sapendo come si sarebbe sviluppata la storia della Micro-Soft, sembra ovvio che a quel punto avrei semplicemente dovuto abbandonare gli studi. Ma non ero pronto. E, ovviamente, non lo erano nemmeno i miei genitori. Andai a casa per Natale e per tutte le solite tradizioni dei Gates, compreso il biglietto d'auguri fatto in casa da mia madre, biglietto che mascherava le sue preoccupazioni per me con una rima sentimentale: «Quest'autunno Trey si è preso un'aspettativa per seguire la sua iniziativa; speriamo che il software non sia un tonfo. (I profitti non sembrano un trionfo)».

Tornato ad Albuquerque dopo le vacanze, ricevetti una telefonata dai miei genitori, che mi dissero che mio padre era in lizza per una carica di giudice federale. Il giudice capo del tribunale distrettuale della nostra zona era morto all'improvviso mentre giocava a tennis, e mio padre era in cima alla lista dell'amministrazione Ford per sostituirlo. Era una notizia straordinaria. Ma lui mi confidò che, dopo averci riflettuto, aveva rifiutato. Il suo studio legale aveva attraversato un brutto periodo e gli sembrava che le tempistiche fossero inopportune. Lasciare sarebbe stato un duro colpo per lo studio.

Nel mondo di mio padre, la carica di giudice era la posizione più prestigiosa che si potesse raggiungere. Ma lui sentì di dover restare per i suoi colleghi. In più, in quanto moglie di un giudice, mia madre avrebbe potuto dover ridurre le proprie attività in un momento in cui aveva successo nella carriera.

La telefonata arrivò meno di una settimana prima del mio volo per Boston. Soggiornai al Four Seasons Motor Inn per finire di scrivere il codice per la versione su disco del BASIC. Ero stato troppo occupato, e adesso mancava pochissimo. Lavorando sedici ore al giorno, scarabocchiai il codice su un bloc-notes giallo, vivendo di cibo da asporto per quattro giorni. Tra una sessione di scrittura e l'altra, abbozzai una lettera per mio padre.

All'epoca scrivevo di rado lettere ai miei genitori. Non c'era niente che non potesse essere affrontato nelle nostre telefonate della domenica sera. Adesso, tuttavia, scrivere una lettera mi sembrò il modo migliore per comunicare cosa pensavo della sua decisione. Dopo l'ultima telefonata, avevo riflettuto molto sulla determinazione di mio padre. Considerava la carica di giudice la più alta vocazione della sua professione, e per lungo tempo aveva sperato di avere un giorno l'opportunità di ricoprirla. Era giunto così vicino al traguardo e poi – per un più profondo senso di lealtà verso il suo studio e mia madre – ci aveva rinunciato. Confessai di essere sorpreso. «È fantastico decidere che sei più felice con ciò che stai facendo anche quando si presenta un'opportunità che avevi cercato a lungo. Sin da quando ho saputo che stavi pensando a quella carica, ho pensato che saresti stato un grande giudice. Purtroppo avresti dovuto rinunciare a così tante cose di cui godi adesso, ma non si può avere la botte piena e la moglie ubriaca» scrissi. Conclusi esprimendo il timore di essere stato un fattore nella sua decisione. «Spero davvero che il peso economico della mia istruzione non abbia influenzato la tua decisione, dato che sono disposto e in grado di pagarmela da solo. Con affetto, Trey.»

Rileggo la lettera adesso e non posso evitare di sorridere per il tono, come se fossi io il padre che esprime comprensione per la decisione del figlio. Se parliamo di lettere sentite, la mia non grondava emozione. Il nostro rapporto era così. Non esprimevamo spesso i nostri sentimenti più profondi l'uno all'altro. Perciò questa non era cosa da poco. Non avevo mai detto a mio padre la mia opinione sulle sue scelte lavorative. Non mi ero mai sentito abbastanza qualificato o maturo per avere un'idea in merito. Inoltre, era sempre così controllato e organizzato che non sembrava mai aver bisogno di un parere.

Tra le righe c'era il messaggio che mio padre di sicuro ricevette, cioè che ero abbastanza maturo da comprendere che aveva voltato le spalle al prestigio per qualcosa di più importante. Ma volevo anche comunicare che ero abbastanza sensibile da capire le sfumature della sua decisione. Volevo esprimere il fatto che adesso ero così maturo da poter badare a me stesso. In un altro passo della lettera raccontai che stavo lavorando sodo, che mi ero rintanato a scrivere il codice per il disco, il che «è estremamente complesso e richiede una vera concentrazione, perciò mi sono isolato per portare a termine il lavoro».

Alcuni giorni dopo mi rispose. No, disse, il costo della mia istruzione non aveva influito sulla sua decisione. «Ho davvero apprezzato che la tua lettera abbia espresso il tuo interesse per la mia decisione riguardo alla carica di giudice. È stato proprio come hai detto tu: sono così tranquillo e felice di ciò che sto facendo che un grande cambiamento sarebbe semplicemente sciocco» scrisse. «Io e tua madre siamo stati molto colpiti dalla tua preoccupazione per questo e dalla tua disponibilità a pagare per il tuo percorso.»

Chiuse il messaggio così: «Spero che tu ti stia organizzando. Con affetto, papà».

A Boston tornai alla Currier House, alle partite di poker e agli enigmi della matematica applicata. Riadattarsi al ritmo dell'università fu facile. Quasi subito, però, sentii il richiamo della Micro-Soft. Avevamo trovato un cliente importante.

La NCR era uno dei più grandi produttori di computer dell'epoca, uno dei «sette nani» in competizione con l'IBM. Oltre a grandi computer mainframe, fabbricava anche un prodotto chiamato 7200, l'unione di una tastiera, uno schermo da nove pollici e un registratore a cassette. All'epoca c'era una classe di dispositivi chiamati «terminali stupidi», come quello che usavamo alla Lakeside (e quello che ci serviva per connetterci al computer del distretto scolastico di Albuquerque), che erano in pratica tastiere con uno schermo o una stampante per accedere a programmi in esecuzione su un computer più grande. Con l'introduzione di processori economici tipo l'Intel 8080, le aziende come la NCR stavano espandendo il numero di compiti che i loro terminali potevano eseguire, creando una nuova classe di terminali «intelligenti».

In primavera avevamo firmato l'accordo per adattare il BASIC dell'8080 al 7200 della NCR per quella che all'epoca era l'esorbitante somma di 150.000 dollari. Dato che la MITS deteneva i diritti esclusivi di dare in sublicenza il nostro software, avremmo dovuto dividere il totale con loro alla pari.

Le negoziazioni con la NCR ebbero luogo proprio mentre stavano cominciando le lezioni, il che significava che avremmo dovuto trovare qualcuno che gestisse l'incarico. Scrissi a Ric una lettera nella quale stimai che una persona ci avrebbe messo due mesi e mezzo di lavoro, considerando le riscritture e le aggiunte necessarie per adattare il BASIC al terminale della NCR. Quel tempo, gli dissi, era misurato in «mesi-Gates», un tentativo autoreferenziale di chiarire che intendevo lavoro duro, a tempo pieno, senza distrazioni. Nella sua risposta, Ric mi informò che, dopo essersi laureato in primavera, avrebbe probabilmente proseguito con un master o si sarebbe specializzato in giurisprudenza. Avrei dovuto trovare qualcun altro.

Anche se il computer della MITS continuava a vendere bene, solo una piccola parte dei clienti pagava anche per il BASIC. In autunno Ed Roberts aveva dedicato la sua rubrica della newsletter della MITS, «Computer Notes», a rimproverare gentilmente i suoi clienti affinché sborsassero denaro per il software. Secondo me non era stato abbastanza deciso. Una sera di quell'inverno, nella mia camera del dormitorio, misi per iscritto ciò che provavo su un unico foglio di carta e lo spedii a uno del gruppo dell'happy hour, uno scrittore della MITS di nome Dave Bunnell che faceva l'editor per «Computer Notes». Dave inviò alcune copie della mia lettera a qualche rivista di informatica e alla newsletter dell'Homebrew Computer Club, prima di pubblicarla sul numero di febbraio 1976 di «Computer Notes».

Lettera aperta agli hobbisti

Secondo me, l'aspetto più critico del mercato hobbistico in questo momento è la mancanza di buoni corsi di programmazione, di manuali e del software stesso. Senza un buon software e un proprietario che capisca la programmazione, un computer da hobby è sprecato. Verrà scritto software di qualità per il mercato degli hobbisti?

Quasi un anno fa, Paul Allen e io, prevedendo che il mercato degli hobbisti si sarebbe ampliato, abbiamo assunto Monte Davidoff e sviluppato l'Altair BASIC. Anche se il lavoro iniziale ha richiesto solo due mesi, noi tre abbiamo passato la maggior parte dell'anno documentando, migliorando e aggiungendo funzionalità al BASIC. Ora abbiamo 4K, 8K, EXTENDED, ROM e DISK BASIC. Il valore del tempo che abbiamo passato al computer supera i 40.000 dollari.

I riscontri ricevuti dalle centinaia di persone che dicono di usare il BASIC sono stati sempre positivi. Tuttavia, due cose sorprendenti sono palesi: 1) la maggior parte di questi «utenti» non ha mai comprato il BASIC (meno del 10% di tutti i possessori di Altair lo ha comprato), e 2) la somma delle royalties che abbiamo ricevuto dalle vendite agli hobbisti fa sì che il tempo dedicato all'Altair BASIC valga meno di 2 dollari l'ora.

Perché? Come quasi tutti gli hobbisti ben sanno, la maggior parte di voi ruba il software. L'hardware va pagato, ma il software è una cosa da condividere. A chi importa se la gente che ci ha lavorato viene pagata?

È giusto? Una delle cose che non fate, avendo rubato il software, è farvi vivi con la MITS quando riscontrate qualche problema. La MITS non fa soldi vendendo software. Le royalties pagate a noi, il manuale, il nastro e le spese generali la rendono un'operazione in pareggio. Una delle cose che invece fate è impedire che venga scritto del buon software. Chi può permettersi di fare del lavoro professionale in cambio di niente? Quale hobbista può dedicare l'equivalente di tre anni-uomo alla programmazione, a trovare tutti i bug, a documentare il suo prodotto e a distribuirlo gratuitamente? Il fatto è che nessuno, a parte noi, ha investito un sacco di soldi nel software per hobbisti. Abbiamo scritto il BASIC per il 6800 e stiamo scrivendo l'APL per l'8080 e il 6800, ma ci sono pochissimi incentivi a mettere questo software a disposizione degli hobbisti. Detto chiaramente, ciò che fate è un furto.

E che dire di quelli che rivendono l'Altair BASIC: non stanno forse facendo soldi con il software per hobbisti? Sì, ma quelli che ci sono stati segnalati alla fine potrebbero perderci. Sono quelli che danno agli hobbisti una cattiva reputazione, e dovrebbero essere cacciati da ogni club a cui partecipano.

Apprezzerei ricevere delle lettere da chiunque voglia saldare la sua parte, o abbia suggerimenti o commenti da fare. Basta che mi scriviate a 1180 Alvarado SE, #114, Albuquerque, New Mexico, 87108. Niente mi farebbe più piacere che poter assumere dieci programmatori e inondare il mercato degli hobbisti di buon software.

Bill Gates
Socio accomandatario, Micro-Soft

Quella lettera fu uno sparo che si sentì in tutto il mondo dei club di informatica e degli hobbisti. Prima, se anche un utente Altair avesse conosciuto il nome Micro-Soft o avesse sentito nominare Bill Gates, probabilmente avrebbe avuto poco da dire. Eravamo degli sconosciuti. Adesso la Micro-Soft era diventata di colpo argomento di un dibattito ideologico sul futuro del software. Gratis? O a pagamento? Una manciata di lettori mi sostenne, riprendendo il mio punto secondo cui, senza un incentivo economico, pochi avrebbero scritto il software che tutti volevano. Un tecnico informatico della facoltà di psicologia dell'Eastern Washington State College scrisse per congratularsi con me per «la decisione di parlare fuori dai denti ... Sono arrivato ad apprezzare davvero il buon software e gli uomini e le donne che hanno passato innumerevoli ore a svilupparlo e a fare il debugging. Senza i programmatori un computer è solo un grosso (o piccolo) ammasso di silicio e metallo».

Altri mi criticarono. «Quanto ai problemi sollevati da Bill Gates nella sua furibonda lettera,» scrisse il direttore di una nuova rivista di informatica «quando il software sarà gratuito, o così economico che sarà più facile pagarlo che duplicarlo, allora non verrà "rubato".»

Ed Roberts era indignato. Anche se era d'accordo sul fatto che il software dovesse essere pagato, ai suoi occhi avevo superato il limite insultando i suoi clienti. Una settimana circa dopo la pubblicazione della lettera, ero di nuovo ad Albuquerque e Ed mi urlò contro. «Tu non lavori nemmeno per la nostra azienda!» gridò. Mi sentii davvero in colpa per averlo messo in una posizione difficile e mi rammaricai per non essere stato più diplomatico nella mia lettera. Poiché era stata spedita su carta intestata della MITS, il mio sproloquio faceva sembrare, a Ed e probabilmente a molti altri, che la MITS stesse dando dei ladri ai suoi clienti. Ed mi disse che avrei collaborato con un dipendente dell'azienda alla stesura di un'altra lettera, stavolta chiedendo scusa. E quella, aggiunse, sarebbe stata l'ultima volta che avrei scritto una lettera aperta.

Alcuni giorni dopo, il 27 marzo 1976, salii nervosamente sul palco di un convegno dall'altisonante nome di «World Altair Convention», che si teneva in un albergo all'aeroporto di Albuquerque. La riunione era stata ideata da Dave Bunnell – lo scrittore della MITS – come modo per far parlare dell'Altair. Ed Roberts rimase sbalordito quando si presentarono oltre settecento persone. Grazie alla lettera aperta, la mia reputazione mi precedeva. Quello sarebbe stato il mio primo discorso professionale. L'avevo preparato con cura – un aggiornamento sul BASIC come il futuro del software – e indossai la mia cravatta migliore e la mia unica giacca sportiva per esporre la tesi che il software fosse la parte più importante del computer. Oggi sembra ovvio, ma allora ci voleva un po' di immaginazione per prevedere come si sarebbero potute evolvere queste macchine. Il mio ricordo principale di quel discorso è che, una volta finito, mi si radunò intorno una folla di persone per farmi domande. Non avevo mai vissuto niente del genere, degli estranei che mi circondavano, tutti gli occhi fissi su di me. Mentre parlavo, mi dondolavo, il mio metronomo mentale si azionava intanto che spiegavo, sentendomi completamente a mio agio, i dettagli tecnici del software e del business che stavamo tentando di creare. Non ricordo quanto tempo dedicai alla mia preoccupazione maggiore riguardo alle persone che non pagavano il software, ma sono sicuro che ricevetti parecchie domande anche su quell'argomento.

Prima che lasciassi Albuquerque, Ed mi aveva fatto scrivere la lettera successiva, che Bunnell pubblicò sul numero di aprile di «Computer Notes» e spedì ad altre pubblicazioni. *UNA SECONDA E ULTIMA LETTERA* non era tanto l'offerta di scuse che Ed voleva, quanto una razionalizzazione ragionata per il software commerciale. No, non tutti gli hobbisti informatici sono ladri, scrissi, proseguendo poi con un tentativo di diplomazia: «Al contrario, trovo che per la maggior parte siano persone intelligenti e oneste che condividono la mia preoccupazione per il futuro dello sviluppo di software». Al tempo stesso, il futuro del personal computer dipendeva dal fatto che venisse scritto del software valido, e questo significava che la gente che lo scriveva doveva essere pagata. «Il software fa la differenza tra un computer che rimane un affascinante strumento educativo per anni e un entusiasmante enigma che dura qualche mese, per poi finire a prendere polvere nell'armadio» scrissi.

La speranza che con dei clienti paganti potessimo assumere programmatori si realizzò quella primavera, quando il denaro dell'accordo con la NCR e con altri – circa 20.000 dollari al mese – permise alla Micro-Soft di ingaggiare il suo primo dipendente. In aprile chiamai Marc McDonald, un compagno della Lakeside di un anno più giovane di me. Aveva fatto parte della nutrita gang della sala computer e adesso era al suo secondo anno di informatica all'Università di Washington. Le lezioni non erano un granché, disse, perciò passava un sacco di tempo a programmare su un PDP-10 alla facoltà di scienze della salute. Marc fu probabilmente l'assunzione dell'azienda più facile di sempre: gli offrii 8,50 dollari all'ora, lui accettò, e nel giro di pochi giorni venne ad Albuquerque e si installò sul divano al 114 di Portals. Alcuni giorni dopo, ricevetti una lettera di Ric: aveva cambiato idea riguardo alla specializzazione e voleva riunirsi alla Micro-Soft. Suggerì una partnership. «Mi piacerebbe sinceramente concentrare i miei sforzi per far raggiungere alla Micro-Soft il suo pieno potenziale» scrisse. Era disposto a lavorare con l'azienda per «un bel po' perché prevedo, ovviamente, profitti considerevoli, sia economici che di altro tipo».

Nel corso del fine settimana seguente, io, Paul e Ric definimmo i dettagli al telefono. Avremmo costituito una partnership a tre che avrebbe tenuto conto del fatto che io ero all'università e che Paul doveva lavorare alla MITS almeno per altri sei mesi. Ric sarebbe andato ad Albuquerque la settimana successiva per procurarci dei biglietti da visita, della carta intestata e una casella postale della Micro-Soft, per poi tempestare i potenziali clienti di lettere in cui proponevamo il nostro software e la nostra consulenza. Avremmo anche potuto acquistare un servizio di segreteria telefonica.

Se fossi rimasto al college, avrei lavorato part-time e mi sarei occupato della gestione legale ed economica, e della programmazione necessaria. Ric avrebbe gestito l'azienda e funto da presidente mentre io ero all'università. Intanto che continuava a lavorare alla MITS, Paul avrebbe avuto la responsabilità di trovare nuove opportunità tecnologiche per la Micro-Soft e di tenere i rapporti con i clienti che già avevamo, tra cui la MITS, la NCR e un altro produttore di terminali intelligenti che ci eravamo accaparrati, chiamato Data Terminal Corporation.

Buttai giù il nostro business plan su sette fogli di carta da fotocopiatrice. Il mio principio guida era di non esagerare per non trovarci poi ad annegare nei costi. Ciò significava che ognuno di noi sarebbe stato pagato 9 dollari l'ora. «La cifra di 9 dollari per i soci basta per vivere decorosamente, e non verrà modificata in base al successo, all'impegno individuale, alla fortuna personale, ecc. L'unico criterio per cambiarla sarà la necessità di abbassarla perché MSoft non potrà permettersela.»

I nostri due obiettivi principali, scrissi, erano ingrandirci e far crescere la nostra reputazione, e fare soldi. Quella lettera segnò la fase successiva di uno sforzo concertato di affermarci come azienda indipendente. Concordammo tutti di rendere la Micro-Soft la nostra priorità assoluta per almeno i due anni successivi.

XIV

Codice sorgente

La rapida diffusione dei microcomputer. Questo era il titolo di un articolo in un numero di «BusinessWeek» che comprai nell'estate del 1976, circa un anno dopo aver firmato il nostro contratto con la MITS. Il pezzo mi piacque perché non era sulla stampa di settore o su una newsletter per hobbisti informatici, le classiche pubblicazioni che seguivano il nostro angolo del settore informatico. Immaginavo che i lettori di «BusinessWeek» fossero investitori e dirigenti, perlopiù gente che doveva ancora possedere un computer ma che poteva essere interessata a comprarne uno se fossero stati più facili da usare.

Con una penna a sfera blu, evidenziai quello che consideravo il paragrafo chiave: «L'industria del computer domestico sta già cominciando ad assomigliare in piccolo al settore del computer mainframe, compreso il dominio di un unico concorrente. L'IBM dei computer domestici è la MITS Inc., fondata sette anni fa dall'ingegner H. Edward Roberts nel garage della sua casa di Albuquerque (N.M.)». L'articolo segnalava che l'anno precedente la MITS aveva venduto ottomila computer Altair con un ricavo di 3,5 milioni di dollari. I concorrenti c'erano, osservava, ma il vantaggio iniziale dell'Altair l'aveva reso lo standard del settore.

L'articolo suscitò un'ondata di telefonate alla MITS anche da paesi lontani come il Sudafrica; le persone volevano mettersi in contatto con l'azienda più in auge del momento o per diventare distributori, aprendo negozi di computer, o per lavorare come consulenti, contribuendo a presentare l'Altair ai clienti business. I dipendenti della MITS si esaltarono per l'articolo e sperarono che avrebbe portato ad applicazioni ancora più sofisticate della loro macchina.

Mentre leggevo, pensavo: «Anche se la MITS è l'IBM del momento, non durerà». La ragione era una: se l'IBM avesse mai deciso di produrre un personal computer, c'erano buone possibilità che avrebbe sostituito la MITS. Sapevo che anche Ed Roberts era preoccupato che le grandi aziende di elettronica si facessero strada nella mischia. Ai suoi occhi, la più preoccupante di queste compagnie era la Texas Instruments. Agli inizi degli anni Settanta la MITS aveva lanciato i kit per calcolatrici programmabili, usati da ingegneri e scienziati. Non appena il mercato aveva raggiunto certe dimensioni, le grandi aziende, guidate dalla Texas Instruments, ci si erano fiondate con alternative già assemblate a basso costo e per poco non avevano annientato la MITS. Ed temeva fortemente che la storia si ripetesse con i personal computer.

Era chiaro a noi tutti che Ed si stava stancando di dirigere la MITS. Meno di due anni dopo aver svelato l'Altair, la sua vita professionale era tutta grattacapi procurati da telefonate dei clienti, lamentele da parte dei venditori e scocciature relative alla gestione quotidiana di una compagnia che era passata da un gruppetto di poche persone a ben oltre duecento impiegati. Ogni giorno un dipendente frustrato lo assillava perché un collega veniva pagato qualche centesimo in più all'ora. Almeno una volta licenziò una persona, ma poi si sentì così in colpa che presto la riassunse. Ed aveva un cuore tenero che non sempre si accordava con il suo aspetto spesso burbero.

Il fatto che dipendessimo così tanto dalla MITS mi preoccupava. Le royalties delle licenze per il BASIC per l'8080 dell'Altair erano ancora la nostra maggiore fonte di introiti. Le licenze del nostro codice sorgente per quella versione del BASIC stavano aumentando. Più o meno in quel periodo, ci accaparrammo General Electric, che ci diede 50.000 dollari per l'uso illimitato del codice sorgente del BASIC per l'8080. Dopo l'accordo con la NCR, ci avevano contattato altri piccoli venditori di terminali intelligenti. Ne visitai uno, l'Applied Digital Data Systems, a Long Island. Atterrai al JFK di New York con l'intenzione di noleggiare un'auto e guidare fino alla sede della ADDS a Hauppauge, a circa un'ora di distanza. I miei piani furono mandati all'aria da un impiegato dell'autonoleggio che mi informò che non poteva noleggiarmi una macchina: ero troppo giovane. Perciò una persona della compagnia dovette venire a prendermi all'aeroporto. Fu un imbarazzante inizio del nostro rapporto. Tuttavia erano interessati, e così cominciò un prolungato tira e molla nel tentativo di raggiungere faticosamente un accordo.

Ovviamente, dato che la MITS deteneva i diritti globali del BASIC per l'8080, ogni volta che trovavamo un cliente per il codice sorgente il contratto doveva passare attraverso la loro azienda. Se firmavamo un accordo, dovevamo poi dividere i profitti con loro. Pian piano, quell'estate, cominciammo a tentare di staccarci dalla MITS. Iniziammo a cercare una nostra sede e a lavorare su prodotti che potessero attirare nuovi clienti.

Il compito di trovare questi ultimi ricadde principalmente su Ric, che aveva assunto il ruolo di direttore generale. Nei mesi trascorsi da quando ci eravamo accordati per una partnership a tre, Ric aveva avuto un ripensamento. Essere socio significava doversi concentrare interamente sulla Micro-Soft; ma lui voleva del tempo per espandere i propri orizzonti e godersi una vita ricca di esperienze. Andava in chiesa, faceva sollevamento pesi in palestra e si era preso alcuni giorni di vacanza per visitare degli amici a Los Angeles. Anche se anni prima Ric aveva già rivelato la propria omosessualità a Paul e me, fu ad Albuquerque che accettò appieno se stesso. Come allusione alla sua nuova vita, si comprò una Corvette con targa personalizzata che diceva «YES I AM» (sì, lo sono), nel caso qualcuno se lo chiedesse. Sbocciò a livello sociale e trovò il suo primo amore.

Dopo che Ric abbandonò la partnership, io e Paul concordammo di continuare a dividere la proprietà della Micro-Soft 60-40. Ufficialmente, ognuno dei due usava il titolo di «socio anziano» anche se, parodiando gli uomini d'affari delle grandi aziende, tra noi adottavamo titoli altisonanti: io ero «il Presidente» mentre lui era «il Vice». In quanto direttore generale, Ric gestiva il marketing e gran parte del lavoro quotidiano, dai rapporti con la MITS al deposito degli assegni, alla ricerca di nuovi uffici. Era meticoloso e registrava ogni interazione su un quaderno dal titolo «Il diario della Micro-Soft». Oggi rappresenta una testimonianza di com'era fare affari negli anni Settanta: lettere battute a macchina e una telefonata dopo l'altra a un'azienda dopo l'altra, nella speranza di trovare qualcuno che potesse essere interessato a comprare il nostro software. Un esempio:

> Sabato 24 luglio:
> *14.45 Provato con Steve Jobs. Lasciato messaggio alla madre.*
>
> Martedì 27 luglio:
> *10.55 Provato con Steve Jobs. Occupato.*
> *11.15 Steve Jobs ha chiamato. Molto scortese.*
> *11.30 Provato ancora con Peddle. Bisogna parlarci.*

«Peddle» era Chuck Peddle, un ingegnere della MOS Technology, il produttore del chip 6502 che Steve Wozniak aveva usato per l'Apple I. Alcuni anni prima, aveva lasciato la Motorola con parecchi altri colleghi per andare alla MOS Technology, dove avevano creato il 6502. Il chip era simile al microprocessore 6800 della Motorola. Noi avevamo sviluppato una versione del BASIC per il chip Motorola, perciò Ric aveva cominciato a scrivere una versione per il 6502. Però ci serviva un cliente. Per tutta l'estate e l'inizio dell'autunno Ric riempì il suo diario di tentativi di contattare l'azienda per telefono: «12.55 Provato ancora con Peddle; chiamato

Peddle alla MOS Technology. In vacanza. Chiamato Peddle. Occupato». Nel frattempo Steve Jobs aveva detto a Ric che la Apple aveva già una versione del BASIC scritta dal suo partner, Wozniak, e che se ne fosse servita un'altra, l'avrebbe scritta Wozniak, non la Micro-Soft. A prescindere da come Steve avesse comunicato la notizia, Ric la trovò sgradevole.

La popolarità del BASIC aveva dato il via alla Micro-Soft, e avremmo continuato a adattare il linguaggio a microprocessori diversi, come stava facendo Ric con il 6502. Eppure il BASIC, nonostante la sua facilità d'utilizzo e la popolarità presso gli hobbisti, non era il linguaggio voluto dagli acquirenti di computer più seri. Gli scienziati e i docenti universitari usavano il FORTRAN; le aziende, il COBOL. Nel frattempo, il FOCAL era un'alternativa al BASIC diffusa tra molti utenti dei minicomputer della DEC. Nel tentativo di espanderci, ci mettemmo a lavorare a tutti e tre. Cominciammo anche a proporre ai clienti gli strumenti di sviluppo di Paul. Fin da subito, io e Paul avevamo immaginato che la Micro-Soft avrebbe offerto un'ampia gamma di prodotti software: era l'idea della fabbrica di software. Non ci eravamo ancora minimamente vicini, ma costruire una serie di linguaggi e strumenti di sviluppo era un passo in quella direzione.

Per sostenere lo sviluppo di nuovi prodotti, alla fine dell'estate cominciammo ad assumere i nostri primi impiegati a tempo pieno al di fuori della cerchia della Lakeside, tra cui Steve Wood, che aveva appena finito il suo master in ingegneria elettrica a Stanford, e sua moglie, Marla Wood. Fino a quel momento, eravamo un gruppo di amici del cui futuro non mi preoccupavo. Se fosse andato tutto a gambe all'aria, ero certo che ci saremmo avviati in varie direzioni e sarebbe andato tutto bene lo stesso. Ma adesso stavamo assumendo persone che non conoscevamo, chiedendo loro di trasferirsi in Nuovo Messico e di condividere la loro sorte con noi, un'azienda con diciotto mesi di vita e un futuro incerto. Faceva un po' paura. A me, quelle prime assunzioni fecero sembrare la Micro-Soft una vera azienda.

Nell'estate rimasi a Seattle a scrivere quello che secondo me sarebbe stato *il* prodotto del nostro futuro, un linguaggio di programmazione chiamato APL, sigla che stava per... be', A Programming Language (un linguaggio di programmazione). L'IBM, che aveva sviluppato la versione originale agli inizi degli anni Sessanta, aveva continuato a sostenerlo anche nel decennio successivo e a offrirlo su svariati computer. Questo linguaggio era molto stimato dai programmatori seri, diversi dei quali erano convinti che la sua popolarità fosse destinata a crescere. Se fossimo riusciti a creare una nostra versione, ero convinto che avremmo potuto cavalcare quell'onda ed espanderci nel mercato delle aziende, andando oltre le origini da hobbisti del BASIC.

Inoltre, da programmatore, l'APL mi affascinava. Ha una sintassi molto concisa, che permette di eseguire con pochi comandi ciò che in altri linguaggi necessiterebbe di parecchie righe di codice. Ciò rendeva la scrittura di una versione per personal computer un problema spinoso, essendo necessario comprimere una grande complessità in un piccolo pacchetto. Lavorai giorno e notte per ottenere il risultato corretto, usando un terminale portatile che avevo installato nella mia camera da letto e pagando ai miei genitori le tariffe per la connessione dial-up. Libby, che all'epoca aveva dodici anni, si fermava sulla soglia della mia stanza a chiedersi cosa stesse combinando quel pazzo di suo fratello, incollato al terminale tutto il giorno. Durante le pause mi sfidava a ping-pong (non riuscii mai a decifrare l'APL, ma in compenso il mio ping-pong migliorò parecchio).

Quell'estate si sarebbe rivelata l'ultima in cui avrei vissuto a casa dei miei genitori. Adesso, quando ci penso, apprezzo molto di più il ruolo svolto dalla mia famiglia durante quel primo periodo della Micro-Soft. Per quanto mi immaginassi orgogliosamente indipendente, la verità è che i miei mi sostenevano a livello sia pratico che emotivo. Nel corso dell'anno mi ritiravo regolarmente a casa di Gami, sul canale di Hood, per le pause di riflessione di cui avevo tanto bisogno, e quell'estate non fece eccezione. Mio padre era sempre pronto ad aiutarmi a risolvere qualche problema legale. E nel frattempo Kristi, che aveva ormai ventidue anni e stava avendo successo alla Deloitte, si occupava delle tasse della Micro-Soft.

I miei genitori dovevano avere l'impressione che stessi finalmente diventando organizzato, nel senso inteso da mio padre. Avevo una mia azienda, e anche se mi ero preso un semestre di pausa dall'università, in autunno ci sarei tornato per frequentare il secondo semestre del terzo anno. Erano felici dei miei piani e capivano che consideravo l'università soddisfacente dal punto di vista intellettuale, cosa che la Micro-Soft non poteva eguagliare. Mi iscrissi a un corso sulla storia della Gran Bretagna durante la rivoluzione industriale e usai il mio jolly di matematica applicata per riuscire a entrare in ECON 2010, un corso di teoria economica di livello post-laurea. Nel corso c'era anche un altro non laureato, uno studente di matematica di nome Steve Ballmer.

L'anno precedente, un amico della Currier House mi aveva suggerito di far conoscenza con un tizio che viveva in fondo al corridoio. «Steve ti assomiglia parecchio» disse. Ormai riuscivo a riconoscere all'istante le persone che emettevano il mio stesso tipo di esuberante energia: Boomer e Kent ne erano esempi lampanti. Steve Ballmer ne aveva più di chiunque avessi mai conosciuto. La maggior parte dei residenti maschi della Currier erano secchioni di matematica e scienze che stavano per conto loro e la cui vita sociale consisteva nel giocare a «Pong» o a poker nel seminterrato del dormitorio. Steve non rientrava in quel cliché. Possedeva un'insolita combinazione di cervello e fisicità, e non aveva problemi nei rapporti sociali. Era molto più attivo nel campus rispetto a tutti quelli che conoscevo: si occupava della pubblicità su «The Harvard Crimson», ricopriva la carica di presidente della rivista letteraria e faceva il manager della squadra di football.

Quell'autunno andai a una partita e dagli spalti vidi Steve spendere la stessa quantità di energia a camminare avanti e indietro e saltellare a bordo campo dei giocatori di Harvard schierati in campo. Ogni particella del suo essere era concentrata sulla squadra; si capiva benissimo che teneva davvero al suo ruolo di manager. Era difficile non farsi coinvolgere dalla sua esuberanza. Steve ampliò la mia cerchia sociale e, grazie a lui, ricevetti l'offerta di entrare nel Fox Club, un circolo maschile con feste in smoking, strette di mano segrete e altre regole e rituali arcaici che normalmente avrei evitato. Ma dato che Steve era uno dei membri, accettai di essere preso in considerazione, e venni ammesso.

Alla fine non passammo molto tempo insieme a ECON 2010; dato che mantenevo il mio approccio di saltare le lezioni fino agli esami finali, e considerando l'agenda piena di impegni di Steve, nessuno dei due frequentava le tre ore di lezioni settimanali. Ci mettemmo d'accordo per rischiare il tutto per tutto all'esame. A tarda notte, nel dormitorio, Steve e io parlavamo tuttavia a lungo dei nostri obiettivi di vita, cosa che mi ricordava le mie conversazioni con Kent. Discutevamo dei vantaggi di lavorare per il governo piuttosto che in un'azienda privata, chiedendoci quale delle opzioni ci avrebbe permesso di fare di più per migliorare la società e avere un maggior impatto sul mondo. Di solito lui era a favore di un ruolo di rilievo nel governo. Io, prevedibilmente, prendevo le parti degli interessi aziendali. Dopotutto era il lavoro che occupava quasi sempre i miei pensieri.

Con l'avanzare del semestre, cominciai ad avvertire un forte conflitto riguardo alla Micro-Soft. Fino a quel momento l'azienda mi era sembrata gestibile anche da lontano, in particolare con Ric che supervisionava le operazioni quotidiane. Tuttavia, a mano a mano che crescevamo, aumentava anche la complessità dei dettagli relativi all'azienda. Spesso, quando mi aggiornavo con Paul o Ric, venivo a conoscenza di qualche nuovo problema che secondo me non si stava risolvendo. Più particolari venivo a sapere dell'accordo con la GE, per esempio, più mi convincevo che avevamo fatto un'offerta troppo bassa per il lavoro che avevamo promesso. Ric, poi, non teneva traccia del denaro per le trasferte dei dipendenti, ed eravamo molto al di sopra del relativo budget; la NCR ci doveva 10.000 dollari, ma né Paul né Ric sapevano entro quando. Uno dei nostri maggiori problemi era la MITS, che non ci aveva ancora pagato le royalties che ci doveva per gli Altair con la memoria extra. Dato che gran parte dei nostri introiti veniva dalla MITS, avevamo bisogno di ogni briciola per tenere a galla la Micro-Soft fino a quando le altre fonti non avessero cominciato a rendere.

Agli inizi di novembre espressi chiaramente la mia frustrazione. Dopo una rara serata di festeggiamenti con Steve e i miei nuovi amici del circolo, tornai nel dormitorio e scrissi a macchina una lettera per Paul e Ric, premettendo: «Stasera sono andato fuori a bere per la prima volta in questo semestre e quindi può darsi che non sia molto coerente, ma ho deciso di scrivere questa lettera adesso, perciò ecco qua».

Rileggere oggi quelle righe mi ricorda che, persino mentre la nostra azienda stava decollando, stavamo ancora lavorando al progetto sul traffico e aiutavamo la Lakeside con la programmazione dei corsi. Cominciai con una pagina di direttive tecniche riguardo a questi due progetti. Ma l'attenzione principale era rivolta alla Micro-Soft, e a tutte le cose che non venivano affrontate: le spese per le trasferte, la supervisione dei dipendenti, il follow-up con i clienti e le negoziazioni dei contratti. Mi lamentai perché non si erano ancora organizzati per avere una carta di credito aziendale. Sborsare 800 dollari per qualche sanzione era un'altra causa di frustrazione, così come il problema continuo di sollecitare la MITS a pagarci le royalties. Scrissi: «Aver speso 14.000 dollari da quando me ne sono andato e non pensare al flusso di cassa o preoccuparsi delle royalties per la memoria è il modo migliore per mandarci in rovina».

Conclusi la lettera: «Nonostante tutti i discorsi sul duro lavoro e le ore piccole, è chiaro che non avete parlato della Micro-Soft fra di voi e non ci avete nemmeno pensato individualmente, o almeno non abbastanza. Quanto al vostro "mettercela tutta", l'impegno non è stato rispettato. Il vostro amico Bill».

A parte l'avvertimento sul fatto che avevo bevuto, il mio tono non era insolito per l'epoca. Fra noi tre, ero sempre stato io quello che assegnava i compiti, quello che si preoccupava incessantemente di perdere il nostro vantaggio e che temeva che, se non avessimo fatto attenzione, saremmo colati a picco. Ero presente quando la C-Cubed, nata come promettente start-up, si era vista portare via i mobili dai creditori dopo appena diciotto mesi. E solo l'anno prima avevamo assistito ai crescenti problemi della MITS, che aveva un vantaggio sui concorrenti ma sembrava priva del rigore dirigenziale necessario per conservarlo. Noi eravamo una compagnia giovane che stava ancora cercando di capire tutte le regole del mondo aziendale: diritto, risorse umane, tasse, contratti, budget e finanza. Conoscevamo il lavoro principale di sviluppo del software, ma mi preoccupava che non stessimo imparando tutto il resto abbastanza in fretta.

Un paio di settimane più tardi, andai ad Albuquerque per dieci giorni durante la pausa per il Ringraziamento, con l'intenzione di risolvere alcuni dei problemi che avevo sollevato nella mia severa ma affettuosa lettera. Ci eravamo appena trasferiti nella nostra prima sede vera e propria: alcuni spazi presi in affitto all'ottavo piano di un nuovo edificio di dieci piani, Two Park Central Tower. Era uno dei palazzi più alti del quartiere e offriva una vista incredibile dei tramonti sul centro di Albuquerque e sui temporali in lontananza nel deserto. La sede aveva un'area reception e quattro uffici separati, più altro spazio che avremmo potuto affittare via via che ci espandevamo. (Più o meno in quel periodo registrammo ufficialmente la Microsoft in Nuovo Messico, eliminando dal nome il trattino.)

Il mio viaggio coincise con la decisione di Paul di lasciare la MITS per dedicarsi esclusivamente alla Microsoft. Non ricordo se le mie preoccupazioni riguardo alla compagnia abbiano influenzato la sua decisione; non so quanto si sentisse pressato da me. So solo che Paul era stanco della MITS. A mano a mano che lo stress di Ed cresceva, aumentavano anche le tensioni tra lui e Paul. A un certo punto scoppiò tra loro un litigio a causa dell'insistenza di Ed perché Paul spedisse del software che non era ancora pronto; Paul annunciò le sue dimissioni subito dopo. Quali che fossero le sue ragioni per andarsene, per noi fu una buona notizia. Avrebbe potuto passare più tempo a guidare i nostri nuovi dipendenti nello sviluppo tecnico del FORTRAN e di altri prodotti.

Io riesaminai il flusso di cassa con Paul e Ric e passai in rassegna le finanze concernenti l'ampliamento dei nostri uffici via via che assumevamo altre persone. Ricevevamo parecchie richieste d'informazioni per il nostro BASIC per l'8080 e stavamo cercando di concludere contratti con compagnie come Delta Data, Lexar, Intel e ADDS, il produttore di terminali intelligenti a cui avevo fatto visita a Long Island. Sempre più spesso, però, Ed si rifiutava di firmarli.

La cosa era preoccupante. Ma speravamo di trovare presto nuovi introiti grazie ad altri prodotti. Uno di questi era il BASIC per il 6502 che Ric stava scrivendo. Alla fine di agosto, un'azienda chiamata Commodore International annunciò di aver comprato la MOS Technology. La Commodore era stata uno dei principali produttori di calcolatrici che, come la MITS, erano stati schiacciati dalla Texas Instruments. Ma, sempre come la MITS, aveva le competenze per progettare e costruire un personal computer. E adesso aveva anche il chip adatto.

Un pomeriggio, appena prima del giorno del Ringraziamento, Ric chiamò Chuck Peddle, il suo contatto alla MOS Technology, ora parte della Commodore. Dopo mesi di telefonate e messaggi persi, Peddle disse che alla Commodore interessava il nostro BASIC e che il nostro prezzo per loro andava bene. Era un'ottima notizia. (Alcune settimane più tardi Paul ci avrebbe segnalato un articolo sull'«EE Times»: la Commodore progettava di costruire un computer per uso generico basato sul 6502. Dovevamo finire il BASIC necessario il prima possibile.)

Poco più di un'ora dopo la telefonata tra Ric e Peddle, ricevemmo una chiamata da un responsabile del software della Texas Instruments. Il manager della TI informò Ric che la sua azienda stava lavorando a un computer costruito intorno a uno dei propri chip. Voleva vedere la documentazione del nostro BASIC e della nostra società. Disse che avrebbe dovuto convincere la dirigenza della TI a scegliere noi, ma il loro interesse era già di per sé un enorme passo avanti. A parte l'IBM e la DEC, non c'era nessun'altra azienda il cui ingresso nel campo dei personal computer fosse più atteso. La TI aveva un nome molto noto, l'abilità ingegneristica e le capacità di marketing. Era anche l'azienda che Ed Roberts temeva da tempo. Già una volta le disponibilità economiche della TI e la sua aggressiva politica dei prezzi avevano rischiato di far fallire la MITS, e la cosa poteva facilmente ripetersi.

Ero già tornato all'università quando ci giunsero voci secondo cui un gruppo di uomini in gessato aveva passato del tempo alla MITS. La MITS non era l'ambiente naturale per quel tipo di abito, perciò erano stati notati facilmente. Alla fine scoprimmo che quei tipi venivano da un'azienda chiamata Pertec. Pertec? Non l'avevo mai sentita nominare. Andai alla biblioteca Widener (sì, all'epoca non si potevano ancora cercare cose del genere su Internet) e trovai informazioni. Pertec, o Peripheral Equipment Corporation, era un produttore quotato in Borsa di unità a nastro e altri dispositivi di archiviazione per grandi computer. Aveva sede in California ed era grossa: migliaia di dipendenti e quasi 100 milioni di dollari di fatturato annuo.

Agli inizi di dicembre la Pertec fece un'offerta di 6 milioni di dollari per comprare la MITS. Se l'accordo fosse andato in porto, Ed Roberts sarebbe stato ricompensato per la sua innovativa idea di costruire un microcomputer. E con i fondi di una società controllante, forse la MITS avrebbe potuto tenere a bada la Texas Instruments e qualsiasi altro intruso avesse voluto rubarle il mercato del computer.

Subito dopo che la Pertec iniziò a corteggiare la MITS, tutto quello che riguardava la Microsoft si fermò completamente. Si fermarono i pagamenti delle royalties; si fermarono gli accordi di cessione delle licenze. Ed ci aveva già detto che si rifiutava di vendere il nostro BASIC a qualunque compagnia che a suo avviso avrebbe potuto competere con la MITS. Alla fine del 1976 la sua definizione di «competitor» si era ampliata fino a includere l'intero settore.

Durante le vacanze di Natale a Seattle, ricevetti una lettera di Ric. Aveva di nuovo cambiato idea: avrebbe lasciato la Microsoft. Dopo un ulteriore esame di coscienza, era giunto alla conclusione di voler vivere a Los Angeles, dove pensava di potersi costruire una vivace vita sociale. In città c'era anche una piccola ma affermata azienda di software che voleva assumerlo.

Mi sentii abbandonato. Quando avemmo modo di parlare, lo accusai di avermi ingannato la primavera precedente rassicurandomi riguardo al suo impegno con la Microsoft. Lui ribatté di non aver mai promesso di restare a lungo termine. Discutemmo parecchio di denaro e di tutto il lavoro che ancora ci aspettava. Alla fine ci calmammo. Gli chiesi se poteva restare fino a marzo per completare il BASIC per il 6502 della Commodore. Fino ad allora gli avremmo pagato il lavoro che stava facendo più il salario che la sua nuova azienda gli aveva promesso. Accettò. Poi volò al Consumer Electronics Show di Chicago, dove la nostra nuova partner, la Commodore, presentò il Commodore PET 2001, un computer all-in-one con monitor integrato, tastiera e riproduttore di cassette (per immagazzinare dati). Aveva un case di plastica stampata e un aspetto diverso da qualunque personal computer precedente: somigliava a un oggetto che si potrebbe trovare in una casa più che sul banco da lavoro di un hobbista. Ed era proprio quello il punto.

Durante le vacanze andai a trovare mia nonna sul canale di Hood, e una sera uscii per fare una lunga passeggiata. Ricordo chiaramente di aver percorso la Route 106, che serpeggia lungo la sua sponda meridionale, riflettendo sui problemi con la MITS e sulla questione più importante di come gestire la Microsoft nell'anno seguente. La MITS e la sua corteggiatrice, la Pertec, non stavano facendo alcuno sforzo per vendere il nostro software, e continuavano a bloccare gli accordi mentre sempre più compagnie ci contattavano. Sembrava che il settore stesse finalmente cominciando a decollare e non era pensabile che proprio noi rimanessimo indietro, mi dissi. Legata a tutto questo c'era la mia sensazione che stesse diventando sempre più difficile vivere da studente universitario con un'azienda di software come impegno aggiuntivo.

Io e Paul eravamo sulla stessa lunghezza d'onda riguardo all'idea di diventare il principale produttore di software per PC. Quell'obiettivo era come un tesoro che riuscivamo a scorgere sull'altra sponda del fiume. Ma alla fine del 1976 mi era ormai chiaro che l'ambizione di essere i primi ad arrivarci – di essere i più veloci a costruire il ponte migliore per raggiungere l'altra riva – era molto più forte in me che in lui.

Come uno di quei portelli a tenuta stagna sui sottomarini, io ero in grado di chiudere fuori il resto del mondo. Spinto dal senso di responsabilità che provavo per la Microsoft, avevo chiuso il portello e bloccato il timone. Niente ragazza, niente hobby. La mia vita sociale ruotava intorno a Paul, Ric e le persone con cui lavoravamo. Era l'unico modo che conoscevo per mantenere il vantaggio. Ed era ciò che mi aspettavo anche da tutti gli altri. Avevamo quest'enorme opportunità davanti a noi. Perché mai non voler lavorare ottanta ore alla settimana per concretizzarla? Sì, era sfiancante, ma anche esaltante.

Nonostante la mia fiducia in me stesso e la tendenza a risolvere le cose per conto mio, mi stavo rendendo conto che mi serviva un genere di aiuto che Paul non era preparato a fornirmi. Lui era mio socio in uno degli aspetti più importanti: condividevamo la stessa visione per l'azienda, e lavoravamo bene insieme quando si trattava di questioni tecnologiche e di chi assumere per creare il software. Ma tutto questo non importava se le fondamenta della società non erano sicure. Mi sembrava di essere solo a mandare avanti la Microsoft. Mi serviva un socio che lavorasse ventiquattr'ore al giorno, un mio pari che considerasse e analizzasse le decisioni importanti con me, qualcuno che esaminasse le liste scribacchiate dei clienti che potevano o non potevano pagare e che discutesse come sarebbe stato di conseguenza il nostro conto in banca. Accollarmi cento cose del genere ogni settimana era un peso che all'epoca pensavo dovesse essere riconosciuto con una fetta ancora più grande di ciò che stavamo costruendo.

Durante quella passeggiata lungo il canale di Hood, decisi che avrei lasciato l'università per lavorare alla Microsoft a tempo pieno e che avrei detto a Paul che volevo una quota ancora maggiore della compagnia. Rimuginai su entrambe le decisioni dopo essere tornato a Harvard a gennaio per il periodo di ripasso prima degli esami. Io e Steve Ballmer eravamo rimasti fedeli al nostro progetto di saltare le lezioni di ECON 2010. Trascorremmo il periodo di ripasso a insegnarci la materia a vicenda, lavorando quasi senza sosta per cercare di ficcarci in testa il sapere di un intero semestre. Quando passammo l'esame finale, esultammo.

Il 15 gennaio scrissi all'università: «Io e un mio amico abbiamo una società, la Microsoft, che fornisce consulenza riguardo al software per i microprocessori. I nuovi obblighi che abbiamo appena assunto richiedono che mi dedichi a tempo pieno a lavorare per la Microsoft». Aggiunsi che pensavo di tornare all'università in autunno e di laurearmi nel giugno 1978.

I miei genitori sapevano che sarebbe stato inutile consigliarmi di restare al college. Ero troppo indipendente. Ma a volte mia madre usava mezzi sottili per tentare di convincermi. A un certo punto, durante quell'anno o il precedente, fece in modo che incontrassi un uomo d'affari di Seattle, Sam Stroum, che aveva fondato una grossa catena di negozi di elettronica prima di acquisire ed espandere un'importante catena regionale di pezzi di ricambio per auto. Era anche molto attivo nelle organizzazioni non profit, un vero pilastro della società di Seattle. Mia madre l'aveva conosciuto tramite il suo lavoro per la United Way. Nel corso di un pranzo gli spiegai la Microsoft e il mio progetto di creare software per ogni microprocessore possibile, e come il mercato fosse in crescita e la nostra azienda con esso. Qualunque speranza mia madre nutrisse per quel pranzo, non penso si sia realizzata. Invece di esortarmi a restare a Harvard, Sam si esaltò per ciò che stavo facendo. Può darsi che il suo entusiasmo abbia placato leggermente le preoccupazioni di mia madre, ma non del tutto. (Anni dopo, scherzando, a Sam piaceva dire che rimpiangeva di non avermi firmato un assegno per comprare parte dell'azienda durante quel pranzo.)

«Se la Microsoft non funzionerà, tornerò all'università» assicurai ai miei genitori.

Di nuovo ad Albuquerque, dissi a Paul che volevo dividere la compagnia al 64-36 per cento. Lui si oppose. Discutemmo, ma alla fine cedette. Oggi rimpiango di avergli fatto pressione, ma all'epoca mi sembrava che quella divisione riflettesse l'impegno che la Microsoft richiedeva a ognuno di noi. Agli inizi di febbraio firmammo un accordo per rendere la cosa ufficiale. (Poco più di tre anni dopo, la questione della divisione dell'azienda sarebbe rispuntata mentre cercavo di convincere Steve Ballmer a lasciare la business school per venire alla Microsoft. Come incentivo, aggiunsi quel 4 per cento al suo pacchetto. Nel 1980 si unì a noi, diventando il socio a tempo pieno di cui avevo bisogno.)

Nonostante le nostre tensioni sulla proprietà dell'azienda e i nostri litigi perenni, io e Paul avevamo un forte legame. Avevamo già condiviso un viaggio incredibile; adesso stavamo costruendo qualcosa di unico. E ci stavamo pure divertendo.

Avevamo anche trovato un modo per riuscire a mantenere intatta l'amicizia: evitare di vivere assieme. Mentre io ero a Boston, Paul aveva lasciato il nostro appartamento al Portals per prendere in affitto una casa con tre camere da letto in periferia, insieme a Ric e Marc McDonald. Quando tornai ad Albuquerque, mi trasferii in un appartamento con Chris Larson. Fino ad allora, Chris aveva fatto avanti e indietro da Albuquerque per lavorare d'estate con noi. Adesso che era all'ultimo anno alla Lakeside, aveva convinto i genitori a lasciarlo venire alla Microsoft, prendendosi un semestre di pausa come avevo fatto io con il lavoro per la TRW.

Vivere separatamente da Paul significava che non avevo più accesso alla Trappola Mortale Monza, così comprai una mia auto, una Porsche 911 del '71. Anche se era usata, fu per me una spesa importante, ma avevo sempre desiderato una Porsche e amavo il rumore dei loro motori a sei cilindri. Tuttavia, ancora oggi mi imbarazza un po' ammettere di averla comprata.

Guidare quella Porsche divenne la mia valvola di sfogo, il mio tempo per riflettere sui problemi dell'azienda mentre sfrecciavo per le strade dei monti Sandia ben oltre il limite di velocità. Spesso Chris mi faceva compagnia. L'anno precedente avevamo trovato una bella strada liscia che si inerpicava su per le montagne fino a una fabbrica di cemento. Dopo aver comprato la Porsche, facevamo regolarmente corse ad alta velocità sulla Strada del Cementificio, come la chiamavamo. Una sera tardi ci fermammo alla fabbrica e scoprimmo che tenevano un paio di bulldozer con le chiavi inserite nel cruscotto. Chris e io passammo parecchie notti in cima a quella strada a imparare a guidare quelle enormi macchine di movimento terra.

La mia vita extralavorativa ad Albuquerque consisteva nel correre in auto di notte con Chris, guardare film e passare il tempo con Paul e il resto della squadra della Microsoft. Steve e Marla Wood, che in quanto unica coppia sposata del gruppo offrivano una sana dose di domesticità, spesso ci ospitavano a cena, oppure andavamo a casa di Paul per guardare qualche programma sul suo televisore a retroproiezione. Ci scoprimmo ossessionati da *The Pallisers*, un adattamento della BBC dei romanzi del ciclo dei Palliser di Anthony Trollope. Ci trovavamo dopo il lavoro, ci sedevamo sul divano o sulla moquette, e ci immergevamo totalmente in ventidue ore di duchi e duchesse, triangoli amorosi e problemi economici dell'Inghilterra vittoriana.

Quando giunse la primavera del 1977, divenne sempre più chiaro che la MITS e la Pertec non avevano intenzione di pagarci le royalties o di concedere il BASIC per l'8080 in sublicenza ad altre compagnie. Nella loro ottica, loro possedevano il software e noi eravamo una scocciatura, un piccolo ostacolo al loro piano di comprare il maggior produttore di personal computer. La Pertec aveva strutturato l'acquisizione come una fusione tra la MITS e una nuova sussidiaria dell'azienda creata per l'occasione. Secondo noi l'avevano fatto in parte per assicurarsi che i diritti che la MITS deteneva sul nostro BASIC facessero parte dell'accordo. Eppure ora mi chiedevo se avessero letto il nostro contratto. Non avevamo trasferito la proprietà del software alla MITS. L'avevamo concesso in licenza. E la MITS era obbligata da contratto a fare del suo meglio per concederlo in sublicenza ad altre aziende.

Tutto risaliva alla primavera del 1975 e alle settimane dopo che io, Paul e Monte avevamo scritto il 4K BASIC e l'avevamo consegnato alla MITS. Era il periodo in cui Ed aveva ritardato nel firmare il contratto e io mi ero rintanato a Seattle finché non l'aveva fatto.

Nel negoziare il contratto, Ed aveva insistito perché concedessimo alla MITS la licenza esclusiva mondiale del BASIC per l'8080 per dieci anni. Io non intendevo accettare, ma volevo concludere l'accordo. E volevo fare una buona impressione sul nostro nuovo partner.

Avevo chiesto a mio padre se poteva aiutarci a trovare un avvocato in Nuovo Messico. Gli era venuto in mente un avvocato processuale del suo vecchio studio, il cui nipote, un certo Paull Mines, lavorava come legale ad Albuquerque. Chiamai Mines, e il suo studio, Poole, Tinnin & Martin, ci aiutò a stendere la bozza del contratto. Nel 1975, un contratto per concedere in licenza un software era ancora qualcosa di nuovo. Sono sicuro che probabilmente quella fu la prima volta in cui lo studio si occupò di un accordo del genere. Fecero un buon lavoro, e io inserii una clausola importante.

Non so dove avessi sentito per la prima volta il termine legale «massimo impegno», ma è ragionevole pensare che fosse stato a tavola, mentre i miei genitori discutevano del lavoro di mio padre. Quando un'azienda accetta di porre il suo massimo impegno, accetta di fare tutto ciò che è in suo potere per onorare ciò che è stipulato nel contratto. A prescindere da come quell'espressione mi fosse rimasta in testa, riaffiorò durante le negoziazioni contrattuali con la MITS. Dissi che avremmo concesso la licenza esclusiva se la MITS avesse accettato di porre il suo «massimo impegno» nel vendere il nostro codice sorgente. Gli avvocati della MITS si opposero, sostenendo che nessuno accettava il massimo impegno. Avrebbero preso in considerazione un «ragionevole impegno», ma io rifiutai. E massimo impegno fu.

Adesso tornai a rileggere quella clausola più e più volte. Pagina 2, clausola 5: «Impegno dell'Azienza. L'Azienda [MITS] accetta di porre il suo massimo impegno nel dare in licenza, promuovere e commercializzare il PROGRAMMA. Il mancato impiego da parte dell'Azienda del massimo impegno come sopra indicato costituirà motivo sufficiente per la risoluzione del presente contratto da parte dei Licenzianti».

Mi sembrava tutto chiaro.

Nell'ultimo anno ero diventato amico di Eddie Currie, direttore generale della MITS e nostro socio nel tentare di vendere il BASIC ad aziende esterne. Eddie era cresciuto nella stessa comunità della Florida di Ed Roberts; i due erano amici fin dalla scuola elementare. Ma mentre Ed sapeva essere aspro, Eddie era più equilibrato e cercava sempre di fare da calmo intermediario tra la MITS e la Microsoft. Eddie sembrava molto intenzionato ad aiutare entrambe le aziende ad avere successo. Insieme proponevamo il BASIC alle compagnie esterne e, quando ne conquistavamo una, si dava da fare perché Ed Roberts firmasse il contratto.

Nel suo ruolo di intermediario, Eddie Currie mi aveva incoraggiato diverse volte a incontrarmi con gli avvocati della Pertec per vedere se potevamo risolvere il disaccordo. Ma io mi sentivo intimidito e speravo che potessimo risolvere l'intera faccenda direttamente con Ed. Sapevo anche che Eddie stava tentando di convincere Ed ad aspettare un altro potenziale acquirente che potesse offrire un prezzo maggiore. Quando divenne chiaro che non sarebbe successo, accettai di incontrarmi con la Pertec. Entrando in una sala conferenze della MITS, ci trovai tre avvocati della Pertec, che chiesero a Eddie di aspettare fuori mentre discutevamo.

Mi informarono che, una volta concluso l'accordo con la MITS, la Pertec sarebbe subentrata nell'accordo di licenza, e che il contratto sarebbe stato «assegnato» alla Pertec. Non sarebbe andata così, risposi. Io e Paul avremmo dovuto accettare di trasferirlo alla Pertec, e non intendevamo farlo. Pagina 7: «Questo accordo non può essere assegnato senza l'esplicito consenso scritto delle parti». Forse non l'avevano letto? Tutto quello non aveva importanza, risposero.

Mi sentii sempre più frustrato. «Siete completamente fuori strada» dissi. «L'interprete BASIC non è vostro!»

Il resto della riunione degenerò in uno scambio di urla tra me e gli avvocati. Eravamo a un punto morto, con la discussione ancora in corso, quando Eddie bussò alla porta. C'era una telefonata per me. Era Paul. Mi disse che Eddie ci aveva sentito urlare e l'aveva chiamato, pensando che dovesse venire a strapparmi da quella riunione. Doveva correre ad aiutarmi? «No» risposi a Paul, a voce abbastanza alta da farmi sentire da tutti. «Questi tizi stanno cercando di fregarci, ma ho tutto sotto controllo.» Riattaccai e tornai dai legali. Durante la ripresa della nostra litigata, l'avvocato principale della Pertec espose in termini netti cos'avrebbe fatto se avessi continuato a insistere a tenermi il nostro software e respingere i suoi termini. Avrebbe «distrutto la reputazione della Microsoft». Dichiarò che sarei stato «personalmente passibile di frode criminale» e che mi avrebbe citato in giudizio per il mio «intero patrimonio personale». In seguito, Eddie disse che gli dispiaceva di aver organizzato quella riunione: secondo lui, gli avvocati mi avevano teso un'imboscata.

Quella sera chiamai mio padre. Rimase inorridito dal fatto che gli avvocati si fossero incontrati solo con me, senza un legale a rappresentare la Microsoft. Il giorno dopo feci visita a Paull Mines. Riesaminò il nostro contratto e confermò che avevamo ragione noi. La clausola sul massimo impegno era vincolante. E se non era già chiaro, la MITS stava facendo di tutto per non metterci il suo massimo impegno. Nel giro di alcune settimane Ed Roberts inviò una lettera alla ADDS in cui affermava che la MITS aveva deciso di interrompere ogni impegno a concedere in licenza il software BASIC. Li informò che Bill Gates avrebbe potuto tentare di riaprire quelle discussioni. «Per evitare ogni imbarazzo a tutti noi, dovreste sapere che la MITS detiene i diritti esclusivi dei programmi software BASIC sviluppati dal signor Gates e dai suoi soci, e che qualsiasi impegno riguardante i diritti del programma BASIC, o di versioni modificate o porzioni di esso, da parte di chiunque altro non sia il personale della MITS non è autorizzato.»

In aprile, nel bel mezzo di questa situazione, volai a San Francisco per partecipare alla First West Coast Computer Faire. Entrando nel Civic Auditorium, rimasi sbalordito. Migliaia di persone – in tutto, poco meno di tredicimila partecipanti nell'arco dei due giorni – si facevano strada tra le file di stand di aziende come la nostra, Processor Technology, IMS Associates e Commodore, che presentava il suo PET. Tutte aziende concentrate sui personal computer. In quel momento capii che il settore era pronto.

Il primo giorno stavo parlando del nostro Extended BASIC a una folla di persone, quando con la coda dell'occhio notai un bel ragazzo più o meno della mia età, con lunghi capelli neri, una barba curata e un completo a tre pezzi. Era a qualche stand di distanza e teneva banco nel suo gruppetto di persone. Anche da lontano si vedeva che possedeva una certa aura. Mi chiesi: «Chi è quel tipo?». Quello fu il giorno in cui conobbi Steve Jobs.

La Apple, per quanto più piccola di molte altre aziende, si distingueva. Già allora si notava il caratteristico senso del design che avrebbe reso il marchio – e Jobs stesso – così iconico nei decenni successivi. Al convegno lanciarono l'Apple II che, con il suo lucido case beige, sembrava più un raffinato oggetto di elettronica di consumo che un personal computer. L'azienda aveva decorato il proprio stand con elaborate insegne in plexiglas, tra cui l'elegante logo con la mela morsicata che avevano commissionato a una società di marketing. Avevano una postazione all'ingresso della sala eventi e usavano un proiettore per mostrare la grafica a colori dell'Apple II su uno schermo gigante, assicurandosi che chiunque entrasse vedesse immediatamente il loro logo, le insegne e il nuovo computer. «Quelli della Apple stanno ricevendo un sacco di attenzioni» mi disse Paul.

Quel primo incontro avvenuto nella primavera del 1977 avrebbe segnato l'inizio di un lungo rapporto tra me e Steve Jobs, caratterizzato da cooperazione e rivalità. Alla Computer Faire, però, parlai soprattutto con Steve Wozniak, che aveva progettato e costruito l'Apple II. Come il PET della Commodore, l'Apple II usava il chip 6502 della MOS Technology.

All'epoca, un tipo come Wozniak era una rarità nel nostro settore, uno che capiva profondamente sia l'hardware che il software. Il BASIC che aveva scritto, tuttavia, aveva un problema fondamentale: era una forma semplice di quel linguaggio e poteva gestire solo numeri interi; niente matematica in virgola mobile, il che significava niente decimali o notazione scientifica, entrambe essenziali per ogni programma sofisticato. Alla Apple serviva un BASIC migliore, e Wozniak lo sapeva. Avendo già scritto un BASIC per il 6502 per la Commodore, eravamo in una posizione di vantaggio per scriverne uno per la Apple. Parlando con lui al convegno, esaltai il nostro lavoro e sottolineai che sarebbe stato più economico e veloce prendere il nostro software in licenza che scriverne uno da sé. Lasciai San Francisco fiducioso che avremmo firmato un accordo.

Alcuni giorni dopo, tornato ad Albuquerque, ricevetti un messaggio dalla Texas Instruments in cui ci informavano di aver scelto noi per scrivere una versione del BASIC per il personal computer che stavano progettando. L'azienda disse che aveva immaginato il computer come un dispositivo per famiglie per gestire le finanze domestiche, giocare ai videogiochi e scrivere temi per la scuola. Io speravo che questo sarebbe stato il computer che avrebbe sfondato nel mercato di massa. Non solo con qualche migliaio di clienti, ma magari con decine di migliaia.

Avevamo battuto almeno altri due concorrenti per quel lavoro. Assicurarci quell'accordo fu una grande iniezione di fiducia. Avevo pensato di far pagare alla TI un canone di licenza una tantum di 100.000 dollari, ma non ne ebbi il coraggio. Temendo che l'azienda si tirasse indietro davanti a un numero a sei cifre, ne chiesi 90.000, che era comunque l'accordo più sostanzioso che avessimo mai firmato a parte quello con la NCR, che avevamo dovuto dividere con la MITS. Quando la TI venne in visita alla Microsoft per la prima volta, il nostro nuovo responsabile dell'ufficio dovette correre a comprare delle sedie in più in modo che ognuno avesse un posto per sedersi.

La TI usava un proprio processore, il che significava dover scrivere una nuova versione del BASIC da zero. Ciò avrebbe richiesto mesi di lavoro per almeno due persone. Monte era di nuovo disposto a passare l'estate ad Albuquerque, ma con Ric che se ne stava andando dovevamo assumere un altro programmatore. Dopo aver firmato l'accordo con la TI, telefonai a Bob Greenberg, che aveva seguito alcuni corsi di matematica con me a Harvard e che sapevo stava valutando varie offerte di lavoro in quel periodo. «Sono il vostro uomo» mi disse.

Se avessimo i soldi per pagarlo era un'altra faccenda. La MITS si era fatta viva con una piccola quantità di royalties, ma si era rifiutata di pagare la somma totale che ci doveva, all'epoca più di 100.000 dollari.

Io e Paul ne avevamo abbastanza. Alla fine di aprile, in collaborazione con il nostro avvocato Paull Mines, inviammo a Ed Roberts una lettera di due pagine in cui elencavamo tutte le violazioni di contratto della MITS, tra cui le royalties non pagate e il rifiuto di porre il massimo impegno nel concedere in licenza il BASIC per l'8080 ad aziende come la ADDS e Delta Data. Se la MITS non avesse soddisfatto le nostre condizioni di pagarci le royalties e riprendere a dare in licenza il nostro software entro dieci giorni, scrivemmo, avremmo risolto il contratto.

La risposta fu rapida: nel giro di pochi giorni la Pertec e la MITS presentarono istanza di ordine restrittivo per impedirci di dare in licenza il BASIC per l'8080.

A giugno, come stipulato dal nostro contratto con la MITS, la nostra disputa arrivò in arbitrato. All'inizio il nostro avvocato mi preoccupava. Paull Mines aveva un modo di porsi che lo faceva sembrare disorganizzato, e tendeva a perdere il filo del ragionamento: un atteggiamento alquanto svagato che contribuiva ad alimentare quella che consideravo la mal riposta fiducia in sé degli avvocati della controparte. Questi avevano un'aria compiaciuta, convinti che la loro vittoria fosse inevitabile. In realtà, Mines era molto acuto e preciso. Tutte le sere ci trovavamo nel suo ufficio a esaminare i dettagli dei nostri contratti e ogni interazione con ogni azienda che aveva espresso un interesse per il BASIC.

Le udienze con il giudice arbitrale durarono una decina di giorni. Come rappresentante della Microsoft, assistetti a tutte le testimonianze. Eddie Currie svolse lo stesso ruolo per la MITS. Ric, Paul e io deponemmo, così come Ed Roberts, Eddie e varie altre persone delle aziende. A parte la posta in gioco per la Microsoft, trovai affascinanti i procedimenti. In pieno stile Kent, mi presentavo ogni giorno con la mia enorme valigetta piena di ogni documento di cui avrei avuto bisogno. Armeggiavo un po' e tiravo fuori un fascicolo dopo l'altro, per trovare un riferimento ma anche per dare spettacolo. Speravo nell'effetto opposto a quello che avevo cercato non portando i libri al liceo: «Guarda tutte quelle carte! Dev'essere superpreparato!».

A volte, dopo la fine dell'udienza, io, Paul e Eddie uscivamo a cena e ci confrontavamo, facendo ipotesi su quale parte il giudice arbitrale sembrasse favorire ogni giorno. Faceva così fatica ad afferrare le basi della tecnologia al centro della disputa… Tentammo di aiutarlo soprannominando il codice sorgente del nostro BASIC per l'8080 «la Grande Sorgente», per distinguerlo dalle altre versioni non coperte dal contratto.

Avevamo convocato a testimoniare uno della ADDS, nella speranza che ci aiutasse a dimostrare che il produttore di terminali voleva prendere in licenza il BASIC ma era stato bloccato dalla MITS. A cena, la sera prima della testimonianza della ADDS, dissi a Eddie che il nome in codice per il prodotto della ADDS era «Centurione». Non mi resi conto che Eddie avrebbe condiviso quell'informazione con qualcun altro. Non mi resi nemmeno conto di aver sbagliato nome.

Entrambi i fatti mi furono chiari il giorno dopo quando l'avvocato della Pertec affrontò il testimone della ADDS riguardo al progetto segreto. «Ci parli di Centurione» disse, con la sicumera di chi stava per esporre qualche enorme falla nella nostra difesa.

«Non ho idea di cosa sia» rispose il tipo della ADDS.

«Deve conoscere per forza Centurione» ribatté l'avvocato, al quale il testimone rispose: «Immagino di sì. Penso che sia una legione romana o dei soldati o qualcosa del genere».

Non ricordo quale fosse il nome in codice preciso. Di sicuro Eddie pensò che l'avessi fuorviato apposta. Vorrei essere stato così intelligente. Da quel momento in poi, imparai a essere più cauto.

La nostra difficoltà principale era convincere il giudice che molte aziende volevano prendere in licenza il BASIC per l'8080, e la Pertec e la MITS stavano bloccando quelle licenze mentre erano obbligate per contratto a porre il massimo impegno per facilitarle. Per fortuna, nell'ultimo anno Ric aveva trascritto in dettaglio le nostre comunicazioni con tutte queste compagnie nel suo diario della Microsoft. Quella documentazione ci aiutò a dimostrare che il mondo voleva quello che facevamo.

Le udienze si conclusero alla fine di giugno. Poi aspettammo. E aspettammo.

Con il denaro che ci doveva la MITS in stallo, la Microsoft aveva bisogno di contanti. In una delle molte telefonate con i miei genitori quell'estate, affrontai l'argomento che avrei voluto evitare: avrei potuto avere bisogno di prendere in prestito un po' di soldi per tenere a galla l'azienda. A quel punto dovevamo a Paull Mines circa 30.000 dollari, avevamo sette dipendenti da pagare e il flusso di cassa si era ridotto a un rivoletto. Paul era così preoccupato che una sera mi disse che dovevamo prendere in considerazione un accordo con la MITS. Sia Paull Mines sia mio padre mi avevano assicurato che avevamo buone probabilità di vincere l'arbitrato, gli risposi. Dovevamo fidarci di loro.

Il giorno dopo la conclusione delle nostre udienze, io e Paul invitammo i nostri dipendenti a un pranzo a base di costate di manzo e insalata nel locale di una catena chiamata Big Valley Ranch, che per noi era una scelta di lusso. Eravamo in sette, compreso Ric, che il giorno dopo avrebbe lasciato l'azienda per sempre. Cosa fanno il Presidente e il Vice quando sono preoccupati e vogliono risollevare il morale? Offrono il pranzo ai dipendenti e parlano con franchezza delle loro preoccupazioni. Era il momento di comunicare l'ovvio: anche se eravamo fiduciosi di vincere l'arbitrato, non c'erano garanzie al riguardo.

Quel pomeriggio pagai a Ric ciò che gli dovevamo. Il giorno dopo, il 1° luglio, passò in ufficio per farci visita prima di dirigersi verso il suo nuovo lavoro e la sua nuova vita in California. Provava ancora emozioni contrastanti riguardo alla partenza. I miei sentimenti non erano così complessi: ero triste di vederlo partire. In una lettera di referenze che scrissi per lui alcune settimane dopo, fui sincero: «Penso che la partenza di Ric sia stata una grossa perdita per la Microsoft».

Non so se il nostro pranzo aziendale di quella settimana fu la causa di ciò che accadde poi, ma la Microsoft ebbe un colpo di fortuna: Bob Greenberg, che lavorava con noi da meno di un mese, mi disse che avrebbe prestato alla Microsoft 7000 dollari, sufficienti per aiutarci a pagare gli stipendi. Anni dopo né Bob né io riuscimmo a ricordare se fossi stato io a chiederglielo o se si fosse offerto lui, ma il prestito arrivò, con l'intesa che Microsoft l'avrebbe ripagato con un interesse di 80 dollari al mese. (Quando venne a sapere del prestito, il padre di Bob lo rimproverò. Già turbato dal fatto che avesse accettato il lavoro alla Microsoft e non in un'azienda prestigiosa, disse: «Quando hai un lavoro, sono loro a pagare te. Lo sai, vero?».)

Nella speranza di trovare altri soldi, il giorno dopo aver ricevuto il prestito di Bob scrissi alla Apple:

Caro sig. Wozniak,

troverà qui allegato il nostro contratto di licenza standard. Credo di averle già comunicato il prezzo per il BASIC per il 6502:

OPZIONE 1:

1000 dollari una tantum + 2000 dollari per il codice sorgente + (35 dollari/copia fino a un massimo di 35.000 dollari)

OPZIONE 2:

21.000 dollari una tantum: comprende il codice sorgente e i pieni diritti di distribuzione per oggetto.

Potremmo trovare un'opzione intermedia tra queste due se siete interessati. A causa della sua esperienza con il software inhouse e l'hardware speciale probabilmente vorrà il codice sorgente ...

... Se desidera un'altra versione demo o se ha domande, non esiti a contattarmi. Sono ansioso di poter stringere un accordo di licenza vantaggioso per entrambe le parti.

Bill

Alcune settimane dopo ricevetti una telefonata dal presidente della Apple, Michael Scott, che mi informò che la sua azienda preferiva la seconda opzione. Nel giro di un paio di giorni arrivò un assegno per metà della somma: 10.500 dollari. Con quello pagammo altri stipendi e spedimmo al nostro avvocato un'altra briciola da 1000 dollari delle nostre crescenti spese legali.

Quello stesso mese la Tandy, nota soprattutto per la sua catena nazionale di negozi di componenti elettroniche RadioShack, annunciò il computer domestico TRS-80, diventando così un'altra grande azienda che entrava nel mercato. Nell'arco di un mese RadioShack vendette la sorprendente cifra di diecimila TRS-80, cosa che lo rese un successo inaspettato. La macchina di RadioShack era un sistema più completo rispetto all'Altair e agli altri computer per appassionati. Con un prezzo base di 599,95 dollari, aveva una tastiera, un monitor, un registratore a cassette ed era pronta all'uso. Insieme al computer, la Tandy includeva una propria versione del BASIC che si basava sul Tiny BASIC gratuito. Chiamata Level i BASIC, era così limitata che presto l'azienda fu sommersa dalle lamentele di clienti furiosi. Anche se ci eravamo persi il debutto della macchina, speravo di convincere la Tandy a comprare il nostro software. Organizzai un incontro alla sede della compagnia per la fine di settembre.

Subito dopo il Labor Day, volai a Seattle per il matrimonio di Kristi e trovai il tempo per parlare con mio padre dell'imminente incontro con la Tandy. I suoi tecnici erano fan del nostro BASIC, ma avrei dovuto convincere del suo valore il dirigente esecutivo a capo del gruppo. Anche se non avevo mai incontrato John Roach, avevo sentito dire che era un duro, un texano noto per il carattere burbero.

Sapevo che la Tandy era un'azienda che comprava tonnellate di condensatori, resistori e interruttori a levetta. Impiegava «compratori» specializzati il cui unico compito era spremere ogni centesimo dalle aziende asiatiche che fornivano le migliaia di prodotti che RadioShack vendeva nei suoi negozi. A causa della cultura del basso costo della Tandy, il reparto informatico aveva avuto a disposizione solo 150.000 dollari per sviluppare il primo TRS-80. Aveva fatto un affare con i televisori RCA che avrebbe venduto come schermi per i TRS-80. Si dà il caso che l'involucro esterno di quei televisori fosse grigio, e così, per contenere i costi, l'intero TRS-80 divenne grigio.

Il mio discorso, dissi a mio padre, era che la Microsoft poteva vendere il BASIC a un prezzo di gran lunga inferiore di quanto sarebbe costato alla Tandy scrivere una versione propria. Abbozzai due pagine di punti di discussione sul fatto che i nostri prodotti se la cavavano molto meglio di qualsiasi altro sul mercato. Mio padre mi aveva consigliato di essere semplicemente onesto con Roach. Se non altro, mi diede fiducia in me stesso. Se avessi offerto un ottimo prezzo e avessi spiegato perché era un ottimo prezzo, probabilmente Roach mi avrebbe ascoltato. Mio padre disse che potevo addirittura spingermi a descrivere in dettaglio la struttura dei costi della Microsoft in modo da fargli capire il mio ragionamento.

Mentre entravo nella sede della Tandy a Fort Worth, ero pronto a esporre con fiducia i vantaggi del nostro BASIC e offrire loro un accordo a prezzo ridotto. Alla TI avevamo fatto pagare 90.000 dollari, ma quello aveva richiesto un nuovo chip e un bel po' di lavoro su misura. Per RadioShack decisi che avremmo chiesto 50.000 dollari.

Eravamo tutti in piedi intorno a un tavolo: io, l'addetto al software della compagnia, qualcun altro e John Roach. Esposi la mia offerta di vendita, accuratamente elaborata.

Mentre parlavo, Roach se ne stette lì, con il mento sporto in avanti, senza dare nessun segno che ciò che dicevo avesse qualche effetto. Può darsi che abbia detto qualcosa, non ricordo, ma non potei fare a meno di sentire che opponeva resistenza.

Durante il mio discorso, ebbi difficoltà a contenere l'entusiasmo. «Dovete farlo!» implorai. «Senza il nostro BASIC, il vostro computer non sarà in grado di fare niente!» A quel punto, stavo andando decisamente fuori copione. «Con il nostro BASIC sarete a cavallo!» aggiunsi.

Non erano solo parole a casaccio. La profondità di pensiero e l'impegno che mettevamo nel nostro BASIC andavano ben oltre quelli di chiunque altro. Credevo davvero nel nostro lavoro. A quel punto avevo le mani appoggiate sul tavolo e mi sporgevo in avanti verso Roach, il cui viso era di un'accesa tonalità di rosso.

Mi chiese quanto sarebbe costato.

«Cinquantamila dollari» dissi. Una tariffa forfettaria.

La risposta di Roach rimane uno dei momenti più memorabili dei miei primi giorni alla Microsoft. «Stronzate!» ringhiò. Wow, questo non rientrava nel copione. Era anche il genere di cosa che avrei potuto dire io, magari non con la stessa rozzezza. Durante quell'incontro decisi che John Roach mi piaceva. E che mi piaceva RadioShack. Erano uomini d'affari in gamba. Non guastò neanche il fatto che, nonostante la sua reazione di quel pomeriggio, Stronzate Roach, come finimmo per chiamarlo, accettò poi il nostro prezzo.

All'epoca della mia visita a RadioShack, avevamo ricevuto notizie dal giudice arbitrale riguardo al caso con la MITS: era d'accordo con la Microsoft. Sciolse il nostro accordo di licenza esclusiva con la MITS per il BASIC dell'8080, chiarendo definitivamente che eravamo noi i proprietari del codice sorgente.

Gran parte del giudizio dell'arbitrato si basò sui tentativi della Pertec di impedire alla MITS di dare in licenza il BASIC ai concorrenti e sul fatto che avesse usato il nostro software per sviluppare una propria versione del BASIC, cosa che il giudice descrisse come «un atto di pirateria aziendale non permesso né dalla lettera né da qualsiasi interpretazione razionale del contratto».

Chiamammo subito tutte le aziende in attesa del software. Nell'arco di alcune settimane avevamo soldi in entrata da cinque o sei clienti, tra cui la ADDS e il suo Progetto «Centurione», o come si chiamava. Avremmo posto noi stessi il massimo impegno per dare in licenza il nostro software e, con la MITS fuori di scena, non dovevamo dividere le entrate.

Alla fine di ottobre spedii a Paull Mines il saldo in sospeso che ancora gli dovevamo, scrivendo: «Spero di non parlare troppo presto se dico che mi sembra che questo segni la fine della nostra avventura con la MITS. Non solo l'esito è stato favorevole, ma l'esperienza è stata entusiasmante e piacevole, e per entrambe le cose lei è in gran parte il responsabile». Paull avrebbe continuato a fare da consulente a me e alla Microsoft per parecchi anni.

L'operazione della Pertec per comprare la MITS si era conclusa alla fine di maggio. Ed uscì dalla fusione con qualche milione di dollari e un lavoro di prima scelta: la gestione di un laboratorio della Pertec con l'incarico di creare il prossimo successo tecnologico. Ma fin dall'inizio, Eddie Currie e gli altri nostri amici della MITS affermarono che con la Pertec non c'era molta compatibilità. La MITS era combattiva, disinvolta e a modo suo innovativa. La Pertec era tradizionalista e troppo sicura della propria capacità di orientarsi nel mondo in rapido cambiamento dei personal computer. Ben presto soffocò l'azienda più piccola. L'Altair perse costantemente quote di mercato. Ed propose un piano per vendere un computer laptop, ma la Pertec lo respinse, non credendo che ci fosse un mercato per un prodotto del genere.

Da ragazzino, in Florida, Ed voleva diventare un chirurgo e portava sempre con sé delle schede laminate per lo studio dell'anatomia umana; a un certo punto aveva perfino lavorato in un ospedale come tecnico di sala operatoria. Dopo un breve periodo alla Pertec, Ed si licenziò e si trasferì con la famiglia nella piccola cittadina di Cochran, in Georgia. Gestì una fattoria per diversi anni prima di tornare a inseguire il suo sogno di bambino: all'età di quarantacinque anni si laureò in medicina alla Mercer University. Per il resto della sua vita diresse una piccola clinica che serviva gli abitanti della Georgia rurale.

Il mio rapporto con Ed è stato complicato ma anche uno dei più formativi agli inizi della mia carriera. Nel periodo in cui la Microsoft vinse l'arbitrato, passai a trovarlo nel suo ufficio alla MITS. Disse di sentirsi scottato dalla decisione del giudice, che secondo lui aveva frainteso la situazione. «La prossima volta assumerò un sicario» mi disse. Senza dubbio scherzava, ma non rise. Dopo che le nostre strade si separarono, ci vedemmo sempre di meno. Nel 2009, quando venni a sapere che Ed era stato ricoverato con la polmonite, gli telefonai. Non ci parlavamo da molti anni, ma sapevo che nutriva ancora del risentimento. Durante la chiamata, gli dissi che volevo sapesse che mentre lavoravamo insieme avevo imparato tanto da lui, cosa che all'epoca non avrei mai ammesso. «Ero molto immaturo e un po' arrogante, ma sono cambiato parecchio da allora» ammisi. Ciò sembrò rompere il ghiaccio, e chiacchierammo a lungo. «Abbiamo fatto un lavoro ottimo e importante» affermò. Ero d'accordo: era proprio così.

Alcuni mesi dopo, quando le condizioni di Ed peggiorarono, volai in Georgia a fargli visita. Era a malapena cosciente, ma per un paio d'ore parlai con lui e con suo figlio David, ricordando i primi giorni di quel settore. Morì non molto tempo dopo, nell'aprile 2010, all'età di sessantotto anni. Oltre a essere stato il primo a lanciare sul mercato un personal computer di successo commerciale, Ed Roberts ideò il modello secondo cui si sarebbe sviluppato il settore dei personal computer. La newsletter della MITS fu la prima rivista dedicata ai PC. L'azienda sponsorizzò la prima fiera commerciale per PC. I primi negozi di computer erano rivenditori dell'Altair, e i gruppi di utenti che sorsero intorno alla macchina catalizzarono la fondazione di aziende importanti, tra cui la Apple. Eppure, durante la nostra chiacchierata, David mi disse che secondo suo padre i successi ottenuti come medico di provincia erano importanti quanto tutto ciò che aveva fatto per dare il via a una rivoluzione tecnologica.

Alla fine del 1977, il PET della Commodore, l'Apple II e il TRS-80 di RadioShack cominciarono a entrare in scuole, uffici e case, raggiungendo in pochi anni centinaia di migliaia di persone, la maggior parte delle quali non aveva mai toccato un computer. A differenza della prima generazione di macchine per hobbisti, tutti e tre questi computer erano completamente assemblati e pronti all'uso. Il PET aveva un sacco di funzionalità, tra cui un registratore a cassette integrato per immagazzinare i dati e i programmi, mentre la sua tastiera limitata – con tasti troppo piccoli che i critici paragonarono alle gomme da masticare Chiclets – non ne ostacolò il successo. L'anno seguente la Tandy aggiornò il TRS-80, aggiungendo nuove funzionalità e sfruttando i suoi cinquemila negozi RadioShack per raggiungere i clienti su una scala che altre compagnie non potevano emulare. Le vendite dell'Apple II crebbero velocemente, spinte da un marketing intelligente, dal design ingegnoso e dalla grafica a colori, che lo rendevano ottimo soprattutto per giocare.

In seguito note come «la trinità del 1977», queste tre macchine portarono la rivoluzione del personal computer al pubblico generalista, mentre le altre restarono indietro. (La TI, quel temuto gigante con cui eravamo stati così entusiasti di lavorare, non ebbe mai successo con i PC.) Su ogni membro della trinità era installata una versione del nostro BASIC, da noi confezionato su misura sui requisiti dei loro produttori. Sulla macchina di RadioShack c'era il Level II BASIC, sull'Apple c'era Applesoft – un amalgama dei nostri nomi – e sul PET c'era semplicemente il Commodore BASIC. In una versione per la Commodore infilammo una piccola sorpresa nel codice: se un utente del PET inseriva il comando WAIT 6502,1, in alto a sinistra sullo schermo compariva la parola MICROSOFT!

Con la Microsoft che non dipendeva più dalla MITS e faceva fatica ad assumere programmatori ad Albuquerque, nella primavera del 1978 scrissi un comunicato per la nostra decina di dipendenti, elencando le possibili opzioni per la sede permanente dell'azienda. Inclusi Seattle, Dallas-Fort Worth, che era vicina ai nostri grandi clienti Tandy e TI, e la Silicon Valley, che aveva una massa critica di clienti, gente da assumere, ma anche concorrenti. Paul subiva l'attrazione della nostra città natale. Era stufo del caldo di Albuquerque, bramava i laghi di Seattle e lo stretto di Puget, e voleva stare più vicino alla sua famiglia. Perlopiù, i nostri dipendenti erano aperti a ognuna delle nostre opzioni (anche se alcuni volevano restare ad Albuquerque). Dopo averci riflettuto a lungo, conclusi che Seattle soddisfaceva la maggior parte dei requisiti: l'Università di Washington era una grande fonte di programmatori, e la lontananza dalla Silicon Valley permetteva un grado di segretezza più elevato e un minor rischio di perdere impiegati a favore della concorrenza. Ovviamente, era anche la preferenza di mia madre. Una volta che decidemmo per Seattle, non riuscì a trattenersi dal mandarci annunci immobiliari ritagliati dai quotidiani, spesso aggiungendo la sua opinione («questo sarebbe molto comodo per il ponte; una buona possibilità, secondo me»).

Nel dicembre 1978, il nostro ultimo mese completo ad Albuquerque, Bob Greenberg vinse come premio di un concorso un ritratto di famiglia gratuito. Ci mandò un messaggio intitolato «Esprit de Corps», chiedendo a tutti di venire allo studio fotografico dietro il ristorante Shanghai. La famiglia che portò era composta da undici dei nostri dodici impiegati (quel giorno uno era rimasto a casa). Ci facemmo una foto che sarebbe rimasta emblematica della Microsoft degli anni Settanta, con tanto di colletti ampi, capelli arruffati e cinque barbe folte.

Circa un mese più tardi, infilai il poco che possedevo nella mia 911, inserii una cassetta della *Guerra dei mondi* – un prestito di Paul – nel mangianastri, e mi diressi a nord, attraverso il Nevada, fino alla Silicon Valley per alcuni incontri, poi su fino a Seattle. Ricordo il viaggio per le tre multe per eccesso di velocità che presi. Ricordo anche di aver pensato che era strano trasferirsi a casa. Quando ero partito per il college, avevo detto ai miei genitori che non avrei mai più vissuto a Seattle; mi sembrava ovvio che avrei costruito la mia vita nel più vasto mondo. Dentro di me significava la costa est, il centro della finanza, della politica, delle migliori università e – all'epoca – dell'industria del computer. Tornare indietro poteva essere considerato una ritirata.

Tuttavia, mentre ci pensavo, mi resi conto che le cose stavano diversamente. Non ero solo io a tornare a casa, c'era anche la Microsoft, l'azienda che io e un amico avevamo creato insieme, con quel gruppo eterogeneo di impiegati e un business in crescita e redditizio, e che da quel momento in poi sarebbe stata una parte integrante della persona che ero. La mia strada era decisa. Mentre correvo lungo la I-5 a 160 chilometri all'ora, riuscivo a stento a immaginare quanto lontano sarei arrivato.

Epilogo

Mia madre e mia nonna avevano sempre voluto che avessimo un posto sul canale di Hood dove poter stare tutti insieme, a mano a mano che io e le mie sorelle crescevamo e mettevamo su famiglia. Gami morì nel 1987, prima di poter vedere la realizzazione di quel progetto. Il giorno della sua cerimonia funebre, i miei genitori, Libby, Kristi e io andammo in macchina a guardare un lotto di terreno che mia nonna aveva trovato per noi. Comprai la proprietà, e negli anni seguenti vi costruimmo una serie di cottage. Quel complesso famigliare, che mia madre soprannominò «Gateaway», divenne il mio rifugio durante gli alti e bassi – a dire il vero, perlopiù gli alti – dei primi anni della Microsoft.

Presi l'abitudine di ritagliare un po' di tempo per me stesso sul canale di Hood, tempo che chiamavo «Settimana di riflessione». Una o due volte l'anno ci andavo in macchina o prendevo un taxi idrovolante per passare sette giorni ininterrotti a riflettere su libri, articoli e saggi, un corso accelerato su ciò che sentivo di dover imparare. Poi scrivevo lunghi memo su come la Microsoft poteva mantenere il proprio vantaggio in aree quali la sicurezza su Internet e l'elaborazione del linguaggio naturale. E proprio come avevano sperato Gami e mia madre, Gateaway divenne la base dove la nostra famiglia estesa si riuniva ogni anno nel giorno dell'Indipendenza, in quello del Ringraziamento e in varie altre occasioni. Via via che la nostra famiglia si espandeva, divenne un posto dove i miei figli e i loro cugini mantenevano vivo lo spirito di Cheerio.

In vista della nostra rimpatriata del 4 luglio 2012, l'idrovolante mi depositò in un resort vicino al nostro complesso. Mentre mettevo piede sul molo, sentii qualcuno chiamare «Trey!». Alzai lo sguardo e vidi un uomo anziano e allampanato che riconobbi all'istante come il padre di Kent, Marvin Evans. Era passata una ventina d'anni dall'ultima volta che ci eravamo visti.

Marvin mi spiegò che lui e il fratello minore di Kent, David, stavano facendo un breve giro in barca a vela e avevano attraccato in quel resort per la notte. Sedemmo sul molo nella loro barca per chiacchierare. La madre di Kent era morta anni prima, in seguito a una lunga malattia. Ormai ottantenne, Marvin parlava con la sua tipica e rilassante cadenza del Sud, il che mi fece tornare sul sedile posteriore della sua Dodge del '67 mentre portava Kent e me in giro per Seattle. Negli ultimi anni aveva scritto le sue memorie, disse, e naturalmente aveva incluso le storie su me, Kent e il Lakeside Programming Group. Scoppiò a ridere quando snocciolai il numero di telefono di casa Evans, inciso per sempre nella mia memoria. Voi ragazzi condividevate una creatività intellettuale notevole, mi disse Marvin. In qualunque modo la si chiami, risposi, sarebbe probabilmente continuata se Kent non fosse morto: con buone probabilità saremmo andati alla stessa università e saremmo diventati soci in un'impresa o nell'altra. Anche Marvin la pensava così.

Una cosa era certa. Perfino Kent, così sfrontatamente ottimista, sarebbe rimasto sbalordito nel vedere la strada che la nostra passione per la programmazione aveva preso. Al ragazzino che si domandava se in una macchina ci potessero entrare 15 milioni di dollari sarebbe piaciuto sapere che, di tutto ciò che avevamo studiato, sarebbero state le competenze apprese al terminale della Lakeside, affinate alla C-Cubed e messe in pratica nella pianificazione degli orari, a portare alla creazione di una delle aziende di maggior successo della storia. E che il prodotto di tali abilità, il software, si sarebbe inserito in quasi ogni aspetto della vita moderna.

Non sono portato alla nostalgia, ma ci sono giorni in cui vorrei avere di nuovo tredici anni, per stringere quell'accordo con il mondo per cui solo se vai avanti, impari di più, capisci meglio, potrai realizzare qualcosa di davvero utile e nuovo.

Spesso le storie di successo riducono le persone a stereotipi: il ragazzo prodigio, l'ingegnere geniale, il designer iconoclasta, il magnate eccentrico. Nel mio caso sono colpito dalla serie di circostanze uniche, perlopiù al di fuori del mio controllo, che hanno plasmato sia il mio carattere sia la mia carriera. L'immeritato privilegio di cui ho goduto è stato straordinario: nascere in un paese ricco come gli Stati Uniti costituisce gran parte del biglietto vincente della lotteria della vita, oltre a nascere maschio e bianco in una società che avvantaggia i maschi bianchi.

Si aggiunga poi la mia tempistica fortunata. Ero un bambino ribelle all'Acorn Academy quando gli ingegneri capirono come integrare piccoli circuiti su un pezzo di silicio, dando vita al chip semiconduttore. Sistemavo i libri nella biblioteca della signora Caffiere quando un altro ingegnere previde che quei circuiti sarebbero diventati esponenzialmente sempre più piccoli per anni e anni nel futuro. Quando cominciai a programmare, all'età di tredici anni, i chip immagazzinavano già dati dentro i grandi computer ai quali avevamo la non comune possibilità di accedere, e quando presi la patente di guida era già possibile inserire le funzioni principali di un intero computer su un unico chip.

Capire presto che ero portato per la matematica è stato un passo fondamentale nella mia storia. Nel suo splendido libro *I numeri non sbagliano mai*, il matematico Jordan Ellenberg osserva che «conoscere la matematica è come indossare un paio di occhiali a raggi X che rivelano le strutture nascoste sotto la superficie disordinata e caotica del mondo». Questi occhiali a raggi X mi hanno aiutato a individuare l'ordine alla base del caos, e a rafforzare la mia sensazione che la risposta corretta fosse sempre là da qualche parte: bastava solo trovarla. Ebbi quest'intuizione in uno dei periodi più formativi della vita di un bambino, quando il cervello si sta trasformando in uno strumento più specializzato ed efficiente. La predisposizione per i numeri mi ha dato fiducia in me stesso, e perfino un senso di sicurezza.

Quando avevo poco più di trent'anni, passai un raro periodo di vacanze a guardare i filmati di Richard Feynman che insegnava fisica agli studenti universitari. Fui subito colpito dalla padronanza assoluta che aveva della sua materia e dal fanciullesco senso di meraviglia che dimostrava nello spiegarla. Lessi presto tutti i suoi scritti che riuscii a trovare. Riconobbi la gioia che deriva dallo scoprire un nuovo sapere ed esplorare i misteri del mondo: «il piacere della scoperta», come diceva lui. «[Questa] è la ciccia. È ciò che ripaga il duro lavoro e la disciplina mentale» spiegava nel *Senso delle cose*.

Feynman era un caso speciale, un genio con un'ampiezza e profondità di comprensione del mondo uniche e con la capacità di farsi strada con il ragionamento fra i vari enigmi di una vasta schiera di campi. Tuttavia esprime alla perfezione la sensazione che si radicò in me da bambino, quando cominciai a costruire modelli mentali che mi aiutavano a visualizzare come si incastravano i pezzi del mondo. A mano a mano che accumulavo sapere, i modelli divennero più sofisticati. Questa è stata la strada che mi ha condotto al software. Dopo essermi appassionato alla programmazione alla Lakeside, e attraverso tutte le tappe successive, dall'hacking alla C-Cubed fino al lavoro per la TRW, sono sempre stato intensamente motivato dall'amore per ciò che stavo imparando, accumulando competenze proprio quando erano necessarie: all'alba dell'era del personal computer.

Non si può soddisfare la curiosità in isolamento, ovviamente. Servono cure, risorse, guida e sostegno. Quando il dottor Cressey mi disse che ero un bambino fortunato, non ho dubbi che stesse pensando principalmente alla mia fortuna di essere figlio di Bill e Mary Gates: genitori che faticavano alle prese con un figlio complicato, ma che alla fine sembravano sapere per istinto come guidarlo.

Se crescessi oggi, probabilmente riceverei una diagnosi di disturbo dello spettro autistico. All'epoca della mia infanzia, il fatto che il cervello di alcune persone processasse le informazioni in modo diverso dagli altri non era generalmente compreso. (L'espressione «neurodivergente» sarebbe stata coniata solo negli anni Novanta.) I miei genitori non avevano indicazioni o manuali che li aiutassero a capire perché il loro figlio fosse così ossessionato da certi progetti (il minuscolo Delaware), non cogliesse i segnali sociali, e a volte fosse scortese o inappropriato senza notare in apparenza l'effetto che aveva sugli altri. Non ho modo di sapere se si tratta di qualcosa che il dottor Cressey riconobbe o menzionò.

Quello che so è che i miei genitori mi offrirono la giusta miscela di sostegno e pressione di cui avevo bisogno: mi diedero spazio per crescere emotivamente, e crearono opportunità perché sviluppassi le mie capacità sociali. Invece di lasciare che mi chiudessi in me stesso, mi spinsero ad aprirmi verso il mondo: nella squadra di baseball, nei lupetti degli scout e ai pranzi con le altre famiglie di Cheerio. E mi fecero costantemente frequentare gli adulti, immergendomi nei discorsi e nelle idee dei loro amici e colleghi, che alimentavano la mia curiosità per il mondo oltre la scuola. Pur con la loro influenza, il mio lato sociale si sarebbe sviluppato lentamente, così come la mia consapevolezza dell'impatto che potevo avere sugli altri. Ma tutto questo è venuto con l'età, con l'esperienza, con i figli, e mi ha reso un uomo migliore. Vorrei che fosse arrivato prima, anche se non scambierei il cervello che ho ricevuto con niente al mondo.

Il «fronte compatto» che i miei genitori mantenevano, esposto da mia madre nella lettera che scrisse a papà prima che si sposassero, non vacillò mai, ma permise comunque alle loro differenze di plasmarmi. Non avrò mai la sua calma compostezza, ma mio padre mi ha instillato un fondamentale senso di fiducia in me stesso e nelle mie capacità. L'influenza di mia madre è stata più complessa. Interiorizzate da me, le sue aspettative si sono trasformate in un'ambizione ancora più forte di avere successo, di distinguermi e di realizzare qualcosa di importante. È stato come se avessi avuto bisogno di superare l'asticella stabilita da mia madre con un margine tanto ampio da non lasciare più nulla da dire sulla faccenda.

Ma ovviamente c'era sempre qualcosa da dire. Era mia madre a ricordarmi regolarmente che ero solo l'amministratore di qualsiasi ricchezza avessi guadagnato. La ricchezza comportava la responsabilità di condividerla, mi diceva. Rimpiango che non sia vissuta abbastanza a lungo da vedere quanto pienamente io abbia tentato di soddisfare quell'aspettativa: è mancata nel 1994, all'età di sessantaquattro anni, per un cancro al seno. Sarebbe stato mio padre, negli anni successivi alla sua morte, ad aiutarmi a creare la nostra fondazione e a fungere da copresidente, apportandovi la stessa compassione e correttezza che tanto gli avevano giovato nella sua carriera di avvocato.

Per quasi tutta la vita, mi sono concentrato sul futuro. Anche adesso, la maggior parte delle giornate le passo a lavorare su svolte auspicate che potrebbero non verificarsi per anni, se mai si verificheranno. A mano a mano che invecchio, però, mi ritrovo a guardare sempre più al passato. Rimettere insieme i ricordi mi aiuta a comprendere meglio me stesso, a quanto pare. È una meraviglia dell'età adulta rendersi conto che, una volta strappati via tutti gli anni e le cose apprese, gran parte di ciò che sei era presente fin dall'inizio. Per molti versi sono ancora quel bambino di otto anni seduto al tavolo della sala da pranzo di Gami mentre lei distribuisce le carte. Provo la stessa trepidante attesa, quella di un ragazzino sveglio e desideroso di capire tutto.

Ringraziamenti

Ho scritto diversi libri, ma tornare a immergermi nel mio passato è stata un'esperienza diversa. Ripercorrere la prima parte della mia vita e setacciarne i ricordi ha assunto una vita propria. Con mia grande sorpresa, più scavavo, più ricordavo. Sono deciso a continuare questo percorso e prevedo di scrivere un altro libro di memorie concentrato sui miei anni di dirigenza della Microsoft, e un terzo sull'attuale parte della mia vita e il mio lavoro con la Gates Foundation.

Voglio ringraziare le numerose persone che hanno contribuito a rendere questo libro possibile.

Nello scrivere le mie memorie, ho avuto la fortuna di avere Rob Guth a estrarre, guidare e dare forma ai miei ricordi. Nell'ultimo decennio ha investigato a fondo, parlando con i miei amici e famigliari, ed è diventato un archivio vivente dei miei ricordi e delle mie esperienze. La sua capacità di individuare i temi e creare una narrazione avvincente a partire dalle nostre discussioni ha reso questo libro molto più che una semplice raccolta di aneddoti, e non avrei potuto farlo senza di lui.

Sono in debito con Courtney Hodell, il cui senso della storia e i cui saggi consigli hanno guidato questo libro fin dal suo concepimento, anni fa. L'esperienza di Susan Freinkel come scrittrice e editor è stata preziosa nel dare forma e chiarezza alla mia storia. Ringrazio i ricercatori, scrittori ed esperti, tra cui Chris Quirk, David Pearlstein, Harry McKracken, Lucy Woods, Pablo Perez-Fernandez, Tedd Pitts, Tom Madams, Way Gibbs e Yumiko Kono, che hanno sostenuto questo progetto in modi grandi e piccoli che hanno dato al libro fondamenta solide.

Sono estremamente grato ai numerosi amici che sono stati disposti a farsi intervistare e condividere i loro racconti e ricordi sui miei primi anni di vita.

I ricordi della mia infanzia e dei miei genitori sono stati grandemente agevolati da Llew Pritchard, Jonie Pritchard, Marty Smith, Jim Irwin, Jeff Raikes, Tricia Raikes, Tom Fitzpatrick, Tren Griffin, Chris Bayley, Anne Winblad e Bill Neukom, oltre ai compagni di scuola Stan «Boomer» Youngs, Kip Cramer, Chip Holland, Lollie Groth e Dave Hennings.

I miei amici della Lakeside Page Knudsen Cowles, Paul Carlson, Tom Rona e Vicki Weeks, hanno condiviso i racconti dei nostri anni di liceo, così come hanno fatto i nostri insegnanti, tra cui Bruce Bailey e Fred Wright. Durante le nostre numerose chiacchierate Bernie Noe, amico e membro della famiglia della Lakeside, ha fornito saggi consigli per questo libro, come fa sempre riguardo alla vita.

Un ringraziamento speciale a Connie Gordon per aver condiviso i ricordi del suo defunto marito, il mio amico Doug Gordon, una delle menti più brillanti, che mi ha sempre spronato intellettualmente e ha affrontato il mondo con un'apertura che ammirerò per sempre.

Dan Sill ha aperto una porta ai miei ricordi dei nostri periodi in montagna, mentre Mike Collier ha condiviso storie e fotografie di quelle spedizioni. Grazie anche a Chip Kennaugh e agli altri amici del reparto 186.

David Evans è stato incredibilmente utile al progetto, e insieme a suo padre, Marvin Evans, è stato così generoso da condividere sia la bellezza che il dolore della breve vita di Kent. Ringrazio Norm Petersen per i suoi ricordi e le foto degli ultimi mesi di vita di Kent.

Sono grato ai miei amici dell'università Sam Znaimer, Jim Sethna, Andy Braiterman, Peter Galison e Lloyd «Nick» Trefethen, per avermi ispirato a Harvard e per aver condiviso i ricordi di quegli anni. Il mio professore di Harvard, Harry Lewis, ha fatto di tutto per aiutarmi a colorare i miei ricordi del laboratorio Aiken e della vita a Harvard nei primi anni Settanta e, anche se in queste pagine non compare, sono in debito con lui per essere stato introdotto al «problema del pancake». (Per la cronaca, non sono stato l'unico a spostare in avanti di dieci minuti le lancette dell'orologio dell'aula quando Harry non guardava.) Vorrei esprimere il mio apprezzamento per Eric Roberts, di cui non dimenticherò mai il gentile aiuto datomi a Harvard, e Ed Taft per i suoi premurosi contributi a questo libro. Grazie a Tom Cheatham III per i ricordi su suo padre.

E poi c'è la squadra originale della Microsoft. Sono particolarmente grato a Monte Davidoff, Bob Greenberg, Chris Larson, Marc McDonald, Steve Wood e Bob O'Rear, che hanno tutti creduto nella Microsoft quando era solo una piccola start-up e mi hanno aiutato a raccontare qui la nostra storia.

Eddie Currie ha ripercorso con pazienza gli alti e bassi del periodo della Microsoft con la MITS e mi ha cortesemente messo in contatto con Ed Roberts dopo molti anni. Sono grato per il tempo che ho passato con David Roberts e per il suo aiuto nel riportare in vita suo padre nelle pagine di questo libro.

Grazie a Paul Gilbert, nostro socio alla Traf-O-Data, e a Mike Schaefer, la cui guida mi ha aiutato a raccontare la vita di Ric e i suoi contributi alla Microsoft. Van Chandler e Randy Wigginton hanno dato una mano a ricostruire i ricordi dell'inizio dell'era del personal computer.

Avere avuto accesso ai materiali d'archivio relativi alla mia vita è stato un aiuto enorme. Voglio ringraziare in particolare Joe Ross, Meg Tuomala ed Emily Jones del Gates Archive; Patti Thibideau dei Microsoft Archives; e Leslie Schuler dei Lakeside Archives, oltre ai suoi colleghi nel dipartimento di scienze della Lakeside. Grazie a Josh Schneider, archivista dell'Università di Stanford, e agli archivisti di Harvard e dell'Università di Washington per le loro ricerche e la loro guida.

Quando arrivi a raccontare una storia dopo mezzo secolo, è un grande vantaggio che scrittori di talento abbiano già trattato parte dell'argomento. Tra quelli il cui lavoro ha contribuito a sollecitare la mia memoria e a perfezionare la storia degli inizi dell'industria del PC ci sono Paul Andrews, Paul Freiberger, Walter Isaacson, Steven Levy, Steve Lohr, Stephen Manes, John Markoff e Michael Swaine.

Fra i primi lettori del manoscritto ci sono stati Paula Hurd, Marc St. John e Sheila Gulati. La lettura attenta da parte di amici cari e fidati ha fornito un riscontro premuroso e perspicace di cui avevo davvero bisogno nelle fasi critiche della stesura.

Devo un ringraziamento speciale alle molte persone della Gates Ventures che mi hanno aiutato a rendere questo libro possibile.

Larry Cohen è una luce brillante in tutto il lavoro che facciamo insieme e ha avuto per me saggi consigli mentre iniziavo a prendere in considerazione l'idea di un memoir.

Alex Reid e la sua squadra di comunicazioni hanno gestito con abilità la pubblicazione di queste memorie, navigando nel mondo dei media per aiutarmi a trovare il pubblico adatto.

Andy Cooke e la sua squadra hanno trovato modi geniali di commercializzare il libro in un panorama di lettori in continuo cambiamento.

Ian Saunders e la sua squadra creativa hanno trovato ispirazione nelle parole scritte e fatto miracoli per raggiungere un pubblico ancora più ampio.

Jen Krajicek e Pia Dierking hanno tenuto in carreggiata ogni parte della produzione del libro con precisione e diplomazia.

Gregg Eskenazi, Hillary Bounds e Laura Ayers hanno affrontato gli aspetti contrattuali e legali, in apparenza infiniti, legati alla pubblicazione di un libro.

Molti altri, nel corso degli anni, hanno svolto un ruolo essenziale nella creazione e pubblicazione di questo libro: Alicia Salmond, Anita Kissée, Anna Dahlquist, Anu Horsman, Aubree Bogdonovich, Bradley Castaneda, Bridgitt Arnold, Cailin Wyatt, Chloe Johnson, Darya Fenton, David Sanger, Dinali Weeraman, Donia Barani, Emily Warden, Emma McHugh, Emma Northup, Erin Rickard, Graham Gerrity, Jacqueline Smith, Joanna Fuller, John Murphy, John Pinette, Jordana Narin, Josh Daniel, Josh Friedman, Katie Rupp, Kerry McNellis, Khiota Therrien, Kim McGee, Kimberly Lamar, Kristi Anthony, Lauren Jiloty, Mara MacLean, Margaret Holsinger, Mariah Young, Meghan Groob, Mike Immerwahr, Neil Shah, Sarah Fosmo, Sean Simons, Sean Williams, Sebastian Majewski, Stephanie Williams, Tom Black, Valerie Morones, Whitney Beatty e Zach Finkelstein.

Voglio inoltre ringraziare il resto dell'incredibile squadra della Gates Ventures: Aishwarya Sukumar, Alex Bertha, Alex Grinberg, Alexandra Crosby, Amy Mayberry, Andrea Vargas Guerra, Angelina Meadows Comb, Anna Devon-Sand, Anne Liu, Avery Bell, Becky Bartlein, Bennett Sherry, Brian Sanders, Brian Weiss, Bridgette O'Connor, Caitlin McHugh, Chelsea Katzenberg, Chevy Lazenby, Christopher Hughes, Courtney Voigt, Craig Miller, David Phillips, Dillon Mydland, Ebony McKiver, Emily Woolway, Erik Christensen, Farhad Imam, Gloria Ikilezi, Goutham Kandru, Graham Bearden, Greg Martinez, Gretchen Burk, Hannah Pratt, Heather Viola, Henry Moyers, Ilia Lopez, Jamal Yearwood,

Jeanne Solsten, Jeff Huston, Jen Kidwell Drake, Jennie Lyman, Jonathan Shin, Jordan-Tate Thomas, Kate Reizner, Ken Caldeira, Kendra Fahrenbach, Kevin Smallwood, Kristina Malzbender, Kyle Nettelbladt, Linda Patterson, Lindsey Funari, Lisa Bishop, Lisa Perrone, Manny McBride, Matt Clement, Matt Tully, Meredith Kimball, Michael Peters, Mike Maguire, Molly Sinnott, Mukta Phatak, Naomi Zukor, Niranjan Bose, Patrick Owens, Prarthna Desai, Quinn Cornelius, Rachel Phillips, Ray Minchew, Rodi Guidero, Ryan Fitzgerald, Sonya Shekhar, Steve Springmeyer, Sunrise Swanson Williams, Sydney Garfinkel, Sydney Yang Hoffman, Teresa Matson, Tony Hoelscher, Tony Pound, Tricia Jester, Tyler Hughes, Tyler Wilson, Udita Persaud, Varsha Krish, Vijay Sureshkumar, Yasmine Diara, Will Wang e Zach Hennenfent.

Questo libro non sarebbe stato possibile senza la squadra di prim'ordine della Knopf. Ha avuto tre editor, a cominciare dal leggendario Bob Gottlieb. Bob ha curato l'editing dei miei ultimi due libri ed è stato il primo sostenitore di questo. Purtroppo, è venuto a mancare proprio mentre il manoscritto cominciava a prendere forma; con lui il mondo dell'editoria ha perso una luce molto brillante. Raccomando il film *Turn Every Page* (diretto da sua figlia, Lizzie Gottlieb) per avere un'idea di quanto fosse straordinario Bob. Dopo la sua morte, ho avuto la fortuna di conoscere la talentuosissima Reagan Arthur, che ha visto il libro prendere la sua prima forma e cominciare a trovare il suo centro.

Source Code è stato portato al traguardo dalle mani esperte di Jennifer Barth, che è stata disposta a incaricarsi del progetto e ha impegnato una quantità straordinaria di tempo ed energie per far sì che questo libro potesse essere il migliore possibile. Le sono profondamente grato per la sua guida ferma, la generosità e la calma incrollabile, anche nei meandri di un processo di editing complicato.

Voglio inoltre ringraziare tutti quelli che alla KDPG hanno sostenuto questa pubblicazione, a cominciare dalla lungimirante Maya Mavjee, che ha sempre creduto in questo libro, e da Jordan Pavlin, la brillante editrice e caporedattrice di Knopf, che è stata incrollabile nel suo impegno. I contributi della direttrice della produzione editoriale, Ellen Feldman, sono stati a dir poco eroici. Sono grato a tutti i loro colleghi che hanno lavorato al libro, tra cui Anne Achenbaum, Michael Collica, Meredith Dros, Brian Etling, John Gall, Erinn Hartman, Kate Hughes, Oona Intemann, Laura Keefe, Linda Korn, Serena Lehrman, Beth Meister, Lisa

Montebello, Jessica Purcell, Sal Ruggiero, Suzanne Smith ed Ellen Whitaker. Voglio anche riconoscere l'incredibile contributo della squadra di Knopf Canada e di quella di Allen Lane/Penguin Press UK, con cui è stato un piacere lavorare.

La mia vita non sarebbe andata così se non fosse stato per Paul Allen, mio amico, mio socio e mio pungolo. Paul è morto troppo giovane. Scrivere questo libro mi ha dato la possibilità di rivivere quegli anni meravigliosi in cui eravamo così vicini: un periodo in cui abbiamo creato qualcosa di davvero notevole. Sono molto grato a Paul per la sua perspicacia, saggezza, curiosità e amicizia, in particolare nei momenti difficili.

Più di tutti, le mie fantastiche sorelle Kristi e Libby meritano un riconoscimento speciale. Mi hanno sostenuto con pazienza per tutta la vita e i loro contributi a *Source Code* sono stati essenziali. All'inizio della stesura di questo libro, ci siamo ritrovati sul canale di Hood un pomeriggio d'estate e abbiamo ripercorso ridendo i nostri ricordi d'infanzia, le storie di famiglia e i dettagli quotidiani del nostro crescere insieme, dalla melassa al pickleball. Per noi tre sono state ore di divertimento che ci hanno felicemente ricordato che il passare degli anni ci ha riavvicinato ancora di più. Sono fortunato di avervi come sorelle, e vi sono immensamente grato per l'amore e la comprensione che mi avete sempre dimostrato.

Infine, voglio ringraziare i miei figli, Jenn, Rory e Phoebe. Essere vostro padre e guardarvi crescere è stata la gioia più grande della mia vita. Mentre scrivevo questo libro, ho pensato a quanto sarebbero orgogliosi i vostri nonni e bisnonni delle straordinarie persone che siete diventati.

Crediti fotografici

pp. 13, 35, 53, 72, 116: collezione personale dell'autore
pp. 95, 183: Lakeside School Archives
p. 133: Bruce R. Burgess
p. 158: Norman Petersen
p. 201: Harvard Yearbook Publications
p. 228: fotografia di Nick DeWolf
p. 246: «Popular Electronics»
p. 259: fotografia di David H. Ahl
p. 288: Kazuhiko Nishi

Inserto

Tutte le foto provengono dalla collezione personale dell'autore, a eccezione delle seguenti:
p. 1 (matrimonio dei genitori di Bill Gates): Richards Studio Tacoma
pp. 2-3 (foto di famiglia): © Wallace Ackerman Photography
pp. 4-5 (Bill Gates bambino con kit medico): Museum of History & Industry, Seattle
pp. 6-7 (foto con Babbo Natale): Arthur & Associates Holiday Photography
pp. 8-9 (tutte le foto, tranne quella di Bill in divisa da scout e la tessera dell'associazione): Mike Collier
pp. 10-11 (primo piano di Kent Evans): archivio della famiglia Evans; (foto di classe, ritratti dall'annuario scolastico di Paul Allen e Ric Weiland): Lakeside School Archives; (quattro foto dei ragazzi a scuola con la telescrivente del computer): Bruce R. Burgess

pp. 12-13 (tre foto di Bill Gates dagli annuari scolastici): Lakeside School Archives

pp. 14-15 (Bill Gates e Paul Allen): Barry Wong/«The Seattle Times»; (Bill Gates e Ric Weiland): Michael Schaefer; (Bill Gates dietro la scrivania): © Stephen Wood; (la prima sede di Microsoft): Gates Notes, LLC

Risguardi di copertina: collezione personale dell'autore.

In onore dell'impegno civico e filantropico di Bill senior e Mary Maxwell Gates, tutti i profitti dell'autore saranno donati a United Way Worldwide. Mary Gates è stata la prima donna a ricoprire la carica di presidente di United Way nella contea di King e in seguito la prima donna presidente del consiglio d'amministrazione di United Way International.

PEFC
PEFC/18-32-03

Certificato PEFC
Questo prodotto è realizzato con materia prima da foreste gestite in maniera sostenibile e da fonti controllate
www.pefc.it

Mondadori Libri S.p.A.

Questo volume è stato stampato
su carta HOLMEN
con fibra vergine proveniente da foreste sostenibili holmen.com/paper
presso ELCOGRAF S.p.A.
Stabilimento - Cles (TN)

Stampato in Italia - Printed in Italy

```
                                    52520   SUBTTL IF ... THEN
004325' 001000  000315              52540   IF:     CALL    FRM
004326' 000000  005336'
004327' 000000  004323'
                                    52560   IFE     LENGTH,<
                                    52580   IFN     STRING,<
                                    52600           LDA     VAL
                                    52620           PUSH    PSW
004330' 001000  000176              52640           MOV     A,M
                                    52660   IFE     LENGTH,<
                                    52680           CALL    PUS
                                    52700           MVI     D,0
                                    52720
                                    52740
                                    52760
                                    52780   LOOPIF: SUI     GRE
                                    52800           JC      ENDR
                                    52820   NUMREL=LESSTK-GREAT
                                    52840           CPI     NUMR
                                    52860           JNC     ENDR
                                    52880           CPI     1
                                    52900           RAL
                                    52920           ORA     D
                                    52940           MOV     D,A
                                    52960           CHRGET
                                    52980           JMP     LOOP
                                    53000   ENDREL: MOV     A,D
                                    53020           ORA     A
                                    53040           JZ      SNER
                                    53060           PUSH    PSW
                                    53080           CALL    FRME
                                    53100
                                    53120
004331' 001000  000376              53140   IFE     LENGTH-2,<CH
004332' 000000  000054
004333' 001000  000314              53160           CZ      CHRG
004334' 000000  003426'
004335' 000000  004326'
                                    53180   IFN     LENGTH,<
004336' 001000  000376              53200           CPI     GOTO
004337' 000000  000210
004340' 001000  000312              53220           JZ      OKGO
004341' 000000  004346'
004342' 000000  004334'
004343' 001000  000317              53240           SYNCHK  THEN
004344' 000000  000245
004345' 001000  000053              53260           DCX     H
004346'                             53280   OKGOTO:
                                    53300   IFE     LENGTH,<
                                    53320           POP     PSW
                                    53340           POPR
                                    53360   IFN     STRING,<
                                    53380           XTHL>
```